受験は三省堂

第2版

Vector

Victory

森山和正の
司法書士
Vマジック

Magic

不動産登記法I

3

LEC東京リーガルマインド 講師
森山和正 著

三省堂

はしがき

● Vマジックとは ●

　本シリーズは，司法書士試験の合格を目指す受験生のために書かれた基本書です。これまで私は，『ケータイ司法書士』シリーズを始め，数多くの受験テキストや勉強法の本を執筆してきましたが，これだけ大部の本格的なテキストを執筆するのは，初めてのことになります。

　「Vマジック」というネーミングには，常々私が提唱している「合格まで一直線の最短距離を走れ」というベクトルマジック（Vector Magic）のVと，「その先にある合格を必ず勝ち取ってもらいたい」という勝利（Victory）のVが込められています。

● 私の講義をそのまま再現しました ●

　一般的に，法律は難解で，理解することが難しいと思われています。その大きな理由は，法律の条文やテキストの記述が抽象的で，生活実感を持ってイメージすることが難しいからです。

　本シリーズでは，初学者でも理解できるように，わかりやすい説明を心がけました。特に理解が困難と思われるところでは，私が普段講義で行っているように，具体例や図表を添えて，徹底的に説明しました。さらに，たとえ話や実務の体験談などを交え，楽しく学習を続けられるようにしました。

　また，長年講師を続けていると，多くの受験生が同じところでつまずくのがわかります。そのような部分は，「ホームルーム」のコーナーを設け，講師が受験生の質疑に応答するという形で，読者がスムーズに学習を進められるようにしました。実際に私が受験生から受けた多くの質問をもとにしていますので，共感を持って読んでもらうことができると思います。1人の質問者の先には，同じ疑問を持っている受験生が100人はいるものだからです。

● 情報は多いほどよいというものではありません ●

　執筆にあたっては，適切な情報量を提供することにも留意しました。わかりやすく書かれていても，それが合格レベルに達するものでなければ意味があり

ません。一方，過多な情報量はかえって害になります。本シリーズでは，過去の本試験を徹底的に分析し，合格に必要十分な情報を提供しました。学問的に重要な論点でも，合格にとって不要なものは，一切説明していません。逆に，ハイレベルな論点であって合否を分けるものについては，うやむやにすることなく，ページを割いて丁寧に説明し，読者が本シリーズだけで合格を確実に手にできるようにしました。

　よって，本書の記述には無駄がありません。

● 文体でわかりやすさを演出することはやめました ●

　昨今は，「ですます調」を用いてわかりやすさ・取っつきやすさを演出する向きも多いようですが，本シリーズでは，あえて書き言葉の「である調」を用いました。一見，「ですます調」のほうがわかりやすく見えますが，本試験においては「である調」の問題文と対峙することになります。普段から「である調」の文体で学習をしておけば，文体に慣れていて読みやすいだけでなく，学習した知識と問題文を直接結びつけることができ，合格がぐっと近づくのです。また，精緻な論理を理解するには，「である調」のほうが向いています。

● 最新の法改正に完全対応しています ●

　本書は，不動産登記法の1冊目として，不動産登記法入門・所有権の登記・抵当権の登記を説明しています。不動産登記法の根本的な思想・考え方にまで遡って丁寧に説明しました。また，最新の民法・不動産登記法改正にも完全対応しています。

　本書の刊行にあたり，三省堂六法・法律書編集室の加賀谷雅人氏に多大なご尽力を賜りました。心よりお礼を申し上げます。

　本書は，私のこれまでの講師活動の集大成ともいえるものです。これまで，多くの受験生が，それぞれの思いを抱きながら，"本気"で合格を目指す姿を見てきました。講師も，その"本気"に"本気"で応えなければならないと思い，本書を書き上げました。読者のみなさんが本シリーズを利用し，司法書士試験に合格できることを祈っております。

著者　森 山 和 正

はしがき

第1編　不動産登記法入門

第1章　不動産登記とは何か

1．意　　義 2

2．何を学習するか 5

第2章　登記申請をしてみよう

1．何が登記されるか 9

2．登記申請 21

3．登記申請の流れ 33

4．知っておいてほしい登記申請 58

第2編　所有権の登記

第1章　所有権移転登記総論

1．意　　義 68

2．登記の目的 68

3．一部移転について 76

4．一括申請の可否 78

5．所有権の登記事項 83

第2章　特定承継による所有権移転登記

1．特定承継による所有権移転登記：共通の事項 84

2．売　　買 86

3．贈　　与 88

4．時効取得 90

5．代物弁済 99

 6．共有物分割 103

 7．持分放棄 112

 8．所在等不明共有者の持分取得 117

 9．所在等不明共有者の持分譲渡 119

 10．委任の終了 121

 11．民法第 646 条第 2 項による移転 124

 12．民法第 287 条による放棄 125

 13．財産分与 126

 14．現物出資 128

 15．譲渡担保 130

 16．収　　用 131

 17．その他の登記原因 131

第3章　包括承継による所有権移転登記

 1．総　　説 132

 2．相　　続 133

 3．相続人・相続分に修正があった場合 139

 4．数次相続 146

 5．胎児のいる相続 154

 6．相続登記後の修正 160

 7．相続分の譲渡 161

 8．遺　　贈 166

 9．遺贈か相続か 175

 10．相続人不存在 180

 11．相続登記義務について 189

 12．合　　併 194

 13．会社分割 200

第4章　所有権保存登記

 1．意　　義 207

 2．表題部所有者による所有権保存登記 209

 3．一般承継人による所有権保存登記 217

 4．確定判決による所有権保存登記 225

5．収用による所有権保存登記 230

6．区分建物の表題部所有者から取得した者による所有権保存登記 231

7．職権による所有権保存登記 234

8．表題部がない不動産の所有権保存登記 236

▌第5章　所有権変更登記

1．意　　義 239

2．共有物不分割特約 239

▌第6章　所有権更正登記

1．所有権更正登記の意義 247

2．更正登記の類型 250

3．登記申請のポイント 254

4．利害関係人 265

5．登記の実行 279

6．更正登記の論点 280

▌第7章　所有権抹消登記

1．意　　義 286

2．所有権移転登記の抹消 286

3．所有権保存登記の抹消 294

4．抹消の代替手段 298

5．所有権移転失効の定め 304

▌第8章　買戻特約の登記

1．買戻特約の意義 309

2．買戻特約の登記 310

3．買戻権の移転 318

4．買戻権の変更・更正 321

5．買戻権の行使 323

6．買戻権の抹消 328

第3編　抵当権の登記

▌第1章　抵当権設定登記

1．総　　説 334
2．抵当権設定登記手続 337
3．共同抵当 354

▌第2章　抵当権移転登記

1．総　　論 371
2．特定承継による抵当権移転 377
3．包括承継による抵当権移転 381
4．次順位抵当権者の代位の付記登記 385

▌第3章　抵当権変更登記

1．総　　説 390
2．債権額の変更 390
3．利息・損害金の変更 399
4．債務者の変更 404
5．更　　改 413
6．抵当権の効力を所有権全部に及ぼす変更 417
7．抵当権を共有者持分の抵当権とする変更 425
8．取扱店の表示の変更 429
9．抵当権更正 432

▌第4章　抵当権の処分の登記

1．総　　説 435
2．抵当権の譲渡・放棄 438
3．抵当権の順位の譲渡・放棄 441
4．転　抵　当 445
5．被担保債権の質入れ 448

第5章　順位変更の登記

1．総　　説..450

2．順位変更の登記...455

3．順位変更の変更・更正..459

4．順位変更の抹消..461

第6章　抵当権抹消登記

1．抵当権抹消登記の原則...463

2．混同による抹消..474

第7章　抵当証券

1．抵当証券とは...477

2．抵当証券発行の要件...478

3．抵当証券の発行..479

4．抵当証券が発行されている場合の登記手続.........................481

判例・先例年月日索引...482

登記研究索引..485

事項索引...486

施行日未定の改正について

　本書においては，所有者不明土地の解消に向けた令和3年の民法・不動産登記法の改正は，本文に取り入れて解説しています。ただし，その改正のごく一部に，公布の日である令和3年4月28日から起算して5年を超えない範囲内において政令で定める日から施行されるものもあります。つまり，令和8年4月27日までに施行されることになります。司法書士試験においては，遅ければ，令和9年度の試験まで試験範囲に加わらない可能性もあります。

　そのような改正については，改マークを付けて識別できるようにしておきました。施行日の情報に注意し，実際に受験する年度において法改正が試験の対象となるかどうかを入念に確認したうえで，学習を進めてください。

第1編

不動産登記法入門

V

Magic

不動産登記とは何か

> ●この章で学ぶこと●
> ───────────────────
> いよいよ不動産登記法の学習が始まりました。といっても，多くの人に
> とってなじみのない科目だと思います。この章では，不動産登記法の学習
> のスタートとして，不動産登記とは何かについて，説明していきましょう。
> では，始めていきましょう。

1. 意　　義

■ 不動産登記とは

(1) 新しいスタート

　新しいことを学ぶときは，いつもワクワクするものである。しかし，不安も
ある。今はそのような気持ちだろう。これから学んでいく不動産登記法とは，
何を規定したものなのだろうか。記述式問題も出題されるということだが，ど
ういう学習をすればよいのだろう。そうした疑問もあるはずである。ひとつひ
とつ学んでいこう。

(2) 不動産登記とは

【名は体を表す】

　名は体を表す──特に，漢字のような表意文字から成り立っている場合は，
その漢字の意味を考えるだけで，おぼろげにその意味がわかってくることもあ
る。

　不動産登記法は，その名のとおり，「不動産登記」について規定した「法」
である。では，不動産登記とは何か。「不動産」についての「登記」である。

不動産は，土地や建物などのことであり，登記は，情報を記録することである。不動産登記とは，土地や建物の情報を公の帳簿に記録することである。ここまでくれば，もうわかったようなものである。

【不動産登記の意義】

　不動産登記とは，不動産の物理的現況及び権利関係を国が作成する登記記録に記録して，公示することである。

　従前は，登記は，「登記簿」と呼ばれた紙の帳簿に記録されていたが，平成16年に不動産登記法が全面改正されて，磁気ディスク上に調製される帳簿に記録されることになった。紙ではなくデータで，登記を処理しているのである。現在では，不動産ごとに作成される電磁的記録のことを登記記録と呼び（2条5号），その登記記録が記録された電磁的帳簿のことを登記簿と呼ぶ（2条9号）。

　記録するだけではなく，公示されてもいる。誰でも登記記録の内容を確認することができるようになっているわけである。

　紙の登記簿の頃は，その登記簿をコピーした登記簿謄本の交付を受けることで登記内容を知ることができた。しかし，現在では，登記がデータ処理されており，そのようなことはできない。そこで，登記記録の内容をプリントアウトした登記事項証明書の交付を受けることができるようになっている。法務局の窓口で請求することにより，混雑していない限りほんの数分待つだけで，その場で交付を受けることができる。これで，登記された内容を確認することができるわけである。

2　不動産登記の目的

(1)　取引の安全

　比較的新しい法律は，第1条に，その法律の目的が規定されていることが多い。不動産登記法も，第1条に目的規定がある。平成16年の改正で規定されたものである。まず，この規定を確認していこう。

> 第1条　この法律は，不動産の表示及び不動産に関する権利を公示するための登記に関する制度について定めることにより，国民の権利の保全を図り，もって取引の安全と円滑に資することを目的とする。

　本条によれば，不動産登記の制度は，不動産について，安全で円滑な取引ができるようにすることが目的である。

　たとえば，あなたが不動産を買おうと思ったときに，「その不動産は誰のも

のか」「抵当権などの負担はついているか」を調査する手段がなければ，不動産をスムーズに買うことができない。所有者がわからなければ，誰と契約交渉をすればよいかわからないし，抵当権がついているかどうかがわからなければ，怖くて買うことなどできない。また，これを自分の力で調査しようと思ったら，シャーロックホームズのまねごとをしなければならず，たいへんな手間暇がかかってしまう。不動産登記があることによって，所有者が誰なのか，抵当権などがついているのかどうかなどが，登記事項証明書を見るだけでわかり，スムーズで安心な取引ができるというわけである。

(2) 対 抗 力

　民法では，不動産の物権変動は，登記をしなければ第三者に対抗することができないことを学習した（民177条）。たとえば，A所有の甲土地を購入したBは，登記記録に自分名義の登記をしなければ，「自分が所有権を取得したんだ」ということを第三者に対抗することができない。Aがさらにに甲土地を売却した場合，Bは，登記をしなければCに負けてしまうのである。先に登記をしたほうが勝つ。登記のこのような効力のことを対抗力という。

　このことからも，登記が不動産取引の安全に役立っているといえる。Bは，不動産登記をすることによって対抗力を取得できるから，安心して不動産を買うことができるのである。登記に対抗力があることも，不動産の安心で円滑な取引に役立っているといえるのである。

(3) 国が管理

　以上見てきたように，不動産登記とは，国が管理する登記記録に不動産の現況や権利関係を記録することによって，取引の安全と円滑を図っていこうという制度のことである。

　小中学校では，4月に教科書が配布される。クラスメートがみんな同じ教科書をもらうので，先生が「すぐに名前を書きなさい」というだろう。名前を書かなければ，誰の教科書かわからなくなって持ち主が探せなくなってしまうし，なくした人も自分のものだと自信をもって主張することができない。名前を書くことで，安心かつ円滑な教科書の管理ができるのである。

　不動産も同じようなものである。登記があるから，その所有者等の権利関係がわかるし，登記をすることで自分の権利を主張することができる。ただ，教科書と異なり，不動産に直接名前を書くことは適切でない。また，不動産は高

価なものであり，その記録を民間に任せておくことも適切でない（固定資産税などを適切に徴収するためという理由もある）。そこで，国が登記制度をつくって，各不動産の情報を管理してあげて，不動産の取引をより安全に，より円滑に進めることができるようにした。これが不動産登記の制度なのである。

2. 何を学習するか

❶ 根拠となる法令・先例

⑴ 総　　説

　これから学習するのは，「不動産登記」である。その根拠となる法律は，もちろん「不動産登記法」である。しかし，不動産登記の制度が「不動産登記法」という1つの法律だけで運用されているわけではない。様々な法令や先例などによって運用されている。ここでは，これから学習対象となってくるそのような法令・先例を整理しておこう。

⑵ 民法その他の実体法

　不動産登記は，不動産の物権変動などを記録して公示するものであるが，その物権変動について規定しているのは，民法その他の実体法である。

　たとえば，相続による所有権移転登記は，相続が生じることによってすることができるが，その相続は，民法の相続の規定に従って生じることになる。また，農地の移転には農地法の知識が，会社が合併・会社分割したことによる権利の承継では会社法の知識が，それぞれ必要となってくる。

　不動産登記の学習では，これら実体法の理解も重要になってくる。特に民法の知識は重要である。本書の中でも，適宜民法の復習ができるように，不動産登記と民法を関連づけて説明をしていく。効率的に不動産登記手続が理解できるだけではなく，民法の復習もできるだろう。本書を学びながら，同シリーズの『民法Ⅰ・Ⅱ』などで，関連分野の民法の復習をするのもおすすめである。

　信託法や工場抵当法など，試験科目として学ばない法令や，農地法や会社法など，多くの読者がまだ学習をしていないと思われる法令については，本文の中で，適宜必要な範囲の説明を加えていく。

　不動産登記の制度を学びながら，民法などの実体的な理解について深めてい

けば，効率的に学習を進めることができるだろう。

(3) 不動産登記法

　不動産登記について規定されている最も基本的な法令が，不動産登記法である。登記できる権利・変動，登記事項，登記申請人など，不動産登記の最も根本的なことが規定されている。

　不動産登記法は，平成16年に全面改正されて，インターネットでの申請に対応するなど，現代化された。ただ，同法は条文数も少なく，大枠しか規定されていないため，同法だけでは，不動産登記の制度の運用はままならない。そこで，不動産登記法を受けて政令が規定され，先例が発出されている。

(4) 不動産登記令

　不動産登記法を受けて，政令である不動産登記令が規定されている。不動産登記令では，登記申請の際に提出する登記申請情報及びその登記申請情報に提供する添付情報などが規定されている。具体的には，別表において，登記申請情報及びその添付情報が，不動産登記の種類ごとに分けて定められている。

　登記申請の際に，実際にどのような登記申請情報を作成するのか，どのような添付情報を提供するのかについては，不動産登記令が根拠となることが多いのである。

(5) 不動産登記規則

　法律である不動産登記法，政令である不動産登記令を受けて，法務省令である不動産登記規則が規定されている。

　不動産登記規則においては，登記官がとるべき手続を中心に規定されている。登記官が登記申請に対してどのような手続をとるかは，当然，登記申請にも影響を与えることになる。よって，不動産登記を学ぶ際には，不動産登記規則についても学ぶことになる。

(6) 登録免許税法

　登記申請をする際には，原則として，登録免許税を納付しなければならない。その納付の根拠となっているのが，登録免許税法である。

　特に，別表の「第1の1」において，不動産登記の申請の種類ごとに分けて，登録免許税の課税標準と税率が規定されている。学習上は，この別表に規定さ

れている課税標準と税率が重要である。

(7)　先　例

【先例とは】

登記申請の根拠となるものとして，上記の法令の他に，「通達」「回答」などの先例がある。

【通達・回答】

通達は，全国の登記行政が統一的に運用されるように，法務省民事局長や民事局第三課長が運用の統一基準を示したものである。重要なものとしては，不動産登記事務取扱手続準則がある。

また，回答は，個々具体的な登記事務の処理方法について法務局長等から照会があった場合において，法務省民事局長や民事局第三課長が答えたものである。たとえば，疑義のある登記申請がされた場合や，疑義のある登記申請の可否についての問い合わせが司法書士からあった場合，それを受けた登記官の場当たり的な判断にならないように，法務省民事局にお伺いを立てて，その回答をもらうのである。直接的には，その事件に対する回答であるが，以後の同様の事案を処理する場合の基準となる。

これらの通達・回答は，直接的には，登記官などによる行政の運用基準であるが，当然，登記申請をする際の基準となる。たとえば，「そのような事案については，印鑑証明書を提供させること」という通達が発出されれば，以後は，印鑑証明書の提供がなければ受理されなくなってしまうのである。

民法の学習では，条文を解釈し，隙間を埋めるものとして判例を学習する。不動産登記法では，民法と同じように条文を解釈し，隙間を埋めるものとして通達・回答を学習すると考えればよい。ただし，通達・回答は，訴訟にならなくても発出される点が，判例と異なる。

本書では，このような通達・回答が根拠となる場合に，「昭36・12・23民甲3184号」のように記載する。「民甲」とあれば法務省民事局長が発出したものであり，「民三」とあれば法務省民事局第三課長が発出したものである。

【登記研究】

『登記研究』という名称の月刊誌がある。民間の出版社が発行している雑誌ではあるが，この雑誌の中の「質疑応答」というコーナーを法務省民事局が担当しており，登記申請の根拠となる。よって，ほとんどの司法書士事務所では，『登記研究』を年間契約して購読している。当然，筆者も購読しているが，先

例は積み重ねであるため，古いからといって捨てるわけにもいかず，どんどんたまっていって管理が大変である。子どもに「古い漫画雑誌は捨てなさい」と叱っても，「古い『登記研究』は山のようになっているじゃないか」と反論される始末である。

本書では，「登研306号32」などと示した。これは，登記研究306号の32ページということである。巻末には登記研究索引もあるので，必要に応じて活用してほしい。

② 記述式問題が出題される

司法書士試験の不動産登記法においては，記述式問題も出題される。記述式問題とは，登記申請書（登記申請情報）を記載する問題である。司法書士になったつもりで，お客さんの依頼を聴いて，お客さんの持参した書類をチェックし，生じている物権変動を確認して，必要な登記申請書を解答するのである。

よって，登記申請を単に知識として理解するのではなく，実際に，登記申請情報を書けるように学習する必要がある。本書では，「記載例」として，登記申請情報を掲げるので，これをしっかり書けるように練習することが重要である。

また，単に「記載例」を紹介するにとどまらず，記述式問題を解くときに必要な発想法や解法についても，適宜説明を加えていくので，実践に役立ててほしい。

第2章　登記申請をしてみよう

> ●この章で学ぶこと●
>
> 　不動産登記法の学習では，登記申請情報を書けるようにならなければなりません。この章では，登記申請情報の記載方法の基礎を学んでいき，その周辺知識も整理しつつ，本格的な学習の基礎を作っていきます。

1. 何が登記されるか

1　登記できる権利

　不動産登記において登記できるのは，以下の10個の権利である（3条）。

①所有権
②地上権
③永小作権
④地役権
⑤先取特権
⑥質権
⑦抵当権
⑧賃借権
⑨配偶者居住権
⑩採石権

　⑦の抵当権には，根抵当権や，特別法で規定されている工場抵当権なども含まれる。上記の登記できる権利は，民法で規定された物権が中心となっていることがわかるだろう。しかし，民法で規定されている物権であっても登記できないものがあり，逆に，民法上の物権ではないが，登記できる権利となっているものもある。

では，ここで問題を出そう。

問題1 民法で規定されている物権ではあるが，上記の登記できる権利として掲げられていない権利を答えよ。

正解は，占有権・留置権・入会権の3つである。

占有権は，占有という事実状態が権利に高まったものであり，留置権は，占有の継続が対抗要件である。つまり，この2つの権利は，占有に基礎を置く権利であるため，登記によって公示する必要がない。よって登記できないとされているのである。

また，入会権は，その内容が各地方の慣習に委ねられているため内容がバラバラであり，登記によって公示することが技術的に困難である。そのため，登記できないこととされている。なお，入会権は，登記がなくても対抗力が与えられている（大判明36・6・19）。

では，もう1題。

問題2 民法上規定された物権でないにもかかわらず，上記の登記できる権利として掲げられている権利は何か。

答えは，賃借権・配偶者居住権・採石権である。

賃借権は，民法上の債権である。不動産の賃借権は，多くの人の生活の基盤となっているので，保護する必要があり，登記が認められている。

配偶者居住権は，夫婦の一方が死亡した場合に，生存配偶者が希望するときは，終身または一定期間，居住建物に継続して無償で住み続けることができる法定の債権である。配偶者が死亡した場合に，生存配偶者を保護する権利である。生存配偶者の保護を機能的なものにするために，配偶者居住権を登記できることとし，登記することで，配偶者居住権を第三者に対抗できるようにしたものである。

採石権は，他人の土地において岩石及び砂利を採取する権利であり，採石法に規定された物権である（採石4条）。民法上の権利ではないが，物権であるため，登記が認められた。

なお，六法で不動産登記法をひいてみると，第4章第3節第3款のタイトルが，「用益物権に関する登記」ではなく，「用益権に関する登記」と規定されている。これは，民法上の物権ではないこれらの権利も登記できるからである。

❷　登記記録を見てみよう

(1)　登記記録とは

　登記記録とは，表示に関する登記・権利に関する登記について，1筆の土地または1個の建物ごとに作成される電磁的記録である（2条5号）。

　その登記記録が記録された電磁的帳簿（媒体）が登記簿と呼ばれる（2条9号）。

(2)　登記記録の構成

【表題部と権利部】

　登記記録は，表題部と権利部に分かれる〈図1-1〉。

　表題部には，表示に関する登記が記録される。つまり，その不動産の物理的現況が登記される。これにより，この登記記録がどの不動産を指しているのかがわかり，その不動産の地目・構造などの現状がわかるというわけである。

　権利部は，権利に関する登記が記録される。所有権が移転したり抵当権が設定されたりといった物権変動が生じた場合には，権利部に記録される。

　表題部についての登記を代理して申請する仕事をしているのが，土地家屋調査士である。分筆の登記とか，農地を宅地に転用した場合の地目変更登記の申請などを行う。権利に関する登記を代理して申請する仕事をしているのが，司法書士である。司法書士は，相続による所有権移転登記や抵当権設定登記の申請などを行う。

図 1-1　登記記録の構成

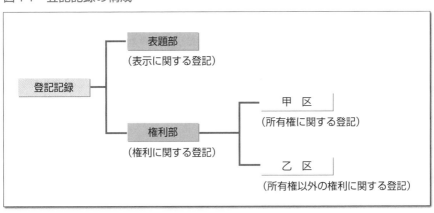

【権利部の構成】

　権利部は，さらに，甲区と乙区に分けられる。甲区には所有権に関する登記が記録され，乙区にはそれ以外の権利が記録される。

　甲区は，所有権専用のコーナーである。所有権は重要な権利なので，その権利の履歴が公示できるように，甲区は所有権専用の部分となっている。

　乙区は，所有権以外の権利が記録される。制限物権を中心に登記される。乙区が存在しなければ，抵当権などの制限物権が設定されていない不動産というわけである。

【登記記録のできる順番】

　登記記録は，表題部→甲区→乙区の順番で作られる。

　表題部がなければ，甲区はない。どの不動産か特定することもできない登記記録に，権利の登記だけがあっても意味がないからである。また，甲区がなければ，乙区はない。制限物権は所有権を制限する形で働くので，まずは所有権の登記をすべきだからである。

　たとえば，建物の場合，建物を建てたときに，「こんな建物が建ちました」という趣旨の申請をして表題部が作られ，その後，司法書士が「所有者は田中一郎さんです」という趣旨の所有権保存登記を申請して，甲区が作られる。さらに，抵当権設定登記などを申請すると，乙区が作られるという具合である。

　では，以下，登記記録のそれぞれの部分を具体的に見ていくことにしよう。

(3)　表　題　部

【総　説】

　表題部は，不動産の物理的現況が登記されている。司法書士の仕事は，権利部に関する登記であり，表題部についての申請は，原則として行わない。よって，表題部については，ひとつひとつの登記事項を細かく覚えるのではなく，一度大まかに目を通しておけばよいだろう。

　土地の表題部と建物の表題部で登記事項が異なるので，分けて確認していこう。なお，権利部は，土地と建物で違いはない。

【土地の表題部】

　まず，実際の土地の登記記録の表題部を見てみよう。

●土地の登記記録（表題部）

表題部（土地の表示）	調製	余　白	不動産番号	0111445297777	
地図番号	余　白		筆界特定	余　白	
所　　在	横浜市戸塚区戸塚町一丁目			余　白	
①　地　番	②　地　目		③　地　積　㎡	原因及びその日付［登記の日付］	
200番	宅地		100 ｜ 00	余　白	
所　有　者	埼玉県戸田市美女木一丁目1番1号　田中一郎				

　土地の登記記録の表題部の登記事項は，「所在」「地番」「地目」「地積」である。上記の登記記録で軽く確認しておくこと。「地番」は，1筆の土地ごとに付す番号であり（2条17号），不動産の識別に必要な情報である。「地目」は，その土地の用途による分類であり（2条18号），「宅地」「学校用地」「雑種地」「田」などと記載される。「地積」は，その1筆の土地の面積である（2条19号）。

　本試験では，記述式問題で，このような登記記録が与えられることがあるが，表題部に関しては，「所在」でどこの不動産かを確認し（どこにある土地かによって登記所の管轄が異なる点は後述する），「地番」で不動産を識別できる程度に見ておけばよい。

　ただ，地目については，農地でないか否かの確認をすること。「畑」「田」などのように農地となっている場合は，物権変動をする際に，農地法の許可書の提供が必要となることがあるからである。

　「所有者」と記載されているのは，表題部所有者である。これは，権利部が作成されていない（まだ所有権の登記がされていない）不動産の登記記録の表題部に，つなぎとして登記される所有者のことである。権利部の登記がされた場合には，抹消される（上記の登記記録のように下線が引かれる）。

【建物の表題部】

　次に，建物の登記記録の表題部を見てみよう。土地の場合と同様，実際の表題部を見てみよう。

●甲建物の登記記録（表題部）

表題部（主である建物の表示）	調製	余　白	不動産番号	0104445298888
所在図番号	余　白			
所　　在	横浜市戸塚区戸塚町一丁目 200 番地	余　白		
家屋番号	200 番	余　白		
①　種　類	②　構　造	③床面積㎡	原因及びその日付［登記の日付］	
居宅	鉄筋コンクリート造陸屋根2階建	1階　50　20 2階　50　20	令和5年12月15日新築 ［令和5年12月16日］	
所　有　者	埼玉県戸田市美女木一丁目1番1号　田中一郎			

　建物についての登記記録の表題部の登記事項は，「所在」「家屋番号」「建物の種類」「構造」「床面積」である。「家屋番号」は，1個の建物ごとに付す番号であり（2条21号），建物の識別に必要な情報である。建物の種類は，建物の用途であり，「居宅」「店舗」などと記載する。

　所有権の登記のない不動産の登記記録の場合に表題部所有者が記載されているのは，土地の場合と同様である。

(4)　権　利　部

　それでは，司法書士試験にとって重要な権利部について見ていくことにしよう。権利部は，甲区と乙区に分かれる。

【甲　区】

　先述したとおり，甲区には，所有権に関する登記が記録される。まず，実際の登記記録を見てみよう。

●登記記録（甲区）

権利部（甲区）（所有権に関する事項）			
順位番号	登記の目的	受付年月日・受付番号	権利者その他の事項
1	所有権保存	令和6年2月22日 第22222号	所有者　埼玉県戸田市美女木一丁目 1番1号 田中一郎
2	所有権移転	令和6年5月15日 第56971号	原因　令和6年5月15日売買 所有者　群馬県太田市浜町1番1号 小池康光

　甲区は，全体として，所有権という1つの権利についての記録となっており，現在誰が所有者かだけではなく，所有権が誰から誰へ移転したのかなどの履歴が載っている。所有権が移転すると，新しい順位が作られ，所有権が移転した旨が登記される。甲区の上の人から下の人へ所有権が移転しており，原則として，一番下に所有者として載っている人が現在の所有者ということである。

　この登記記録では，田中一郎から小池康光に売買によって所有権が移転しており，現在の所有者は小池康光であることがわかる。

【乙 区】

　乙区には，所有権以外の権利が記録される。まずは，実際の登記記録を見てみよう。

●登記記録（乙区）

権利部（乙区）（所有権以外の権利に関する事項）			
順位番号	登記の目的	受付年月日・受付番号	権利者その他の事項
1	抵当権設定	令和6年2月22日 第22223号	原因　令和6年2月22日金銭消費貸借 　　　同日設定 債権額　金1,000万円 利息　年10% 債務者　埼玉県戸田市美女木一丁目1 　　　　番1号　田中一郎 抵当権者　千代田区神田三崎町一丁目 　　　　　1番1号 　　　　　株式会社三省銀行
2	地上権設定	令和6年5月15日 第56972号	原因　令和6年5月15日設定 目的　建物所有 存続期間　50年 地代　1平方メートル1年金2万円 支払時期　毎年3月31日 地上権者　千代田区神田三崎町二丁目 　　　　　2番2号 　　　　　株式会社セントラル不動産

　甲区が所有権専用の記録であるのと異なり，乙区には，それ以外の権利が大部屋のように押し込まれている。1つの権利の履歴となっているわけではないのである。

　乙区には，複数の権利が記録されているが，その権利の優劣が重要である。登記は先に入れたものが優先するが，先に入れた登記は，若い順位番号で登記されるから，順位番号が若いほど優先順位が高いことになる。順位1番と順位2番で2つの抵当権が設定されている場合，先に登記を入れた1番の抵当権が2番の抵当権に優先する。1番の抵当権が配当を受けて，残りがあれば2番の

抵当権が配当を受けることができるというわけである。

　この登記記録においても，株式会社三省銀行の抵当権と，株式会社セントラル不動産の地上権が設定されていることがわかる。そして，株式会社三省銀行の抵当権のほうが，株式会社セントラル不動産の地上権より順位が上であり，優先する権利であることがわかる。株式会社三省銀行がその抵当権を実行して競売をした場合，株式会社セントラル不動産の地上権は消滅してしまうのである。

【注　意】

　本書では，今後，甲区・乙区の登記記録を多く掲げるが，学習の便宜のため，適宜記録事項を省略して示すこともある。たとえば，判断材料として必要がない場合は，所有者・抵当権者の住所を省略したり，登記原因を省略したりする。注意してほしい。

(5)　登記事項

【一般的登記事項と固有の登記事項】

　以上，登記記録について大まかに説明してきたが，ここでは，もう少し丁寧に，登記記録に登記されるものは何かという登記事項について説明していく。

　登記事項には，様々な権利に共通する一般的登記事項と，ある権利に特有な固有の登記事項がある。まずは，一般的な登記事項をひとつひとつ説明していく。

【登記の目的】

　一般的登記事項として，まず，「登記の目的」がある。上に掲げた甲区や乙区の登記記録を見てほしい。「所有権移転」や「抵当権設定」と記録されている部分が，これに当たる。登記の目的は，「どの権利にどのような物権変動があったか」という内容である。原則的に，「所有権」というように権利を特定し，その権利に起こった物権変動を「移転」というように記載する。登記できる物権変動には，保存，設定，移転，変更，処分の制限，消滅があるが，これについては，登記申請の説明をする際に合わせて説明する。

【受付日付・受付番号】

　登記の目的の右側には，「受付日付・受付番号」がある。受付日付は，登記の申請が受け付けられた日であり，受付番号は，登記申請がされた際に登記官が振る番号である（19条3項）。受付番号は，登記所ごとに付ける番号であり，毎年1月にリセットされ，「1号」からスタートする。

　甲区1番と甲区2番，乙区1番と乙区2番のように，順位番号だけで登記の先後がわかる場合もあるが，甲区と乙区の登記のどちらが先にされたかなど，順位番号だけでその先後を知ることができない場合には，受付日付・受付番号を確認する必要がある。その場合には，まず受付日付を確認する。受付日付が異なる場合には，その日付の早いほうが先にされた登記とわかる。しかし，受付日付が同じである場合，それだけでは登記の先後がわからないので，受付番号を確認する必要がある。もちろん，受付番号の早いほうが先になされた登記である。なお，受付日付も受付番号も同じという場合がある。その場合は，登記が同時になされたということである。

　受付番号は，毎年リセットされるので，年をまたいでいるような場合は，受付番号だけで登記の先後は判断できない。受付番号より先に，受付日付を確認しなければならないのはそのためである。

【登記原因】

　登記記録の右側に目を移すと，「権利者その他の事項」という項目がある。ここには，各権利に固有の登記事項が多く登記されているが，共通する登記事項もある。共通する登記事項として，まず「登記原因」があげられる。

　登記原因がない登記も例外的に存在するが，ほとんどの登記には登記原因が記録されている。

　登記原因は，その登記の目的である物権変動が生じた原因を記録する。たとえば，上記登記記録の甲区2番における所有権移転登記の登記原因は，「令和6年5月15日売買」と記録されており，令和6年5月15日の売買契約により所有権が移転したことがわかる。

【登記名義人】

　その権利を有している者が「所有者」「抵当権者」などと表記されたうえで，記録される。これを登記名義人という（2条11号）。登記記録の各権利に，登記名義人の住所・氏名が記録される。また，所有権の登記名義人が法人である場合には，会社法人等番号も記録される。

　「所有者　小池康光」とあれば，この者が登記名義人であり，所有権を取得した者である。

【固有の登記事項】

　次に，各権利に固有の登記事項について説明していこう。

　上記登記記録の中でも，乙区1番の抵当権の場合は「債権額」，乙区2番の地上権は「存続期間」などが記録されている。これらが，その権利特有の固有

の登記事項である。

　このように，固有の登記事項は，それぞれの権利ごとに特徴がある。そこで，詳しいことはそれぞれの権利についての解説の中で説明していくこととし，ここでは，その考え方について説明を加えることにしよう。

【所有権の登記事項は少ない】

　まず気づくのが，所有権には固有の登記事項が少ないということである。上記登記記録を見ても，抵当権・地上権には多くの登記事項があるが，所有権の場合，共通する登記事項くらいしか登記されていない。

　これは，所有権が完全物権だからである。所有権は，物を完全に使用・収益・処分することができる権利である。所有権であれば，どの所有権でも内容は同じである。つまり，所有権の場合，それだけでどのような内容の権利かがわかるので，その内容について登記する必要がないのである。所有権者が「小池康光」であることだけ登記されていれば，小池康光が，その不動産を使用・収益・処分することができるのだということを公示できるというわけである。

　これに対して，制限物権の場合，それぞれの権利ごとに内容が異なる。同じ抵当権でも，債権額がいくらか，特約は付いているのかなど，様々である。地上権でも，地代の有無や存続期間によって，その権利の内容は変わってしまう。このように，所有権以外の権利は，その内容を公示する必要があるため，登記事項が多いのである。

【絶対的登記事項・任意的登記事項】

　固有の登記事項は，絶対的登記事項と任意的登記事項に分けられる。

　絶対的登記事項とは，固有の登記事項のうち，必ず登記をしなければならないもののことである。抵当権における「債権額」が，これに当たる。

　任意的登記事項とは，固有の登記事項のうち，当事者にその定めがある場合に登記しなければならないもののことである。抵当権における「利息」が，これに当たる。注意しなければならないのは，「利息」のような任意的登記事項は，登記申請時に登記申請人が登記するか否かを任意的に選択できるわけではないという点である。利息の定めがあれば，登記しなければならないし，逆に，利息の定めがなければ，利息は登記しない。登記するかどうかを自由に選択できるという意味で任意的というわけではない。結果として，登記されていない抵当権も存在し，それでも有効な登記となるという意味で，任意的なのである。

⑹　下線の意味するものは何か

【下線の意味】

では，次の登記記録を見てほしい。

●登記記録

権利部（乙区）（所有権以外の権利に関する事項）			
順位番号	登記の目的	受付年月日・受付番号	権利者その他の事項
<u>1</u>	<u>抵当権設定</u>	<u>令和5年2月3日</u> <u>第12313号</u>	<u>令和5年2月3日金銭消費貸借同日設定</u> <u>債務者　A</u> <u>抵当権者　D</u>
2	1番抵当権抹消	令和6年7月5日 第71686号	原因　令和6年7月1日弁済

　乙区1番に下線が引かれているが，これは何を意味するのだろうか。通常，あなたが本書のようなテキストに下線を引くのは，それが重要事項と考えた場合だろう。しかし，登記記録の場合，そうではないのである。

　実は，これは，下線を引かれた部分が抹消されたということを意味するのである。不正な改ざんなどを防止するため，一度登記記録に記録した文字は，消去することが認められない。そこで，抹消された事項には，下線を引いて，抹消されたとわかるようにしたのである。

　この登記記録では，1番抵当権に下線が引かれており，すでに1番抵当権は消滅していることがわかる。また，2番には，「令和6年7月1日弁済」を登記原因とする1番抵当権抹消登記がされており，このことで，1番抵当権が抹消されたこともわかる。令和6年7月1日に債務者Aが弁済したことで，付従性により1番抵当権が実体上消滅した。そこで，1番抵当権の抹消登記を7月5日に申請して，受理された。この抵当権抹消登記が乙区2番で受理され，乙区1番の抵当権に下線が引かれたというわけである。

【変更と移転】

　下線が引かれるのは，抹消登記のときだけではない。変更登記の場合でも，下線が引かれる。

　たとえば，抵当権の債権額に変更があった場合は，従前の債権額に下線が引かれる。従前の債権額が，新しい債権額に置き換わったので，従前の額を消去する意味で下線が引かれるのである。

これに対して，移転登記がなされた場合には，下線が引かれない。たとえば，甲区1番で登記された田中一郎から甲区2番の小池康光に所有権が移転しても，甲区1番の所有権には下線が引かれない。権利者でなくなっても，下線が引かれるわけではないのである。移転の場合，従前の登記が別の登記に置き換わったのではないからである。このことから，所有権移転登記などが複数記録されている登記記録においては，どの権利が現在の権利者であるのかをしっかり確認する必要がある。

(7) 主登記・付記登記

権利に関する登記には，主登記と付記登記がある。

【主登記】

主登記とは，独立の順位番号を付してなされる登記である。たとえば，所有権移転登記は，主登記でなされる。前記(4)の甲区で掲げた登記記録においても，小池康光への所有権移転登記は，順位2番という独立した順位を付して登記されている。

同一の不動産に登記した権利の順位は，その登記の前後によるが（4条1項），同一の区の主登記間においては，基本的には，順位によることになる。

【付記登記】

付記登記とは，独立した順位を付さず，既存の主登記に付記してなされる登記のことである（4条2項）。

登記は，主登記でなされるのが原則である。付記登記は，法令で定められた場合にのみなされる例外的な登記である。しかし，例外とはいっても，付記登記でなされる場合は，数多くある。解説を進めていく中で実際に登場した時点でひとつひとつ説明する。なお，『不動産登記法Ⅱ』では，主登記でなされる場合と付記登記でなされる場合を整理する。

付記登記でなされるのは，順位を変えないで登記したい場合や，既存の登記と強い結びつきがあるために新しく順位をとることが適切でない場合などである。

ここでは，付記登記となる場合を1つだけ説明しておこう。所有権以外の権利の移転の登記は，付記登記でなされる（規則3条5号）。たとえば，抵当権の移転登記は，付記登記でなされる。実際に抵当権の移転登記が記録された登記記録を見てもらおう。

●登記実行後の登記記録

順位番号	登記の目的	受付年月日・受付番号	権利者その他の事項
1	抵当権設定	令和4年6月25日 第65223号	原因　令和4年6月25日金銭消費 　　　貸借同日設定 債権額　金1,000万円 利息　年10% 債務者　A 抵当権者　B
付記1号	1番抵当権移転	令和6年7月5日 第75631号	原因　令和6年7月5日債権譲渡 抵当権者　D
2	抵当権設定	令和6年5月15日 第56972号	原因　令和6年5月15日金銭消費 　　　貸借同日設定 債権額　金1,000万円 利息　年10% 債務者　A 抵当権者　C

権利部（乙区）（所有権以外の権利に関する事項）

　1番抵当権がBからDに移転しているが，その登記が付記登記で入っている。独自の順位番号をとらずに，1番抵当権に付記する形で登記されているのである。

　付記登記でなされた登記の順位は，主登記の順位による（4条2項）。今回の抵当権移転も，順位を変えないために付記登記で実行される。もし抵当権移転登記が主登記で実行されるとすれば，移転した結果，3番抵当権となってしまい，Cの2番抵当権に劣後する抵当権となってしまう。付記登記で実行されれば，1番抵当権を1番の順位のまま移転することができるというわけである。

　また，同一の主登記に対して数個の付記登記がなされた場合には，その付記登記の順位は，付記の前後による（4条2項後段）。先に登記がなされた付記1号のほうが，後から登記された付記2号より優先するということである。

2. 登記申請

1 登記されるきっかけは：申請主義

(1) 申請主義

【原　則】

　ここまで，登記記録にどのように登記されるのかを学習してきた。では，そ

の登記は，どのように記録されてきたものなのだろうか。たとえば，A がその所有する甲土地を B に売却した場合の所有権移転登記は，どのタイミングでなされるのだろうか。

　登記官が管轄内をパトロールしていて，不動産の売買があったのを見つけて，職権で登記を入れてくれるわけではない。当事者が自ら「登記を入れてください」と申請しなければならないのである。これを申請主義という。職権で登記がなされるという考え方のことを職権主義というが，この考え方は採用されていない。

　申請主義は，不動産登記法 16 条に規定されている。

> 16条　登記は，法令に別段の定めがある場合を除き，当事者の申請又は官庁若しくは公署の嘱託がなければ，することができない。

　登記がなされる場合を，原則として，①当事者の申請と，②官公署の嘱託としている。

　官公署の嘱託とは，国の他の機関からの依頼ということである。たとえば，差押えの登記は，裁判所書記官からの嘱託登記でなされる。裁判所書記官が嘱託書（申請書）を作成して登記申請するという意味では，これも申請主義に含まれる。都道府県や財務省からの嘱託登記なども，よく見かける。

【例　外】

　権利に関する登記について，例外として，登記官の職権でなされる場合がある。ただ，この場合でも，登記名義人の知らないところで勝手に登記が書き換えられてしまうのはおかしいので，原則として，当事者の承諾が要件となっている。たとえば，職権で A の抵当権の抹消登記をする必要がある場合には，「私の抵当権を職権で抹消してかまいません」という旨の A の作った承諾書の提供が必要となるのである。

⑵　登記は義務ではない

【原　則】

　登記は，原則として，当事者が申請しなければなされないことを前記⑴で学習したが，登記申請は，原則として義務ではない。たとえば，売買によって不動産の所有権を取得した者は，所有権移転登記を申請しなければならないわけではない。

　しかし，登記申請をしないと，権利を取得したことを第三者に対抗することができない。このことから，不動産を購入したのに登記申請をしないことは，

ほとんどない。登記は，それ自体が法律で強制されているわけではないが，事実上の半強制となっているとみることもできるだろう。

【例　外】

　例外として，登記申請が義務づけられることがある。登記義務の内容などの詳細は後述するが，以下の2つのケースである。

①所有権の登記名義人についての相続・遺贈（相続人に対する遺贈に限る）の登記

②改所有権の登記名義人の氏名（名称）・住所についての登記名義人表示変更登記

　この2つの登記を義務づけたのは，所有者不明不動産を生じさせないようにするためである。日本には多くの所有者不明不動産が存在する。土地に関しては，平成29年の調査で，なんと九州の土地の面積に匹敵する土地について所有者の所在が確認できないという結果が生じたほど，事態は深刻なものとなっている。所有者不明不動産が存在すると，周辺土地の利用活動に支障が生じたり，周辺環境が悪化したりするなどの問題が生じる。現に東日本大震災の復興事業において，所有者不明土地が数多く存在し，用地取得が進まず，復興の妨げとなった。

　そして，所有者不明不動産の発生原因の多くは，相続登記をしていないこと，住所変更登記がなされていないことであった。そこで，所有者不明不動産を生じさせないようにするために，この2つの登記を義務化したのである。

　なお，所有者不明不動産の解消が目的であるため，登記義務が課せられるのは所有権に関する登記のみであることに注意すること。抵当権者に相続が生じても，相続登記が義務づけられるわけではないのである。

2　誰が申請するのか：共同申請主義

(1)　共同申請の原則

　権利に関する登記申請は，原則として，登記権利者と登記義務者が共同で行わなければならない（60条）。

　登記権利者とは，登記をすることで，登記上直接に利益を受ける者のことである（2条12号）。たとえば，売買による所有権移転登記であれば，登記申請によって自己名義の登記がなされる買主のことである。

　登記義務者とは，登記をすることで，登記上直接に不利益を受ける登記名義

人のことである（2条13号）。たとえば，売買による所有権移転登記であれば，登記申請によって登記上の名義を失う売主のことである。

　甲土地をＡがＢに売却した場合の所有権移転登記について，Ｂが自己名義の登記を実現したいとしても，Ｂが１人で登記申請することはできない。Ａを登記義務者，Ｂを登記権利者として，共同申請しなければならないのである。司法書士がこの登記を代理申請する場合も多いが，その場合も，Ａ・Ｂ双方から依頼を受けて申請しなければならない。なお，登記申請は，債務の履行に準じる行為であるため，登記権利者及び登記義務者の双方の代理人として登記申請する行為が双方代理として禁止されることはない（民108条１項）〈図1-2〉。

図1-2　共同申請

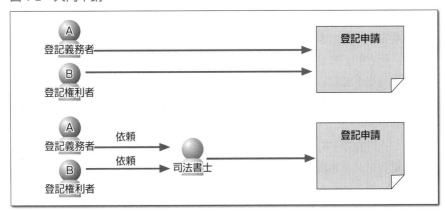

⑵　共同申請が必要な理由

　登記申請が共同申請でなければならないとされているのは，登記の真正を担保するためである。

　たとえば，Ｂが「オレはＡから買ったんだ」と言って，ＡからＢへの所有権移転登記を，１人で申請してきても，怪しいことこの上ない。これが嘘であれば，Ａの知らないところで，登記名義人がＢとなってしまう。この場合に，登記官がＡの意思を確認できればよいが，登記官には，提出されたものを審査するという形式的審査権しかないので，その確認もできない。

　そこで，登記申請によって不利益を受けるＡを，登記義務者として登記申請に関与させることで，嘘の登記がなされるのを防ごうとしているのである。登記申請によって不利益を受ける者が，わざわざ自分が損するような嘘をつく

とは考えられないから，「この人に売りました」と言って A が登記申請に関与するのであれば，その登記申請を真実のものと考えてよいだろうということである。

　共同申請の原則は，登記申請の真正担保のために登記義務者の関与を求めるというところに，ポイントがあるわけである。

⑶　例　　外

　共同申請主義には，例外もある。共同申請の例外として，単独申請と合同申請について説明しよう。

【単独申請】

　共同申請主義を規定している不動産登記法 60 条では，「法令に別段の定めがある場合を除き，登記権利者及び登記義務者が共同してしなければならない」と規定されており，「法令に別段の定めがある場合」には，単独での登記申請を許容している。

　単独申請ができるのは，登記権利者・登記義務者が理論上存在しない場合，または，登記権利者・登記義務者が存在しても共同申請できない一定の事情がある場合である。

　たとえば，相続による所有権移転登記は，相続人が単独申請することができる（63 条 2 項）。登記義務者になるはずの被相続人がすでに死亡しており，登記申請に関与することができないからである。

　また，登記名義人の住所や氏名が変更された場合の登記名義人表示変更登記も，当該登記名義人が単独で申請することができる（64 条）。この場合，物権変動があったわけではなく，登記申請によって不利益を受ける者は存在しないからである。

　理論上，登記義務者が存在し，共同申請をしなければならない場合において，登記義務者が登記申請に協力しないときは，判決による登記によって，登記権利者が単独で申請することができる（63 条 1 項）。判決による登記については，後述する。

【合同申請】

　特殊な申請として，合同申請というものがある。これは，共同申請の一種であるが，登記権利者と登記義務者を明確に区別できないため，登記権利者と登記義務者の割り振りをしないで申請する場合である。

　合同申請となる例は，それほど多くはないが，たとえば，抵当権の順位変更

登記などは，合同申請となる（☞ P457）。

3 どこに申請するのか：登記所

(1) 登 記 所

【登記所とは】

　登記申請は，登記所に対して行う。登記に関する事務は，登記所が扱うことになっているからである。市役所に対して登記申請するわけではない。

　登記所は，各地域の不動産登記の事務を行っている法務省の地方機関である（6条1項）。読者の方でも，そのような機関は聞いたことがない人もいるだろう。市役所などと違い，登記所は駅から離れたところにあることが多い。以前は，登記簿は紙で管理していたので，町の中心に作って火事に巻き込まれると一大事だったからである。駅から登記所まで歩いて行く際に，道に迷って，地域の人に「登記所はどこですか」と聞いても，多くの人はわからないだろう。

　実は，不動産登記法で登記所と呼ばれるのは，法務省の地方機関の1つである法務局・地方法務局及びその出先機関である支局・出張所である。「東京法務局新宿出張所」「前橋地方法務局桐生支局」など，全国に数多く存在する。法務局は，登記や供託，人権保護など多くの職務を行っているが，不動産登記法では，その登記の事務に着目して登記所と呼んでいるのである。

【管　轄】

　全国には数多くの登記所があるが，どこの登記所に登記申請してもよいというわけではない。登記の申請は，不動産の所在地を管轄する登記所に対して行わなければならない。登記所は，管轄外の不動産に関する登記は扱ってくれないのである。

　たとえば，東京都新宿区にある不動産に関する登記申請は，東京法務局新宿出張所に対して行わなければならない。事務所の近くだからと言って，東京法務局渋谷出張所に申請しても，その申請は却下されてしまう（25条1号）。

(2) 登 記 官

　登記所における登記事務は，登記官が取り扱う（9条）。登記申請を却下するか受理するかの判断は，登記官が行うことになる。

　なお，登記官とは，登記所に勤務する法務事務官のうちから，法務局または地方法務局の長が指定する者のことである。

4 どのように申請するのか：方式

(1) 総　説

【登記申請の方法】

　登記申請の方法には，次の2つの方法がある〈図1-3〉。
①書面申請
②オンライン申請

図1-3　登記申請の方法

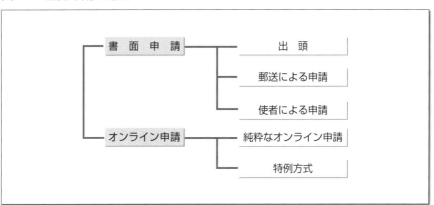

　書面申請は，登記申請情報と添付情報を書面で作成し，登記所に提出する方法である。

　オンライン申請は，登記申請情報と添付情報をパソコンの画面上で作成して，インターネットを通じて登記所に送信する方法である。

【当事者出頭主義の廃止】

　従来は，登記申請人またはその代理人が登記所に出頭して登記申請しなければならなかった。たとえば，東京の司法書士が仙台の不動産の登記申請の依頼を受けた場合，仙台法務局までその司法書士（あるいは補助者）が出向かなければならなかったのである。筆者も，この業界で働きはじめたときは，登記申請を行うために全国の法務局に出向いたものだ。船に乗って新島まで行ったこともある（現在は東京法務局新島出張所が廃止されて東京法務局本局の管轄となっている）。

　しかし，平成16年の不動産登記法の改正によりオンライン申請が認められ

た際に，出頭主義は廃止された。インターネットで申請するのだから，法務局まで行く必要があるわけがない。また，それとバランスをとるために，書面申請の場合も，出頭する必要がなくなった。書面で登記申請情報と添付情報を作成し，郵送したり，使者を使って提出することも認められるようになったのである。

(2)　書面申請

　書面申請は，登記申請情報と添付情報を書面で作成し，登記所に提出する方法である。書面で作成した登記申請情報と添付情報をホチキスで綴じて，法務局に持参または郵送することで申請する〈図1-4〉。

図1-4　書面申請

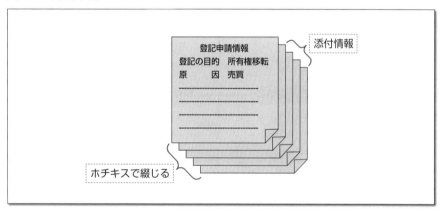

(3)　オンライン申請

【オンライン申請総説】

　オンライン申請は，登記申請情報と添付情報をパソコンの画面上で作成して，インターネットを通じて登記所に送信する方法である。

　オンライン申請は，純粋なオンライン申請と，特例方式に分けられる。

【純粋なオンライン申請】

　純粋なオンライン申請は，登記申請情報と添付情報をすべてインターネットで送信する申請である（18条1号，令10条）。平成16年不動産登記法の改正で認められるようになったものであり，原則的なオンライン申請の方式である。

　インターネットで物理的な紙を送ることはできない。よって，純粋なオンラ

イン申請においては，登記申請情報と添付情報のすべてが，電子データ（電子文書）で作成されていることが必要となる。

　そして，送信する登記申請情報と添付情報は，すべて電子署名をしたうえで（令12条），電子証明書を併せて提供しなければならない（令14条）〈図1-5〉。

図1-5　電子署名・電子証明書

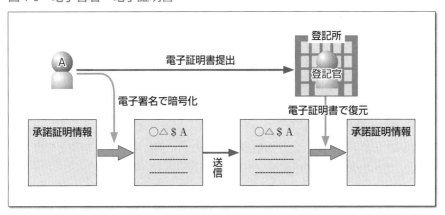

これは，それぞれの文書を本人が作成したことを証明するためである。電子データをそのまま送りつけても，本人が作成した証拠がなく，他人による勝手な申請が可能となってしまうからである。

　電子署名とは，データを暗号化することである。そして，電子証明書は，その暗号化されたものを復元する鍵である。電子署名で暗号化したものは，それと対応する電子証明書でしか復元できない。その意味で，この2つがセットである。たとえば，Aが登記申請に必要な添付情報としての承諾証明情報を電子データで作成し，これを提供してオンライン申請をするとしよう。この場合，この承諾証明情報をAが電子署名で暗号化する。そして，この承諾証明情報とAの電子証明書を提供して登記申請する。登記官は，提供された電子証明書でAの承諾証明情報の復元をする。復元に成功すれば，この承諾証明情報は，Aが作成したものだと証明できるということである。

【オンライン申請は普及しなかった】

　平成16年の不動産登記法の改正により，鳴り物入りで創設されたオンライン申請であったが，実は，まったくといってよいほど普及しなかった。施行後しばらくは，オンライン申請が全国で1件も利用されないほどだったのである。

　その理由の1つとして，電子署名・電子証明書が普及していないことがあげ

られる。司法書士が依頼者に「オンライン申請をしたいので、委任状を電子文書で作成して、電子証明書を提供してください」と言っても、そんなことができる人はほとんどいないのである。また、添付情報がすべて電子データで用意できないことが多いということも、理由としてあげられる。たとえば、相続による所有権移転登記を申請する場合は、戸籍謄本等の提供が必要となるが、これは電子化されておらず、電子データで準備することができないのである。

【特例方式】

　そこで、どうしてもオンライン申請の普及率を上げたい法務省が認めたのが、特例方式によるオンライン申請である（令附則5条1項）。

　これは、登記申請情報はインターネットで申請し、添付情報は、後日、登記所に郵送または持参すればよいというものである（登記識別情報など登記申請情報と一緒に送信しなければならないものもある。詳細は後述）。オンライン申請と書面申請をミックスしたような申請方法なので、俗に半ライン申請と呼ばれている。

　これなら、登記申請情報だけ電子データで作成すればよいので、登記申請情報の作成者である司法書士だけ対応できれば、申請できる。また、この申請を行った場合には、書面申請に比べて登録免許税面でのサービスを受けられるようにした（現在、このサービスは廃止された）。このことで、特例方式は、司法書士の申請において多く使われるようになり、オンライン申請の利用率も増加することとなった。

　法律上は、登記申請情報も添付情報もすべてオンラインで送信する純粋なオンライン申請が原則で、特例方式が文字どおり特例なのであるが、実務でオンライン申請といった場合は、この特例方式を指すことが多い。

【情報という用語】

　これまでの説明で、登記申請情報・添付情報という用語が出てきたが、「情報」という部分に違和感を感じた人もいるだろう。実は、これらの用語は、平成16年の改正前は、それぞれ登記申請書・添付書類と呼ばれていたものである。

　平成16年改正によってオンライン申請が認められたことで、紙で作成されることを前提とした登記申請書・添付書類という用語がふさわしくなくなった。そこで、オンライン申請にも対応できる用語として、登記申請情報・添付情報という用語に変わったのである。

　「情報」であれば、電子文書でも、紙の文書でも、用語として対応できる。

電子データ・紙という媒体の違いはあっても、提出するのは、そこに記録・記

載された情報だからである。

　実務では，書面申請をする場合に，以前の慣習にならって登記申請書・添付書類という用語が使われることもあるが，法律上は，オンライン申請・書面申請を問わず，登記申請情報・添付情報に統一されたのである。

5　どんな登記が申請できるのか：登記できる物権変動

(1)　総　　説

　登記できる権利について，どのような変動が生じた場合に，どのような登記を申請することができるのか，確認していこう。

　権利の登記においては，次のような登記を申請することができる。
①保存登記
②設定登記
③移転登記
④変更登記
⑤更正登記
⑥抹消登記
⑦登記名義人表示変更登記

　以下，ひとつひとつ検討していこう。

(2)　保存登記

　保存登記とは，当事者の意思表示とは関係なく法律上権利が発生した場合に，その権利を登記上保存するための登記である。登記されていない権利を登記記録に登場させるときに行う登記である。

　通常，権利は意思表示により発生する。たとえば，抵当権や地上権は，設定契約によって成立する。そのため，これらの登記を初めて登記記録に登場させる登記は，後記(3)で説明する設定登記となり，保存登記とはならない。

　そのため，保存登記を申請することができる権利は，所有権と先取特権のみである。つまり，保存登記は，所有権保存登記・先取特権保存登記の2つしかない。このことは重要な知識なので，今のうちに押さえておくとよい。

　たとえば，建物を建築した場合，その建物についての所有権が建築主に生じるので，その建物についての所有権保存登記を申請することができ，その建物の所有権が登記記録に登場することとなる。

(3) 設定登記

　設定登記とは，設定契約という意思表示によって権利が発生した場合に行う登記である。

　所有権・先取特権以外の権利を登記記録に登場させるときに行う登記である。たとえば，抵当権設定登記・地上権設定登記などがある。

(4) 移転登記

　移転登記とは，すでに登記されている権利の主体が変わった場合に行う登記である。たとえば，所有権移転登記・抵当権移転登記などがある。移転登記をすることで，その権利の登記名義人が変わることになる。

　所有権移転登記は主登記で実行され，所有権以外の権利についての移転登記は付記登記で実行されることも復習しておくこと。

(5) 変更登記

　変更登記とは，すでに登記された権利について，主体以外の登記事項に変更が生じた場合に行う登記である。

　たとえば，抵当権では，債権額が登記事項となっているが，債権が一部弁済されて債権額が減少した場合には，抵当権変更登記を行う。

(6) 更正登記

　更正登記とは，すでに登記されている権利の主体や内容の一部に誤りがあった場合に行う登記である。変更登記と異なり，登記された最初の時点から誤りがあった場合に行うべき登記である。

　たとえば，抵当権設定登記において登記された債権額が初めから誤っていた場合には，抵当権更正登記を申請する。

(7) 抹消登記

　抹消登記とは，登記された権利や権利変動の効力が消滅した場合に行う登記である。

　たとえば，登記された抵当権の被担保債権が債務者によって全額弁済された場合，抵当権が消滅するので，抵当権抹消登記を申請する。

⑻　登記名義人表示変更登記

　登記名義人表示変更登記とは，権利の主体に変更はないが，登記名義人の氏名や住所に変更が生じた場合に，登記記録上の氏名・住所を現在の氏名・住所に一致させるために行う登記である。

6　物権変動を忠実に反映

　登記申請は，物権変動に忠実であることが要請される。登記記録は，現在の法律関係だけが公示されていればよいというものではなく，過去の物権変動の過程も公示する必要がある。たとえば，A→B→Cと所有権が移転した場合に，現在の所有者がCだとわかるだけでは，安心して取引ができない。また，権利変動の過程がわからなければ，土地工作物責任などの追及もできなくなってしまう。

　登記記録は，その不動産の"履歴書"だと考えればよい。履歴書には，その人の人となりを示すために，過去の学歴・職歴などを記載する。それと同じである。

　以上のことから，A→B→Cと所有権が移転した場合は，AからBへの所有権移転登記と，BからCへの所有権移転登記を申請する必要があることになる。

　この場合に，A→Cというように，Bを飛ばした所有権移転登記を申請することを中間省略登記という。これは，原則として許されない。

　中間省略登記ができる場合も例外的に出てくるが，まずは，中間省略登記が原則として許されないことを押さえておいてほしい。

3. 登記申請の流れ

1　登記申請情報

⑴　事例と記載例

　これまで，登記申請についての基礎知識を確認してきた。ここで，実際の登記申請情報を確認してみよう。

例題 次のような登記記録の甲土地について，令和6年7月5日，所有者である田中一郎と小池康光は，売買契約を締結した。法務律子は，この事例において必要となる登記申請の依頼を受けた。登記申請情報を作成せよ。

●登記記録（甲区）

権利部（甲区）（所有権に関する事項）			
順位番号	登記の目的	受付年月日・受付番号	権利者その他の事項
1	所有権保存	令和6年2月22日 第22222号	所有者　埼玉県戸田市美女木一丁 　　　　　目1番1号 田中一郎

(注)1　小池康光の住所は，群馬県太田市浜町1番1号である。
　　2　甲土地の管轄は，東京法務局新宿出張所である。
　　3　甲土地の不動産価額は，1,000万円である。
　　4　登記申請日は，令和6年7月5日であり，書面で申請するものとする。

●記載例

　　　　　　　　　　　　登記申請書

登記の目的　　所有権移転

原　　　因　　令和6年7月5日売買

権　利　者　　群馬県太田市浜町1番1号
　　　　　　　小池康光

義　務　者　　埼玉県戸田市美女木一丁目1番1号
　　　　　　　田中一郎

添付情報　　　登記原因証明情報　　登記識別情報　　印鑑証明書
　　　　　　　住所証明情報　　代理権限証明情報

令和6年7月5日申請　　東京法務局新宿出張所

代　理　人　　渋谷区代々木一丁目1番1号
　　　　　　　司法書士　法務律子　㊞
　　　　　　　電話番号　03－0000－0000

課税価格　　　金1,000万円

登録免許税　　金20万円

不動産の表示

所在　新宿区西新宿一丁目

地番　1番1

地目　宅地	
地積　100.00㎡	

　これが，本例題において作成すべき登記申請情報である。この登記申請情報をA4用紙に印刷し，添付情報をホチキスで綴じて，登記所に提出をすればよい。この登記申請情報と添付情報を登記官が審査し，問題がなければ受理して，登記記録を申請どおりに書き換えてくれる。

　登記申請は，オンライン申請することもできる。しかし，書面申請のほうがイメージしやすいうえ，記述式問題も書面申請を前提とした問題となっている。よって，以下，本書では，書面申請を前提に，記載例を説明する。

　また，本書では，読者が登記申請情報を覚えられるように，多くの記載例を掲載していくが，学習の便宜のため，一部省略したものとなっている。たとえば，代理人の記載・不動産の表示などわかりきったものは省略し，さらに不要な場合は登記申請人の住所も省略することで，大事なことが目立つようにし，覚えやすくしていく。本試験の記述式問題では，司法書士が代理申請した場合の登記申請情報を記載することが解答として求められるので，本書でも司法書士が代理申請した場合の記載例を示し，それに基づいて説明を加えていく。

　さて，以下，上記登記申請情報に記載されている要素をひとつひとつ説明していくことにしよう。

(2)　登記の目的

　登記の目的には，どのような登記を実行してほしいかを記載する。つまり，どの権利にどんな物権変動が生じたかを記載すればよい。この記載は，そのまま登記記録に登記の目的として記録される。

　今回は，「所有権」という権利が「移転」するので，「所有権移転」と記載すればよい。

(3)　登記原因

　登記原因は，登記の目的に記載したような物権変動が生じた原因である法律行為または法律事実のことである。物権変動が生じた原因をその日付と合わせて記載する。この記載は，そのまま登記記録に登記原因として記録される。

　今回は，令和6年7月5日に締結した売買契約によって所有権が移転しているので，「令和6年7月5日売買」と記載すればよい。

⑷　登記申請人

　登記申請情報には，登記申請人の氏名（名称）と住所を記載しなければならない（令3条1号）。登記申請は，当事者が行わなければならないので，誰からの申請なのかをわかるようにするためである。

　共同申請の場合は，「登記権利者」「登記義務者」として，双方の氏名（名称）・住所を記載する。今回は，登記権利者として買主の小池康光，登記義務者として売主の田中一郎の氏名・住所を記載している。

⑸　添付情報

　登記申請情報に提供する添付情報を記載する。添付情報として何を提供しなければならないかなどの詳細は，後記2で説明する。

⑹　申請年月日及び登記所の表示

　登記申請情報には，登記申請日を記載する（規則34条1項7号）。また，登記申請は，管轄登記所に提出しなければならないため，申請する登記所の表示も記載しなければならない（規則34条1項8号）。

⑺　代理人の表示

　司法書士などの代理人によって登記申請する場合には，代理人の氏名・住所を記載しなければならない（令3条3号）。

　今回は，司法書士法務律子の氏名・住所を記載する。また，登記申請情報は，法務律子が作成したものなので，その氏名の横に押印をする。司法書士からの申請の場合，職務上使用する印鑑である職印を押すことになる。

⑻　課税価格・登録免許税額

　権利に関する登記を申請する場合，申請人は，登録免許税を納付しなければならない（登免税9条）。書面申請の場合は，登記申請情報の後ろに貼用台紙を綴じ込み，その紙に収入印紙を貼付して納付するのが普通である。

　そして，登記申請情報には，その額を明確にするために，課税価格と登録免許税の額を記載しなければならない（規則189条）。

　今回のような売買による所有権移転登記の場合，不動産価額の1000分の20が登録免許税となるので，その旨を登記申請情報に記載する。

⑼　不動産の表示

　登記申請において，どの不動産に対する申請なのかを特定するため，登記申請情報には，登記申請の対象となっている不動産の表示を記載しなければならない（令3条7号8号）。

　土地の場合は，所在・地番・地目・地積を記載し，建物の場合には，所在・家屋番号・建物の種類・構造・床面積を記載する。

　ただし，不動産には不動産番号が付されており，その番号で特定することができるため，登記申請情報に不動産番号を提供した場合には，所在・地番などを記載する必要はない（令6条）。

❷　添付情報

⑴　総　　説

　登記申請情報には，所定の添付情報を提供しなければならない。

　これは，登記の正確性を担保するためである。AからBへの売買による所有権移転登記の申請として登記申請情報1枚だけが提出されたとしても，この申請に信憑性はない。本物のAからの申請なのだろうか。売買契約は本当に存在したのだろうか。Bの住所は間違っていないだろうか。代理申請している司法書士は，本当に依頼を受けているのだろうか。——怪しいところを挙げれば，枚挙にいとまがない。

　これらの疑問を解消し，登記官が登記を実行できるように，添付情報の提供が必要となってくるのである。添付情報を学ぶときには，登記官が何を知りたいか，そして，それを証明するには何を提供するとよいのか，ということを意識するとよい。また，添付情報を覚えるときに，それぞれの申請で必要なものを別個に覚えようとすると，きりがなくなってしまう。添付情報を提供する場合の共通した判断基準を押さえるべきである。ここでは，そのような判断基準を中心に説明することにしよう。

　それに役立つのが，以下の添付情報チェックシートである。このシートに従って，基本となる5つの添付情報の要否を考え，さらに，それぞれの申請に必要な特殊な添付情報を考えるようにするとよい。

●添付情報チェックシート（ひな型）

登記原因証明情報	登記識別情報	印鑑証明書
登記原因がある場合に必要	登記義務者のものが必要	登記義務者が所有者の場合に必要
住所証明情報	代理権限証明情報	その他の添付情報
新たに所有権登記名義人となる場合に必要	代理申請であれば必要	

⑵　登記原因証明情報

【登記原因証明情報とは】

　登記原因証明情報とは，その名のとおり，登記原因を証明するものである。つまり，登記申請の原因である法律行為・法律事実が本当に生じたのかを証明するものである。

　「売買」による所有権移転登記であれば，売買契約書を提供すればよい。ただ，実際には，報告書形式の登記原因証明情報を提供することが多い。これは，登記申請のためにあえて作成するものであり，「こんな売買がありました」という趣旨の書類に，登記義務者が押印したものである。添付情報として提供すると，法務局で保管されることになるが，売買契約書は手元に残しておきたいのが通常であるため，登記申請にはそれ専用の書類を作成するというわけである。

【提供の要否】

　権利に関する登記を申請する場合には，原則として，登記原因証明情報を提供しなければならない（61条，令7条1項5号ロ）。

　ただし，例外として，登記原因証明情報を提供しなくてよいケースがある。

《登記原因証明情報の要否の判断基準》

原則：必要

例外：次のいずれかの場合は，不要

　　　①所有権保存登記　②仮処分による失効　③混同による抹消登記

　　　④契約から10年を経過したことによる買戻特約の単独抹消登記

　登記申請情報には，登記原因を記載するので，登記原因証明情報を提供しなければならないのが原則である。

　ただ，上記①は，例外的に登記原因が存在しない登記である。この場合，登記原因がないのだから，それを証明する必要もないのである（☞P213）。ただし，この場合でも，敷地権付区分建物についてする74条2項の所有権保存登記には登記原因があるので，それを証明するための登記原因証明情報の提供が必要となる。

　②の場合は，同時申請する登記から真正な登記であることが明らかなので，登記原因証明情報が不要となる。

　③・④は，それぞれ登記原因は存在するが，登記記録からその事実が明確なので，登記原因証明情報の提供が不要となる例外である（☞P476，P330）。

　以上の詳細は，それぞれの個所で説明する。

(3)　登記識別情報

【登記識別情報の趣旨】

　登記申請は，原則として共同申請で行う。登記義務者の関与があることで，登記義務者の申請意思が確認でき，真正な登記を実現することができる。——このことはすでに説明した。しかし，その前提として重要なことがある。それは，登記義務者の本人確認である。たとえば，AからBへの売買による所有権移転登記において，Aの関与がありその意思が確認できても，その前提として，Aの本人確認ができていなければ，意味がないのである。

　そこで，登記義務者の本人確認をする必要がある。では，本人確認をするためには，どうすればよいだろうか。一般的には，運転免許証の提示を求めるなどの方法を考えるかもしれない。しかし，もっとよい方法がある。

　登記義務者は，原則として「かつて登記名義人であった者」である。登記名義人であった者が今回の申請により不利益を受けるから，登記義務者となるのである。ということは，登記義務者とは，一度登記申請した者なのである。そうであれば，その者が登記名義人となったときにパスワードを渡しておいて，登記申請時にそのパスワードを提示してもらえば，れっきとした本人確認となる。このパスワードこそ，登記識別情報なのである。

【登記識別情報とは】

　このように，登記識別情報は，パスワードである。パスワードは，登記名義人となったときに通知される。そして，登記義務者となったときに提供するこ

とになる。たとえば，Aが所有権を取得し，その登記をしたときに，登記識別情報がAに通知される。そして，AからBへの所有権移転登記において，その登記識別情報を提供してもらう。その提供された登記識別情報を登記官がチェックし，かつて通知したものと同じであれば，本人確認ができたことになる。その登記識別情報は，Aしか知らないものだからである。

　登記識別情報は，所有権以外の権利について登記名義人となった場合にも通知される点に注意すること。抵当権登記名義人となった場合には，その抵当権についての登記識別情報が通知され，抵当権抹消登記の申請をする場合など，抵当権者が登記義務者となるときにはその登記識別情報の提供が必要となってくる。

　実際には，登記識別情報は，アルファベットと数字がランダムに配列された12桁のパスワードとなっている。「4A8 - 58V - 7P3 - B67」といった具合である。

　登記識別情報は，次ページのような通知書により通知される〈図1-6〉。実際には，糊付けされ，パスワードが見られないように工夫が施してある。

【登記済証とは】

　不動産を所有すると「権利証」がもらえるということを聞いたことがある人もいるかもしれない。俗に「権利証」と呼ばれていたものは，法律上は登記済証といわれるもので，かつては，登記名義人になると交付され，登記義務者の本人確認として添付した。

　実は，この「登記済証」が，平成16年の改正で，「登記識別情報」に変わったのである。現在は，不動産を買って登記しても，権利証という書類ではなく，登記識別情報というパスワードがもらえるのみである。これでは味気ないということで，改正に反対の意見も多かったが，どうしても改正しなければならない事情があった。それは，この改正でめざしていたオンライン申請である。紙でできた登記済証では，オンライン申請に対応できない。パスワードであれば，インターネットでも送信することができ（読者も各種パスワードをインターネット画面に打ち込んだ経験があるだろう），オンライン申請に対応できるのである。

　ただ，実際には，登記義務者が改正前に不動産を取得した等の理由で，登記義務者に交付されているものが登記済証であることは多い。その場合には，登記識別情報ではなく，登記済証を提供することになる（この場合はもちろん，純粋なオンライン申請はできない）。制度を変えても従前の制度の痕跡はなかなか消えないものなのである。

2

図1-6　登記識別情報通知

登記識別情報通知

　次の登記の登記識別情報について，下記のとおり，通知します。

【不動産】

新宿区西新宿一丁目1番1の土地

【不動産番号】

０１６５９７８５６３２１５

【受付年月日・受付番号】

令和6年2月22日受付　第２２２２２号

【登記の目的】

所有権保存

【登記名義人】

埼玉県戸田市美女木一丁目1番1号

田中一郎

（以下余白）

―――――――――――――――――――

＊下線のあるものは抹消事項であることを示す。

記

登記識別情報

令和6年2月24日

東京法務局新宿出張所

登記官　　　　　　　　　　吉　田　時　雄　㊞

【登記識別情報の提供の要否】

　登記権利者と登記義務者の共同申請による登記を申請するときに，登記義務者の登記識別情報の提供が必要となる（22条）。登記義務者の本人確認のためである。

　前記**1**の登記申請においては，登記義務者である田中一郎の本人確認をする

ため，甲区1番で登記名義人となった登記申請（令和6年2月22日第22222号の申請）において田中一郎に通知された登記識別情報の提供が必要となる。

《登記識別情報の提供の要否の判断基準》
共同申請の場合，登記義務者の登記識別情報の提供が必要となる。

【登記識別情報が提供できない場合】
　読者の中には，「登記識別情報をなくすと登記申請ができないのか？」と疑問に思う人もいるかもしれない。

　日常生活でパスワードを忘れても，それを回避する手続があるのと同様，登記識別情報がなくても，他の方法で本人確認ができれば，登記申請はできる。

　①事前通知，②登記申請を行う司法書士による本人確認情報の作成，③公証人の認証のいずれかの手続を行うことになる。この点については，『不動産登記法Ⅱ』で説明する。各申請手続を学ぶ際には，登記義務者の登記識別情報を提供することができる前提で学習を進めていけばよい。

(4)　印鑑証明書

　印鑑証明書も，登記義務者の本人確認のための添付情報である。ただし，登記識別情報の場合と異なり，印鑑証明書を提供しなければならないのは，所有権登記名義人が登記義務者となる場合のみである。

　つまり，所有権登記名義人が登記義務者となる場合は，本人確認のために，登記識別情報に加えて，印鑑証明書の提供も必要となる。これに対して，抵当権者など，所有権登記名義人以外の者が登記義務者となる場合には，その者の登記識別情報の提供は必要であるが，印鑑証明書の提供は必要ない。

　前記❶の登記申請においては，登記義務者である田中一郎が所有権登記名義人であるため，田中一郎の印鑑証明書の提供が必要となる。

《印鑑証明書の提供の要否の判断基準》
共同申請の登記義務者が所有権登記名義人の場合は，印鑑証明書の提供が必要となる。

　これは，所有権が重要な権利であるから，ダブルチェックしていこうということである。もし，登記識別情報だけの提供で所有権移転登記を申請すること

ができるとすれば，登記識別情報が盗み見られた場合，本人の知らないところ
で所有権移転登記をされる可能性が出てきてしまうというわけである。

　印鑑証明書のサンプルを掲げておこう〈図1-7〉。

図 1-7　印鑑登録証明書

印鑑証明書は，市役所等に実印登録をすることでもらうことができる。

　印鑑証明書は，その者の実印を証明するものである。印鑑証明書の中には印
影が印刷されているが，これが「本人の実印ですよ」という証明書なのである。

　よって，実務では，「実印」と「印鑑証明書」はセットであり，原則として，
その一方だけが要求されることはない。登記申請においても，印鑑証明書の提
供が要求される場合には，その者の押印は実印で行う必要がある〈図1-8〉。具
体的には，本人申請の場合には登記申請情報，司法書士等によって代理申請す
る場合には委任状に押印する印鑑が実印でなければならないということである。

(5)　住所証明情報

　住所証明情報とは，その名のとおり，住所を証明する情報である。自然人で
あれば，住民票の写しということになる。

　住所証明情報の提供が必要となるのは，所有権登記名義人として新しく登記
名義人となる者が登場する登記を申請する場合である。具体的には，①所有権

図 1-8　実印が必要

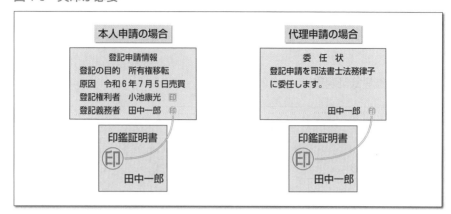

保存登記，②所有権移転登記，③新たに所有権登記名義人が登場する所有権更正登記である。これらの登記をする場合に，新しく所有権登記名義人となる者の住所証明情報が必要となる。

《住所証明情報の提供の要否の判断基準》
住所証明情報は，新たに所有権登記名義人となる者が登場する登記を申請する場合に提供しなければならない。
住所証明情報の提供が必要となる登記は，次のとおりである。
①所有権保存登記
②所有権移転登記
③新たに所有権登記名義人が登場する所有権更正登記

　登記名義人が登場する登記申請であっても，それが所有権についての登記名義人ではない場合には，住所証明情報の提供は必要ない。たとえば，抵当権設定登記申請は，新たに抵当権者として登記名義人となる者が登場するが，その者の住所証明情報の提供は必要ないのである。
　所有権者として登記名義人となろうとする者については，その実在性と正しい住所を確認する必要があるからである。たとえば，所有権登記名義人となった者には，固定資産税が課される。そのときに，実在しない者が登記名義人となっていれば，税金をとることができなくなってしまうし，偽りの住所が登記されていると，請求書が送れなくなってしまうのである。
　所有権以外の権利の場合は，そこまで実在性と正しい住所を確認しなければ

ならない必要性はないので，住所証明情報の提供が要求されていないのである。

　前記**1**の登記申請においては，所有権登記名義人となる小池康光の住民票の写しを住所証明情報として提供しなければならない。

⑹　代理権限証明情報

【代理権限証明情報とは】

　代理権限証明情報とは，その名のとおり，代理人による申請の場合に，その代理人に登記申請を代理する権限があることを証する情報である。代理人が登記申請をする場合に必要となる。

　司法書士が代理申請する場合には，登記申請人の委任状を提供する必要がある。登記権利者・登記義務者の共同申請となる登記を代理申請する場合には，その双方の委任状が必要となる。また，登記義務者において印鑑証明書の提供が要求される場合には，その委任状の押印は実印で行う必要がある。

　前記**1**の登記申請においては，田中一郎と小池康光から司法書士法務律子への委任状の提供が必要となる。そして，田中一郎は，その委任状に実印で押印する必要がある。

【代理権限証明情報の提供の要否】

　代理権限証明情報は，登記申請人から実際の登記申請をする者（司法書士）まで，代理権でつながるように証明しなければならない〈図1-9〉。

図 1-9　代理権をつなげる

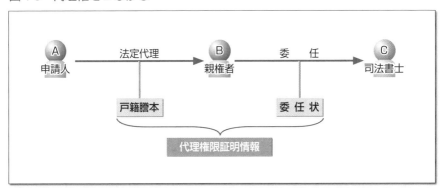

　たとえば，4歳のAが登記申請する場合を考えよう。この場合，4歳の子は，司法書士と委任契約を結べないので，その親権者Bが司法書士Cへの委任状を作成することになる。司法書士Cが登記申請する場合には，もちろん，こ

の委任状を提供するが，それだけでは足りない。登記官は，「Bから司法書士への委任があることはわかったけど，Bって誰？」と疑問に思ってしまう。そこで，AとBの代理関係を証明するものも提供しなければならないのである。BはAの親権者であり，法定代理人である。よって，その代理権を証明するものは，戸籍謄本となる。Bの代理権を証明するものとして，戸籍謄本を提供すればよいのである。戸籍謄本により子Aから親権者Bへの代理関係，委任状により親権者Bから司法書士Cへの代理関係を証明することで初めて，司法書士Cが登記申請できるのである。

> 《代理権限証明情報の提供の要否の判断基準》
> 　代理申請の場合に必要となる。登記申請人から実際の申請人までが，代理関係でつながるように証明しなければならない。

(7)　法人が登記申請人となる場合の添付情報

【会社法人等番号】

　株式会社などの法人が登記申請人となる場合には，さらに添付情報が必要となる。

　まず，株式会社Aが登記申請人となる登記申請を司法書士Cが代理申請する場合の添付情報を考えていこう。

　代理申請なので，当然，司法書士への委任状が代理権限証明情報として必要となる。では，その委任状を書くのは誰か。法人そのものは委任状を書くことができないので，実際に委任状を作成するのは，株式会社Aの代表者である。ここでは代表取締役Bとしよう。「株式会社A　代表取締役B」という名義で，司法書士Cへの委任状を書くことになる。

　ここで，問題が起こる。登記官は「BからCへの委任があることがわかったけど，Bって誰？」と考えてしまうのである。Bが株式会社Aの代表者であり，会社を代表して司法書士に委任する権限があることを証明しなければならない。代表者の資格を証明するのは，株式会社の登記記録である。たとえば，株式会社の登記記録（抜粋）は，以下のようなものである。

●株式会社の登記記録

会社法人等番号	1234-00-123456	
商号	株式会社　A	
本店	東京都千代田区神田三崎町一丁目1番1号	
会社成立の年月日	令和2年5月23日	
発行済株式の総数並びに種類及び額	発行済株式の総数 2,000株	
資本金の額	金1億5,000万円	
役員に関する事項	取締役　B	令和6年6月25日重任
	取締役　D	令和6年6月25日重任
	取締役　E	令和6年6月25日重任
	東京都世田谷区等々力一丁目1番1号 代表取締役　B	令和6年6月25日重任
	監査役　F	令和4年6月26日就任
取締役会設置会社に関する事項	取締役会設置会社	
監査役設置会社に関する事項	監査役設置会社	
登記記録に関する事項	設立	

　これが株式会社Aの登記記録であるが，この中に，Bが代表取締役であることが記録されている。しかし，この登記記録に関する登記事項証明書を提供しなければならないわけではない。株式会社Aの会社法人等番号を提供すればよいことになっている。会社法人等番号とは，法人ごとに振られる12桁の番号である（商登法7条，商登規則1条の2第1項）〈図1-10〉。上記の登記記録の上部にも記録されていることを確認してほしい。

　会社法人等番号を提供することで，登記官は，この会社の登記記録を確認することができる。そうすることで，Bが株式会社Aの代表取締役であることがわかるというわけである。

> 《会社法人等番号の提供の要否の判断基準》
> 法人が登記申請を行う場合に，その提供が必要となる。

図 1-10　会社法人等番号

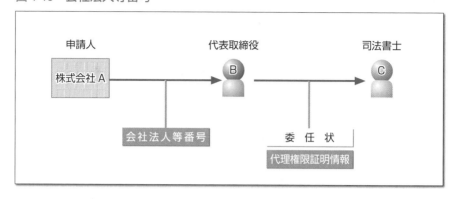

【登記申請情報の記載方法】

　会社法人等番号を提供する場合の登記申請情報は，以下のようになる。たとえば，X から株式会社 A への売買による所有権移転登記を考えてみよう。

> 権　利　者　　東京都千代田区神田三崎町一丁目 1 番 1 号
> 　　　　　　　株式会社 A
> 　　　　　　　（会社法人等番号　1234-00-123456）
> 　　　　　　　代表取締役　B
> 義　務　者　X
> 添 付 情 報　登記原因証明情報　登記識別情報　印鑑証明書
> 　　　　　　　住所証明情報　代理権限証明情報　会社法人等番号

　会社法人等番号は，登記申請情報の申請人欄に記載して提供し，添付情報として，「会社法人等番号」と記載する。登記申請によって，所有権の登記名義人となる者については，登記申請情報に記載した会社法人等番号が登記記録に登記される。

　また，法人が登記申請人となる場合には，登記申請に当たる代表者の氏名も申請人欄に記載する。代表者の氏名は，登記記録には登記されない。

【添付省略】

　もう一度，会社の登記記録を見てほしい。「本店」が記録されていることがわかる。この本店が，会社の住所に当たるものである。会社が所有権登記名義人になる場合には，会社の住所証明情報を提供しなければならないが，それは，会社の登記記録をプリントアウトした書面である登記事項証明書ということに

なる。

　ここで，もう一歩踏み込んで考えてみよう。法人が登記申請人となる場合には，代表者の資格を証するための会社法人等番号を提供している。そして，会社法人等番号を提供することで，会社の登記記録を確認することができるのだから，住所証明情報としての登記事項証明書も実際に提供する必要はない。会社法人等番号を提供する場合には，会社の住所証明情報としての登記事項証明書は省略することができるというわけである。

【印鑑証明書】

　法人が登記申請人となる場合に，もうひとつ考えておかなければならないのは，印鑑証明書についてである。

　法人が所有権登記名義人として登記義務者となる登記申請をする場合，印鑑証明書の提供が必要となるが，これはどのようなものなのだろうか。

　たとえば，上記株式会社 A が，所有権登記名義人として登記義務者となる場合を考えよう。この場合，司法書士への委任状を作成するのは，代表取締役 B である。委任状には，B が押印することになる。その押印は，個人の実印ではなく，会社届出印で行うことになる。

　会社届出印とは何だろうか。会社の代表者は，会社を管轄している法務局（会社の登記記録のある法務局）に対して，印鑑を届け出なければならないのである。これが届出印である。また，この届出印についての印鑑証明書の発行は，その印鑑の届出を受けた法務局が行うことになる。

　株式会社が登記申請する場合には，法務局に届け出た印鑑で委任状に押印するということである。そして，この印鑑が届出印であることを証明するための印鑑証明書を提供することになるが，それは，その印鑑の届出を受けた法務局が発行したものとなるというわけである。

　また，会社法人等番号を提供した場合には，上記の印鑑証明書の提供を省略することができる（規則 48 条 1 号，規則 49 条 2 項 1 号）。上述したように会社の代表者の印鑑は法務局に提出しているため，会社法人等番号を提供すれば，法務局の内部でその印鑑の確認を行うことができるからである。この場合，登記申請情報の添付情報欄は，以下のように記載する（令 2・3・30 民二 318 号）。

　添 付 情 報　印鑑証明書（会社法人等番号 1234-00-123456）

⑻ 登記原因についての許可・同意・承諾証明情報

【趣　旨】

　権利に関する登記を申請する場合に，登記原因についての第三者の許可，同意または承諾を要するときは，当該第三者が許可し，同意し，または承諾したことを証する情報を提供しなければならない（令7条5号ハ）。

　第三者の許可等が物権変動の要件となっているような場合には，その許可等が得られていることを確認するために，登記申請において，その許可等があったことを証明する情報を提供せよということである。

　たとえば，農地の売買は，農地法の許可がなければ，所有権移転の効力は生じない。許可が物権変動の効力要件となっているのである。この場合には，農地法の許可書の提供が必要となるということである。

　あくまで民法・農地法等の実体法において許可・同意・承諾が要求されるものである点に注意を要する。登記申請をするために要求される手続的なものではなく，民法等のレベルで実体法的に必要となるので，登記においても確認するというわけである。

【登記原因日付】

　登記原因についての許可・同意・承諾を証する情報は，登記原因日付に影響を与える場合もある。次の例題を考えてほしい。

> **例題**　令和6年6月25日，Aは，自己所有の農地である甲土地をBに売却した。農地法の許可書は，令和6年7月1日に到達した。AからBへの売買による所有権移転登記の登記原因日付を答えよ。

　売買契約自体は，令和6年6月25日に締結されている。しかし，農地の売買の場合，農地法の許可が到達しなければ，所有権移転の効力が生じない。農地法の許可が売買の効力発生要件となっているのである。よって，本例題では，AからBへの所有権移転の効果が生じるのは，農地法の許可が到達した令和6年7月1日となるので，登記原因日付は，令和6年7月1日となる。登記申請情報には，「原因　令和6年7月1日売買」と記載する。

⑼ 利害関係を有する第三者の承諾証明情報

【総　説】

　変更登記・更正登記・抹消登記を申請する場合に，承諾証明情報の提供が必

要となる場合がある。この承諾証明情報について，説明していこう。

これは，前記(8)と異なり，実体法上の効力要件として必要となるものではない。利害関係を有する第三者の承諾がなくても，効力は生じる。ただ，登記上の理由から手続上要求されるものである。

抹消登記と変更登記・更正登記に分けて見ていこう。

【抹消登記】

たとえば，次のような登記記録を考えてみよう。

乙区	
1番	抵当権設定　A
付記1号	1番抵当権転抵当　B

この登記記録において，Aの1番抵当権の抹消登記を申請する場合，その抵当権に対する転抵当の設定を受けているBの承諾証明情報の提供が必要となる。なぜなら，抵当権を抹消することで，それに依存しているBの転抵当権も消滅してしまうからである。権利に関する登記を抹消する場合に，その権利に依存している権利だけを残すことはできないのである。Bから「私の権利が消えてしまうことは了解しています」という承諾を得ることが必要となる。

Bの承諾証明情報を提供してAの1番抵当権の抹消登記を申請することで，1番抵当権が抹消されるだけでなく，職権でBの転抵当権も抹消されることになる。逆に，Bの承諾証明情報の提供がなければ，Aの1番抵当権の抹消登記の申請は却下されてしまう。

このように，権利の抹消登記を申請する場合，利害関係を有する第三者がいるときは，その者の承諾証明情報の提供が必要となるのである（必要的承諾型：68条）。

【変更登記・更正登記】

次に，変更登記・更正登記の場合に，利害関係を有する第三者の承諾証明情報が必要となるかどうかを検討することにする。

変更登記・更正登記の場合，利害関係を有する第三者が存在するときは，その者の承諾証明情報の提供があれば付記登記で実行され，承諾証明情報の提供がないときは主登記で実行される（任意的承諾型：66条）。つまり，利害関係を有する第三者がいる場合において，変更登記・更正登記を付記登記で実行する場合には，利害関係を有する第三者の承諾証明情報の提供が必要となるということである。抹消登記の場合と異なり，利害関係を有する第三者の承諾証明情

報の提供がなければ登記できないというわけではなく，承諾証明情報の提供がなければ主登記となってしまうということである。

まず，下記の登記記録をみてほしい。

乙区	
1番	抵当権設定　A 債権額　金1,000万円
2番	抵当権設定　B 債権額　金1,000万円

この不動産に競売が生じた場合，1番抵当権者Aが，2番抵当権者Bに優先して配当を受けることができる。たとえば，この不動産が1,800万円で競売された場合，Aが1,000万円，Bが800万円の配当を受けることになる。

では，この登記記録の状態で，1番抵当権者Aがすでに発生している利息500万円を元本に組み入れたとする。この場合，債権額が増加するので，債権額の増額変更をすることができる。この変更登記が付記登記で実行されたとすると，登記記録は以下のようになる。

乙区	
1番	抵当権設定　A 債権額　金1,000万円
付記1号	1番抵当権変更 債権額　金1,500万円
2番	抵当権設定　B 債権額　金1,000万円

付記登記は，主登記の順位となるから，この債権額増額変更は，順位1番の効力を有する。つまり，この債権額増額は，2番抵当権者に優先するものとなるのである。その結果，この不動産が1,800万円で競売された場合，1番抵当権者Aが1,500万円の配当を受け，2番抵当権者Bは，300万円の配当しか受けられないことになる。

2番抵当権は，1番抵当権の債権額増額によって不利益を受けるわけである。そのため，この変更登記を付記登記で実行しようとする場合には，Bが登記上の利害関係を有する第三者となり，この者の承諾証明情報の提供が必要となるのである。

ただ，Bの承諾がなければ登記ができないわけではなく，主登記で実行されることになる。主登記で実行されると，次のような登記記録となる。

乙区	
1番	抵当権設定　A 債権額　1,000万円
2番	抵当権設定　B 債権額　1,000万円
3番	1番抵当権変更 債権額　金1,500万円

　この場合，債権額増額が3番の順位で実行されたので，2番抵当権は，この増額に優先することになる。つまり，Aが当初の債権額である1,000万円について配当を受け，次いでBが配当を受け，さらに残りがあれば，Aが債権額増額分について配当を受けることになる。この状態で不動産が1,800万円で競売された場合，Aが1,000万円，Bが800万円の配当を受けることになる。

　すでに見たように，1番抵当権の債権額増額登記においては，2番抵当権者が利害関係を有する第三者となる。しかし，この変更登記が主登記で実行されるなら，2番抵当権者に不利益とはならない。そこで，主登記で実行する場合は，利害関係を有する第三者の承諾がなくても登記することができるのである。

　最後に，確認してほしいことがある。それは，変更登記における承諾は，あくまで付記登記で実行するか，主登記で実行するかという登記上要求される手続であって，実体法上の要件ではないということである。上記の1番抵当権者Aが行った利息の元本組入れも，2番抵当権者Bの承諾があろうがなかろうが，その要件を満たしさえすれば効力が発生する。登記をどのように実行するかという手続的な承諾でしかないのである。よって，2番抵当権者Bの承諾が遅れたとしても，効力には影響がないので，登記原因日付が遅れることはない。

《登記上の利害関係を有する第三者の承諾証明情報提供の要否の判断基準》

抹消登記（必要的承諾型）
⇨利害関係を有する第三者の承諾証明情報が必要的

変更登記・更正登記（任意的承諾型）
⇨利害関係を有する第三者なし or 承諾証明情報の提供あり　⇨付記登記
⇨利害関係を有する第三者の承諾証明情報の提供なし　　　⇨主登記
※ただし，抹消登記の実質を有する変更登記・更正登記　⇨必要的承諾型

❸ 登録免許税

(1) 意　義

　権利に関する登記をする場合には，原則として，登録免許税の納付が必要となる（登免税2条，3条）。

　権利に関する登記をすると，対抗力などの効力が得られるので，その対価として税金をとろうという趣旨である。「登記によって対抗要件を取得したんだから，税金納めろよ」というわけである。

　この趣旨から，当事者に利益が多い登記は税金が高く，利益が多くない登記は税金が安い傾向にある。

(2) 税額の定め方

　登録免許税の税額の定め方には，定率課税と定額課税の2つがある。

【定率課税】

　定率課税とは，課税標準金額に一定の税率を乗じて税額を計算するものである。

　たとえば，売買による所有権移転登記は，不動産の価額に1000分の20を乗じたものが登録免許税額となる。1,000万円の不動産について，売買による所有権移転登記を申請する場合の登録免許税は，20万円となるわけである。また，抵当権設定登記は，債権額に1000分の4を乗じた額が登録免許税額となる。

　所有権移転登記を中心に，不動産の価額を課税標準として一定の税率を乗じて計算する場合があるが，この場合の不動産の価額は，固定資産税評価額である。固定資産税の基準として市町村長（東京都は都知事）が決めた公的な価格というわけである。売買価格ではない点に注意してほしい。

　たとえば，甲土地を2,000万円で売却しても，固定資産税評価額が1,000万円であれば，1,000万円を課税標準金額として，登録免許税を納付することになる。

【定額課税】

　定額課税とは，不動産の個数に応じて税額を定めるものである。たとえば，登記名義人表示変更登記は，不動産1個につき1,000円となる。3つの不動産について登記名義人表示変更登記を一括申請した場合は，3,000円となる。

(3)　端数処理

　登録免許税の計算においては，課税標準金額・登録免許税額について端数処理を行う。計算上・納付上，煩雑になることを回避するためである。

【課税標準金額の処理】

　課税標準金額に 1,000 円未満の端数がある場合には，1,000 円未満の端数を切り捨てて計算をする（国税通則法 118 条 1 項）。1 つの申請で複数の不動産を一括申請する場合には，各不動産価額を個別に端数処理せず，不動産価額を合計してから最後に一括して端数処理する。

　また，課税標準金額が 1,000 円未満の場合は，1,000 円として計算する（登免税 15 条）。山林原野などでは，非常に低額な固定資産税評価額となっている場合があり，筆者も 72 円で評価されている土地についての登記をしたことがある。そのような場合でも，課税標準金額は最低 1,000 円となるということである。

【登録免許税の処理】

　課税標準金額に税率を乗じて算出した登録免許税額に 100 円未満の端数がある場合は，100 円未満の端数を切り捨てる（国税通則法 119 条 1 項）。司法書士事務所が登録免許税用の収入印紙を用意する場合は，100 円単位で用意しておけばよいことになる。

　また，課税標準金額に税率を乗じて算出した登録免許税額が 1,000 円未満となる場合，登録免許税は 1,000 円とする（登免税 19 条）。登録免許税が課される場合，その額は最低 1,000 円となるということである。

【具体例】

　例題 1　1 億 2,345 万 6,789 円の土地について，売買による所有権移転登記をする場合の登録免許税額を求めよ。

　まず，不動産価額に 789 円という 1,000 円未満の端数があるので，課税標準金額では，この端数を切り捨てる。その結果，課税標準金額は，1 億 2,345 万 6,000 円となる。

　そして，この 1 億 2,345 万 6,000 円に，1000 分の 20 を乗じると，246 万 9,120 円となる。20 円という 100 円未満の端数があるので，この端数を切り捨てる。その結果，登録免許税額は，246 万 9,100 円となる。

　例題 2　72 円の土地について，売買による所有権移転登記をする場合の登録免許税額を答えよ。

まず，不動産価額が1,000円未満なので，課税標準金額は1,000円となる。そして，1,000円に1000分の20を乗じると，20円となる。これは1,000円未満なので，登録免許税額は，1,000円となる。

(4) 登記申請情報の記載方法

登記申請情報には，定率課税の場合は課税価格（課税標準金額）と登録免許税額，定額課税の場合は登録免許税額を記載する。

端数処理した場合には，端数処理した結果を記載する。たとえば，前記(3)例題2の場合，「課税価格　金1,000円　登録免許税　金1,000円」と記載する。

(5) 納付方法

登録免許税の納付方法には，現金納付・印紙納付がある。また，オンライン申請をした場合には，それに加えて，電子納付の方法も認められる。

【現金納付】

郵便局などで現金で登録免許税を支払い，その領収書を登記申請情報に貼付する方法である（登免税21条）。

【印紙納付】

収入印紙を登記申請情報に貼付する方法である（登免税22条）。書面申請の場合，収入印紙で納付することが多く，法務局には，収入印紙を購入できる窓口がある。

【電子納付】

オンライン申請の場合には，歳入金電子納付システムを利用した納付をすることもできる（登免税24条の2第1項本文）。簡単にいえば，ネットバンキングを使ったネット決済である。パソコン上の納付ボタンを押すだけの簡単な方法である。注意するのは，オンライン申請の場合でも，現金納付や印紙納付が認められているということである。オンライン申請だからといって，ネット決済をしなければならないわけではないのである。

《登録免許税の納付方法》	書面申請	オンライン申請
現金納付・印紙納付	○	○
歳入金電子納付システムでの納付	×	○

❹　登記が完了するまで

⑴　受　　付

　登記の申請があった場合，登記官はその申請を受け付ける（19条1項）。受付がなされた際，受付番号が振られる。

　受付は，受理とは異なる。受け付けられたとしても，受理されたというわけではなく，形式的に受け取ったということにすぎない。その後，登記官が審査した結果，却下事項があれば，却下されることになる（25条）。

⑵　受　　理

　申請された登記に却下事項があれば，登記申請人（司法書士）に補正を求めたうえで，補正されなければ，却下される。

　却下事項がなければ，登記申請が受理されて，登記が実行されることになる。

⑶　登記の実行

【登記記録】

　登記申請が受理された場合，登記官が登記記録を書き換える。これが，登記の実行である。そもそも登記申請は，「登記記録をこのように書き換えてください」という申し出である。よって，それが受理されれば，申請どおりの内容で登記記録が書き換えられることになるのである。

　前記❶の登記申請が受理された場合，登記記録は以下のようになる。

●登記実行後の登記記録

権利部（甲区）（所有権に関する事項）			
順位番号	登記の目的	受付年月日・受付番号	権利者その他の事項
1	所有権保存	令和6年2月22日第22222号	所有者　埼玉県戸田市美女木一丁目1番1号 田中一郎
2	所有権移転	令和6年7月5日第75623号	原因　令和6年7月5日売買 所有者　群馬県太田市浜町1番1号 小池康光

　所有権移転なので，甲区2番に主登記で実行されている。ここで，登記申請情報と実行された登記を見比べてほしい。

登記申請情報の「登記の目的」から「権利者」までが、そのまま引き写されるかのように登記記録に反映されていることがわかるだろう。登記申請は、「このように登記してください」という申し出なのだから、そのとおりに登記されるのである。登記官が勝手に内容を考えて登記することはできないのである。習字の練習をする場合、見本を左において、それを真似して書くが、登記申請もそれと同じである。登記官は、登記申請情報を見本にして、登記記録を書き換えるのである。

当たり前のことではあるが、登記申請情報の学習では、常にこれを意識しておくべきである。記述式問題で、記載例を度忘れして、どのように記載するかわからなくなったら、どのように登記記録に記載されるかを考えるとうまくいくこともあるというわけである。

【登記識別情報】

登記が実行され、登記申請人の中で登記名義人となった者に対しては、登記識別情報が通知される。上記の事例では、所有権登記名義人となった小池康光に登記識別情報が通知される。小池康光がこの不動産で登記義務者となる場合には、今回の登記申請において通知を受けた登記識別情報の提供が必要となる。

4. 知っておいてほしい登記申請

1 相続人による登記

(1) 総　　説

ここでは、登記申請をする前に当事者が死亡した場合について考えていこう。この場合、相続人が死亡した当事者の代わりに登記申請を行っていくことになる。これが、相続人による登記と呼ばれるものである。

なお、当事者が法人であって、合併により消滅した場合も、同様の登記申請を行う。

(2) 登記権利者の死亡

例題　甲土地の所有権登記名義人Aは、令和6年5月15日、甲土地をXに売却した。しかし、その登記を申請しないまま、令和6年6月25日にXが死亡し、YとZが相続した。どのような登記をすべきか〈図1-11〉。

図 1-11　登記権利者の死亡

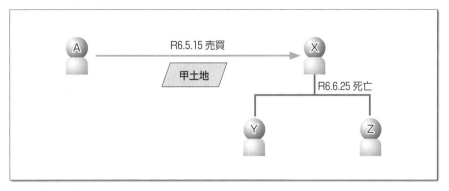

売買による所有権移転登記を申請しない間に，登記権利者が死亡したケースである。この場合，A から Y・Z への直接の所有権移転登記を申請することはできない。物権変動の過程を忠実に反映することが求められるからである。

A から X への売買による所有権移転登記を申請すべきである。しかし，登記権利者として申請人となるべき X が死亡しているので，その相続人が X の代わりに申請することになる（62 条）。この場合，相続人全員が申請人となる必要はなく，共有の場合の保存行為として，相続人の一部の者から申請することができる（民 252 条 5 項）。

この場合の登記申請情報は，以下のようになる。

●記載例　登記権利者の相続人による登記

登記の目的	所有権移転
原　　　因	令和 6 年 5 月 15 日売買
権　利　者	亡 X
	上記相続人 Y
	上記相続人 Z
義　務　者	A
添 付 情 報	登記原因証明情報　登記識別情報　印鑑証明書
	住所証明情報　代理権限証明情報　相続証明情報
課 税 価 格	金 1,000 万円
登録免許税	金 20 万円

住所証明情報としては，Xの除住民票の写しが必要となる（死亡しているので，住民票でなく除住民票となる）。登記名義人として登記記録に登記されるのは，あくまでXだからである（Y・Zは，Xの代わりにX名義にする登記をしているにすぎない）。

　これに対して，代理権限証明情報は，司法書士に対するAの委任状とY・Zの委任状が必要である。司法書士に依頼しているのは，相続人だからである（死者は委任状を書くことができない）。

　さらに，その委任状を書いている者がXの相続人であることを証明する相続証明情報の提供が必要となる。詳しくは後述するが，除籍謄本・戸籍謄本等が必要となる。

　この登記申請によって甲土地をX名義にした後，XからY・Zへの相続による所有権移転登記を申請することになる。

⑶　登記義務者の死亡

> **例題**　甲土地の所有権登記名義人Aは，令和6年5月15日，甲土地をXに売却した。しかし，その登記を申請しないまま，令和6年6月25日にAが死亡し，BとCが相続した。どのような登記をすべきか〈図1-12〉。

図1-12　登記義務者の死亡

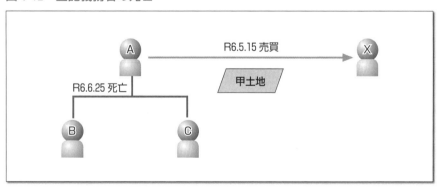

　所有権登記名義人が死亡したからといって，相続による所有権移転登記を申請してはならない。甲土地は，Aが生前に売却しているので，相続財産に含まれていないのである。

　甲土地は，AからXに売却されているので，AからXへの売買による所有権移転登記を申請すればよい。しかし，登記義務者となるはずのAが死亡し

ているので，その相続人がその登記義務を承継して申請を行うことになる。

　登記権利者側の相続人による前記⑵の登記の場合と異なり，登記義務者側の相続人による登記は，相続人の全員が登記申請人とならなければならない（昭27・8・23民甲74号）。この登記は，相続人にとって不利益な登記であり，保存行為とはいえないからである。

　この場合でも，相続放棄をした者，相続欠格者，相続の廃除を受けた者は，登記申請人とならない。登記義務を承継していないからである。ただ，特別受益者は登記義務を承継しているので，登記申請人となることに注意を要する。

　この例題の記載例は，以下のようになる。

●記載例　登記義務者の相続人による登記

登記の目的	所有権移転
原　　　因	令和6年5月15日売買
権　利　者	X
義　務　者	亡A相続人　B
	亡A相続人　C
添 付 情 報	登記原因証明情報　登記識別情報　印鑑証明書
	住所証明情報　代理権限証明情報　相続証明情報
課 税 価 格	金1,000万円
登録免許税	金20万円

　本登記においては，Aが登記名義人となったときに通知を受けた登記識別情報の提供が必要である。実際に登記申請を行うのは相続人B・Cだが，B・Cは登記名義人となっておらず，登記識別情報の通知は受けていない。

　これに対して，印鑑証明書は，相続人であるB・Cのものが必要である。委任状に押印するのは，B・Cだからである。そもそも，死者の印鑑証明書をとることはできない。死者が押印することはないため，その証明書が必要となることはあり得ない。したがって，死者の印鑑証明書は発行してもらえないのである。

　代理権限証明情報としては，司法書士に対するB・Cの委任状とXの委任状が必要となる。また，相続証明情報として，B・CがAの相続人であることを証明する情報を提供することが必要となる。

2 判決による登記

(1) 意　義

　登記申請は，共同申請により行うのが原則である。原則として，登記義務者及び登記権利者が共同でしなければ，登記申請をすることができない。

　つまり，登記権利者がいくら自己名義の登記をしたいと思っても，登記義務者が登記に協力してくれなければ，登記申請することはできない。では，その場合，登記権利者はどうすればよいのだろうか。

　実は，この場合，登記権利者は登記義務者に対して，「登記手続をせよ」という訴訟を起こし，判決をもらえばよい。登記義務者に登記手続を命じる給付判決が確定すると，登記義務者の意思が擬制され，登記権利者は，単独で登記申請することができることになる。

　そもそも，登記義務者の関与なくして登記申請をすることができないとされているのは，登記義務者の意思を確認し，登記の真正を確保するためである。そうであれば，登記義務者の意思が確認できなくても，その登記申請意思が擬制されればよいことになる。「登記手続をせよ」と命じる判決は，それが確定すると，登記義務者の意思を擬制することができるのである（民執 177 条 1 項）。よって，この確定判決を提供することによって，登記義務者の関与に代えることができ，登記権利者が単独で登記申請できるというわけである（63 条 1 項）。

(2) 登記申請情報

> **事例**　令和 5 年 6 月 25 日，甲土地の所有権登記名義人 A は，同土地を B に売却したが，登記手続に協力しなかった。B は，A を被告として訴訟を提起し，「A は，令和 5 年 6 月 25 日売買を登記原因として，B に対して所有権移転登記をせよ」との判決を得た。当該判決は，令和 6 年 6 月 30 日に確定した。令和 6 年 7 月 1 日，B は，司法書士に登記申請を依頼した。

●記載例　判決による登記

```
登記の目的　所有権移転
原　　　因　令和 5 年 6 月 25 日売買
権利者（申請人）　B
義　務　者　A
```

```
添 付 情 報　登記原因証明情報（判決正本確定証明書付）　住所証明情報
　　　　　　代理権限証明情報
課 税 価 格　金 1,000 万円
登録免許税　金 20 万円
```

　通常の売買による所有権移転登記が基本となる。もともと共同申請すべき登記だから，登記義務者も記載したうえで，登記権利者が単独で申請していることがわかるように，登記権利者に，「（申請人）」と記載する。これは，本来，複数の者で申請しなければならない登記をその中の一部の者が申請する場合に行う記載方法である。

　登記原因証明情報として，確定証明書付の判決正本を提供しなければならない。これにより登記義務者の意思が擬制されるので，登記義務者の登記識別情報・印鑑証明書の提供は不要となる。

❸　登記名義人表示変更・更正

⑴　意　　義

　登記名義人表示変更登記とは，登記名義人の氏名や住所に変更があった場合に行う登記である。登記名義人表示更正登記は，登記名義人の氏名や住所に誤りがあった場合に行う登記である。

　これらは，物権変動が生じたことによる登記ではない。氏名や住所などの表示が変わっただけの登記である。この登記の申請により不利益を受ける者はいないので，表示に変更・更正のあった登記名義人の単独申請により行う（64 条）。

⑵　前提としての表示変更登記

【意　　義】

　登記申請をするにあたり，登記申請人の登記記録上の表示と登記申請情報上の表示が不一致となる場合には，その登記を申請する前提として，登記名義人表示変更・更正登記を申請しなければならない。

　たとえば，甲土地の所有権登記名義人 A が B に同土地を売却し，所有権移転登記を申請する場合を考えてみよう。A の登記記録上の住所は埼玉県であるが，登記名義を取得した後，令和 6 年 3 月 3 日に引っ越しをして，群馬県に住所を移したとする。

登記申請情報には,「登記義務者 群馬県…A」と記載する。Aの現在の住所は群馬県であり,添付情報として提供する印鑑証明書の住所も群馬県だからである。しかし,登記記録上の住所は埼玉県となっているので,登記官は,登記記録にある埼玉県のAと登記申請をしている群馬県のAを同一人と認識してくれない。このままでは,登記申請が却下されてしまう。

そこで,所有権移転登記の前提として,登記名義人住所変更登記を申請し,登記記録上の住所を群馬県に変更する必要がある。そうすれば,登記記録上も「群馬県…A」となり,所有権移転登記も受理されるのである。この事例では,1件目に登記名義人表示変更登記,2件目に所有権移転登記という2件の登記申請が必要となるというわけである。

【申請が省略できる場合】

次の場合には,登記名義人の氏名・住所に変更・更正がある場合でも,登記名義人表示変更・更正登記を申請することなく,所定の登記の申請をすることができる。

① 所有権以外の権利の抹消登記を申請する際,当該登記義務者の表示に変更・更正がある場合。

② 相続・合併による権利の移転登記の前提として,被相続人・消滅会社の表示に変更・更正がある場合。

①は,「どうせ抹消してしまうのに,わざわざ登記名義人表示変更・更正登記を申請するのも無駄だろう」という配慮である。②は,相続・合併による所有権移転登記は,相続人・存続会社(新設会社)からの単独申請だからである。

ただし,これらの場合は,登記官が,登記記録上の登記名義人と登記申請情報に記載された者が同一人であることがわかるように,変更証明情報・被相続人の同一性を証する情報等の提供が必要となる。

(3) 登記申請情報

> **事例** 甲土地の甲区3番には,「所有者 東京都渋谷区代々木一丁目1番1号 A」と記録されている。令和6年6月25日,Aは,東京都渋谷区代々木二丁目2番2号に住所を移転した。

●記載例 登記名義人表示変更登記

登記の目的	3番所有権登記名義人住所変更
原　　　因	令和6年6月25日住所移転

> 変更後の事項　住所　東京都渋谷区代々木二丁目2番2号
> 申　請　人　東京都渋谷区代々木二丁目2番2号　A
> 添付情報　登記原因証明情報　代理権限証明情報
> 登録免許税　金1,000円

　登記原因証明情報として，Aの住所が変更された証明書の提供が必要となる。具体的には，従前の住所の記載のある住民票の写しである。

　登記名義人表示変更登記は，付記登記で実行される。

4　一括申請

(1)　意　義

　登記の申請は，1つの不動産の1つの権利ごとに，1つの登記申請情報で行うのが原則である（一件一申請主義）。

　複数の不動産や複数の権利を同一の登記申請情報で申請できるとすれば，煩雑になり，見落としや間違いのもととなるからである。「甲土地はAからBへ，乙土地はBからCへ移転してほしい」などという1件の申請がなされても，紛らわしいだけである。登記官は，「2件に分けて申請してくれ」と言いたくなる。

　しかし，登記申請人の負担軽減と登記官の事務処理の迅速化を図るため，このような不都合のない場合には，一定の要件の下に，1つの登記申請情報で，複数の不動産や権利についての登記申請をすることが認められる（令4条但書）。これを一括申請（一申請情報申請）という。以下，本書では「一括申請」という。

(2)　要　件

　次の要件を満たした場合には，一括申請をすることができる（令4条但書）。
①数個の不動産にわたる場合には，その管轄が同一であること。
②登記の目的が同一であること。
③登記原因・登記原因日付が同一であること。
④登記申請の当事者が同一であること。

　ただし，共同抵当権の場合は，これらの要件を満たしていなくても，一括申請することができる（☞ P358）。

《ホームルーム》

生徒：いよいよ不動産登記法が始まりましたね。よろしくお願いします。

講師：こちらこそ，よろしく。一緒に頑張っていこう。

生徒：新しい科目が始まってちょっとワクワクしています。ただ，不動産登記法は，とっつきにくい科目とよく言われますよね。ちゃんとついていけるかなって不安もあるんです。

講師：そうだね。民法はイメージもわきやすいし，法学部や他の資格試験で学習した人もいるだろう。それに比べて，不動産登記法は，たしかに，イメージがわきにくいし，多くの人が初めて学ぶ科目となるね。ただ，その分，具体例を挙げたり，記載例も豊富に示してイメージできるように丁寧に進めていくから安心していいよ。

生徒：はい，ついていきます。勉強するときに気をつけた方がいいことはありますか。

講師：不動産登記法は手続法だということを，きちんと意識すること。手続法だから，その手続をしっかり覚えなければならない。つまり，覚えるべきことをしっかり覚えることだ。不動産登記法がわからないという人のほとんどは，覚えるべきことを覚えてないことが多い。

生徒：覚えることは多いんですか。

講師：確かに多いね。しかも，実体法と違って理由がない部分もある。「この登記申請は，どうして印鑑証明書が要らないんだろう」と疑問に思っても，合理的な理由がなく，先例がそう言っているからという場合もある。理屈よりも先例が優先する。でも，それはごく一部で，ほとんどの場合，理屈が通る。その理屈を考えながら覚えていこう。たとえば，「ある添付情報が必要だ」という先例がある場合は，その先例が出された理屈があるはずなんだよ。そして，その理屈を考えるときのコツは，「その要求されている添付情報がなかったらどういう不都合が起こるか」と考えることだ。裏から考えるとわかることも多い。

生徒：たしかに，所有権登記名義人の住所が確認できなければ，固定資産税の請求書を送れないと説明していましたね。積極的に必要な理由より，なかったらどう困るかを考えるといいんですね。

講師：そのとおり。じゃあ，さっそく本格的な学習を進めていこう。

第2編

所有権の登記

所有権移転登記総論

●この章で学ぶこと●

　個別の登記についての学習に入ります。初めに最も基本的な登記である所有権移転登記を学びましょう。すべての登記の基本となる考え方が数多く含まれていますので，しっかり理解してください。

---

1. 意　　義

　本章から３章にわたって，最も基本的な登記である所有権移転登記について学んでいく。

　所有権移転は，特定の財産が個別に承継される特定承継と，前所有者の有する権利義務が包括的に承継される包括承継の２つに分けることができる。まず，どちらにも共通する内容を本章で，特定承継による所有権移転登記を次章で，包括承継による所有権移転登記を第３章で学習する。第３章では，相続による所有権移転登記がメインテーマとなる。

2. 登記の目的

1 意　　義

　前編においても，所有権が移転する場合の登記申請情報に記載する登記の目的が「所有権移転」である点は学習した。しかし，共有不動産のある共有者のみの持分が移転した場合や所有権の一部が移転した場合など，登記の目的の記載方法には様々なパターンが存在する。ここでは，その記載方法を学習していく。

2 共通する発想

　登記の目的の記載には，様々なものがあり，試験対策上記載できるようにしておかなければならないが，ひとつひとつを丸暗記する必要はない。なぜなら，登記の目的が一定の共通した発想で成り立っているからである。その発想とは，次の図のようなものである。

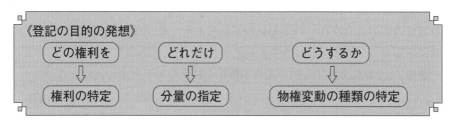

　つまり，登記の目的は，①権利の特定，②分量の指定，③物権変動の種類の特定の３つの部分から成り立っている。そこで，この３つを「どの権利を，どれだけ，どうするのか」と記載すれば，登記の目的ができあがるのである。これは，所有権移転に限った話ではなく，これから学習する登記全般に共通する発想法である。

　以下，ここでは，所有権移転登記について考えていくので，この発想で考えながらひとつひとつの登記の目的について学習していくこと。

3 登記の目的のパターン

(1) 単有不動産の全部の移転

　Aが単独で所有する不動産の所有権がすべてBに移転した場合，登記の目的は，「所有権移転」となる。これ自体は，入門編でも出てきたので，結論自体は難しくないだろうが，先ほど説明した登記の目的を記載するときの発想に従って説明を加えておこう。

　まず，①権利の特定のため，「所有権」と記載する。抵当権など所有権以外の権利においては，「2番抵当権」というように，順位番号を記載するのに対し，所有権の場合，順位番号の記載は不要である。抵当権は，1つの不動産に別個の抵当権が複数存在する場合があるので，登記の対象となるのがどの抵当権なのか特定する必要があるのに対し，所有権は1つの不動産に1つしか存在しないからである（一物一権主義）。ただ，1つの所有権を複数の者が共有している

状態があるだけである。

次に、②分量の指定が必要となるはずだが、「全部」と記載する必要はない。所有権・抵当権などの権利は、その全部が移転の対象となるのが普通である。そうであるならば、例外的な一部の場合に「一部」と書いておけば、全部という原則的な形態の場合にわざわざ「全部」と記載しなくてもわかるだろうという発想である。最も原則的な形態のものについて省略して表現するのは、日常生活でもよくある話である。「今駅にいるよ」と家族に言えば、よく使う自宅最寄りの駅のことを指すのが暗黙の了解である。そうでない場合は、「今新宿駅にいるよ」などとなるわけである。

最後に、「移転」と、③物権変動の種類を特定してできあがりである。

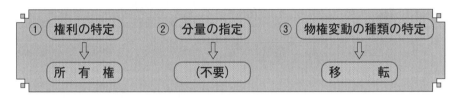

(2) 単独不動産の一部の移転

Aが単独で所有する不動産の所有権の一部（2分の1）がBに移転した場合、登記の目的は、「所有権一部移転」となる。

これも、登記の目的の発想に従って考えていこう。まず、「所有権」というように、権利の特定をする。Bは2分の1の持分を取得することになるが、移転の対象となるのは、あくまでAの所有権なので、所有権と記載する。Aは単独所有者であり、持分を有しているわけではないのである。

次に、「一部」というように分量の指定をする。「2分の1」と具体的な移転分量を記載する必要はない。具体的な移転分量は、権利者の部分に記載し、登記もなされるので、目的には、一部である旨を記載すればよいのである。

最後に、物権変動の種類を「移転」と記載したら、完成である。

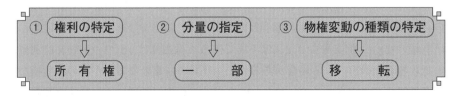

登記申請後の登記記録を模式的に書いておくと、次のようになる。

3	所有権移転	所有者　A
4	所有権一部移転	共有者　持分2分の1　B

　Bの持分が2分の1であることは，Bの氏名の部分に記録されることになる。また，この登記記録では，「所有権移転」の場合と異なり，Aが登記名義人でなくなったわけではないということに注意しなければならない。Aから移転したのは「一部」である2分の1なので，Aは残りの2分の1を維持したままなのである。登記記録上，Aの権利が2分の1になった旨は記録されないので，登記の目的が「一部」であることや，Bの持分が「2分の1」であることから理解しなければならない。

(3)　共有者の一部の者が持分の全部を移転した場合

　Aが持分2分の1，Bが持分2分の1で共有する不動産について，Aの持分の全部がCに移転した場合，登記の目的は，「A持分全部移転」となる。

2分の1　A　2分の1　B　⇨　2分の1　C　2分の1　B

　まず，移転の対象となるのは，Aの持分なので，「A持分」のように権利を特定する。「所有権」と記載しないことに注意を要する。AはBと共有しているので，Aが有するのは「所有権」ではなく，「持分」だからである。

　そして，「全部」というように，分量を指定する。移転対象が持分の場合は，全部の場合でも「全部」と記載する。持分が対象となること自体が一般的なことではないので，移転の分量も明確に示す必要があるのである。

　最後に，物権変動の種類を「移転」と特定すればできあがりである。

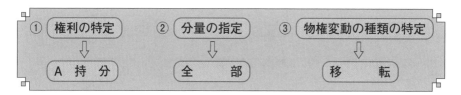

　登記申請後の登記記録を模式的に示せば，以下のようになる。

2	所有権移転	所有者　X
3	所有権移転	共有者　持分2分の1　A 　　　　　　　2分の1　B
4	A持分全部移転	共有者　持分2分の1　C

Cが取得した持分が2分の1であることは，Cの氏名の部分に記録される。また，そのため，登記申請情報にも「権利者　2分の1　C」と記載することになる。

　この登記記録では，Cは2分の1しか持分を有していないことがわかるが，残りの2分の1を誰が有しているか，読み取れるようにしてほしい。まず，甲区2番でXが所有権を有していたが，甲区3番で，「所有権移転」の登記がされているので，Xは所有権を失っていることがわかる。所有権は，AとBに2分の1ずつの割合で承継された。そして，甲区4番でA持分の全部がCに移転しているので，Aは権利を失った。Bは権利を失っていない。Cとともに不動産を共有しているのはBということになる。

(4)　共有者の一部の者が持分の一部を移転した場合

　Aが持分2分の1，Bが持分2分の1で共有する不動産について，Aの持分の半分がCに移転した場合，登記の目的は，「A持分一部移転」となる。

2分の1　A　2分の1　B　⇨　4分の1　A　4分の1　C　2分の1　B

　まず，移転の対象となるのはAの持分なので，「A持分」のように権利を特定する。ここは持分全部移転の場合と同様である。

　そして，移転の分量を「一部」と記載する。具体的な移転分量を「4分の1」と記載する必要はない。具体的な移転分量は，権利者の氏名の部分に記載することで，明確になるからである。

　最後に，物権変動の種類を「移転」と記載すれば，完成である。

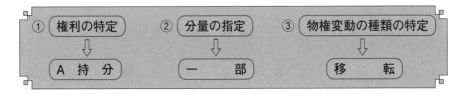

　登記申請後の登記記録を模式的に示せば，以下のようになる。

3	所有権移転	共有者　持分2分の1　A 　　　　　　2分の1　B
4	A持分一部移転	共有者　持分4分の1　C

　登記記録から，Aの持分が4分の1に縮減していることと，Bの持分は2分の1のままであることを読み取っておくこと。

⑸ 共有者の全員が持分の全部を移転した場合

Aが持分3分の1，Bが持分3分の1，Cが持分3分の1で共有する不動産について，共有者の全員であるA・B・Cの有する持分の全部がDに移転した場合，登記の目的は，「共有者全員持分全部移転」となる。

3分の1 A 3分の1 B 3分の1 C ⇨ D

移転の対象となるのが共有者全員の持分なので，「共有者全員持分」と記載し，「全部」「移転」と続ければよい。

結果的に，Dが単独所有権を取得することから，誤って「所有権移転」というように書いてしまう受験生（実務家も！）が多いので，注意してほしい。もともとが単独所有でないので，移転の対象は，「持分」となり，「所有権」となりえないことをしっかり納得しておいてほしい。

⑹ 共有者の複数の者が持分の全部を移転した場合

Aが持分3分の1，Bが持分3分の1，Cが持分3分の1で共有する不動産について，A・Bの持分の全部がDに移転した場合，登記の目的は，「A，B持分全部移転」となる。

3分の1 A 3分の1 B 3分の1 C ⇨ 3分の2 D 3分の1 C

まず，移転の対象となるのはA・Bの持分なので「A，B持分」のように権利を特定することさえわかれば，あとは今までの学習から簡単にわかるだろう。

また，「Cを除く共有者全員持分全部移転」と記載してもよい。今回は，AとBの2人だからどちらでもよいが，10人で共有している不動産の9人の持分を移転するような場合は，この書き方を覚えておけば，登記の目的に9人の氏名を列挙するよりシンプルに書くことができる。

1人を除いた残りの共有者の持分を移転する場合など，レアケースだろうと思われるかもしれない。しかし，共有物分割をした場合などは，こうしたケー

スも珍しくない。たとえば，A・B・C・Dが共有している不動産を，共有物分割協議でDが単独所有することになったという場合には，Dを除いたA・B・Cの持分を移転することになるのである。

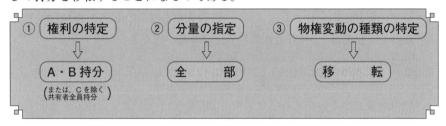

① 権利の特定　　② 分量の指定　　③ 物権変動の種類の特定

A・B持分
（または，Cを除く共有者全員持分）　　全　　部　　移　　転

(7)　共有者の複数の者が持分の一部を移転した場合

　Aが持分2分の1，Bが持分2分の1で共有する不動産について，A持分の半分及びBの持分の半分がCに移転した場合，登記の目的は，「A持分4分の1，B持分4分の1移転」となる。

2分の1　A　2分の1　B　⇨　4分の1　A　4分の1　B　2分の1　C

　これまで，一部移転の事例において，「具体的な移転分量である分数は権利者の氏名の部分に記載するので，登記の目的は『一部』と記載すればよい」と説明してきた。そのため，本事例においても，登記の目的が「A，B持分一部移転」となるのではないかと考えた人もいるだろう。

　たしかに，この事例においても，Cが取得する具体的持分を「権利者　持分2分の1　C」と記載することになる。ではなぜ，それ以上に具体的な持分を登記の目的に記載するのだろうか。それは，登記の目的に具体的な持分を書かず，「一部」とするだけでは，誰の持分がどれだけ移転したかが明確とならないからである。Cが持分2分の1を取得したことはわかるが，その出所がわからないのである。本事例ではAとBから4分の1ずつ取得したわけだが，登記の目的に具体的な持分を記載しないと，たとえばAから6分の1，Bから6分の2取得したケースと登記上の区別がつかなくなってしまう。そこで，Aの持分からどれだけ移転したのか，Bの持分からどれだけ移転したのかを明確にするために，登記の目的に具体的な持分の記載が必要になるというわけである。

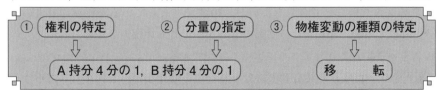

① 権利の特定　　② 分量の指定　　③ 物権変動の種類の特定

A持分4分の1，B持分4分の1　　移　　転

4 権利を数回に分けて取得している特殊ケース

(1) 所有者が数回に分けて所有権を取得している場合

たとえば，次の登記記録を見てほしい。

2	所有権移転	所有者　X
3	所有権一部移転	共有者　持分3分の2　A
4	X 持分全部移転	所有者　持分3分の1　A

この登記記録において，A は，X から3分の2の持分を取得し，次いで残りの3分の1の持分を取得しており，最終的には単独所有権者となっている。

このような場合には，A は甲区3番で取得した持分のみ，または甲区4番で取得した持分のみを処分することができる。

この登記記録において，甲区3番の持分のみが B に移転された場合の登記の目的は，「所有権一部（順位3番で登記した持分）移転」となる。

登記の目的においては，権利の特定をしなければならない。A は単独所有者であり，その A が有しているのは所有権だから，「所有権」と特定する。

次に，分量を指定する。「一部」と記載するだけでは，どの一部であるかが明確とならないので「（順位3番で登記した持分）」と加えなければならない。最後に「移転」というように，物権変動の種類を特定してできあがりである。「所有権一部移転」という登記の目的の記載に，一部を明確に特定した記載を付け加えたものだと理解することができるだろう。この記載方法を苦手としている受験生も多く見受けられるが，基本的な発想からひとつひとつ考えていけば，難しいものではない。

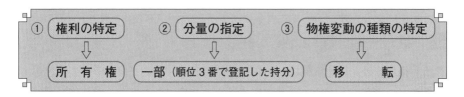

B に対する「所有権一部（順位3番で登記した持分）移転」の登記を申請した後の登記記録は，以下のようになる。

2	所有権移転	所有者　X
3	所有権一部移転	共有者　持分3分の2　A
4	X持分全部移転	所有者　持分3分の1　A
5	所有権一部（順位3番で登記した持分）移転	共有者　持分3分の2　B

　この登記記録においては，甲区4番のA持分が維持されており，A持分3分の1，B持分3分の2の共有となっている。

⑵　共有者が数回に分けて持分を取得している場合

　共有者の持分が数回に分けて取得されている場合についても，所有者の所有権が数回に分けて取得された場合と同様に考えることができる。

　次の登記記録で考えてみよう。

2	所有権移転	所有者　X
3	所有権一部移転	共有者　持分3分の1　A
4	X持分一部移転	共有者　持分3分の1　A

　この登記記録は，Xの権利が3分の1残っており，X持分3分の1，A持分3分の2の共有となっている。Aは，共有者として，その持分を2回に分けて取得している。この場合も，所有権を2回に分けて取得した場合と同様，Aは，甲区3番の持分のみまたは甲区4番の持分のみを処分することができる。

　たとえば，甲区3番の持分のみをBに売却した場合の登記の目的は，「A持分一部（順位3番で登記した持分）移転」となる。

3. 一部移転について

① 意　　義

　所有権移転登記の記載例は，前編でも確認した。ここでは，その変形として，承継される権利が所有権の一部である場合や持分である場合の記載例について学習することにする。所有権の全部が移転する場合以外のケースである。たとえば，「所有権一部移転」「A持分全部移転」「A持分一部移転」などの場合である。

2 登記申請情報のポイント

事例　AとBが2分の1ずつの割合で共有する不動産（不動産価額1,000万円）について，令和6年7月5日，Aは，Cに対して，自己の有する持分の全部を売却した。

◉記載例　持分全部移転

```
登記の目的　A持分全部移転
原　　　因　令和6年7月5日売買
権　利　者　持分2分の1　C
義　務　者　A
添付情報　登記原因証明情報　登記識別情報　印鑑証明書
　　　　　　住所証明情報　代理権限証明情報
課税価格　移転した持分の価格　金500万円
登録免許税　金10万円
```

(1) 登記の目的

登記の目的は，前記 *2.* で詳しく解説した。

(2) 権　利　者

権利者の住所・氏名に加えて，持分の記載が必要となる。

```
権　利　者　東京都新宿区新宿一丁目1番1号
　　　　　　持分2分の1　C
```

上のように記載することになる。権利者がどれだけの権利を取得したかを明確にする必要があるからである。また，持分は，登記記録にも記録されることになる。

(3) 義　務　者

一部移転の場合でも，義務者には，持分を記載する必要はない。権利者に持分を記載することで，持分は明確となるからである。複数の共有者の持分の一

部ずつが移転した場合でも，義務者には持分を記載する必要がない。この場合，誰からどれだけ移転したかを明確にするため，登記の目的が「A持分4分の1，B持分4分の1移転」となることは，前記 *2.* 3 (7)で学習した。

(4) 課税価格

所有権の一部や持分が移転した場合には，不動産価額に移転した持分を乗じたものが課税価格となる。その登記申請において，所有権全部が移転したわけではないからである。

また，登記申請情報の課税価格に「移転した持分の価格」と記載し，不動産価額をそのまま記載しているわけではないことを明確にする必要がある。

(5) 登録免許税

登録免許税は，上述した課税価格に一定の税率（売買なら20/1000）を乗じたものとなる。

4. 一括申請の可否

1 意　　義

第三者の権利の目的となっている持分と当該権利の目的となっていない持分は，1つの申請情報で申請すること（一括申請）ができない。1つの申請情報で申請すると，その2つの権利が登記記録上1つのものとなり，どの部分が第三者の権利の目的となっているかが不明確となってしまうからである。

当該第三者の権利には，処分制限の登記（差押え・仮差押え・仮処分）も含む。たとえば，第三者によって差し押さえられている持分とそうでない持分についての移転登記は，1つの申請情報で申請することができないということである。

2 類　　型

上記の理由により，1つの申請情報で申請できないケースには，以下の2つの場合がある。

(1) 共有者の一部の者の持分のみが第三者の権利の目的

では，例題を使って確認していこう。

例題1　令和6年7月5日，A及びBは，Cに対して，次のように登記されている甲土地を売却した。登記申請をせよ。

●**甲土地の登記記録**

甲区		
2	所有権移転	所有者　X
3	所有権移転	共有者　持分2分の1　A 　　　　　　2分の1　B

乙区		
1	A持分抵当権設定	抵当権者　Y

　共有者全員がその持分全部を売却したのだから，抵当権が設定されていなければ「共有者全員持分全部移転」という登記が申請できる事例である。しかし，本例題においては，Aの持分のみに抵当権が設定されているから，抵当権の設定されているA持分と抵当権の設定されていないB持分を1つの申請情報で申請することは許されない（昭37・1・23民甲112号）。

　仮に，本例題において，「共有者全員持分全部移転」の登記ができるとすれば，登記記録は次のようになる。

●**甲土地の登記記録（不適切な登記記録）**

甲区		
2	所有権移転	所有者　X
3	所有権移転	共有者　持分2分の1　A 　　　　　　2分の1　B
4	共有者全員持分全部移転	所有者　C

乙区		
1	A持分抵当権設定	抵当権者　Y

　この登記記録では，Aから移転した抵当権の設定されている持分とBから移転した抵当権の設定されていない持分が甲区4番で1つの権利として表現されており，どの部分が抵当権の目的となっているかが不明となってしまう。それでは公示上不都合が生じるから，このような登記はできないというわけである。

　以上から，本例題においては，「A持分全部移転」と「B持分全部移転」の2件の登記を申請しなければならないのである。では，以下に，この2件の登記申請を正しく行った場合の登記記録を掲げておこう。

●甲土地の登記記録（適切な登記記録）

甲区		
2	所有権移転	所有者　X
3	所有権移転	共有者　持分2分の1　A 　　　　　　2分の1　B
4	A持分全部移転	共有者　持分2分の1　C
5	B持分全部移転	所有者　持分2分の1　C

乙区		
1	A持分抵当権設定	抵当権者　Y

　抵当権の目的となっている持分は甲区4番，抵当権の目的となっていない持分は甲区5番と，明確に区別されて登記されていることがわかるだろう。これで，Cの所有権のうちどの部分が抵当権の目的となっているかを公示することが可能となっているのである。

　なお，この登記記録の状態で，Cが抵当権の負担のない持分のみをDに売却したということになれば，「所有権一部（順位5番で登記した持分）移転」という登記を申請することになる。

(2)　所有者の数回に分けて取得した持分の一部が第三者の権利の目的

例題2　令和6年6月25日，Bは，Cに対して，次のように登記されている甲土地を売却した。登記申請をせよ。
●甲土地の登記記録

甲区			
2	所有権移転	令和6年1月23日第123号	所有者　A
3	所有権一部移転	令和6年4月5日第462号	共有者　持分2分の1　B
4	A持分全部移転	令和6年6月15日第653号	所有者　持分2分の1　B

乙区			
1	B持分抵当権設定	令和6年4月5日第463号	抵当権者　Y

　Bは，甲土地の単独所有者である。そのBが甲土地を売却したのであるから，抵当権が設定されていなければ，単純に「所有権移転」という登記が申請できる事例である。しかし，登記記録の乙区をよく見てほしい。Bの持分に対して

Yの抵当権が設定されている。ここで，抵当権が設定されているこの「B持分」というのは，抵当権設定登記がなされた令和6年4月5日第463号の時点におけるB持分であるから，甲区3番の持分のみを指す。つまり，Bは，所有権を数回に分けて取得していて，その一方である甲区3番の持分には抵当権が設定されており，もう一方の甲区4番の持分には抵当権が設定されていないのである。このような場合，甲区3番の持分と甲区4番の持分の移転登記は，1つの申請情報で申請することができないことになる（昭58・4・4民三2252号）。2件に分けて申請しなければならないのである。

　まず，1件目に，甲区3番の持分のみをCに移転する（甲区4番からでもかまわない）。登記の目的は，「所有権一部（順位3番で登記した持分）移転」となる。

　次に，2件目として，残りの甲区4番の持分をCに移転する。この2件目の登記申請の登記の目的をどうすべきか，考えてほしい。

　答えは，「B持分全部移転」となる。「所有権一部（順位4番で登記した持分）移転」としなかっただろうか。2件目の登記申請をする時には，すでに1件目の登記が済んでいて，甲区3番の権利はCに移転しており，Bの権利は甲区4番のみとなっている。つまり，BとCの共有となっている。そして，その時点のBの持分の全部である甲区4番がCに移転するのであるから，登記の目的は，「B持分全部移転」となるのである。1件の登記申請をすれば，その分が登記記録に反映される。登記を1件申請するたびに，登記記録がどのように変化したのか，注目しながら次の申請を考える必要があるというわけである。

③　相続についての例外的取扱い

例題3　令和6年6月25日，Bが死亡した。相続人はCである。登記申請をせよ。

●甲土地の登記記録

甲区			
2	所有権移転	令和6年1月23日第123号	所有者　A
3	所有権一部移転	令和6年4月5日第462号	共有者　持分2分の1　B
4	A持分全部移転	令和6年6月15日第653号	所有者　持分2分の1　B

乙区			
1	B持分抵当権設定	令和6年4月5日第463号	抵当権者　Y

この登記記録は，例題2と同じものである。BがCに売却した場合，Bからに所有権が移転するが，甲区3番の持分のみに抵当権が設定されているので，甲区3番の持分と甲区4番の持分を分けて申請する必要があった。

　本例題でも，相続によって「BからCに所有権が移転する」という事情は同じである。では，相続の場合も2回に分けて移転登記をするのかといえば，そうではない。相続を原因とする場合には，第三者の権利の目的となっている持分とそうでない持分があったとしても，1件で所有権または持分の全部移転の登記をしなければならない（昭30・10・15民甲2216号）。詳細は，P138で説明する。

　相続の場合は，一部移転が許されない。一部移転登記を許すと，被相続人と相続人が相続を原因として共有となるという不自然な公示となってしまうからである。たとえば，Bが単独所有する不動産において，相続を原因として相続人Cに対する所有権一部移転登記を許すと，登記記録上，BとCの共有となってしまうのである。

　本例題では，「第三者の権利の目的となっている持分とそうでない持分を2件に分けて申請しなければならない」という要請と，「相続である以上一部移転登記は許されず1件で申請しなければならない」という要請が，相矛盾する形で突き付けられている。そして，この場合には，「相続である以上一部移転登記を許さない」という要請を優先させたというわけである。

　相続登記の申請後の登記記録は，次のようになる。

●甲土地の登記記録

甲区			
2	所有権移転	令和6年1月23日第123号	所有者　A
3	所有権一部移転	令和6年4月5日第462号	共有者　持分2分の1　B
4	A持分全部移転	令和6年6月15日第653号	所有者　持分2分の1　B
5	所有権移転	令和6年7月11日第703号	令和6年6月25日相続 所有者　C

乙区			
1	B持分抵当権設定	令和6年4月5日第463号	抵当権者　Y

　Cは，甲区5番という1つの権利として所有権を取得しており，登記記録上，Yの抵当権の目的となっている持分とそうでない持分の区別がつかなくなってしまった。相続の場合は，やむを得ないといえる。一部移転登記を許して被相

続人と相続人の共有状態の公示が生じるよりはマシだと，法は考えているのである。

　ところで，公示上はともかく，理論上は，Cの所有権をYの抵当権の目的となっている持分とそうでない持分に分けられるはずであるが，この状態で，Cが抵当権の目的となっている持分（あるいは目的となっていない持分）のみを処分することができるのだろうか。この点，そのような処分は可能とされている。そのような要請は実際あるうえに，潜在的には区別されるはずだからである。その場合の登記の目的は，「所有権一部（順位3番から移転した持分）移転」となる（平11・7・14民三1414号）。

5. 所有権の登記事項

1 会社法人等番号

　所有権の登記名義人が法人である場合には，会社法人等番号その他の特定の法人を識別するために必要な事項が登記事項となる（73条の2第1項1号）。株式会社のように，会社法人等番号を有する法人であれば，会社法人等番号が登記事項となるというわけである。

　これは，所有権特有の登記事項である。所有権以外の登記名義人が法人であっても，会社法人等番号が登記されることはない。これは地面師対策である。所有権登記名義人である法人を会社法人等番号によって厳格に特定することで，同じ本店所在場所・同じ法人名の会社を設立し，登記名義人に成りすまして登記申請をすることを防止しようとしているのである。

　なお，本書に掲載している登記記録のサンプルには，便宜上，会社法人等番号を記載していない。

2 国内における連絡先

　所有権登記名義人が国内に住所を有しないときは，その国内における連絡先となる者の氏名（名称）・住所その他の国内における連絡先に関する事項が登記事項となる（73条の2第1項2号）。国内に住所を有しない者であっても，その所在を把握することができるようにし，所有者不明不動産とならないようにするためである。

特定承継による所有権移転登記

●この章で学ぶこと●

この章では，特定承継を原因とする所有権移転登記について学びます。特定承継とは，個別の取引等により財産の所有権を取得することです。典型例としては，売買や贈与が挙げられます。

1. 特定承継による所有権移転登記：共通の事項

1 登記申請情報

ここでは，特定承継による所有権移転登記に共通の事項について説明する。

特定承継による所有権移転登記は，共同申請による。最も基本的な売買による所有権移転登記の記載例を確認していこう。この記載例は，もうすでに何度か登場したが，改めて確認してほしい。

事例 AがBに不動産を売却した。

●記載例

登記の目的	所有権移転
原　　　因	令和6年6月30日売買
権　利　者	B
義　務　者	A
添　付　情　報	登記原因証明情報　登記識別情報　印鑑証明書
	住所証明情報　代理権限証明情報
課　税　価　格	金1,000万円
登録免許税	金20万円

(1)　登記の目的

　登記の目的は，「所有権移転」となる。前章で説明したとおり，所有権の一部が移転した場合には「所有権一部移転」，ある共有者の持分が移転した場合には「Ａ持分全部移転」などとなる。

(2)　登記原因

　登記原因には，所有権が移転した原因と所有権が移転した日を記載する。「年月日売買」「年月日代物弁済」などとなる。

(3)　登記申請人

　登記申請は，権利を取得する者を登記権利者，権利を失う者を登記義務者とする共同申請によって行う。売買であれば，買主が登記権利者で，売主が登記義務者である。

(4)　登録免許税

　特定承継による所有権移転登記の登録免許税率は，不動産価額の1000分の20となるのが原則である（登免税別表第1.1(2)ハ）。ただし，共有物分割による場合には，税率は1000分の4となる（登免税別表第1.1(2)ロ）。

　なお，包括承継による所有権移転登記の場合の登録免許税率は，原則として不動産価額の1000分の4となる（登免税別表第1.1(2)イ）。相続・合併による場合が，これに当たる。

② 登記の実行

　所有権移転登記は，主登記で実行される。

　前記①で掲げた申請においては，次のように登記されることになる。

権利部（甲区）（所有権に関する事項）			
順位番号	登記の目的	受付年月日・受付番号	権利者その他の事項
1	所有権保存	令和2年7月15日 第15632号	所有者　Ａ
2	所有権移転	令和6年6月30日 第16359号	原因　令和6年6月30日売買 所有者　Ｂ

2. 売　　買

1　意　　義

　売買契約とは，当事者の一方（売主）がある財産権を相手方（買主）に移転し，これに対して代金を支払うことを約束することによって成立する契約である（民555条）。不動産が売買の対象とされた場合，売主から買主に対して不動産の所有権が移転するので，所有権移転登記を申請することができる。

2　農地の売買

　農地を売買するには，農地法所定の許可が必要となる（農地3条）。農地法の許可は，実体法上の効力要件である。つまり，農地法の許可が得られなければ，所有権は移転しない。よって，農地について，売買による所有権移転登記を申請するには，登記原因について第三者の許可・同意・承諾を証する情報として，農地法所定の許可書を提供しなければならない（令7条1項5号ハ）。

3　登記原因

⑴　年月日売買

　登記原因は，「年月日売買」となる。その登記原因日付は，売買により所有権が移転した日である。
　売買契約をした時に所有権が移転するのが原則なので，登記原因日付は，通常，売買契約の日となる。ただし，停止条件・期限が付されている場合には，条件成就時・期限到来時が登記原因日付となる。さらに，以下⑵〜⑸の場合に注意する必要がある。

⑵　移転時期特約がある場合

> **例題**　甲土地を所有するAは，令和6年6月15日に甲土地をBに売却する契約を締結した。当該契約においては，「所有権は売買代金の支払いと同時に移転するものとする」という特約がなされている。令和6年6月25日，BからAに売買代金が支払われた。AからBへの所有権移転登記の登記原因を答えよ。

　売買契約において，所有権移転時期の特約がある場合には，その特約に従っ

て，所有権が移転する（最判昭46・3・5）。よって，特約により所有権が移転されたとされる日が登記原因日付となる。

　例題では，売買代金が支払われた日に所有権が移転するので，実際に売買代金の支払いがなされた令和6年6月25日が登記原因日付となる。よって，登記原因は，「令和6年6月25日売買」となる。

(3)　他人物売買の場合

　他人物売買において，売主から買主に所有権が移転するのは，売主が真の所有者から所有権を取得した時とされているので（最判昭40・11・19），当該日付が登記原因日付となる（登研437号65）。

(4)　売買予約の場合

　売買予約の場合には，予約完結権が行使された日が，所有権移転登記の登記原因日付となる。

(5)　農地の場合

> **例題**　農地である甲土地を所有するＡは，令和6年6月15日に同土地をＢに売却する契約を締結した。令和6年6月27日，農地法の許可書が到達した。ＡからＢへの所有権移転登記の登記原因を答えよ。

　農地の売買では，農地法の許可が得られなければ，所有権は移転しない（☞前記**2**参照）。よって，農地の売買による所有権移転登記の登記原因日付は，売買契約の前に農地法の許可が得られた場合には売買契約の日となり，売買契約の後に農地法の許可が得られた場合には農地法の許可書の到達した日となる。

　以上から，例題では，農地法の許可が到達した令和6年6月27日が登記原因日付となるため，登記原因は，「令和6年6月27日売買」となる。

4　申　請　人

(1)　共同申請

　登記申請は，買主を登記権利者，売主を登記義務者とする共同申請により行う。

(2)　買主が複数の場合

　買主が複数である場合は，登記申請情報にそれぞれの持分を記載しなければ

ならない（令3条9号）。

　たとえば，Aが所有する甲土地をB・Cが買い受け，その持分が各2分の1
である場合，登記申請情報には「権利者　持分2分の1　B　2分の1　C」と
記載する。

　なお，この事例において，BがAと共同して，B・C名義とする登記申請を
することはできない（登研543号150）。対抗要件を備えるかどうかは，各自の
自由であり，保存行為とはいえないからである。

5　登記申請のポイント

　売買の学習の最後に，記載例を掲げておこう。何度も登場したものだが，再
度確認しておいてほしい。

> **事例**　AがBに不動産を売却した。

◉記載例　売買による所有権移転登記

```
登記の目的　所有権移転
原　　　因　令和6年6月30日売買
権　利　者　B
義　務　者　A
添 付 情 報　登記原因証明情報　登記識別情報　印鑑証明書
　　　　　　住所証明情報　代理権限証明情報
課 税 価 格　金1,000万円
登録免許税　金20万円
```

3. 贈　　　与

1　意　　　義

　贈与とは，当事者の一方（贈与者）がある財産を無償で相手方（受贈者）に
与えることを内容とする契約である（民549条）。不動産が贈与の対象となっ
た場合，所有権移転登記を申請する。

　また，死因贈与契約は，贈与者の死亡によって効力を生じる贈与である。「私

が死んだら私の所有する甲土地をお前にあげよう」という契約をする場合が，これに当たる。

2　登記原因

(1)　年月日贈与

贈与による所有権移転登記の登記原因は，「年月日贈与」である。死因贈与や負担付贈与の場合も，同じく「年月日贈与」と記載すればよい。

(2)　登記原因日付

贈与契約は諾成契約であり，契約成立時に所有権が移転するのが原則なので，登記原因日付は，原則として，契約成立日となる。

停止条件・期限が付されている場合は，条件成就日・期限到来日が登記原因日付となる。このことから，死因贈与契約の場合の登記原因日付は，贈与者の死亡した日となる。

3　申　請　人

(1)　原　則

登記申請は，受贈者を登記権利者，贈与者を登記義務者として，共同申請により行う。

(2)　死因贈与の場合

死因贈与の場合，贈与の効力が生じる時には，すでに贈与者が死亡している。そこで，死因贈与契約の執行者が定められている場合には，その執行者が受贈者と共同して登記申請をする。

執行者が定められていない場合には，贈与者の相続人全員が義務者側の相続人による登記として，受贈者と共同して行う（62条）。義務者側の相続人として不利益を受ける立場なので，相続人は全員が申請人とならなければならないことに注意すること。

4　農地の贈与

農地について，贈与による所有権移転登記を申請するには，登記原因につい

て第三者の許可・同意・承諾を証する情報として，農地法所定の許可書を提供しなければならない(令7条1項5号ハ)。死因贈与が包括的に行われた場合でも，農地法の許可書は必要である。包括遺贈の場合には農地法の許可書が必要ないことと比較すること（☞ P173）。

なお，農地法の許可書の提供が必要な場合は，農地法の許可書の到達日が登記原因日付となる。

5 登録免許税

贈与による所有権移転登記の登録免許税率は，特定承継による所有権移転登記の原則どおり，不動産価額の 1000 分の 20 である。

4. 時効取得

1 意　義

所有の意思をもって，平穏かつ公然と他人の物の占有を一定期間継続することにより，所有権を取得することができる（民162条)。これが時効取得である。占有が必要な一定の期間は，占有開始時点で他人の物であることにつき善意無過失である場合は，10年となり，悪意または有過失である場合は，20年となる。

時効取得が成立すると，占有者は占有していた物について所有権を取得するが，この取得は原始取得である。そして，その反射的効果として，原所有者は所有権を失う。

2 なすべき登記

(1) 所有権移転登記

すでに所有権の登記がある不動産について第三者が時効取得した場合，時効取得者への所有権移転登記を申請する（明44・6・22民事414号)。

当たり前だと思う人もいるだろう。まず，次の問題を考えてほしい。

> **例題**　時効取得を原因とする所有権移転登記は，実体法上の権利変動の内容がそのまま反映されたものである。〇か×か。（H10-27- イ)

正解は×である。つまり，取得時効が成立した場合，本来すべき登記は所有

権移転登記ではない。

　所有権移転登記は，所有権が承継取得された場合にすべき登記であるが，時効取得は原始取得である。時効取得者は新たな所有権を取得するのであり，原所有者の所有権が承継されたわけではないのである。そのため，本来であれば，原所有者の所有権の登記を抹消し，登記記録を閉鎖したうえ，新たに時効取得者の所有権保存登記をすべきと考えることができるのである。

　しかし，そこまでの登記を要求するのは酷である。また，時効取得者が所有権を取得する一方，原所有者が反射的に所有権を失うことから，承継取得に類似する。以上から，登記実務においては，取得時効が成立した場合には，便宜上，所有権移転登記を申請することにしたのである。

　取得時効が成立した場合には，所有権移転登記を申請することになるが，これは，本来原始取得であるにもかかわらず，便宜的に行うものであるということに注意しておいてほしい。

(2)　持分移転登記

　たとえば，A・B共有名義で登記されている不動産について，Cが時効取得した場合，A持分についてのみ時効取得を原因とする持分全部移転登記を申請することができるだろうか。

　たしかに，Cが時効取得したのは，B持分も含めた所有権全体であり，A持分だけではない。しかし，時効取得において，不動産全体について一度に登記しなければならない要請はなく，どの部分に対抗要件を備えるかは当事者の自由である。

　よって，上記の事例において，A持分についてのみの時効取得を原因とする持分全部移転登記を申請することができる（登研397号83，登研547号145）。

③　登記申請のポイント

　事例　平成16年4月1日，Bは，Aの所有する甲土地の占有を開始した。令和6年4月2日，Bによる甲土地の取得時効が完成した。令和6年5月1日，Bは，甲土地の取得時効を援用した。

◉記載例　時効取得による所有権移転登記

登記の目的	所有権移転
原　　因	平成16年4月1日時効取得

```
権 利 者  B
義 務 者  A
添 付 情 報  登記原因証明情報  登記識別情報（登記済証）  印鑑証明書
          住所証明情報  代理権限証明情報
課 税 価 格  金 1,000 万円
登録免許税  金 20 万円
```

(1)　登記原因

　登記原因は，「年月日時効取得」である。

　登記原因日付は，時効取得者が占有を開始した日である。なぜなら，時効の効力は起算日に遡って生じるからである（民 144 条）。時効完成日と誤りやすいので注意すること。これを間違えてしまうのは，受験生だけではない。実務家である司法書士が間違えて申請してしまって補正になっているのを見たことがあるし，判決が間違えているのも見たことがある（訴訟に関与した弁護士も裁判官も勘違いしていたのだろう）。要注意である。

(2)　登記申請人

　時効取得者が登記権利者，所有権登記名義人である原所有者が登記義務者となる。

(3)　添付情報

　提供が要求されるのは，原則どおりの添付情報である。

　ただ，1 点だけ注意が必要である。時効取得の場合，原所有者の権利取得が平成 17 年 3 月施行の不動産登記法改正前であることが多い。その場合，登記義務者となる者に交付されているのは登記済証なので，登記申請情報に提供するものが，登記識別情報ではなく，登記済証となる点に注意する必要があるのである。

■4　相続と時効取得

　時効は，10 年または 20 年の間占有が継続することを前提としている。そのため，その間に，原所有者または占有者が死亡し，相続が開始することがある。ここでは，そのような場合の権利関係を確認し，時効取得による所有権移転登

記の前提として相続登記（相続による所有権移転登記）が必要となるか否かを検討していくことにしよう。「死亡したのは誰か」「死亡したのはいつか」という観点から場合分けして検討するので，注意すること。

(1) 原所有者の起算日前の死亡

> **例題1**　甲土地の所有者として登記されている A が死亡した。その相続人はC である。その後，B が占有を開始し，10 年後，B の取得時効が完成した。B 名義とする時効取得による所有権移転登記をする前提として，C 名義とする相続による所有権移転登記を申請する必要があるか〈図 2-1〉。

　時効取得者が占有を開始する前に所有権の登記名義人が死亡した場合，時効取得による所有権移転登記の前提として，所有権登記名義人の相続による所有権移転登記をすることが必要となる（登研 455 号 89）。

　例題1では，A から C への相続による所有権移転登記を申請したうえで，C から B への時効取得による所有権移転登記を申請しなければならない。2 件の登記申請が必要となるのである。

　これは，物権変動の過程を忠実に反映しようという考え方から導かれたものである。時効による所有権の取得は，起算日である占有開始日に遡って生じるが，その起算日においては，不動産はすでに相続人が所有していたのである。つまり，不動産の所有権は，被相続人 A の死亡日に被相続人 A から相続によって相続人 C に移転したうえで，時効取得者 B の占有開始日に時効取得によって時効取得者 B が取得しており，A → C → B という変動をたどっているのである。これを登記記録に忠実に反映するために，時効取得による所有権移転登記の前提として，相続登記が必要となるのである。

図 2-1　原所有者の起算日前の死亡

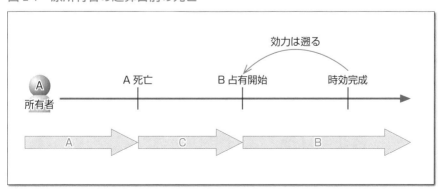

(2) 原所有者の起算日後の死亡

> **例題2** Aが所有者として登記されている甲土地について，Bが占有を開始した。その後，Aが死亡し，Cが相続した。占有開始から10年後，Bの取得時効が完成した。B名義とする時効取得による所有権移転登記をする前提として，C名義とする相続による所有権移転登記を申請する必要があるか〈図2-2〉。

　時効取得者が占有を開始した後に所有権の登記名義人が死亡した場合，時効取得による所有権移転登記の前提として，所有権登記名義人の相続による所有権移転登記をすることを要しない（登研401号161）。

　例題2においては，C名義とする相続による所有権移転登記を申請することなく，AからBへの時効取得による所有権移転登記を申請すればよい。もちろん，登記義務者となるAはこの登記の時点で死亡しているので，Cが義務者側の相続人による登記として，Bと共同して申請することになる。

　時効の効力は起算日に遡るので，時効取得者が所有権を取得するのは，起算日となる（民144条）。そして，起算日における所有権者は被相続人であり，時効取得者は当該被相続人から所有権を取得したことになるので，所有権は相続によって相続人が承継していないというわけである。

　なお，相続人に対する相続による所有権移転登記がなされている場合には，当該相続登記を抹消する必要はなく，相続人を義務者として時効取得を原因とする所有権移転登記を申請することができる。時効の効果が起算日に遡るとはいっても，時効完成まで相続人が所有していたのは事実であり，抹消するまでのことではないからである。

図 2-2　原所有者の起算日後の死亡

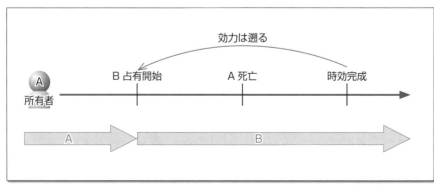

⑶　占有者の時効完成前の死亡

> **例題3**　A が所有者として登記されている甲土地について，B が占有を開始した。その後，B が死亡し，C が相続して占有を続けた。B の占有開始から 10 年後，取得時効が完成した。この場合，直接 C の名義とする時効取得による所有権移転登記を申請することができるか。また，登記原因日付はどの時点の日付となるか〈図 2-3〉。

　2 人以上の主体の間で占有の承継があった場合は，占有の承継人は，自己の占有に前主の占有を併せて主張することができる（民 187 条 1 項）。例題 3 でも，C が B の占有を併せて主張している。この場合，時効取得の主体となるのは，あくまで C である。よって，時効取得により所有権を取得したのは C である。このことから，例題 3 においては，A から C への時効取得による所有権移転登記を申請することができる。

　また，前主の占有を併せて主張した場合には，時効取得の効果が生じる起算日は，前主が占有を開始した日となる。例題 3 においても，B が占有を開始した日が起算日となり，この時点の日付を登記原因日付とすることになる。なお，C が生まれたのが B の占有開始後である場合には，C が自己の出生前の日付で所有権を取得するという登記申請をすることになるが，これは，占有を承継することができるうえに時効の効果が遡ることから当然予定されていることであり，このような登記申請は受理される（登研 603 号 135）。

図 2-3　占有者の時効完成前の死亡

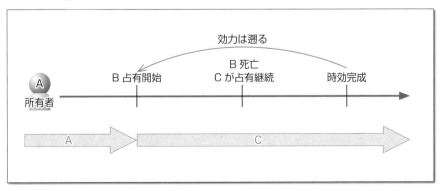

⑷　占有者の援用前の死亡

> **例題 4**　A が所有者として登記されている甲土地について，B が 10 年間占有を継続し，B の取得時効が完成した。その後，B が死亡し，C が時効の援用をした。この場合，直接 C の名義とする時効取得による所有権移転登記を申請することができるか〈図 2-4〉。

　占有を継続し取得時効が完成したにもかかわらず，占有者が時効の援用をせずに死亡し，その相続人が援用したという事例である。

　取得時効が完成しても，援用しなければ所有権を取得することはできない。つまり，取得時効による所有権の取得は，援用が要件となっている。よって，援用前に死亡して相続人が援用した場合には，時効によって所有権を取得するのは，当該相続人となる。例題 4 において，所有権を取得するのは，B ではなく C というわけである。

　以上のことから，例題 4 では，A から C への時効取得による所有権移転登記を申請することができる。

　なお，登記原因日付は，B が占有を開始した日である。

図 2-4　占有者の時効援用前の死亡

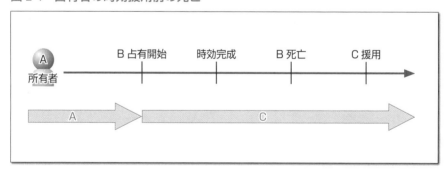

⑸　占有者の援用後の死亡

> **例題 5**　A が所有者として登記されている甲土地について，B が 10 年間占有を継続し，B の取得時効が完成した。B は，時効の援用をした後に死亡し，C が相続した。この場合，直接 C の名義とする時効取得による所有権移転登記を申請することができるか〈図 2-5〉。

　占有者が，取得時効の完成後に援用をしてから死亡した場合は，当該占有者（被相続人）に対する時効取得を原因とする所有権移転登記を申請したうえで，相続を原因とする相続人への所有権移転登記を申請すべきである。直接相続人に対する時効取得を原因とする所有権移転登記を申請することはできない。

　なぜなら，援用をした被相続人が生前に確定的に所有権を取得したからである。相続人は被相続人の取得した所有権を相続によって承継したのである。登記制度の趣旨から，これらの物権変動を忠実に反映すべきである。

図 2-5　占有者の時効援用後の死亡

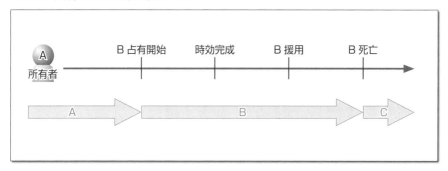

5　第三者との関係

　相続以外でも，時効取得の対象となっている不動産に第三者が登場することがある。ここでは，その第三者との関係を検討することにする。

⑴　時効完成前の第三者

　たとえば，Aの所有する甲土地について，Bが占有を開始した後にCがAから売却を受け，AからCへの所有権移転登記がなされた。その後，Bの時効が完成して援用したという事例で考えよう。この場合，Cは時効完成前の第三者である。そして，時効完成前の第三者に対しては時効取得を登記なくして対抗することができる。よって，時効取得者であるBは，Cを登記義務者として，時効取得を原因とする所有権移転登記を申請することができる。

⑵　時効完成後の第三者

　たとえば，Aの所有する甲土地について，Bの取得時効が完成し，援用もし

たが，その後，CがAから売却を受け，AからCへの所有権移転登記がなされたという事例で考えよう。

　この事例におけるCは，時効完成後の第三者である。そして，時効完成後の第三者に対しては，登記がなければ，時効取得による所有権取得を対抗することができない。よって，Bへの時効取得を原因とする所有権移転登記を申請することはできない。

(3)　ま　と　め

　記述式問題や登記記録問題で時効取得を原因とする所有権移転登記が出題された場合に，甲区に所有権移転登記が存在するときには，その原因日付に注意しよう。それが，時効完成前の日付であれば，その者を登記義務者として時効取得を原因とする所有権移転登記を申請すればよいが，時効完成後の日付である場合には，時効取得を原因とする所有権移転登記は申請できないというわけである。

6　農地の場合

　農地について，時効取得を原因とする所有権移転登記を申請する場合，農地法の許可書の提供は必要ない（昭38・5・6民甲1285号）。

　時効取得は，占有の継続という事実行為による物権変動であり，当事者の意思による変動ではないからである。

7　抵当権の抹消

　取得時効による所有権の取得は，原始取得である。そのため，原所有者がその物の上に設定していた抵当権などの負担は，消滅することになる。

　では，時効取得による所有権移転登記を申請した場合，登記されている抵当権などの権利は，職権で抹消されるのだろうか。

　実は，職権で抹消してはもらえない。抵当権者と時効取得者の共同申請により抹消登記を申請しなければならない。実体法上の権利が消滅するからといって，登記まで自動的に抹消されるわけではないのである。

　「所有権移転登記に伴って職権抹消する」との規定が存在しないため，登記官も，このような処理をすることができないのである。

　では，具体的にどのような登記申請をすればよいのか考えていこう。甲土地は，所有者はAと登記され，乙区1番でXの抵当権の設定登記がなされている。

この土地をBが時効取得したという事例で考えていこう。この事例では，A・Bが共同でAからBへの時効取得を登記原因とする所有権移転登記を申請したうえで，B・Xが共同で抵当権抹消登記を申請する必要がある。このときの登記申請情報は，以下のようになる。抵当権抹消登記については，第3編第6章で詳しく説明するが，ここでは，登記原因が「年月日所有権の時効取得」となることを覚えてほしい。登記原因日付は，時効取得を登記原因とする所有権移転登記の場合と同様，占有開始日である。

●記載例　所有権の時効取得による抵当権抹消登記

登記の目的　1番抵当権抹消

原　　　因　平成16年4月1日所有権の時効取得

権　利　者　B

義　務　者　X

添 付 情 報　登記原因証明情報　登記識別情報　代理権限証明情報

登録免許税　金1,000円

---

5. 代物弁済

1 意　義

　代物弁済とは，本来の給付に代えて他の給付をすることにより債権を消滅させることについて，債権者と弁済者との間で合意する契約のことである（民482条）。代物弁済は，所有権移転の原因である。それに加えて，債権消滅原因であり，当該契約で合意された代物の給付が現実になされた時に，債権が消滅する。

2 必要な登記申請

　では，代物弁済が行われた場合に，どのような登記申請が必要となるのだろうか。次の事例を使って，考えていこう。

　事例　令和6年7月3日，A及びBは，下記のように登記されている甲土地乙区1番抵当権によって担保されている債権の弁済に代えて，甲土地をBに移転する旨の代物弁済契約を締結した。登記申請日は，令和6年7月5日と

する。

●甲土地の登記記録

権利部（甲区）（所有権に関する事項）			
順位番号	登記の目的	受付年月日・受付番号	権利者その他の事項
3	所有権移転	令和2年8月22日 第26359号	原因　令和2年8月22日売買 所有者　A

権利部（乙区）（所有権以外の権利に関する事項）			
順位番号	登記の目的	受付年月日・受付番号	権利者その他の事項
1	抵当権設定	令和2年11月5日 第56936号	原因　令和2年11月5日金銭消 　　　費貸借同日設定 （登記事項一部省略） 抵当権者　B

　まず，代物弁済契約によって，甲土地の所有権がAからBに移転する。よって，AからBへの所有権移転登記の申請が必要となる。

　しかし，これで完成ではない。代物弁済のもうひとつの効果として，債権消滅が生じる。本事例においては，乙区1番の抵当権で担保されている被担保債権が代物弁済によって消滅することになる。そうだとすれば，乙区1番抵当権は，被担保債権が消滅したことで，付従性により消滅することになる。よって，本事例においては，乙区1番抵当権の抹消登記の申請も必要となる。

　以上，まとめておこう。不動産が代物弁済の対象となった場合には，当該不動産の所有権移転登記の申請が必要となる。さらに，代物弁済によって消滅する債権を被担保債権とする担保権が設定されている場合には，当該担保権の抹消登記の申請が必要となる。

　本試験の記述式問題において，代物弁済が行われている旨が記載されている場合には，所有権移転と抵当権抹消の2つの登記を検討しなければならないということである。1つの登記を答えたからといって，それで安心してはならないのである。

3 　登記申請のポイント

では，前記2の事例を解答する形で，代物弁済の登記申請情報を掲げよう。

◉記載例　代物弁済による登記

1件目

登 記 の 目 的	所有権移転
原 　　　 因	令和6年7月3日代物弁済
権 　利 　者	B
義 　務 　者	A
添 付 情 報	登記原因証明情報　登記識別情報　印鑑証明書
	住所証明情報　代理権限証明情報
課 税 価 格	金1,000万円
登録免許税	金20万円

2件目

登 記 の 目 的	1番抵当権抹消
原 　　　 因	令和6年7月5日代物弁済
権利者兼義務者	B
添 付 情 報	登記原因証明情報　登記識別情報　代理権限証明情報
登録免許税	金1,000円

(1)　登記原因日付

代物弁済の登記は，登記原因日付を押さえることが重要である。

2つの登記申請情報の登記原因日付を比較してほしい。所有権移転登記は，「令和6年7月3日」であり，抵当権抹消登記は，「令和6年7月5日」となっていることに気づくだろう。登記原因が同じ代物弁済であるにもかかわらず，その日付が異なっているのである。

まず，所有権移転登記の登記原因日付は，債権者に所有権が移転した日である。そして，代物弁済契約は諾成契約だから，所有権移転の効果は，代物弁済契約（合意）の日に生じる。よって，本事例においては，代物弁済契約として

の合意がなされた令和6年7月3日が登記原因日付となるのである。

　次に，抵当権抹消登記の登記原因日付は，債権が消滅した日である。そして，債権が消滅するのは，他の給付が現実に行われ，第三者に対する対抗要件を備えた時である。目的物が不動産の場合には，所有権移転登記を完了した時となる。よって，本事例においては，1件目の所有権移転登記の申請日である令和6年7月5日が登記原因日付となるのである。

《代物弁済の登記の登記原因日付》

所有権移転登記	代物弁済契約（合意）の日
抵当権抹消登記	代物弁済による所有権移転登記の申請日

(2)　申　請　人

　代物弁済による所有権移転登記は，所有権を取得する債権者が登記権利者，代物弁済する者が登記義務者となって共同申請する。この点については，問題がない。

　問題は，抵当権抹消登記である。抵当権抹消登記をする際には，代物弁済される不動産がAからBに移転しており，所有者もB，抵当権者もBとなる。そこで，Bが登記権利者兼登記義務者として，事実上の単独申請をすることになる。

　ただ，代物弁済による抵当権抹消登記がすべて事実上の単独申請となるわけではない。たとえば，Aが所有する甲土地にBが抵当権の設定を受けているという事例において，Aが甲土地とは別の乙土地を代物弁済としてBに給付した場合，乙土地については，Aを登記義務者，Bを登記権利者として，代物弁済を登記原因とする所有権移転登記を申請する。そして，甲土地については，Bを登記義務者，Aを登記権利者として代物弁済を登記原因とする抵当権抹消登記を申請することになる。

(3)　混同抹消でもよいのか

　学習が進んでいる人からよく受ける質問がある。それは，上記記載例の2件目の登記原因が「年月日混同」でもよいのか，というものである。

　たしかに，甲土地は，所有者も抵当権者もBとなっており，自己の所有権

に対して抵当権が設定されている状態となっている。

しかし，「年月日混同」とするのは間違いである。「年月日代物弁済」とすべきなのである。なぜなら，抵当権は，代物弁済によって被担保債権が消滅した結果，付従性により消滅したからである。抵当権自体が混同で消滅したわけではないのである。

また，登記原因を混同とすることを許すと，被担保債権が消滅していることを公示することができず，公示としても不十分なものとなってしまう。こうした公示上の都合からも，登記原因は「年月日代物弁済」とすべきなのである。

6. 共有物分割

1 意　義

ある物が共有である場合，各共有者は，いつでも，共有物の分割を請求することができる（民256条1項本文）。

ただし，共有物分割禁止の特約がある場合には，共有物分割をすることができない（民256条1項但書）。共有物分割禁止の特約は登記事項となっており（☞P239），登記をすることで第三者にも対抗することができる。

2 共有物分割となすべき登記

共有物分割の形態の主なものとしては，①価格賠償，②現物分割，③代金分割の3つの方法がある。それぞれがどのような方法なのかを説明しながら，その場合に必要な登記申請も考えていくことにしよう。民法的には現物分割が最も基本的な分割形態であるが，登記申請としては価格賠償による場合が基本となるので，価格賠償の場合から説明していく。

(1) 価格賠償

価格賠償とは，共有者の1人が他の共有者の持分をすべて買い取り，補償金を支払う方法である〈図2-6〉。

たとえば，A・B共有の1,000万円相当の不動産をBの単独所有とし，その代わり，BがAに対して500万円を支払うような場合である。この事例において申請すべき登記は，AからBへの共有物分割を原因とするA持分全部移転の登記である。

図 2-6　価格賠償

(2)　現物分割

　現物分割とは，現物をそのまま分割する方法である〈図2-7〉。

　たとえば，A・B共有の甲土地を西側と東側の2筆の土地にわけ，西側の土地をAが，東側の土地をBが取得する場合がこれに当たる。1つの不動産を2つに分けるという点で，登記的には少し複雑である。ていねいに説明しよう。

　まず，甲土地を2つに分けるという分筆登記を申請する必要がある。分筆登記によって，甲土地の登記記録に加えて，新しい乙土地の登記記録ができる。新しい登記記録が2つできるのではなく，片方は，元の甲土地の登記記録を使い続ける。甲土地から乙土地が切り離されたというイメージである。分筆登記は，土地家屋調査士から申請するのが通常である。ここでは，西側の土地を甲土地，東側の土地を乙土地として話を進める。

図 2-7　現物分割

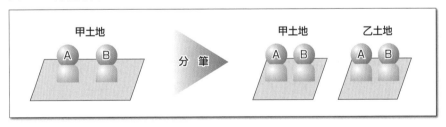

　さて，分筆登記をしたからといって，現物分割に関する登記が完了するわけではない。なぜなら，分筆登記は，単純に土地を分けるだけで，分筆登記完了後の2つの登記は，いわば“クローン”であり，甲土地・乙土地双方ともA・B共有状態のままだからである。

　そこで，続いて，甲土地については，BからAへの共有物分割を登記原因とするB持分全部移転の登記を申請し，乙土地については，AからBへの共

有物分割を登記原因とするA持分全部移転の登記を申請する必要がある。この登記申請をして初めて，甲土地はAの単独所有，乙土地はBの単独所有の登記ができあがるわけである〈図2-8〉。

図2-8　甲土地・乙土地それぞれに登記申請をする

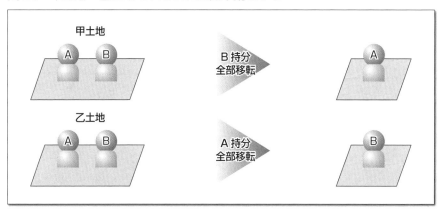

(3)　代金分割

　代金分割とは，共有する物を第三者に売却し，その売却代金を各共有者の持分割合に応じて分ける分割方法である〈図2-9〉。

　たとえば，A・B共有の甲土地をCに売却し，Cの支払った代金をAとBで分ける方法である。この事例においては，A・BからCへの売買を登記原因とする共有者全員持分全部移転の登記を申請すべきである。共有物分割を登記原因とする登記をするわけでないので注意すること。

図2-9　代金分割

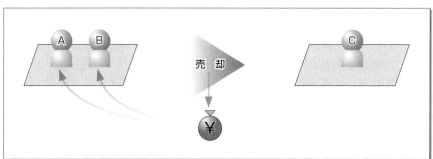

3 登記申請のポイント

事例　令和6年7月3日，甲土地の共有者A及びB（各持分2分の1）の間で「甲土地はBの単独所有とする。BはAに金500万円を支払う」旨の共有物分割協議が成立した。

●記載例　共有物分割による持分移転登記

```
登記の目的　　A持分全部移転
原　　　因　　令和6年7月3日共有物分割
権　利　者　　持分2分の1　B
義　務　者　　A
添 付 情 報　　登記原因証明情報　登記識別情報　　印鑑証明書
　　　　　　　住所証明情報　代理権限証明情報
課 税 価 格　　移転した持分の価格　金500万円
登録免許税　　金10万円
```

(1)　登記の目的

　共有物分割を登記原因とする場合には，登記の目的は，「A持分全部移転」「Dを除く共有者全員持分全部移転」などとなる。登記記録上共有名義となっていることが前提の登記なので，「所有権移転」となることはありえない。

(2)　登記申請人

　権利を取得する者が登記権利者，権利を失う者が登記義務者であることは当然である。ただ，登記権利者となる者は，必ず，登記記録上の他の共有者でなければならない（その前提として登記記録上共有名義であることが必要となる）。この点に関連する論点を，後記**4**（前提登記）で説明する。

　また，登記権利者が共有の場合でも，登記は受理される。たとえば，A・B・Cが共有する甲土地を2筆に分筆し，その一方である甲土地をAの単独所有とし，乙土地をB・Cの共有とすることができる。この場合，乙土地について申請する登記は，AからB・Cへの共有物分割を登記原因とするA持分全部移転の登記であるが，これも受理される。実務上，B・Cが夫婦である場合な

どによく見られる。

(3)　添付情報

　共同申請により所有権移転登記を申請する場合の原則的な添付情報を提供すればよい。

　登記権利者は，すでに登記記録上に共有登記名義を受けたことがある者であるが，再度，住所証明情報の提供が必要となる点に注意すること。現在の正しい住所を確認し，共有登記名義人と同一人であることを確認する必要があるからである。

(4)　登録免許税

　登録免許税は，原則として 1000 分の 20 であるが，1000 分の 4 で足りる場合もある。後記**6**で詳しく説明する。

4　前提登記

　共有物分割による持分移転の登記の前提として必要となる登記がある。ひとつひとつ確認していくが，これらはすべて，登記権利者が共有者でなければならないということから生じる要請であることに注意して学習すること。

> **例題1**　甲土地は，実体法上はA・B共有であるが，登記記録上は，Aの単独所有となっている。同土地について，A及びBが共有物分割協議を行い，Bの単独所有となった。AからBへの共有物分割を登記原因とする所有権移転登記を申請することができるか。

　本例題1のように，実体法上は共有だったとしても，登記記録上単独所有の名義となっている場合には，共有物分割を登記原因とする所有権移転登記を申請することができない（昭53・10・27民三5940号）。

　登記官には形式的審査権しかないため，登記記録上単独所有の名義である場合には，当該不動産が単独所有であることを前提として審査することになる。そのため，共有物分割を登記原因とする登記を受理することができないというわけである。

　ここでも，共有物分割は，登記記録上共有の場合に，登記記録上の共有者を登記権利者として申請することしかできないということを思い出すことが重要となってくる。

　以上から，本例題1でも，まずは，登記記録を共有名義としなければならな

い。そこで，1件目に，A・B共有名義とする所有権の更正登記を申請し，その後2件目として，AからBへの共有物分割を登記原因とするA持分全部移転の登記を申請しなければならないことになる。

> **例題2** 甲土地は，A・B共有名義であり，Bは埼玉県内の住所で登記されている。甲土地について，A及びBは共有物分割協議を行い，Bの単独所有となった。Bの現在の住所は，群馬県内にある。共有物分割によるA持分全部移転の登記を申請する前提として，Bの登記名義人住所変更の登記を申請する必要があるか。

　共有物分割を登記原因とする持分移転登記を申請するにあたり，登記権利者となる者の登記記録上の住所が現在の住所と異なる場合には，前提として，当該共有者の登記名義人住所変更登記を申請しなければならない（登研573号123）。本例題2においても，1件目でBの登記名義人住所変更登記を申請したうえで，2件目としてAからBへの共有物分割を登記原因とするA持分全部移転の登記を申請しなければならない。

　共有物分割は，登記記録上の共有者を登記権利者として申請することしかできない。しかし，埼玉県のBと群馬県のBでは，同一性があるとはいえない。このままでは，登記申請情報の群馬県のBと登記記録上の埼玉県のBが同一人物とは判断されず，却下されてしまうことになる。そこで，登記名義人住所変更の登記を行い，登記上の住所を群馬に変更したうえで，共有物分割を登記原因とするA持分全部移転の登記を申請しなければならないというわけである。

⑤　共有物分割による交換

　価格賠償の方法で共有物分割をする際に，共有者の1人が補償金を支払う代わりに，他の不動産を与える場合がある。このようなときには，どのような登記が必要になるだろうか。例題を使って考えていこう。

> **例題** A・B共有名義で登記されている甲土地について，共有物分割協議を行い，Bが単独で所有することとなった。Bはその代わりに，自己が所有する乙土地をAに与えることにした。どのような登記をすればよいか〈図2-10〉。

　甲土地についてすべき登記は，難しい話ではない。AからBに対する共有物分割を登記原因とするA持分全部移転の登記である。

　問題は，乙土地についてである。BからAに対する所有権移転登記を申請することになるが，その登記原因が問題となるのである。共有物分割協議の一

図2-10　共有物分割による交換

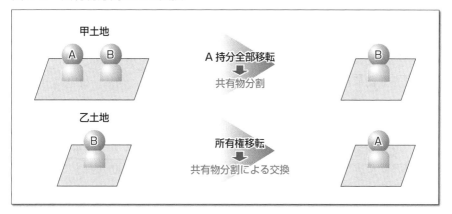

環として移転するものであるが，「共有物分割」を登記原因とすることはできない。乙土地は共有でないからである。

　この事例では，共有物分割協議は甲土地についてなされたのであり，乙土地は，その代わりとして移転されるものである。そこで，乙土地にする登記の登記原因は，「共有物分割による交換」となる。登記原因日付は，甲土地の登記原因日付と同様，共有物分割協議の成立日である。

6　登録免許税

(1)　原　　則

　共有物分割による持分移転登記も，相続・合併以外の所有権の移転登記なので，登録免許税は，移転した持分の価格の1000分の20となる。

(2)　特　　則

　共有物分割による持分移転の登記の登録免許税が，1000分の4で済む場合がある（登免税別表第1.1(2)ロ）。

　1回の登記で，1000分の4の部分と1000分の20の部分が混ざる場合もある。これは難しい計算となるので，試験対策としては，ここから先の説明は，余裕がなければ飛ばしてよい。

　では，説明していこう。まず，このように税率が分かれている意味を理解するために，このようになった経緯から説明していこう。

　実は，以前，共有物分割の税率はすべて1000分の4であった。共有状態は

過渡的な状態であり，不動産の有効活用もしにくいので，共有物分割を促す意味で税率を低くしたものである。

　しかし，この低い税率を悪用した登記が多数申請されるようになった〈図2-11〉。たとえば，Aが自己所有の土地をBに売却した場合には，AからBへの売買を登記原因とする所有権移転登記を申請するが，当然，税率は1000分の20である。そこで，まずはAからBに対し，土地の100分の1ほどの持分について売買を登記原因とする移転登記をし，いったん共有とする。その後，残り100分の99の持分について共有物分割を登記原因とする移転登記をするのである。そうすれば，100分の99については，税率1000分の4で済んでしまう。実質は売買による新たな資産の取得であり，共有物分割でないにもかかわらず，1000分の20を免れてしまうことになってしまうのである。形式的審査権しかない登記官は，この悪用をわかっていても，共有状態で他の共有者に移転している以上，受理しないわけにはいかない。このような悪用が横行していたのである。

図 2-11　共有物分割の悪用

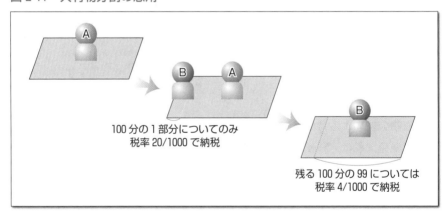

100分の1部分についてのみ
税率20/1000で納税

残る100分の99については
税率4/1000で納税

　そこで，共有物分割を登記原因とする移転登記は，原則として1000分の20とされ，新たな資産の取得と認められない実質的な分割であることが確実な場合にのみ1000分の4とした。もともと分筆の登記前に有していた持分の価額に対応する部分の取得のみ1000分の4とされ，それを超える持分の取得は，実質的な分割が確実であるとはいえないとして，1000分の20とされたのである。

　具体的には，以下の要件を満たす場合にのみ，税率が1000分の4とされる。

①分筆登記がなされた不動産であること。

②分筆登記によって生じた他の不動産と同時に共有物分割による持分移転の登記をすること。

③分筆登記前に有していた持分に応じた不動産価額に対応する部分であること。

1000分の4で済むのは，分筆登記をしていることが前提であるから，現物分割の場合に限定されることになる。そして，資産が増加していない部分については，1000分の4で済ませてあげようというわけである。具体的な事例で説明していこう。

> **例題**　A・B共有（A持分3分の2，B持分3分の1）の甲土地（3,000万円）を分筆し，甲土地と乙土地（各1,500万円）とし，甲土地をAが，乙土地をBが取得するという共有物分割協議をした。甲土地及び乙土地に申請する共有物分割による持分移転登記の登録免許税を答えよ。

まず，A・Bの分筆登記前の持分価額を算出する必要がある。Aは，3,000万円 × 2/3 = 2,000万円となり，Bは，3,000万円 × 1/3 = 1,000万円となる。A・Bは，それぞれ，この価額までの取得であれば，1000分の4の税率で済むということである。

では，甲土地から計算しよう。Aは，共有物分割で甲土地を取得することになるが，甲土地の価額は1,500万円であり，これは分筆前の持分価額である2,000万円までの取得となっているので，税率はすべて1000分の4となる。よって，移転する持分の価格である500万円（1,500万円 × 1/3）に1000分の4をかけた2万円が答えとなる。

次に乙土地である。乙土地を取得するのはBであり，Bの分筆前の持分価額は1,000万円である。しかし，Bが取得する乙土地の価格は1,500万円であり，分筆前の持分価額である1,000万円を超過している。そこで，この超過した500万円の部分は新たな資産の取得だとして，1000分の20の税率とするのである。AからBに移転する持分の価格は，1,000万円（1,500万円 × 2/3）なので，このうち500万円分は1000分の4，残りの500万円分は1000分の20となる。よって，500万円 × 4/1000 = 2万円，500万円 × 20/1000 = 10万円，2万円 + 10万円 = 12万円となり，登録免許税は12万円となる。

7 登記の実行

共有物分割による持分移転登記も，所有権の移転登記であるから，主登記で実行される。

注意が必要なのは，共有物分割によって単独所有になった者は，2回に分け

て所有権を取得しているということである。たとえば，A・B共有（持分各2分の1）の甲土地を共有物分割によってBの単独所有とした場合を考えよう。下記のような登記記録となる。

●甲土地の登記記録

権利部（甲区）（所有権に関する事項）			
順位番号	登記の目的	受付年月日・受付番号	権利者その他の事項
2	所有権移転	令和5年5月23日 第52233号	原因　令和5年5月23日売買 共有者　持分　2分の1　A 　　　　　　　2分の1　B
3	A持分全部移転	令和6年7月5日 第75632号	原因　令和6年7月5日共有物分割 所有者　持分2分の1　B

　この場合，Bは共有物分割によって単独所有となったが，共有物分割による持分移転（甲区3番）では2分の1しか取得しておらず，残りの2分の1は，もともと有していたもの（甲区2番）である点に注意が必要となる。たとえば，甲土地をBがCに売却する場合，甲区3番の共有物分割の際に通知された登記識別情報だけではなく，甲区2番の売買でA・B共有名義の登記をした際に通知された登記識別情報も併せて提供しなければならないことになる（昭37・11・29民甲3422号）。

7. 持分放棄

1 意　義

　共有不動産において，共有者の1人がその持分を放棄すると，その持分は，他の共有者に帰属する（民255条）。

　たとえば，Aが4分の1，Bが4分の1，Cが4分の2の割合で共有する甲土地において，Aがその持分を放棄した場合について考えよう。この場合，Aの持分は，BとCにそれぞれが有していた持分割合に応じて帰属するので，Aの持分は，Bに12分の1（1/4 × 1/3），Cに12分の2（1/4 × 2/3）の割合で帰属することになる。なお，B・Cは，もともと持分を有していたので，その持分を加えてB・Cの最終的な共有持分を計算すると，Bが1/3（1/4+1/12），Cが2/3（2/4+2/12）となる。

　持分放棄の性質は，相手方のない単独行為であり，また，持分放棄による他

の共有者の権利の取得は，原始取得である。

2　なすべき登記

　共有不動産において，持分放棄がなされた場合，持分放棄をした共有者から他の共有者に対して，持分移転の登記を申請するのが登記の扱いである（大判大3・11・3）。

　持分放棄が原始取得であることからすれば，放棄をした者の権利を抹消すべきとも思えるが，そのような扱いは，当事者の過度の負担となってしまうことから，移転登記によるものとされたのである。

　この点から，持分放棄による持分移転登記は，物権変動の過程がそのまま反映された登記とはいえないことになる。

　以上，時効取得による所有権移転登記の場合と同様の発想によるものである。

3　登記申請のポイント

> **事例**　「持分4分の1　A，4分の1　B，4分の2　C」で登記されている甲土地において，令和6年7月2日，Aは持分放棄の意思表示をした。当該意思表示は，令和6年7月3日，B及びCに到達した。

●記載例　持分放棄による持分移転

```
登記の目的　A持分全部移転
原　　　因　令和6年7月2日持分放棄
権　利　者　持分　12分の1　B
　　　　　　　　　12分の2　C
義　務　者　A
添付情報　登記原因証明情報　登記識別情報　印鑑証明書
　　　　　　住所証明情報　代理権限証明情報
課税価格　移転した持分の価格　金250万円
登録免許税　金5万円
```

(1)　登記の目的

　持分放棄による持分移転の登記は，登記記録上共有であることを前提とするので，「A持分全部移転」「A持分一部移転」などの持分移転となる。所有権

移転となることはない。

(2) 登記原因

登記原因は,「年月日持分放棄」である。登記原因日付は,持分放棄の意思表示の日である。

「持分放棄の意思表示が他の共有者に到達した日」ではないので,注意すること。持分放棄は,相手方のない単独行為であり,相手方を観念することができないため,意思表示さえすれば効力が生じるからである。

(3) 登記申請人

登記権利者は持分が帰属した他の共有者,登記義務者は持分放棄をした者である。登記権利者は,登記記録上,共有者として登記されている者でなければならないとの要請がある。この点に関連する論点については,後記**4**で説明する。

他の共有者が取得する持分は,もともと有していた持分の割合に応じたものでなければならない。たとえば,上記事例において,持分放棄により,Aの持分のすべてをBに移転する登記を申請することはできない。

(4) 添付情報

共同申請の場合の原則どおりである。登記原因証明情報としては,持分放棄証書などが必要となる。

(5) 登録免許税

登録免許税率は,移転する持分の価格の1000分の20である。

(6) 登記の実行

持分放棄による持分移転の登記が申請された場合には,BとCは,2回に分けて持分を取得したことになる。登記記録が複雑になるので,注意すること。

以下,上記記載例の登記申請がなされた場合の登記記録を掲げておく。

●登記申請後の甲土地の登記記録

権利部（甲区）（所有権に関する事項）

順位番号	登記の目的	受付年月日・受付番号	権利者その他の事項
2	所有権移転	平成30年3月19日 第32293号	原因　平成30年3月19日売買 共有者　持分　4分の1　A 　　　　　　　　4分の1　B 　　　　　　　　4分の2　C
3	A持分全部移転	令和6年7月5日 第75632号	原因　令和6年7月2日持分放棄 共有者　持分12分の1　B 　　　　持分12分の2　C

４　前提登記

　持分放棄による持分移転登記は，登記記録上共有であることを前提にしており，登記記録上の共有者を登記権利者として申請しなければならない。これは，登記官に形式的審査権しかないからである。このことから，持分放棄による持分移転登記を申請する際に前提とする登記をしなければならない場合がある。

　例題を使って検討していこう。

> **例題1**　登記記録上A・B共有で登記されている甲土地について，Bがその持分をCに譲渡した後，Aが持分を放棄した。BからCへの持分移転登記を申請することなく，持分放棄により，AからCへの持分移転登記を申請することができるか。

　例題1のような登記を申請することはできない。登記権利者となる者は，登記記録上他の共有者として登記されている者でなければならないからである。例題1においては，BからCへの持分移転登記を申請し，AとCの共有にしたうえで，AからCへの持分放棄による持分移転の登記を申請しなければならない。

> **例題2**　甲土地は，登記記録上A・B共有名義で登記されているが，実際にはA・Cの共有である。所有権更正登記をすることなく，AからCへの持分放棄による持分移転の登記を申請することができるか。

　たとえA・Cの共有であっても，A・B共有名義のまま，持分放棄によるAからCへの持分移転の登記を申請することはできない。例題1の場合と同様，登記権利者となる者は，登記記録上他の共有者として登記されている者でなければならないからである。

　本例題2においては，持分放棄によるAからCへの持分移転登記を申請す

る前提として，Ａ・Ｃの共有名義とする所有権更正登記を申請しなければならない（昭 60・12・2 民三 5440 号）。

> **例題3** 甲土地は，Ａ・Ｂ共有名義であり，Ｂは大分県内の住所で登記されている。甲土地についてＡが持分放棄の意思表示をした。Ｂの現在の住所は，福岡県内にある。持分放棄によるＡ持分全部移転の登記を申請する前提として，Ｂの登記名義人住所変更の登記を申請する必要があるか。

　本例題3において，持分放棄によるＡ持分全部移転の登記を申請する前提として，Ｂの登記名義人住所変更の登記を申請しなければならない（登研 473 号 151）。

　持分放棄による持分移転の登記の登記権利者は，登記記録上の他の共有者でなければならない。また，登記記録上の他の共有者と登記権利者が同一人といえるためには，住所・氏名が一致していなければならない。これらが一致しない場合には，持分放棄による持分移転登記の前提として，登記名義人表示変更登記を申請しておかなければならないということである。

5 　一の申請情報による申請の要否

> **例題1** Ａ・Ｂ・Ｃの共有名義（持分各3分の1）で登記されている甲土地において，Ａが持分放棄をした。Ａ・Ｂのみの申請で，ＡからＢへのＡ持分一部移転登記の申請をすることができるか。

　例題1の事例において，Ａが持分放棄をした場合，Ａの持分3分の1のうち，半分である6分の1はＢに，残りの6分の1はＣに帰属する。

　この場合，Ａを登記義務者，Ｂ・Ｃを登記権利者として，Ａ持分全部移転の登記を申請することができる。

　さらに，Ａを登記義務者，Ｂを登記権利者として，Ｂに帰属する6分の1の持分についてのみのＡ持分一部移転登記の申請もすることができる（昭 37・9・29 民甲 2751 号）。たしかに，Ａの持分放棄により，その持分はＢ・Ｃに帰属しているが，対抗要件を備えるか否かは，Ｂ・Ｃ各自の自由だからである。

　反対に，Ａ・Ｂのみで，ＡからＢ・ＣへのＡ持分全部移転登記を申請することはできない（登研 577 号 154）。上述したように，対抗要件を備えるか否かは各自の自由である以上，ＢがＣの持分も含めて登記することが保存行為とはいえないからである。

> **例題2** Ａ・Ｂ・Ｃの共有名義（持分各3分の1）で登記されている甲土地において，Ａが持分放棄をし，Ａ・Ｂのみの申請で，ＡからＢへのＡ持分一部

移転登記がなされた。その後，Aは，自己に登記が残っている6分の1の持分をDに売却した。AからDへの売買を登記原因とするA持分全部移転の登記を申請することができるか〈図2-12〉。

　Aが持分放棄した場合，その持分はB・Cに帰属するが，例題1で学習したとおり，AからBのみへの一部移転登記を申請することができる。

　その後，Aは自己名義となっている残りの持分を第三者に売却し，当該売却に基づく持分移転の登記を申請することができる（昭44・5・29民甲1134号）。

　たしかに，AがDに売却した持分は，持分放棄によりCに帰属したはずの持分である。しかし，持分放棄による権利取得も，登記をしなければ，第三者に対抗することはできない。そのため，登記官としては，Bへの一部移転がなされたことで残りのA持分がCに帰属していることがわかっていても，その登記がなされていない以上，Dへの売買による持分移転登記を受理せざるを得ないのである。言ってみれば，CとDとの関係は，Aを起点とした二重譲渡のような対抗関係になっており，先に登記をしたほうが勝つというわけである。

図2-12　対抗関係

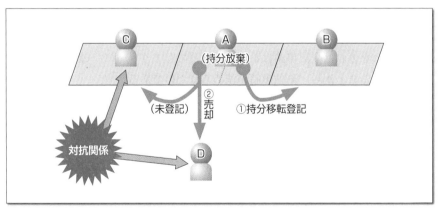

8. 所在等不明共有者の持分取得

① 意　　義

　不動産が数人の共有に属する場合において，その共有者の中に所在等不明共有者がいるときは，裁判所は，共有者の請求により，その共有者に，その所在

等不明共有者の持分を取得させる旨の裁判をすることができる（民262条の2第1項前段）。この裁判がなされた場合，所在等不明共有者の持分を裁判を請求した共有者へ移転する登記を申請する。

　たとえば，土地をA・B・Cが共有しており，Cが所在等不明共有者である場合，Aは裁判所に対して，Cの持分を自己へ取得させる旨の裁判をするように申し立てることができる。この事例では，Aに対するC持分全部移転の登記を申請することになる。

② 登記申請のポイント

(1) 登記原因

　登記原因は，「年月日民法第262条の2の裁判」である（令5・3・28民二533号）。登記原因日付は，裁判が確定した日である。

(2) 登記申請人

　裁判により持分を取得した共有者が登記権利者，所在等不明共有者が登記義務者となるが，持分を取得した共有者が所在等不明共有者の代理人となり，単独で申請することができる。登記義務者は所在等不明共有者であり，単独申請が認められなければ登記申請は不可能となってしまううえに，確定した裁判がなされていることから，単独申請が認められたのである。

(3) 添付情報

【裁判書の謄本】

　代理権限証明情報（持分を取得した共有者が所在等不明共有者の代理人であることを証明するもの）及び登記原因証明情報として，確定裁判にかかる裁判書の謄本を提供しなければならない。

【登記識別情報の要否】

　実質的に登記権利者の単独申請となることから，登記識別情報の提供は不要である。

③ 前提登記

　所在等不明共有者の死亡が判明したが，除籍謄本等が破棄されたなどの理由によりその相続人のあることが明らかでない場合には，民法第262条の2の裁

判による持分移転登記の前提として，死亡した所有権の登記名義人について相続財産法人への氏名変更登記をしなければならない。

　この登記申請は，所在等不明共有者の相続財産法人が登記申請人となり，持分を取得した共有者がその代理人となって申請する。この場合には，持分が相続財産法人に帰属する旨が記載された確定裁判にかかる裁判書の謄本が，代理権限証明情報及び登記名義人の氏名変更を証する情報となる。

　相続財産法人への氏名変更登記は，P181 で説明する。

9. 所在等不明共有者の持分譲渡

1 　意　　義

　不動産が数人の共有に属する場合において，共有者の中に所在等不明共有者がいるときは，裁判所は，共有者の請求により，その共有者に，所在等不明共有者以外の共有者の全員が特定の者に対してその有する持分の全部を譲渡することを停止条件として所在等不明共有者の持分を当該特定の者に譲渡する権限を付与する旨の裁判をすることができる（民262条の3第1項）。

　たとえば，土地がA・B・C・Dの共有であるが，Dが所在等不明共有者であるとしよう。この場合，Aは，裁判所に対して，A・B・CがEに各自の持分を売り渡すことを条件として，Dの持分をEに譲渡する権限を自己に取得させる旨の裁判をするように申し立てることができる。これにより，不動産全体をEに売却することができるのである。この場合，Eに対するD持分全部移転の登記申請をAがDの代理人として行うことができるというわけである。

2 　登記申請のポイント

(1)　登記原因

　登記原因は，譲渡された原因とその日付を記載することになるが，その登記原因日付は，裁判の確定後2か月以内でなければならない。ただし，裁判所による期間の伸長があったことを証する情報が提供された場合は，その期間内であればよい。

　裁判の効力が生じた後2か月以内にその裁判により付与された権限に基づく所在等不明共有者の持分の譲渡の効力が生じないときは，その裁判は効力を失

うとされているからである。

　なお，2か月の期間制限があるのは登記原因日付についてであり，登記申請自体を2か月以内に行わなければならないわけではない。

⑵　登記申請人

　持分の譲渡を受けた者が登記権利者，所在等不明共有者が登記義務者となるが，裁判の請求を行った共有者が所在等不明共有者の代理人となって登記申請を行う。

⑶　添付情報

【代理権限証明情報】

　代理権限証明情報として，確定裁判にかかる裁判書の謄本を提供しなければならない。

【登記識別情報】

　所在等不明共有者の登記識別情報の提供は不要である。

【農地法の許可証】

　対象不動産が農地である場合，農地法の許可証の提供を省略することはできない。

3　前提登記

　所在等不明共有者の死亡が判明したが，除籍謄本等が破棄されたなどの理由によりその相続人のあることが明らかでない場合には，上記持分移転の登記の前提として，死亡した所有権登記名義人についての相続財産法人への氏名変更登記をしなければならない。

　この登記申請は，所在等不明共有者の相続財産法人が登記申請人となり，請求を行った共有者がその代理人となって行う。この場合，持分が相続財産法人に帰属する旨が記載された確定裁判にかかる裁判書の謄本が，代理権限証明情報及び登記名義人の氏名変更を証する情報となる。

　相続財産法人への氏名変更登記は，P181で説明する。

10. 委任の終了

1　権利能力なき社団名義の登記の可否

　権利能力なき社団が不動産を取得した場合，その不動産は権利能力なき社団の総有財産となるが，権利能力なき社団の名義で登記することはできない（最判昭47・6・2）。権利能力なき社団には権利能力がなく，登記名義人となることができないからである。

　この場合，代表者個人名義または構成員全員の共有名義で登記することになる（最判昭39・10・15）。代表者の個人名義で登記する際に，社団の代表者である旨の肩書をつけることは認められない（最判昭47・6・2）。肩書をつけることを認めると，実質的に権利能力なき社団の名義での登記を認めたのと同じことになってしまうからである。さらに，判例は，規約に基づく特定の構成員名義で登記することも認めている（最判平6・5・31）。

2　代表者の交代が生じた場合の登記

(1)　所有権移転登記

　権利能力なき社団の総有財産となっている不動産が代表者名義で登記されている場合に，代表者の交代があったときは，所有権移転登記を行う（昭41・4・18民甲1126号）。たとえば，甲土地が権利能力なき社団の代表者A名義で所有権の登記がなされている場合に，代表者Aが退任し，新代表者Bが就任したときは，AからBへの所有権移転登記を申請する。

　不動産は権利能力なき社団の総有財産であり，代表者の交代により実体的に所有権が移転したわけではない。しかし，代表者が所有権登記名義人となっており，その権利主体が変更されるので，所有権移転登記が必要となるというわけである。

(2)　委任の終了

　代表者の交代による所有権移転登記を申請する場合の登記原因は，「委任の終了」である。これまで登記名義人となっていた旧代表者への委任が終了するという意味である。

3 登記申請のポイント

事例 甲土地は，Aが代表を務める権利能力なき社団Xの有する不動産である。令和6年6月11日，甲土地の所有権登記名義人となっているAがXの代表者の地位を辞任し，令和6年6月30日，BがXの代表者として就任した。

◉記載例　委任の終了

```
登 記 の 目 的　所有権移転
原　　　　因　令和6年6月30日委任の終了
権　利　者　B
義　務　者　A
添 付 情 報　登記原因証明情報　登記識別情報　印鑑証明書
　　　　　　　住所証明情報　代理権限証明情報
課 税 価 格　金1,000万円
登 録 免 許 税　金20万円
```

(1) 登記の目的

　代表者がAからBに交代した場合，登記の目的は，「所有権移転」となる。

　Aが単独で代表者であった場合において，Bも代表者として就任し，A・Bの共同代表となったときは，「所有権一部移転」の登記をし，A・Bの共有名義とする。

　また，代表者A・B名義で登記されている場合において，Bのみが退任したときは，「B持分全部移転」の登記を申請し，Aの単独名義とする。

(2) 登記原因

　登記原因は，「委任の終了」となる。

　登記原因日付は，原則として，「新代表者が就任した日」となる（登研450号127）。上記記載例の事例のように，旧代表者の退任日と新代表者の就任日が異なっている場合には，注意が必要である。前代表者が退任しても，新代表者が就任するまでは，代表者の交代は生じないからである（この発想は，会社法において「権利義務の承継」として学習する）。

　しかし，複数の代表者の一部が退任し，残存代表者へ持分を移転する場合は，

新代表者の就任がないので，代表者の退任日となる。たとえば，A・B共有名義で登記されている場合，AへのB持分全部移転登記を申請するときは，Bの退任日が登記原因日付となる。

(3)　登記申請人

新たな代表者が登記権利者，所有権の登記名義人となっていた前代表者が登記義務者となる。

登記名義人となる者が複数存在する場合には，登記権利者には，持分の記載を付す必要がある。「権利能力なき社団の財産は持分概念のない総有となることから，持分の記載が不要となるのではないか」という誤解が生じうるが，便宜上代表者の名義で通常の形態の登記をする以上，通常どおり，持分の記載も必要となるのである。

(4)　添付情報

農地について，委任の終了による所有権移転の登記を申請する場合，農地法の許可書の提供は不要である（昭58・5・11民三2983号）。

所有権移転登記を申請するのは便宜的なものであり，実体的には代表者が変わっただけであって，所有権移転が生じたわけではないからである。

4　登記の実行

委任の終了によって所有権移転登記が申請された場合には，主登記で実行され，下記のような登記記録となる。

●登記申請後の甲土地の登記記録

権利部（甲区）（所有権に関する事項）			
順位番号	登記の目的	受付年月日・受付番号	権利者その他の事項
2	所有権移転	令和4年8月13日 第81632号	原因　令和4年8月13日売買 所有者　A
3	所有権移転	令和6年6月30日 第68915号	原因　令和6年6月30日委任の終了 所有者　B

この登記記録を見ると，Bへの所有権移転登記の登記原因が「委任の終了」と記載されている。この場合において，Bが死亡した際，相続人Cに対する「相続」を登記原因とする所有権移転登記を申請することができるだろうか。

この点，「委任の終了」を登記原因として所有権の移転の登記がなされてい

る不動産について,「相続」を登記原因として所有権移転登記を申請すること
はできない(登研459号98)。

　登記記録上「委任の終了」と記録されていることで,当該不動産は権利能力
なき社団の総有財産であり,Bの相続財産ではないことが明確だからである。

11. 民法第646条第2項による移転

1 意　　義

　AがBに対して土地の購入を委託し,受任者BがCから甲土地を購入した
事例において,Bに代理権が与えられていた場合,Bは顕名によってAの名
を出したうえでCと契約することができるので,甲土地の所有権は,Cから
Aに移転する。よって,この場合,甲土地についてCからAへの所有権移転
登記を申請することになる。

　しかし,委任契約が締結されても,代理権が与えられるとは限らない。委任
と代理は別物なのである。AがBに土地を購入してほしいが,自分の名前を
出してほしくないというような場合には,委任契約だけを締結し,代理権を与
えないことがある。この場合,Bは顕名によりAの名を出すことができず,
自己の名で購入することになる。よって,甲土地の登記については,CからB
への所有権移転登記を申請し,B名義にすることになる。

　ここで,委任契約においては,受任者は,委任者のために自己の名で取得し
た権利を委任者に移転しなければならないと規定されている(民646条2項)。
よって,B名義で登記された甲土地について,BからAへと所有権移転登記
をして,A名義にする必要がある。この場合に申請すべき登記が「民法第646
条第2項による移転」を登記原因とする所有権移転登記なのである〈図2-13〉。

2 登記申請のポイント

(1) 登記申請人

　登記権利者が委任者,登記義務者が登記名義人となった受任者である。

(2) 登記原因

　登記原因は,「年月日民法第646条第2項による移転」である。

図 2-13　民法第 646 条第 2 項による移転

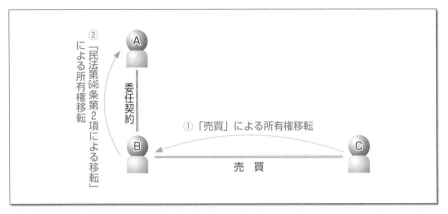

　登記原因日付は，原則として，登記申請の日となる（登研 457 号 118）。受任者が委任者に対する権利移転義務を果たすのは，登記申請の日だからである。ただし，委任者と受任者間で特約があれば，その特約の日となる。

12. 民法第 287 条による放棄

1　意　義

　地役権が設定された場合，契約により，承役地の所有者に対し，自己の費用で地役権の行使のために工作物を設け，またはその修繕をするという積極的な義務を負わせることができる。この積極的義務は，特約として登記することができ，登記がなされていれば，承役地の特定承継人も負担しなければならない（民 286 条）。地役権の登記の詳細は，『不動産登記法Ⅱ』で説明する。

　たとえば，A 所有の甲土地を要役地，B 所有の乙土地を承役地として，乙土地の一部を通行することができる地役権が設定されたとしよう。この場合，A・B 間で，「通路の修繕は承役地所有者が行う」という契約をすることができる。

　ここで，B は，いつでも，地役権に必要な承役地の部分（通路部分）を放棄して地役権者 A に移転し，通路修繕義務を免れることができる（民 287 条）。その場合，承役地について分筆登記し，通路部分を独立した土地にしたうえで，その土地について，B から A への所有権移転登記を申請する。そのときに申請すべき登記が「年月日民法第 287 条による放棄」を登記原因とする所有権移転登記なのである〈図 2-14〉。

図 2-14　民法第 287 条による放棄

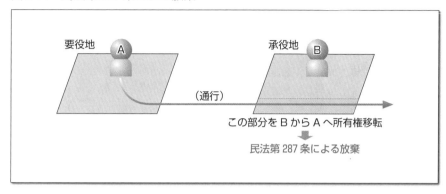

要役地

承役地

（通行）

この部分を B から A へ所有権移転

民法第 287 条による放棄

② 登記申請のポイント

⑴ 登記原因

登記原因は,「年月日民法第 287 条による放棄」となる。

⑵ 登記申請人

登記権利者は地役権者（要役地の所有権の登記名義人）, 登記義務者は承役地の所有権の登記名義人である。

③ 登記の実行

この所有権移転登記が申請されると, 承役地の所有権が地役権者に移転し, 地役権者と所有者が同一人に帰属することになる。よって, 地役権は, 混同により消滅する（民 179 条 1 項）。

そこで, 混同による地役権の抹消登記の申請をすることになる。

13. 財産分与

① 意　義

離婚した夫婦の一方は, 他方に対して, 財産の分与を請求することができる（民 768 条 1 項, 民 771 条）。

当事者間で財産分与の協議ができないとき, または協議が調わないときは,

協議に代わる処分を家庭裁判所に請求することができ，家庭裁判所での調停または審判によって財産分与がなされる（民768条2項）。

　財産分与の対象が不動産である場合，夫婦の一方から他方に不動産の所有権が移転する。このときに申請すべき登記が，財産分与を登記原因とする所有権移転登記である。

2　登記申請のポイント

事例　令和6年6月1日，財産分与として，Aの所有する甲土地をBに譲渡する協議が成立した。令和6年6月16日，AとBの離婚が成立した。

●記載例　財産分与による所有権移転登記

登記の目的	所有権移転
原　　　因	令和6年6月16日財産分与
権 利 者	B
義 務 者	A
添 付 情 報	登記原因証明情報　登記識別情報　印鑑証明書
	住所証明情報　代理権限証明情報
課 税 価 格	金1,000万円
登録免許税	金20万円

(1)　登記原因

　登記原因は，「年月日財産分与」である。
　協議による財産分与における登記原因日付は，協議の成立した日と離婚が成立した日の遅いほうの日付となる（登研490号146）。なぜなら，この双方がそろわなければ，財産分与による所有権移転の効果は生じないからである。つまり，離婚の成立後に財産分与の協議が成立した場合は協議が成立した日となり，離婚の成立前に財産分与の協議が成立していた場合は，離婚成立の日となる。
　家庭裁判所の審判により財産分与がなされた場合の登記原因日付は，審判確定の日となる。

財産分与の形態		登記原因日付
協　議	離婚成立後に財産分与協議	財産分与協議の成立の日
	財産分与協議の後に離婚成立	離婚成立の日
家庭裁判所の審判		審判確定の日

⑵　登記申請人

　財産分与を受けた者を登記権利者，財産分与をした所有権登記名義人を登記義務者として共同申請する。

　ただし，家庭裁判所の審判により財産分与がなされた場合には，登記原因証明情報として審判書正本を提供することで，登記権利者からの単独申請をすることができる。判決による登記申請に該当するからである。

⑶　農地の場合

　農地について財産分与を登記原因とする所有権移転登記を申請する場合，それが協議によるものであるときは，農地法の許可が必要である（登研523号138）。財産分与は，当事者双方の意思表示により行う協議だからである。

　これに対し，財産分与が審判によるものであるときは，裁判所の判断に基づく移転であるから，農地法の許可は不要となる。

14. 現物出資

1　意　　義

　株式会社の設立時や募集株式の発行等の際に，出資をすることで，当該会社の株主になることができる。多くの場合，出資は金銭で行う。株式を買うというイメージである。

　しかし，出資は，金銭で行うとは限らない。不動産や自動車などの金銭以外の財産で行う場合もある。これを現物出資という〈図2-15〉。現物出資をした者は，このような財産を出資することで株主となることができるのである。そして，その財産の所有権は，出資者から会社に移転する。そこで，現物出資の目的物が不動産である場合には，出資者から株式会社への所有権移転登記を申請

することになる。このときの登記原因は，「現物出資」である。

　さらに，持分会社の場合も同様に，現物出資により持分会社の社員となることができる。この場合も，現物出資の目的物が不動産であるときは，出資者から持分会社への現物出資による所有権移転登記を申請する。

　現物出資や株式会社・持分会社については，会社法で学習する。会社法を根拠とする登記であるが，とりあえず上記のことを知っておけば，当面は十分である。会社法を学習した後で，再度復習してほしい。

図 2-15　現物出資

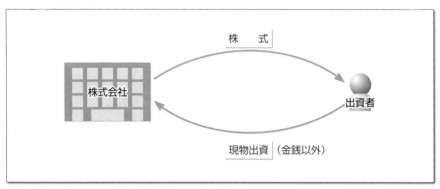

2　登記申請のポイント

(1)　登記原因

　登記原因は，「年月日現物出資」である。

　登記原因日付は，現物出資の目的財産を給付した日である（登研26号28）。設立の際の現物出資は，原則として，設立登記前に給付される。そのため，登記原因日付は，設立登記より前の日付でかまわない。たしかに，設立登記をしてからでないと，会社は権利能力を取得しないが，現物出資の目的財産の所有権は，現物出資の目的財産が給付されたときに移転していると考えることができるからである。

　なお，設立の際の現物出資の場合，会社の設立登記がなされてからでなければ，所有権移転登記を申請することができない。権利能力のない者を登記名義人とする登記を申請することはできないからである。設立前の段階では，会社

法人等番号を提供することができず，添付情報がそろわない点を考えてみれば
理解できるだろう。

(2) 農地の場合

農地について，現物出資による所有権移転登記を申請する場合は，農地法の
許可書の提供が必要となる。

15. 譲渡担保

1 意　義

譲渡担保とは，担保の目的物の所有権を設定者から債権者に形式的に移転し
ておき，債務が弁済されるとその権利を設定者に復帰させ，弁済されない場合
にはその権利を確定的に債権者に帰属させるという方法による担保である。
　不動産が譲渡担保の目的物になった場合には，設定者から債権者に対する所
有権移転登記を申請する。譲渡担保が行われた場合，所有権は形式的に設定者
から債権者に移転するので，所有権移転登記を申請することになるのである。

2 登記申請のポイント

(1) 登記原因

登記原因は，「年月日譲渡担保」である。登記原因日付は，譲渡担保契約が
締結された日である。

(2) 登記申請人

債権者を登記権利者，担保提供者である所有権登記名義人を登記義務者とし
て申請する。
　物上保証による譲渡担保契約をすることもできるので，登記義務者は，債務
者とは限らない。

(3) 登記事項

譲渡担保は，実質的には担保権であるが，あくまで所有権移転登記の形式で
申請する以上，債権額などが登記事項となることはない。

③　譲渡担保契約解除

　譲渡担保による所有権移転登記がなされた後，債務が弁済されたり，譲渡担保契約が解除されたりした場合，不動産の所有権は設定者に復帰する。

　この場合，「年月日債務弁済」または「年月日譲渡担保契約解除」を登記原因として，債権者から設定者へ所有権移転登記を申請する（登研342号77）。登記原因日付は，弁済された日または譲渡担保契約が解除された日となる。

　また，譲渡担保契約が解除された場合には，所有権の抹消登記によることも可能である（登研342号77）。

16. 収　　用

①　意　　義

　収用とは，特定の公共事業のため，法律の定める手続に従って，土地等の所有権を強制的に取得することである。土地の収用について土地収用法が制定されている。

　たとえば，ダムや空港の建設のため，私人が有するその予定地となっている土地の所有権を，建設会社などの起業者が強制的に取得できる。

　この場合，土地所有者から起業者への所有権移転登記を申請する。

②　登記申請人

　収用による所有権移転登記は，登記権利者である起業者が単独で申請できる（118条1項）。収用は公法上の処分であり，その権利変動の発生の確実性はきわめて高いからである。

　なお，収用の対象となる不動産について権利の登記がなされていないときは，起業者名義での所有権保存登記を申請することができる（☞P230）。

17. その他の登記原因

　以上に説明した所有権移転登記のほかに，解除，取消し，真正な登記名義の回復を登記原因とする所有権移転登記がある。これらについての詳細は，後述する（解除・取消し⇨P304，真正な登記名義の回復⇨P298）。

第3章 包括承継による所有権移転登記

●この章で学ぶこと●

この章では,包括承継を原因とする所有権移転登記について学びます。包括承継とは,他人の権利義務を一括して承継することをいい,その代表例は,相続による財産承継です。

1. 総　　説

１　包括承継とは

包括承継とは,前主の有する権利義務を包括的に承継することである。相続・合併・会社分割などがある。

相続を例にとると,Ａが死亡することで,その相続人ＢがＡの有していた権利義務を包括的に承継する。Ａが甲土地の所有権を有していれば,その所有権はＢに移転することになる。そのため,ＡからＢへの所有権移転登記を申請することになるのである。

２　原則として単独申請

(1)　単独申請の原則

包括承継による登記は,単独申請になる場合が多い。

たとえば,相続による所有権移転登記は,相続人の単独申請である。甲土地の所有権登記名義人Ａが死亡して,Ｂがこれを相続した場合,ＡからＢへの相続による所有権移転登記を申請することになるが,これは,Ｂの単独申請で行う。登記義務者が死亡している場合には,その相続人が被相続人に代わって,登記義務者となるはずであるが,その相続人が登記権利者であり,共同申請に

する必要性が乏しいからである。

⑵　複数の者からの単独申請

　Aが死亡し，B・Cが相続人となった場合は，相続人であるB・Cが登記申請人となる。複数の者からの申請ではあるが，これも単独申請である。共同申請とは，登記権利者と登記義務者という対立構造にある者の双方から申請することであるが，この場合は登記義務者が欠けており，BもCも相続人として同じ立場で申請しているから単独申請なのである。単独申請というのは，共同申請や合同申請ではなく，一方の当事者からの申請という意味であり，1人で申請するとは限らないのである。

⑶　共同申請

　以上のように，包括承継では単独申請となるケースが多いが，会社分割など，共同申請になる登記もあるので，注意が必要である。

３　登録免許税

　相続・合併による所有権移転登記の登録免許税率は，原則として課税価格の1000分の4となる。特定承継による所有権移転登記の場合の登録免許税率の原則が1000分の20であることと比較せよ。

　相続登記を促進し，所有者不明不動産を生じさせないようにするために税率を低く設定しているのである。

　ただし，包括承継による所有権移転登記の場合でも，会社分割のように，登録免許税率が1000分の20となるものもあるので，注意が必要である。

2. 相　　続

１　意　　義

　相続とは，人が死亡した場合に，その被相続人の財産上の地位（権利義務）を相続人に承継させることである。

　相続財産中に被相続人の所有する不動産が存在する場合，相続による所有権移転登記を申請する。

② 登記申請のポイント

事例 令和6年5月25日，甲土地の所有権の登記名義人であるAが死亡した。Aの相続人は，配偶者Bと子C・Dである。

●記載例　相続による所有権移転

```
登記の目的　所有権移転
原　　　因　令和6年5月25日相続
相　続　人　（被相続人　A）
　　　　　　　　持分4分の2　B
　　　　　　　　　　4分の1　C
　　　　　　　　　　4分の1　D
添 付 情 報　登記原因証明情報　住所証明情報　代理権限証明情報
課 税 価 格　金1,000万円
登録免許税　金4万円
```

(1) 登記原因

　登記原因は，「年月日相続」である。登記原因日付は，被相続人の死亡した日である。被相続人の死亡によって相続が開始するからである（民882条）。

(2) 登記申請人

　相続による所有権移転登記は，所有権を取得した相続人からの単独申請となる。登記申請をする不動産について所有権を取得しない相続人は，申請人とはならない。

　上記記載例においては，相続人B・C・Dからの申請となっている。申請人が複数存在する場合には，各自の持分も記載する。申請人が3人存在するが，これが単独申請であることについては，前記 *1.* ②(2)参照のこと。

　登記申請人の記載方法としては，「相続人」と記載したうえで，その氏名・住所を記載する。共同申請ではないので，「登記権利者」とは記載しないので注意すること。

　さらに，「（被相続人A)」のように，被相続人の氏名を括弧書きで記載する。誰についての相続なのかを明示するためである。

(3)　添付情報

　一見してわかるとおり，提供すべき添付情報は，特定承継の場合よりも少ない。これは，相続による所有権移転登記が単独申請だからである。登記義務者側に要求される添付情報が不要となるのである。

　添付情報チェックシートで確認してみよう。

◉添付情報チェックシート

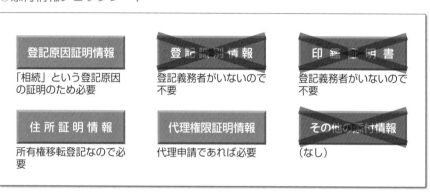

　まず，登記原因証明情報は，登記原因である「相続」について証明するために提供する必要がある。登記原因証明情報として具体的にどのような書面を提供すべきかについては，複雑な検討を要するので，項を改めて説明する（後記**3**）。

　次に，登記識別情報・印鑑証明書は，登記義務者の意思確認・本人確認をするための添付情報であるが，相続による所有権移転登記は単独申請であり，登記義務者が存在しないので，これらの情報の提供は不要である。

　住所証明情報については，相続人が所有権登記名義人となるので，相続人の住民票の写しの提供が必要となる。また，代理申請の場合は，代理権限証明情報として，相続人の委任状が必要となる。

(4)　登録免許税

　登録免許税率は，不動産価額の 1000 分の 4 である（登免税別表第 1.1 (2)イ）。

3　登記原因証明情報

(1)　何が必要か

　相続による所有権移転登記を申請する場合には，登記原因証明情報として，

次の要件を満たすものを提供しなければならない（令別表22添付情報）。

①市区町村長その他の公務員が職務上作成した情報であること。

②相続を証するものであること。

①は，公文書でなければならないということである。

②は，登記原因証明情報である以上，登記原因である「相続」を証明しなければならないのは当然である。ただし，具体的に何を証明しなければならないのかは問題である。

これらの点について，順番に説明していこう。

⑵　公　文　書

相続による所有権移転登記においては，登記原因証明情報は公文書でなければならない。これは，相続による所有権移転登記が単独申請だからである。

共同申請の場合，登記申請によって不利益を受ける者が登記義務者として関与している。いわば，登記申請することで損をする者が「私はこの人に売りました」という自白が成立しているのである。このことにより登記の真正が確保されるため，登記原因証明情報としては，公文書である必要がない。

これに対して，単独申請による登記の場合，登記義務者の関与なしに，利益を受ける者が単独で申請することができるため，何の対策も用意しなければ，不正な登記がなされるおそれがある。相続であれば，不動産の所有者が死亡したことを知った者が，「私が所有者の相続人ですよ」とうそをついて自己名義にする申請をするおそれがあるというわけである。そこで，このような虚偽の登記申請を防ぐ意味で，単独申請の場合には，登記原因証明情報として公文書を提供しなければならないとされたのである。これは，相続登記の場合だけでなく，単独申請一般の原則として，しっかり押さえておくこと。

⑶　相続の証明

登記原因証明情報で「相続」の証明として，具体的に次の3つを証明しなければならない。

①相続が開始したこと。

②申請人が相続人であること。

③申請人のほかに相続人がいないこと。

①は，被相続人が死亡したことを証明しなければならないということである。相続は死亡によって開始するからである（民882条）。

②・③は，相続人を過不足なく証明せよということである。これにより，相続人と相続分を特定することができる。

⑷　戸　　籍

では，以上の要件である相続を証明する公文書とは，具体的には何だろうか。それは，戸籍である。ただ，戸籍といっても，どの範囲の戸籍を提供すればよいのか。この点を次に考えていこう。

【被相続人の戸籍謄本・除籍謄本等】

まず，被相続人の戸籍謄本・除籍謄本等について，13歳程度まで遡ったものがすべて必要となる。被相続人の戸籍謄本により，①被相続人が死亡したことが証明できる。また，被相続人の戸籍謄本や除籍謄本に子や配偶者が記載されているため，②申請人が相続人であることが証明できる。被相続人の除籍謄本等を13歳まで遡るのは，生殖年齢まで遡ることによって，申請人以外に子がいないことを確認し，③申請人のほかに相続人がいないことを証明するためである。筆者が以前，依頼を受けた相続登記の案件では，被相続人の子3人が「亡くなった父の子は私たち3人だけです」と言っていたにもかかわらず，筆者が被相続人の除籍謄本を遡っていたところ，前妻の子が見つかったという事例があった。依頼者はその存在を知らなかったが，子である以上，当然に相続人となる。このような相続人の有無を確認するために，13歳まで遡って除籍謄本等を確認する必要があるのである。

【相続人の戸籍謄本または戸籍抄本】

次に，相続人の戸籍謄本または戸籍抄本の提供が必要となる。同時存在の原則から，相続人は，相続当時に生存していることが必要であり，そのことを証明するためである。

さらに，相続人が直系尊属や兄弟姉妹である場合には，先順位の相続人がいないことを証明するための戸籍謄本・除籍謄本等の提供も必要となる。先順位相続人がいないことが，直系尊属や兄弟姉妹が相続人となるための要件となるからである。

以上，実務では，戦争等で除籍が消失していたり，転籍が繰り返されていたり，個々の案件によって必要な戸籍等に差異がある。しかし，司法書士試験においては，原則として，被相続人の戸籍謄本・除籍謄本等，相続人の戸籍謄本または戸籍抄本と押さえておけば，事足りるだろう。

【戸籍上の相続人でない者】

　なお，以上のことから，相続による所有権移転登記において登記名義人となることができるのは，戸籍に記録されている本来の相続人だけであることになる。民法上，相続人と同一に扱われる者であっても，戸籍上の相続人でない者は，相続による所有権移転登記により権利を取得することはできないということになる（関連論点として，相続分の譲渡➡P161，包括受遺者➡P167）。

4 一部移転の可否と保存行為

例題 甲土地の所有権登記名義人Ｘが死亡し，その相続人がその子であるＡ・Ｂである場合，Ａは，自己の相続分についてのみの所有権一部移転登記を申請することができるか。

　相続人が複数存在する場合，共同相続人の１人は，自己の持分についてのみの相続を原因とする所有権一部移転登記，持分一部移転登記を申請することはできない（昭30・10・15民甲2216号）。

　これを許すと，相続を原因として，被相続人と相続人の共有状態が作出されることになり，登記記録上の公示が不自然となってしまうからである。相続は，被相続人の財産のすべてが相続人に移転するのであり，相続によって，被相続人と相続人が共有となることはありえないのである。

　よって，例題においても，Ａの持分のみの所有権一部移転登記を申請することはできない。

　ただし，この場合，共同相続人の１人は，保存行為（民252条5項）として，単独で，相続人全員名義の相続による所有権移転登記を申請することができる（登研157号45）。この点，売買による所有権移転登記において，買主が複数存在する場合に，その一部の者が保存行為として全員名義の登記を申請できない（☞P88）ことと対照的である。売買の場合，一部の者が自己の持分のみの登記を申請することができる以上，一部の者が対抗要件を備えようと考えた場合，自己の持分のみの登記を申請すればよいが，相続の場合には，相続人の一部の者が対抗要件を備えようと考えた場合でも，自己の持分のみの登記をすることができないので，保存行為として，全員名義の登記を申請することを認めたということである。

　上記例題では，Ａ・Ｂ全員名義の所有権移転登記をＡが単独で申請することができるということである。この場合の登記申請情報の所有者は，以下のように記載する。

```
相　続　人　（被相続人 X）
　　　　　　　（申請人）持分 2 分の 1　　A
　　　　　　　　　　　　　2 分の 1　　B
```

　A のみからの申請だとわかるように，A の頭に「（申請人）」と記載する。また，共有のケースなので，持分の記載を忘れないようにすること。

　なお，この場合，B は，登記名義人とはなるが申請人とならないので，B に対する登記識別情報は通知されない。

3. 相続人・相続分に修正があった場合

1　総　　説

　共同相続人中に特別受益者がいたり，寄与分が定められていたりするなどして，具体的な相続分が法定相続分とは異なる形に修正されている場合や，遺産分割協議がなされ，相続人の一部の者が不動産を相続すると定められた場合には，修正後の相続人・相続分をもって，相続の登記を申請することができる。この場合，法定相続分による共同相続の登記を経由したうえで修正の登記を申請する必要はない。

　ただ，ここで学習するのは，まだ法定相続の登記がなされていない段階で相続人・相続分の修正がなされた場合の登記である。すでに法定相続の登記がなされた後に相続人・相続分の修正があった場合にどのような登記申請が必要となるかについては，後述する（☞ P160）。

2　登記申請のポイント

事例　令和 6 年 5 月 25 日，甲土地の所有権登記名義人である A が死亡した。A の相続人は，配偶者 B と子 C・D である。令和 6 年 6 月 15 日，B・C・D は遺産分割協議を行い，甲土地は，C・D が 2 分の 1 ずつ相続することとされた。

●記載例　遺産分割がなされていた場合

```
登記の目的　所有権移転
原　　　因　令和 6 年 5 月 25 日相続
```

相 続 人（被相続人 A）
　　　　　　　　持分2分の1　C
　　　　　　　　　　2分の1　D
添 付 情 報　登記原因証明情報　住所証明情報　代理権限証明情報
課 税 価 格　金1,000万円
登録免許税　金4万円

(1)　登記原因

　登記原因は，「年月日相続」である。被相続人の死亡後に，寄与分協議・相続放棄・遺産分割協議があったとしても，その日付を記載する必要はない。これらの法定相続分の修正の効果は，相続時に遡って生じるからである。

　上記記載例においても，令和6年6月15日の協議で甲土地を取得するのがC・Dだけになったという効果は，相続時に遡って生じ，初めから甲土地はC・Dが取得していたことになる。よって，登記原因日付は，令和6年5月25日となるのである。

(2)　登記申請人

　登記申請人となるのは，登記申請をする不動産を実際に取得する相続人である。相続人であっても，特別受益や遺産分割協議等によって当該不動産を取得することにならない相続人は，申請人とはならない。

　上記記載例において登記申請人となるのは，遺産分割協議によって甲土地を取得することとなったC・Dである。Bは，Aの相続人ではあるが甲土地を取得しないので，登記申請人とはならない。

　また，所有権登記名義人Xが「甲土地はAに相続させる」というような特定の財産を特定の相続人に相続させる遺言である特定財産承継遺言がある場合は，Xの相続人がA・B・Cの3人だったとしても，Aが単独で登記申請をすることができる。この場合において，遺言執行者がいるのであれば，被相続人が別段の意思を表示したときを除き，遺言執行者が単独で申請することもできる（令1・6・27民二68号）。特定財産承継遺言があった場合，遺言執行者は，共同相続人が対抗要件を備えるために必要な行為を行うことができるとされているからである（民1014条2項）。

(3)　添付情報

　添付情報については，登記原因証明情報として，戸籍謄本・除籍謄本に加えて，相続人・相続分が修正されたことを証する情報の提供が必要となる。

　たとえば，上記記載例においては，戸籍謄本・除籍謄本に加えて遺産分割協議書の提供が必要となる。戸籍謄本・除籍謄本だけを提供して上記記載例の登記申請をしたとすれば，登記官は，戸籍謄本・除籍謄本の記載どおりに「Bも相続人なのにC・Dのみの登記は受理できない」と判断してしまう。そこで，「戸籍上はBも相続人だが，遺産分割協議によって修正されてC・Dのみが甲土地を取得することになったんですよ」と証明する必要があるわけである。

　相続人・相続分が修正された場合の具体的な添付情報については，項を改めて説明することにしよう。

③　添付情報

　ここでは，相続人・相続分が法定相続分とは異なる形に修正された場合に，戸籍謄本・除籍謄本に加えて登記原因証明情報として提供が必要となる添付情報について，それぞれ場合分けをして，説明を加えることにする。

(1)　相続欠格

　共同相続人の中に相続欠格者がいる場合には，次のいずれかのものの提供が必要となる（昭33・1・10民甲4号）。
①相続欠格に該当したことを証明する確定判決の謄本
②相続欠格者が自ら作成した，欠格事由が存在する旨の書面
　①の判決謄本でなくても，②の相続欠格者が自ら作成した書面でもよい。不利益を受ける者が自ら作成したものだからである。ただし，相続欠格者が自ら作成したことを証明するために，作成者の印鑑証明書付きのものでなければならない。

(2)　廃　　除

　共同相続人の中に廃除された者がいる場合には，廃除された者の戸籍謄本を提供すればよく，その他に追加される添付情報はない。

　廃除された旨は，戸籍に記録されるからである（戸籍97条，戸籍63条1項）。

(3)　相続放棄

　相続放棄者がいる場合には，家庭裁判所の相続放棄申述受理証明書，当該証明書と同等の内容が記載された相続放棄等の申述の有無についての照会に対する家庭裁判所からの回答書，相続放棄申述受理通知書のいずれかの提供が必要となる。

　相続放棄は，家庭裁判所に対して申述しなければならないので，相続放棄者が自ら作成した相続放棄証明書を提供することはできない。

> **例題**　甲土地の所有権登記名義人Ａが死亡した。Ｂは唯一の相続人であり，配偶者及び妹としての相続人の資格を併有していた。配偶者としては相続の放棄をし，妹としては相続放棄をしなかった。ＡからＢへの相続による所有権移転登記を申請することができるか。

　二重の相続資格を有する相続人が一方の資格で相続放棄をした場合，その効果は，もう一方の資格にも及ぶかという問題である。

　「配偶者であり，妹でもあるということがありうるのか」ということに疑問を持つ人もいるだろうが，Ａの妻ＢがＡの両親の養子となった場合などに，このようなことが生じる。

　配偶者として相続放棄した場合には，原則として，兄弟姉妹としても相続放棄をしたことになる（昭32・10・10民甲61号）。相続権の一部についての相続放棄は認められないことから，二重の資格がある場合も，その双方の地位で放棄をすべきだからである。

　しかし，例外もある。配偶者及び兄弟姉妹としての相続人の資格を併有する申請人について，配偶者の資格として相続放棄をしたことを確認することができる相続放棄申述書の謄本及び兄弟姉妹としては相続の放棄をしていない旨が記載された上申書（印鑑証明書付）が提供された場合には，配偶者としての相続放棄の効果は，兄弟姉妹としての相続人の資格には及ばないものとして扱われ，兄弟姉妹への相続による所有権移転登記を申請することができるとされている（平27・9・2民二363号）。

　ただし，二重の資格を有する相続人が相続放棄申述受理証明書のみを提供した場合には，原則どおり，いずれの資格においても相続放棄をしたものとされ，その者への相続による所有権移転登記を申請することはできない。

(4)　特定財産承継遺言・相続分の指定

　特定財産承継遺言（特定の不動産を特定の相続人に相続させる旨の遺言）がな

されている場合や，遺言により相続分が指定されている場合は，相続人は，当該遺言内容に従って，相続財産の承継をすることになる。

この場合には，遺言の内容を証するために，遺言書の提供が必要となる。

自筆証書遺言・秘密証書遺言の場合は，家庭裁判所の検認を受けたものでなければならない（平7・12・4民三4344号）。これらの遺言書は，その執行の前提として検認手続を経なければならないからである（民1004条）。公正証書遺言は，検認手続が不要であるから，検認を受けたものである必要はない。

(5)　特別受益

共同相続人中に特別受益者が存在する場合には，特別受益者が作成した特別受益証明書の提供が必要となる。これは，「相続分がない」または「法定相続分より少ない相続分しかない」ということを自認する証明書である。特別受益者自身が作成した書面であることを証明するため，特別受益証明書の一部として特別受益者の印鑑証明書の提供も併せて必要となる。

例題1　特別受益者が未成年者である場合，特別受益証明書は誰が作成するか。

まず，親権者の同意を得ずに未成年者自身が作成した特別受益証明書であっても，提供することができる（昭40・9・21民甲2821号）。特別受益証明書を作成することは，単に過去に財産を受け取ったことを確認する事実行為にすぎず，新たに法律行為をするわけではないから，親権者の同意を要しないのである。ただし，当該未成年者の印鑑証明書が併せて提供されていることが必要となる。よって，市町村役場等に印鑑を提出しておらず，実印を持っていない未成年者は，自ら特別受益証明書を作成することができない。

さらに，親権者がその親権に服する未成年者についての特別受益証明書を作成することは，利益相反行為に該当しない（昭23・12・18民甲95号）。上述したように，特別受益証明書の作成は事実証明の行為にすぎず，新たに法律行為を行うわけではないからである。

例題2　甲土地の所有者Xが死亡し，その相続人は配偶者Aと子B・C・Dである。さらに，Xの死亡後，Bが死亡し，その相続人は配偶者Eと子のF・Gである。BがXの相続について特別受益者である場合，特別受益証明書は誰が作成すべきか〈図2-16〉。

特別受益者が死亡している場合，特別受益証明書は誰が作成するのかという問題である。この場合，特別受益証明書は，特別受益者の相続人全員が作成し

図 2-16　誰が作成した特別受益証明書が必要か

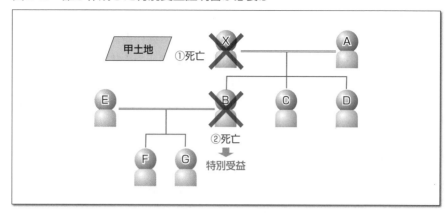

たものでなければならない（昭 49・1・8民三 242号）。特別受益者の相続人に
とっては，不利益な事実の証明となるので，保存行為として一部の相続人で作
成することはできないのである。

　例題 2においては，Bの相続人であるE・F・G全員が作成したものでなけ
ればならない。

(6)　寄　与　分

　寄与分が定められた場合には，共同相続人全員が作成した寄与分協議書，ま
たは，家庭裁判所の審判等があったことを証する情報の提供が必要となる。

(7)　遺産分割協議

　共同相続人間で遺産分割協議がなされており，遺産分割に従って相続による
所有権移転登記を申請する場合，戸籍謄本・除籍謄本に加えて，当該遺産分割
協議書の提供が必要となる〈図 2-17〉。

　遺産分割協議書は，共同相続人全員が参加したものでなければならない。共
同相続人の中に不在者がいる場合には，不在者の財産管理人が，家庭裁判所の
許可を得て，不在者のための遺産分割協議に加わることができる（昭 39・8・7
民三第 597号）。

　また，所有権移転登記の申請人となる者以外の協議者全員の印鑑証明書の提
供が必要となる（昭 30・4・23民甲 742号）。協議者の意思に基づいて作成され
たことを確認して，遺産分割協議書の真正を担保するためである。登記申請人
となる者の印鑑証明書は不要である。遺産分割の内容を確認したうえで登記申

図 2-17　遺産分割協議書と印鑑証明書の要否

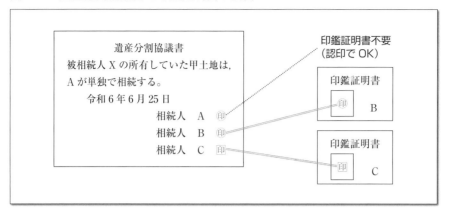

請の当事者となっているため，登記申請人の知らないところでなされた協議と
は考えられないからである。ただし，遺産分割協議が公正証書によって作成さ
れている場合，協議者の印鑑証明書の提供は不要である（登研146号42）。公
正証書であれば，協議書の真正は担保されているからである。

　では，遺産分割協議書に押印はしたが印鑑証明書を交付しない者が存在する
場合は，どうすればよいか。この場合は，印鑑証明書を交付しない者に対して，
遺産分割協議書の真否確認の訴えを提起し，その勝訴判決をもって，その者の
印鑑証明書に代えることができる（昭55・11・20民三6726号）。当該勝訴判決
の提供によって，印鑑証明書の交付をしない者の意思に基づいて作成されたこ
とを確認することができるからである。

　さらに，一歩進めて，遺産分割協議には応じたが遺産分割協議書に対する押
印すら拒んでいる者がいる場合を考えよう。この場合は，当該遺産分割協議に
よって不動産を取得することになった者は，押印を拒んでいる者に対して所有
権確認訴訟を提起し，その勝訴判決を，遺産分割協議書（他の協議者の印鑑証
明書付）に加えて提供することによって，登記申請をすることができる（平4・
11・4民三6284号）。押印を拒んでいることによって，遺産分割がなされたこ
とが証明できないので，不動産取得者に所有権があることの確認判決の提供が
必要となるのである。

(8)　遺産分割の審判等

　家庭裁判所の審判または調停で遺産分割がなされている場合は，審判書また
は調停調書の提供が必要となる。家庭裁判所の審判書または調停調書の提供が

あった場合には，相続を証明するための戸籍謄本・除籍謄本の提供が不要となる（昭37・5・31民甲1489号）。家庭裁判所が遺産分割の調停・審判をする際に，相続関係を調査しており，相続関係を登記官において確認する必要がないからである。登記官は，独自に相続関係を調査せず，裁判所の調査を信頼するというわけである。

(9) 相続分の譲渡

相続分の譲渡により法定相続分と異なる形に修正された場合には，相続分の売買契約書または相続分の贈与契約書の提供が必要となる。相続分の譲渡があった場合に，相続を登記原因とする所有権移転登記を申請することができるか否かについては，後記 7. 2 で詳しく説明する。

4. 数次相続

1 意　　義

数次相続とは，登記名義人が死亡し，その相続に基づく登記をする前に，さらに相続が生じた場合のことである。

たとえば，甲土地の所有権登記名義人Aが令和5年5月25日に死亡し，Bが相続したという事例において，AからBへの所有権移転登記を申請しないうちに，Bも令和6年1月26日に死亡したというような場合である。

2 数次相続の場合の登記申請

(1) 原　　則

数次相続が生じた場合は，第1の相続についての所有権移転登記を申請した後，さらに第2の相続についての所有権移転登記を申請すべきである（昭30・12・16民甲2670号）。

不動産登記には，物権変動の過程を忠実に反映すべき要請があるので，数個の相続が生じたならば，数個の所有権移転登記を申請すべきだからである。

(2) 圧縮登記

　例外として，数次相続が生じた場合の中間の相続が単独相続である場合には，

中間の相続人への所有権移転登記を省略して，直接現在の相続人への所有権移転登記を申請することができる（圧縮登記：明33・3・7民刑260号）。

　たとえば，令和5年5月25日にAが死亡し，AをBが単独で相続した後，令和6年1月26日にBが死亡し，BをCが相続した事例においては，中間の相続人であるBが単独なので，AからCへの相続による所有権移転登記を申請することができるということである。

　相続による所有権移転登記を推進する意味で，申請の負担，登録免許税の負担の軽減を図ったものである。

　ではなぜ，中間の相続人が複数の場合は直接の所有権移転登記を認めず，中間の相続人が単独である場合には直接の所有権移転登記の申請を認めているのだろうか〈図2-18〉。

図 2-18　圧縮登記の可否

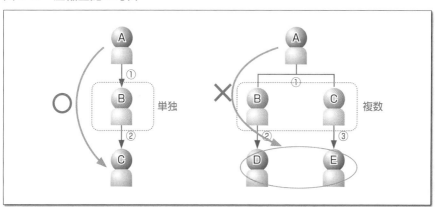

　それは，中間の相続人が単独であれば，物権変動の過程を忠実に反映すべきという要請をクリアすることができるからである。登記件数を1件に圧縮することにはなるが，その登記原因の中にAの相続とBの相続を併記することで，物権変動を公示することができるというわけである。上記事例においては，「令和5年5月25日B相続　令和6年1月26日相続」と記載することになる。物権変動を省略して1件で登記できるというよりは，2つの物権変動を1件の申請の中に圧縮して申請するというわけである。

　これに対して，中間の相続人が複数の場合は，登記原因の中で物権変動の過程を公示することができない。このことから，中間の相続人が複数の場合は，

相続ごとに登記をすべきということになるのである。たとえば，令和5年5月25日にAが死亡して，BとCが相続したが，Bが令和6年1月26日に死亡してDが相続し，Cが令和6年3月16日に死亡してEが相続したとしよう。このような事例においては，DとEの所有権取得原因が異なるため，統一した登記原因を記載することができないのである。

> **例題1**　甲土地の所有権登記名義人であるAが死亡した。その相続人は配偶者Bと子C・Dである。B・C・Dは遺産分割協議を行い，Cが単独で甲土地を取得することにした。その後，Cへの所有権移転登記を申請する前にCが死亡し，その配偶者Eと子であるF・Gが相続した。AからE・F・Gへの直接の所有権移転登記を申請することができるか〈図2-19〉。

図 2-19　例題1の図解

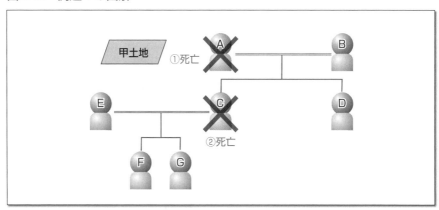

　本例題1における中間の相続の法定相続人は，B・C・Dである。しかし，遺産分割協議により，Cが甲土地を単独で取得することになっている。このように，法定相続人は複数だが，結果的に単独となっている場合にも，圧縮登記ができるかが問題となっている。

　結論からいえば，例題1の事例で圧縮登記は可能である。圧縮登記の要件となっている「中間相続が単独である場合」とは，法定相続人が単独である場合のみならず，特別受益・相続放棄・遺産分割等によって登記申請する不動産の取得者が単独となった場合をも含むからである（昭30・12・16民甲2670号）。

> **例題2**　令和5年5月25日，甲土地の所有権登記名義人であるAが死亡した。その相続人は子B・Cである。その後，令和6年1月26日にBが死亡し，その相続人は子Dである。さらに，令和6年3月16日にCも死亡し，その相

続人は子Eである。AからD・Eへの直接の所有権移転登記を申請することができるか。

これは、すでに説明した。中間の相続人としてB・Cという複数の者が存在する事例なので、1件の申請で行うことはできない。

この事例の場合,「令和5年5月25日相続」を登記原因とするAからB・Cへの所有権移転登記,「令和6年1月26日相続」を登記原因とするBからDへのB持分全部移転登記,「令和6年3月16日相続」を登記原因とするCからEへのC持分全部移転登記と,計3件の申請をしなければならない。

例題3　令和6年5月25日に甲土地の所有権登記名義人であるAが死亡した。Aには子B・Cがいたが,Bは令和6年1月22日にすでに死亡していた。Bの相続人はその子Dである。AからC・Dへの直接の所有権移転登記を申請することができるか〈図2-20〉。

図2-20　例題3の図解

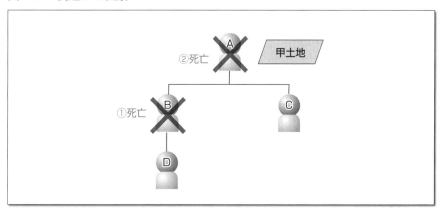

2段階で相続が生じている。そして,中間の相続人がB・Cと複数である。よって,1件の登記申請ではできない――このように考えた人も多いだろう。

しかし,それは間違いである。この事例は,数次相続の事例ではないからである。死亡した順番に注意してほしい。Aが死亡した時には,すでにその相続人となるはずのBが死亡していたのだから,これは代襲相続の事例である。数次相続となるのは,相続が生じた後に,その相続人が死亡した場合である。

代襲相続の場合には,代襲相続人が被相続人の直接の相続人となる。よって,所有権は,AからC・Dに直接移転している。このことから,AからC・Dに直接の所有権移転登記ができるのは当然のこととなるわけである。

引っかからなかっただろうか。本試験の記述式問題では，死亡した順番を戸籍から自分で読み取らなければならないので，この例題以上に引っかかりやすい。記述問題において，「死亡した者が複数いる場合には，その順番に注意せよ」というのが鉄則となっているのである。

3 登記申請のポイント

> **事例** 令和 5 年 5 月 25 日に甲土地の所有権登記名義人である A が死亡し，A を B が単独で相続した後，令和 6 年 1 月 26 日に B が死亡した。B の相続人は配偶者 C と子 D・E である。

◉記載例　数次相続による所有権移転登記

登記の目的　所有権移転
原　　　因　令和 5 年 5 月 25 日 B 相続
令和 6 年 1 月 26 日相続
相　続　人　（被相続人　A）
持分 4 分の 2　C
4 分の 1　D
4 分の 1　E
添 付 情 報　登記原因証明情報　住所証明情報　代理権限証明情報
課 税 価 格　金 1,000 万円
登録免許税　金 4 万円

(1)　登記原因

　数次相続が生じた場合の登記原因は，「年月日 B 相続年月日相続」となる。2 回の物権変動の双方を記載する必要がある。最初の「年月日」は A が死亡した日，次の「年月日」は B が死亡した日である。最初の登記原因は，中間者の氏名を掲げて「B 相続」となる。これは，登記名義人 A について「年月日 B が相続し，さらに相続が生じた」という意味である。

(2)　登記申請人

　相続による所有権移転登記なので，相続人の単独申請である。上記事例では，C・D・E からの申請となる。被相続人の氏名を「（被相続人 A）」というように

記載することも必要となる。あくまでAからC・D・Eへの所有権移転登記なので，被相続人はA，相続人はC・D・Eである。中間者は，登記原因の中に登場するのみである。

　なお，本事例では，最終の相続人が複数存在しているが，圧縮登記ができることに注意してほしい。単独でなければならないのは，あくまで中間の相続人である。

(3)　添付情報

　相続による所有権移転登記を申請する場合の登記原因証明情報は，①相続が開始したこと，②申請人が相続人であること，③申請人のほかに相続人がいないことの3つの証明するために，戸籍謄本・除籍謄本等を提供しなければならない。このことはすでに学習した（☞前記 *2.* **3**(3)）。数次相続の場合は，すべての相続（上記事例ではAの相続及びBの相続）において，この3つの証明をしなければならない。

　住所証明情報としては，最終の相続人の住民票の写しが必要となる。登記名義人として登記されるのは，最終の相続人だからである。上記事例においては，C・D・Eの住民票の写しの提供が必要となる。

　代理権限証明情報としては，登記申請人となる相続人の司法書士への委任状などが必要となる。上記事例においては，C・D・Eからの司法書士への委任状の提供が必要となる。

４　数次相続と遺産分割

　数次相続が生じた後の遺産分割協議について，検討することにしよう。

> **例題1**　令和6年5月11日に甲土地の所有権登記名義人Aが死亡し，その子B・Cが相続した。さらに，令和6年6月3日にBが死亡し，その配偶者Dと子Eが相続した。C・D・Eで遺産分割協議を行い，甲土地をEが取得するとされた場合，AからEへの直接の所有権移転登記を申請することができるか〈図2-21〉。

　まず，本例題のような遺産分割協議ができるか否かが問題となる。この点，数次相続が生じた場合において，第1の相続と第2の相続についての遺産分割協議を同時に行うことができるとされている（昭29・5・22民甲1037号）。

　本例題1に即して説明すれば，第1の相続において甲土地をAからBが承継し，第2の相続において甲土地をBからEが承継するという協議を同時に

図 2-21　数次相続と遺産分割

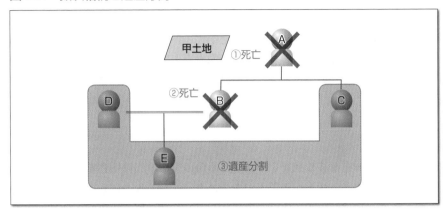

行ったということである。第1の相続の相続人はB・Cであるが，Bの代わりにその相続人全員であるD・Eが参加しているから，第1の相続については全員の参加があるといえる。また，第2の相続についてもD・Eの参加があり，相続人全員が参加している。よって，2つの相続についての協議を同時に行うことができるというわけである。

　そして，以上のような遺産分割協議の結果，甲土地は，A→B→Eと承継されたことになり，中間の相続人が単独であることから，AからEへの直接の相続による所有権移転登記を申請することができるのである。

　なお，本例題1において，甲土地をC・Eの共有とする協議が成立した場合には，直接AからC・E名義とする所有権移転登記を申請することはできない（昭36・3・23民甲691号）。この場合，甲土地は，AからB・C，BからEと承継されたことになり，中間の相続人が単独とはいえないからである。

例題2　令和6年5月11日に甲土地の所有権登記名義人Aが死亡し，配偶者Bと子Cが相続した。さらに，令和6年6月3日にBが死亡し，Cが相続した。Aの相続についてCは単独で遺産分割を行い，甲土地はAから直接Cが単独で承継することとされた場合，AからCへの直接の所有権移転登記を申請することができるか。

　本例題2は，いわゆる1人遺産分割と呼ばれる事例である。Aの相続についての相続人は，B・Cである。つまり，遺産分割協議をするとすれば，B・C間で行うことになる。しかし，遺産分割協議をすることなくBが死亡した。そこで，Bの相続人としてのCが，Aの相続人としてのCと1人2役で遺産分割協議をすることができないかという問題である。このような遺産分割協議

をすることができるとすれば，甲土地はAからCに承継されたこととなり，直接AからCへの所有権移転登記を申請することができることになる。

この点，このような1人遺産分割をすることはできないとされている。遺産分割は，相続財産が共有の場合にのみすることができるものであるが，本事例の場合，死亡したBをCが単独相続したことで，Cの単独所有状態となっているからである。遺産分割協議の前提としての遺産共有状態が解消しているというわけである。そもそも，Aの相続人としてのCとBの相続人としてのCを別人格と擬制して，1人2役で協議を行うとすること自体に無理がある。

以上から，甲土地は，A→B・C，B→Cと承継があったと考えるよりほかなく，中間の相続人が単独でないことから，圧縮登記をすることはできないことになる。本例題2では，「令和6年5月11日相続」を登記原因とするAからB・Cへの所有権移転登記と，「令和6年6月3日相続」を登記原因とするBからCへのB持分全部移転登記の計2件の登記を申請する必要がある。

本例題2の事例において，Bの死亡前にB・Cにより遺産分割協議が行われ，甲土地をCが単独で取得するとしていた場合には，甲土地はAからCへと承継されたのだから，AからCへの所有権移転登記を申請することができる。これは当然である。また，Bの死亡前に遺産分割協議の事実があったが，遺産分割協議書を作成せずにBが死亡した場合には，その内容及び協議の日付を明記した遺産分割協議証明書（B死亡後にCが単独作成したもの）及びCの印鑑証明書を提供して，AからCへの相続による所有権移転登記を申請することができる（平28・3・2民二154号）。Aの相続人，Bの相続人としては，現在Cしかいないことから，Cの作成した当該遺産分割協議証明書によりB・C間で遺産分割協議があった事実が証明されるからである。

◉1人遺産分割のまとめ

事例	AがAが死亡し，BとCが相続した。その後，Bが死亡し，Cが相続した。	
Bの死亡前にB・C間で遺産分割協議	B死亡前に遺産分割協議書を作成	遺産分割協議書を提供してAからCへの所有権移転登記を申請できる。
	B死亡前に遺産分割協議書を作成せず	Cの作成した遺産分割協議証明書を提供してAからCへの所有権移転登記を申請できる。
Bの死亡前に遺産分割協議せず		AからCへの直接の所有権移転登記を申請できない。

5. 胎児のいる相続

1 意　　義

　ここでは，共同相続人の中に胎児がいる場合の相続について学習する。

　胎児は，相続についてはすでに生まれたものとみなされ，権利能力を有する（民886条1項）。ただし，民法では，胎児である間は権利能力がなく，生きて生まれた時点で，相続時に遡って権利能力を取得すると考える（停止条件説）。

　これに対して，不動産登記実務においては，胎児である間に権利能力を認め，胎児名義の相続登記を認める（昭29・6・15民甲1188号）。①胎児が生まれる前の段階で登記申請できるようにして相続登記を推進する必要がある，また，②医療技術の発展により死産率が低下していることから，胎児名義の登記をしても法的安定性を欠くことが少ない，といった観点から，民法の考え方とは異なる考え方を採用し，胎児名義の登記を認めたのである。

　注意すべきは，認められるのは，胎児を登記名義人とする法定相続であるということである。胎児を含めて遺産分割協議を行い，その協議に基づく相続登記をすることは認められないのである。民法では，生きて生まれなければ胎児に権利能力はなく，胎児を含めた遺産分割協議は認められないからである。

2 登記申請のポイント

> **事例**　令和6年4月6日，甲土地の所有権登記名義人であるAが死亡した。Aの相続人は，配偶者Bと子Cである。また，Bは妊娠している。司法書士への登記手続の依頼は，Bのみからなされた。

◉記載例　胎児のいる相続による所有権移転登記

登記の目的	所有権移転
原　　　因	令和6年4月6日相続
相　続　人	（被相続人　A）
	（申請人）持分4分の2　B
	4分の1　C
	4分の1　B胎児
添 付 情 報	登記原因証明情報　住所証明情報　代理権限証明情報
課 税 価 格	金1,000万円

登録免許税　金4万円

(1)　登記申請人

　胎児は，生まれるまで名前がないので，「B胎児」と母の氏名を使って表記する（令5・3・28民二538号）。また，所有権登記名義人は，氏名に加えて住所も登記するが，胎児には住所がない（生まれて出生届をしないと住民票に載らない）。そこで，胎児の住所は，仮の住所として母の住所を使って表記する。

　ただ，実際には，胎児は自分で登記申請することができない。そこで，母が胎児を代理して申請する。胎児の法定代理人についての規定は存在しないが，未成年者の法定代理人の規定に準じたものである。

　上記記載例では，母Bも相続人なので，保存行為として1人で申請している。

(2)　添付情報

　登記原因証明情報として，被相続人の戸籍・除籍謄本，相続人の戸籍謄抄本など，通常の相続による所有権移転と同様のものを提供する。

　問題となるのは，胎児はまだ生まれておらず，戸籍に記録されていないことである。そこで，他の書面などで胎児が存在することを証明することが必要となるのかが問題となるが，そのようなものは必要ない。先例も，懐胎証明書を不要としている（明31・10・19民刑1406号）。つまり，胎児名義の相続による所有権移転をするにあたり，胎児の存在についての証明は不要だということである。

　「それでは胎児の存在を仮装した虚偽の相続登記が申請されてしまい，問題なのではないか」と考える人もいるだろう。たしかに，胎児名義の虚偽の登記をすることは可能である。ただ，生きて生まれた後にする胎児の氏名・住所の変更登記において，戸籍謄抄本や住民票の写しが要求されるので，その段階で登記の真正は確保される。よって，問題は生じない。

　また，上記記載例においては，住所証明情報としてはB・Cの住民票の写し，代理権限証明情報としてはBの司法書士への委任状を提供している。

3　登記の実行

　通常の所有権移転登記と同様，主登記で実行される。胎児は，「B胎児」と記録される。

　登記記録は，以下のようになる。

3

包括承継による所有権移転登記

●登記実行後の登記記録

権利部（甲区）（所有権に関する事項）			
順位番号	登記の目的	受付年月日・受付番号	権利者その他の事項
1	所有権保存	平成23年2月6日 第11570号	所有者　A
2	所有権移転	令和6年5月12日 第65863号	原因　令和6年4月6日相続 共有者 東京都青梅市二俣尾一丁目1番1号 持分4分の2　B 東京都青梅市二俣尾一丁目1番1号 　　　4分の1　C 東京都青梅市二俣尾一丁目1番1号 　　　4分の1　B胎児

4 胎児が生きて生まれた場合

(1) 申請すべき登記

　胎児名義の相続登記がなされた後，胎児が生きて生まれた場合は，当該胎児の氏名・住所変更登記を申請する。生まれた後，胎児には名前がつけられるので，登記記録上もその子の名前に変更する必要があるのである。また，胎児の住所は，登記記録上母の住所を借りて使用していたが，生まれた後には住所が定まるので，その住所に変更することが必要となるのである。

　胎児名義の登記後に双子が生まれた場合は，所有権更正登記を申請する。

(2) 記　載　例

　事例　甲土地の所有権登記名義人Aが死亡し，相続による所有権移転登記において「持分4分の2　B，4分の1　C，4分の1　B胎児」と登記された。登記上の住所は，B・C・胎児ともに東京都青梅市二俣尾一丁目1番1号である。令和6年7月2日，胎児は東京都青梅市二俣尾一丁目1番1号において出生し，Dと名づけられた。

●記載例　胎児が生きて生まれた場合

　登記の目的　2番所有権登記名義人住所，氏名変更
　原　　　因　令和6年7月2日出生
　変更後の事項　共有者B胎児の氏名住所

> 東京都青梅市二俣尾一丁目1番1号　D
> 申　請　人　D
> 添 付 情 報　登記原因証明情報　代理権限証明情報
> 登録免許税　金1,000円

　登記申請情報の記載は，通常の住所・氏名変更の場合の登記名義人表示変更登記と同様である。

(3)　登記原因

　登記原因は，「年月日出生」となる。登記原因日付は，胎児が出生した日である。

(4)　変更後の事項

　住所・氏名の変更登記なので，変更後の事項として，生まれた子の氏名と住所を記載する。上記記載例のように，住所に変更がない場合も多いが，胎児の住所は母の住所を借りただけであって，出生して正式に自分の住所となったことにより，その意味が変わるので，住所の変更登記も必要になる。

(5)　登記申請人

　登記名義人表示変更登記なので，生まれた子の単独申請で行う（64条1項）。登記申請情報にも，申請人として生まれた子の住所と氏名を記載する。

　しかし，生まれたばかりの子は，寝返りもできず，1人でトイレに行くこともできない。当然，登記申請を行うことなどできるわけがない。そこで，実際には，法定代理人である母が代理人として申請することになる。

(6)　添付情報

　登記原因証明情報として，生まれた子の氏名の変更を証明するための戸籍謄本，生まれた子の住所の変更を証明するための住民票の写しが必要となる。

　代理権限証明情報として，司法書士への委任状を提供する。では，その委任状を作成する（つまり司法書士に登記を依頼する）のは，誰だろうか。当然，母である。そこで，申請人となる子と母の代理関係も証明しなければならない。母と子の関係は，法定代理の関係である。よって，この法定代理関係を証明するため，戸籍謄本が必要となる。

代理権限証明情報として，登記申請人となる子から実際に申請する司法書士までの代理関係を，すべて証明しなければならないというわけである〈図2-22〉。

図 2-22　胎児のいる相続における代理権限証明情報

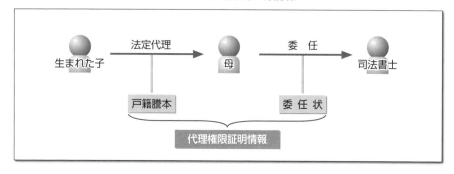

(7)　登録免許税

　登記名義人表示変更登記なので，登録免許税額は，不動産1個につき1,000円である（登免税別表第1.1⒁）。

(8)　登記の実行

　登記名義人表示変更登記なので，付記登記で実行される。胎児の住所と氏名に下線が引かれて，新しい住所と氏名が新たに記録される。
　登記申請後の登記記録は，以下のようになる。

◉登記実行後の登記記録

権利部（甲区）（所有権に関する事項）			
順位番号	登記の目的	受付年月日・受付番号	権利者その他の事項
1	所有権保存	平成23年2月6日 第11570号	所有者　A
2	所有権移転	令和6年5月12日 第65863号	原因　令和6年4月6日相続 共有者 東京都青梅市二俣尾一丁目1番1号 　　持分4分の2　B 東京都青梅市二俣尾一丁目1番1号 　　　　4分の1　C <u>東京都青梅市二俣尾一丁目1番1号</u> 　　　　4分の1　B胎児

付記1号	2番登記名義人住所，氏名変更	令和6年7月5日第75346号	原因　令和6年7月2日出生 共有者　B胎児の氏名住所 東京都青梅市二俣尾一丁目1番1号 　　　　D

5　胎児が死んで生まれた場合

⑴　なすべき登記

　胎児が死んで生まれた場合，つまり死産だった場合は，胎児名義の相続登記の更正登記または抹消登記を申請する。胎児が死んで生まれると，初めから相続人ではなかったことになるので，胎児名義の登記には錯誤があったことになるからである。

　上記記載例でいえば，B・C・胎児の3人名義で登記したが，相続人はB・Cのみだったという扱いになるわけである。そこで，登記名義人をB・C・胎児の3人名義からB・Cの2人名義に直すための更正登記を申請することになる。

　所有権更正登記については，P247で詳述する。所有権更正登記を学習すれば，胎児が死んで生まれた場合の登記申請も理解することができるようになる。ここでは登記申請情報の記載例を掲げておくが，所有権更正登記を学習した後に戻ってきて，再確認してほしい。

⑵　記　載　例

> **事例**　甲土地の所有権登記名義人Aが死亡し，相続による所有権移転登記において，「持分4分の2　B，4分の1　C，4分の1　B胎児」と登記された。BはAの妻，CはA・Bの子である。令和6年7月2日，胎児は死産となった。

●記載例　胎児が死んで生まれた場合

```
登記の目的　2番所有権更正
原　　　因　錯誤
更正後の事項　共有者　持分　2分の1　B
　　　　　　　　　　　　　2分の1　C
権　利　者　C
義　務　者　B胎児
```

添 付 情 報	登記原因証明情報　登記識別情報　印鑑証明書
	代理権限証明情報
登録免許税	金 1,000 円

　登記原因証明情報として必要となるのは A の戸籍・除籍謄本，C の戸籍謄抄本である。印鑑証明書は，登記義務者のものが必要となるが，登記義務者が死産となった胎児なので，その法定代理人である B のものが必要となる。代理権限証明情報としては，胎児の法定代理人である B からの委任状と C からの委任状が必要となる。なお，C が未成年者である場合は，こちらもその法定代理人である B からの委任状を提供することととなる。

6. 相続登記後の修正

１　相続登記前の相続分の修正

　相続登記がなされる前に相続人・相続分に修正がある場合には，その修正後の相続人・相続分において相続による所有権移転登記を申請することができる。これについては，P139 で説明した。

２　相続登記後の相続分の修正

　相続登記後に相続人・相続分に修正があった場合には，登記に誤りがあったことになるので，抹消登記または更正登記の申請をすべきである。なお，この場合の更正登記のうち，遺産分割・相続放棄・特定財産承継遺言・相続人に対する遺贈があった場合の更正登記は，登記権利者が単独で申請することができる（詳細は☞ P262）。たとえば，法定相続登記後に寄与分協議がなされたり，相続人の 1 人が特別受益者であることが判明したり，相続人の 1 人が相続放棄をしたりした場合には，相続による所有権移転登記の抹消または更正の登記をすることになる。

　相続による所有権移転登記後に遺産分割協議が行われた場合も，登記権利者の単独申請により更正登記を申請することになるが，更正登記によらずに「年月日遺産分割」を原因とする持分移転登記を申請することもできるとされている。この場合の持分移転登記も，登記権利者が単独で申請することができる。

7. 相続分の譲渡

1 意　　義

　相続分の譲渡とは，各共同相続人が，自己の相続分を他人に譲り渡すことである。遺産分割前の相続人の地位そのものの譲渡であり，相続分の譲渡を受けた者は，譲渡人の有していた共同相続人の地位を取得する。よって，相続分の譲渡を受けた者は，相続人として遺産分割に参加することもできる。

　相続分の譲渡は，他の共同相続人に対して行うこともできるし，共同相続人以外の第三者に対して行うこともできる。

2 なすべき登記

　では，相続分の譲渡がなされた場合，どのような登記が必要となるのだろうか。相続分の譲渡がなされた場合になすべき登記は，①すでに相続登記がなされているか，②譲渡の相手方が他の相続人か第三者かによって異なる。

　以下，場合分けをして検討していく。

(1) 相続登記前に他の相続人に対して相続分が譲渡された場合

　相続登記前に他の相続人に対して相続分が譲渡された場合は，相続分の譲渡後の相続人・相続分に従い，「相続」を登記原因とする所有権移転登記をすることができる（昭59・10・15民三5195号）。相続分が譲渡されたことで，相続人・相続分が修正されたと考えることができるからである。

　たとえば，甲土地の所有権登記名義人Xが死亡し，相続人が配偶者A，子B・Cである事例を考えよう。法定相続分はA＝4分の2，B＝4分の1，C＝4分の1となる。この事例で，Aが相続分を子Cに譲渡した場合，Cの相続分が4分の3となるので，B・C名義（持分B＝4分の1，C＝4分の3）にするための相続による所有権移転登記を申請することができる。

　その場合，相続分の譲渡があったことを証する情報を戸籍・除籍謄本等に加えて提供することが必要となる。

　このケースは，法定相続分が修正された事例として，P139で説明した。

(2) 相続登記後に他の相続人に対して相続分が譲渡された場合

　次は，法定相続の登記がすでになされている場合である。この場合は，相続

分の譲渡を受けた相続人を登記権利者，相続分の譲渡をした相続人を登記義務者として，「相続分の贈与」または「相続分の売買」を登記原因とする持分移転の登記を申請する。

　法定相続登記がなされた後に相続分の譲渡があった場合には，相続分の譲渡という新たな物権変動があったと考えて，持分移転の登記を行うのである。

(3)　第三者に対して相続分が譲渡された場合

　第三者に対して相続分が譲渡された場合は，法定相続登記がなされていなかったとしても，いったん譲渡人を含めた共同相続人名義での法定相続登記を申請した後に，相続分の譲渡を受けた相続人を登記権利者，相続分の譲渡をした相続人を登記義務者として，「相続分の贈与」または「相続分の売買」を登記原因とする持分移転の登記を申請する（平4・3・18民三1404号）。つまり，法定相続の登記及び相続分の譲渡の登記の2件の登記が必要となるのである。

　たとえば，甲土地の所有権登記名義人Xが死亡し，相続人が配偶者A，子B・Cである事例を考えよう。法定相続分はA＝4分の2，B＝4分の1，C＝4分の1となる。この事例で，Aが相続分を第三者Dに譲渡した場合，Aの有していた相続人の地位がDに移転するからといって，B・C・D名義とする相続による所有権移転登記を申請することはできない。いったん，A＝4分の2，B＝4分の1，C＝4分の1とする相続による所有権移転登記を申請した後，Aの持分について，AからDへの相続分の売買または相続分の贈与による持分移転の登記を申請する必要があるのである。

　この事例において，B・C・D名義の相続による所有権移転登記を認めてしまうと，相続を登記原因とする登記において，Dという戸籍上の相続人でない者の名義となってしまい，妥当ではないのである。相続を登記原因とする所有権移転登記の場合，登記名義人は戸籍上の相続人でなければならないということを再度確認しておいてほしい（☞P138）。

3　登記申請のポイント

> **事例**　令和6年5月25日，甲土地の所有権登記名義人Aが死亡した。Aの相続人は，配偶者Bと子C・Dであり，「持分4分の2　B，4分の1　C，4分の1　D」とする相続による所有権移転登記がなされた。令和6年6月25日，Cは，Dに対し，相続分を無償で譲渡した。

◉記載例　相続分の譲渡による持分移転

```
登記の目的　C持分全部移転
原　　　因　令和6年6月25日相続分の贈与
権　利　者　持分　4分の1　D
義　務　者　　　　　　　C
添付情報　　登記原因証明情報　登記識別情報　印鑑証明書
　　　　　　住所証明情報　代理権限証明情報
課税価格　　移転した持分の価格　金250万円
登録免許税　金5万円
```

(1)　登記原因

　登記原因は，相続分が有償で譲渡された場合には「相続分の売買」，相続分が無償で譲渡された場合には「相続分の贈与」となる（登研506号148）。記載例は，無償で譲渡された事例なので，「相続分の贈与」となっている。

　登記原因日付は，相続分の売買・贈与の契約が締結された日である。

(2)　登記申請人

　相続分の譲渡は，共同申請により行う。

　登記権利者となるのは，相続分の譲渡を受けた者であり，登記義務者となるのは，相続分の譲渡をした相続人である。

　なお，登記権利者となるのは，相続人以外の第三者でもかまわない。相続分の譲渡の登記は，単独申請ではないので，登記名義人となる者が戸籍上の相続人に限定されないのである。共同申請であれば，登記義務者である相続人の意思を確認することができ，登記の真正を確保することができるからである。

(3)　添付情報

　必要となる添付情報は，共同申請の場合の基本形である（売買による所有権移転登記などと同様）。

　登記原因証明情報となるのは，相続分の売買契約書または相続分の贈与契約書などである。

⑷ 登録免許税

相続分の譲渡による所有権移転登記における登録免許税率は，不動産価額の1000分の20である（登免税別表第1.1⑵ハ）。相続・合併以外を登記原因する登記だからである。遺産分割を登記原因とする場合と異なり，相続登記に準じて1000分の4となるわけではないので，注意すること。

4 相続分の譲渡と遺産分割

相続分の譲渡がなされただけではなく，遺産分割協議までなされた場合には，どのような登記を申請するのか，検討していこう。

> **例題1** 甲土地の所有権登記名義人Ｘが死亡し，その相続人は配偶者Ａ，子Ｂ・Ｃである。Ａが相続分をＢに譲渡した後，ＢとＣで遺産分割協議を行い，甲土地はＣが取得することとされた。どのような登記を申請するか。

本例題1においては，Ａの相続分がＢに譲渡されており，相続分譲渡後の相続人・相続分は，Ｂ＝4分の3，Ｃ＝4分の1となる。遺産分割協議は，相続人全員で行う必要があるが，例題1では，Ｂ・Ｃ間で行えばよいことになる。よって，Ｂ・Ｃ間で行った遺産分割協議は有効なものである。そして，この遺産分割協議により，甲土地はＣが単独で取得することとなる。

以上から，相続を登記原因として，ＸからＣへの所有権移転登記を申請することができる（昭59・10・15民三5195号）。この登記申請を行うには，相続分の譲渡を証する情報及び遺産分割がなされたことを証する情報の提供が必要となる。

> **例題2** 甲土地の所有権登記名義人Ｘが死亡し，その相続人は子Ａ・Ｂ・Ｃである。その後，相続登記が申請される前にＣが死亡し，Ｄが相続人となった。そして，Ｂ・Ｄがその相続分をＡに無償で譲渡した。どのような登記を申請するか〈図2-23〉。

例題2の事例では，甲土地は最終的にＡの単独所有となる。だからといって，ＸからＡへの相続による所有権移転登記1件の登記申請で済ませることはできない。3件の登記申請が必要となる。1件目がＸからＡ・Ｃへの相続による所有権移転登記，2件目がＣからＤへの相続によるＣ持分全部移転登記，3件目がＤからＡへの相続分の贈与によるＤ持分全部移転登記である（平4・3・18民三1404号）。

では，なぜ，相続分の譲渡がなされているのに，譲渡後の相続人・相続分で

図 2-23　例題 2 の図解

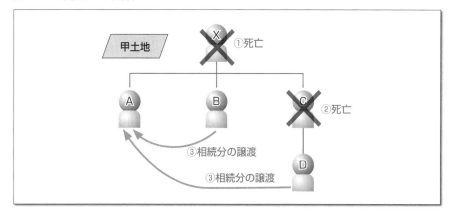

の相続による所有権移転登記を申請することができないか。それは，相続分の
譲渡がなされた場合に相続を原因とする所有権移転登記を申請することができ
るのは，他の相続人に譲渡された場合だからである。この点，本例題 2 におけ
る D から A への譲渡は，他の相続人に対する譲渡とはいえない。C の相続に
おいて D は相続人であるが，A は C の相続人ではないからである。このよう
な場合は，第三者に対する相続分の譲渡に該当するため，いったん相続登記を
申請した後に相続分の贈与（相続分の売買）を原因とする持分移転登記を申請
すべきなのである。

　これに対して，B から A への相続分の譲渡は，X の相続についての相続分
を他の相続人に譲渡しているといえるので，この譲渡がなされた後の相続人・
相続分において，相続による所有権移転登記を申請することができる。よって，
1 件目の登記は，B を登記名義人とせず，A・C 名義の相続による所有権移転
登記を申請することができるのである。

　なお，1 件目の登記を A・D 名義の相続による所有権移転登記とし，2 件目
の登記を相続分の贈与を原因とする D から A への D 持分全部移転登記とする
と考えた人もいるかもしれない。しかし，このような登記申請をすることはで
きない。数次相続が生じた場合に圧縮登記をすることができるのは，中間の相
続人が単独の場合であるが，本例題 2 において，中間の相続人としては A・C
の 2 人がおり，単数ではないからである。

8. 遺　　贈

1 意　　義

(1) 遺贈とは

遺贈とは，被相続人が，遺言によって，自己の財産の全部または一部を与えることである（民964条）。

(2) 遺贈の種類

遺贈には，包括遺贈と特定遺贈がある。

(3) 包括遺贈

包括遺贈とは，「私の財産の3分の1をAに遺贈する」とする遺言のように，遺産の全部または一部の分数的割合を与える遺贈である。

包括遺贈の受遺者は，相続人と同一の権利義務を有する（民990条）。遺産の全部または一部を包括的に承継する点が相続人と共通するので，相続人と同様の地位に立つと考えるのである。

(4) 特定遺贈

特定遺贈とは，「甲土地をAに遺贈する」とする遺言のように，特定の財産を与える遺贈である。特定物が遺贈された場合，遺贈の効力が発生すると同時に，目的物の所有権が遺贈者から受遺者に移転する（大判大5・11・8）。

2 なすべき登記

(1) 遺贈の登記

不動産が遺贈の対象とされた場合，「年月日遺贈」を登記原因として，遺贈者から受遺者への所有権移転登記を申請する。

(2) 申請形態

【相続人以外の者に対する遺贈の場合】

相続人以外の者への遺贈による所有権移転登記は，受遺者を登記権利者，遺

言者（死者）を登記義務者とする共同申請により行う。これは、特定遺贈、包括遺贈を問わない。

　包括遺贈における受遺者は、民法上、相続人と同一の権利義務を有するとされており、相続人と同様の地位につくとされているので、包括受遺者からの単独申請により「相続」による所有権移転登記を申請することができるのではないかと考えた人もいるかもしれない。しかし、包括遺贈の場合も、共同申請による遺贈の登記を申請することになる。たしかに、民法上は相続人と同様に扱われるが、不動産登記においては、戸籍上の相続人以外の者に対する「相続」による所有権移転登記を許すことはできないからである（☞ P138）。

【相続人に対する遺贈の場合】

　相続人に対して遺贈がなされた場合における遺贈による所有権移転の登記は、登記権利者が単独で申請することができる（63条3項）。

　特定の相続人に対して特定の財産を相続させるという内容の特定財産承継遺言がなされた場合には、その財産を相続した相続人の単独申請で相続による移転登記をすることができるが、相続人に対して遺贈がなされた場合も状況的には大きく異なることはないため、受遺者である相続人による単独申請を認めたのである。

3　登記申請人

(1)　登記義務者となる者

　相続人以外の者への遺贈による登記が共同申請であることはわかっただろう。登記権利者は、不動産を取得する受遺者である。

　そして、登記義務者は、遺言者である。しかし、ここで考えなければならないことがある。登記義務者となる遺贈者が、すでに死亡している点である。では、いったい誰が登記申請するのだろうか。

(2)　遺言執行者

　まず、遺言執行者がいる場合には、遺言執行者である。遺言執行者が遺言者の代理人として、受遺者と共同して登記申請することになる。遺言執行者は、遺言の内容を実現するため、相続財産の管理その他の遺言の執行に必要な一切の行為をする権利義務を有する（民1012条1項）。遺贈がなされた場合の登記申請は、遺言の執行のために必要な行為であるため、申請権限を与えられてい

るのである。

> **例題** 甲土地の所有権登記名義人Ｘは、「甲土地をＡに遺贈する。遺言執行者はＡとする」旨の遺言をし、死亡した。ＡはＸの相続人ではない。遺贈の登記の申請人を答えよ。

　まず、登記権利者となるのは、受遺者であるＡである。そして、登記義務者が誰になるのかを考えていくが、遺言執行者がいる場合には、遺言執行者が遺言者の代理人として申請することになる。本例題では、遺言執行者が選任されており、遺言執行者はＡである。

　ここでは、遺言執行者と受遺者が同一人となるが、これは問題がない。異なる資格として登場しているからである。結局、登記権利者はＡ、登記義務者の代理人がＡという形で、事実上の単独申請として、登記申請をすることができることになる。

(3)　相　続　人

　次に、遺言執行者がいないときは、遺言者の相続人全員が登記義務者となって申請する（62条）。登記義務者が死亡しているので、義務者側の相続人による登記として申請するということである。よって、相続人の全員が申請人とならなければ、申請することができないのである。

4　登記申請のポイント

> **事例** 令和6年3月1日、甲土地の所有権登記名義人Ａは、「甲土地をＢに遺贈する。遺言執行者はＣとする」旨の公正証書遺言をした。ＢはＡの相続人ではない。令和6年6月18日、Ａは死亡した。令和6年6月25日、Ｃは、遺言執行者への就任を承諾した。

●記載例　遺贈による所有権移転登記

登記の目的	所有権移転
原　　　因	令和6年6月18日遺贈
権　利　者	Ｂ
義　務　者	亡Ａ
添　付　情　報	登記原因証明情報　登記識別情報　印鑑証明書
	住所証明情報　代理権限証明情報
課　税　価　格	金1,000万円

> 登録免許税　金 20 万円

(1)　登記原因

　登記原因は，「年月日遺贈」である。特定遺贈・包括遺贈の区別をする必要はなく，単に「遺贈」と記載すればよい。

　登記原因日付は，遺贈によって所有権が移転した日である。それは，原則として遺言者が死亡した日である（民 985 条 1 項）。ただし，停止条件付の遺贈において遺言者が死亡した後に条件が成就した場合は，登記原因日付は条件成就の日となる（民 985 条 2 項）。

　また，農地が相続人以外の者に特定遺贈された場合において，遺言者の死亡後に農地法の許可が到達したときは，登記原因日付は，農地法の許可到達の日となる（☞後記**5**）。

(2)　登記申請人

【相続人以外の者に対する遺贈の場合】

　この場合は共同申請であり，登記義務者となるのが遺言執行者または相続人であることは前述した。

　遺言執行者が遺言者の代理人として申請する場合は，上記記載例のように「登記義務者　亡 A」のように遺言者を記載する。遺言執行者の氏名・住所を記載する必要はない。遺言執行者は，登記義務者そのものではなく，登記義務者の代理人だからである。司法書士が代理申請をする場合も，登記権利者・登記義務者として記載するわけではなく，代理人として記載する。それと同じことである。なお，遺言執行者が代理人として申請する場合において，司法書士が受遺者及び遺言執行者から委任を受けて登記申請するときは，登記申請情報に代理人として記載するのは，最終の代理人である司法書士である。この場合，中間の代理人である遺言執行者は，代理人としてすら記載しないこととなる。

　次に，遺言執行者が存在せず，遺言者の相続人が登記義務者として申請する場合は，以下のように記載する。

> 権　利　者　B
> 義　務　者　亡 A 相続人 D

これは，義務者側の相続人による登記としての記載方法として学習したものである（☞ P61）。

【相続人に対する遺贈の場合】

　この場合は，登記権利者が単独で申請することができるが，登記申請情報には，登記義務者として遺贈者を記載することも必要となる。登記権利者が単独で申請することができるといっても，構造的に単独申請であるわけではなく，本来共同で申請する登記申請について，手続の簡略化のために単独での申請を認めているにすぎないからである。

　具体的な記載方法は以下のようになる。

```
権　利　者　B
義　務　者　A
```

(3)　添付情報

　添付情報については，共同申請の場合と単独申請の場合で異なる部分もあるので，しっかり場合分けをしながら押さえていくこと。以下，注意すべき点について説明する。

(4)　登記原因証明情報

　登記原因証明情報としては，遺贈がなされたことを証明するための遺言書の提供が必要となる。また，遺言は，遺言者が死亡しなければ効力が発生しないので，遺言者が死亡したことを証明するための戸籍謄本を併せて提供する必要がある。

　さらに，相続人への遺贈の登記を登記権利者が単独で申請する場合には，登記権利者が相続人であることを証するため，除籍謄本等の提供が必要となる。

(5)　登記識別情報

【相続人以外の者に対する遺贈の場合】

　登記識別情報は，遺言者が所有権を取得した際に通知を受けたものが必要となる。実際に登記申請をするのは，遺言執行者・相続人だとしても，登記申請する不動産の所有権登記名義人として記録されているのは，あくまで遺言者だからである。遺言執行者・相続人に登記識別情報が通知されているわけではな

【相続人に対する遺贈の場合】

　相続人への遺贈の登記を登記権利者が単独で申請する場合には，登記識別情報の提供は不要である。

(6)　印鑑証明書

【相続人以外の者に対する遺贈の場合】

　登記識別情報とは異なり，印鑑証明書は，実際に登記を申請する遺言執行者・相続人のものが必要となる。印鑑証明書は，押印されたものが実印であることを証明する書面であるが，実際に登記申請情報や委任状に実印を押すのは，遺言執行者・相続人であり，遺言者ではないからである。そもそも，死者の印鑑証明書を取得することはできないことも，思い出しておこう（☞ P61）。

【相続人に対する遺贈の場合】

　相続人への遺贈の登記を登記権利者が単独で申請する場合には，印鑑証明書の提供は不要である。

(7)　住所証明情報

　住所証明情報としては，所有権登記名義人となる受遺者の住民票の写しの提供が必要となる。

(8)　相続証明情報

　遺言者の相続人からの申請となる場合には，申請人が登記義務者の相続人であることを証明するための相続証明情報の提供が必要となる。

(9)　代理権限証明情報

【相続人に対する遺贈の場合】

　相続人に対する遺贈がなされた場合において，遺贈による所有権移転登記を単独で申請するときは，受遺者から司法書士への委任状が必要となる。

【相続人以外の者に対する遺贈の場合】

　遺言執行者が申請人となる場合には，まず，遺言執行者及び受遺者から司法書士への委任状が必要となる。

　しかし，それだけでは足りない。委任状を記載したのが登記義務者である遺言者本人ではなく，遺言執行者であるため，遺言執行者の代理権も証明しなけ

ればならない。つまり，「遺言者→遺言執行者→司法書士」という2段階の代
理関係をすべて証明しなければならないのである。

　遺言執行者は，遺言で指定し，または，その指定を第三者に委託することが
できる（民1006条1項）。また，遺言執行者がいない場合は，利害関係人の請
求により家庭裁判所が選任することもある（民1010条）。

　遺言執行者が遺言で指定されている場合は，遺言書と，遺言者が死亡した事
実を証明する戸籍謄本が必要となる。また，遺言書において遺言執行者の指定
を第三者に委託している場合は，第三者による指定書も併せて必要となる。

　利害関係人の請求によって家庭裁判所が遺言執行者を選任した場合には，遺
言書及び家庭裁判所の選任審判書の提供が必要となる。この場合，遺言者の死
亡を証明するための戸籍謄本の提供は必要ない（昭59・1・10民三150号）。家
庭裁判所が審判書を作成している以上，その前提として，遺言者が死亡してい
ることを家庭裁判所が確認しているからである。

　相続人が申請人となる場合は，相続人全員及び受遺者から司法書士への委任
状の提供が必要となる。委任状を記載するのは遺言者本人ではなくその相続人
であるが，相続人であることの証明として相続証明情報の提供が必要となる点
は，上述した。

　代理権限証明情報については，以上の論理を考えればよい。少し複雑なので，
以下，登記義務者側の代理権限証明情報について図表にまとめておくことにす
る。

《遺贈の登記を共同で申請する場合の代理権限証明情報のまとめ》

	遺言執行者の申請			相続人からの申請[1]
	遺言で指定	第三者に委託	家庭裁判所が選任	
遺言書	○	○	○	×
第三者の指定書	×	○	×	×
選任審判書	×	×	○	×
戸籍謄本	○	○	×	×
委任状	○	○	○	○

※1　相続証明情報の提供が必要となる。

⑽　登録免許税

　遺贈による所有権移転登記の登録免許税率は，受遺者が相続人か否かによって異なる。

　受遺者が相続人である場合は，相続による登記に準じ，不動産価額の1000分の4となる。この場合には，受遺者が相続人であることを証明するため情報（戸籍謄本等）の提供が必要となる（平15・4・1民二1022号，登免税別表第1.1⑵イ）。

　受遺者が相続人でない場合は，不動産価額の1000分の20となる。相続・合併以外を原因とする所有権移転登記であり，相続登記に準じると考えることもできないからである。

⑤　農地の場合

　相続人以外の者に対して特定遺贈をしたことにより，遺贈による所有権移転登記を申請するときは，農地法の許可書を提供しなければならない（昭43・3・2民三170号）。

　これに対して，包括遺贈の場合や，相続人に対する特定遺贈の場合は，農地法の許可書の提供は不要である。

《農地法の許可書の要否》

		包括遺贈	特定遺贈
受遺者	相続人	不要	不要
	相続人以外	不要	必要

⑥　所有権の一部の遺贈

　不動産の所有権の一部が遺贈された場合，遺贈されなかった残部は，相続人に相続されることとなる。たとえば，甲土地の所有権登記名義人Xが，「甲土地の所有権の2分の1をAに遺贈する」旨の遺言をして死亡した事例において，Xの相続人がBであるとしよう。甲土地の所有権の2分の1は遺贈によってAが取得し，残り2分の1は相続によってBが取得することになる。

　この事例では，Aへの遺贈の登記と，Bへの相続登記が必要となることはわ

かるだろう。このように，1つの不動産に対して，遺贈と相続の2つの登記を申請する場合には，申請する順番が決まっていて，遺贈の登記を先に申請しなければならないのである（登研523号139）。つまり，本事例においては，1件目としてAへの「遺贈」を登記原因とする所有権一部移転登記，2件目としてBへの「相続」を登記原因とするX持分全部移転の登記を連件で申請することになる。

「相続登記と遺贈の登記のどっちを先に申請したってかまわないではないか。結局，AとBが2分の1ずつ共有すればよいのだから」と考える人もいるかもしれない。しかし，相続登記を先に申請してはダメなのである。相続登記を先に申請した場合，その相続登記は，「所有権一部移転」登記となってしまうが，相続を登記原因とする一部移転登記は認められないのである（☞ P138）。遺贈の登記を先に申請しておいて，相続登記が持分全部移転登記となるようにする必要があるというわけである。

7 清算型遺贈

清算型遺贈とは，「相続財産を売却したうえで，その売却代金を遺贈する」という内容の遺贈のことである。相続財産を直接遺贈の対象とするわけではないところが，通常の遺贈と異なるところである。

実際には，「不動産を売却し，その売却代金でAへの負債を返済し，残額をBに遺贈する」という形で，債務の清算をするためになされることが多い。では，清算型遺贈があった場合，どのような登記申請をすればよいのだろうか。次の例題を考えてみよう。

> **例題** 甲土地の所有権登記名義人Xは，「甲土地を売却し，その代金をBに遺贈する」という旨の遺言をした。Xの相続人はAである。Xが死亡したので，Aは遺言どおり，甲土地をCに売却し，その売却代金をBに支払った。どのような登記を申請すればよいか。

この例題では，遺贈がなされているが，遺贈の登記をするわけではない。遺贈の対象となっているものは金銭であって，甲土地ではないからである。

甲土地がどのような物権変動をたどったかを考えれば，なすべき登記がわかる。甲土地は売却されたのである。売買による所有権移転登記を申請することになるのである。

しかし，必要となる登記は，売買による所有権移転登記だけではない。甲土地を売却されたのがいつかを考えてみよう。Xの死後である。このことから，

甲土地は，いったん相続によって A に承継された後，A から C に売却されたことがわかる。つまり，甲土地の所有権は，相続によっていったん X から A に移転し，その後，売買によって A から C に移転したということになる。

よって，本例題においてなすべき登記は，2件である。1件目が X から A への相続による所有権移転登記，2件目が売買による A から C への所有権移転登記である（昭45・10・5民甲4160号）。

この2件の登記は，遺贈の登記ではないが，遺言の執行に必要な行為といえるので，遺言執行者がいる場合には，遺言執行者が申請することができる。

8 相続と遺贈の比較

相続と遺贈は，共通点も多い。特に相続人に対する遺贈の登記においては，相続の登記と同様に扱う部分も多い。

以下，図表で整理しておくので，よく比較すること。

◉遺贈と相続のまとめ

	相続による所有権移転	相続人への遺贈の登記		相続人以外の者への遺贈の登記	
		包括遺贈	特定遺贈	包括遺贈	特定遺贈
申請形態		単独申請		共同申請	
申請義務		あり		なし	
相続人申告制度		利用可		利用不可	
農地法の許可証		不要			必要
登録免許税		1000分の4		1000分の20	

9. 遺贈か相続か

1 意　義

前記 8. では，遺言によって遺贈がなされている場合の登記申請について学習した。例題などの具体例においても，遺言に「甲土地を A に遺贈する」と記載されている場合について考えてきた。

しかし，実際の遺言書は，「遺贈する」という文言が明確に記載されているものばかりではない。遺言書を作成するすべての者が，民法の規定を理解した

うえで，明確な表現で遺言をするとは限らないのである。微妙な言い回しの遺言も多く見受けられる。特に「甲土地をAに相続させる」という表現を使った遺言が多い。遺言の文言によっては，遺贈ではなく，相続分の指定や遺産分割方法の指定をしていると考えることができる場合も多いのである。

そこで，ここでは，どのような遺言書の記載の場合に「遺贈」の登記となり，どのような場合に「相続」の登記となるのかについて検討することにしよう。

2 原　　則

(1) 原則的なルール

遺言書の文言どおりの登記申請をするのが原則である。つまり，遺言書に「相続させる」と記載されていれば，相続による所有権移転登記を申請し，遺言書に「遺贈する」と記載されていれば，遺贈による所有権移転登記を申請することになる。

遺言は，被相続人の最後の意思表示であり，なるべくその意思を尊重する必要があるからである。

(2) 様々な遺言の事例

> **例題1**　甲土地の所有権登記名義人Ｘは，「相続財産は，Ａに3分の1，Ｂに3分の2の割合で相続させる」と遺言し，死亡した。Ｘの相続人は，子Ａ・Ｂである。どのような登記をすればよいか。

本例題1では，遺言に「相続」という文言を用いているので，Ａ・Ｂに対する「相続」による所有権移転登記を申請すればよい。

これは，遺言で相続分の指定がなされたと考えることができる。よって，遺言で指定されたとおりの相続分で，相続による所有権移転登記を申請すればよいということになる。

> **例題2**　甲土地の所有権登記名義人Ｘは，「甲土地はＡに相続させる」とする遺言をし，死亡した。Ｘの相続人はＡ・Ｂ・Ｃの3人である。どのような登記をすればよいか。

本例題2の遺言においては「相続させる」という文言が用いられている。よって，甲土地について，Ａへの相続による所有権移転登記を申請する。

このように，特定の財産を特定の相続人に相続させる遺言は，遺産分割方法

の指定をした遺言とされる（特定財産承継遺言）。そして，特段の事情が記載されていない限り，何らの行為を要せず，被相続人の死亡時に直ちに，その遺産が当該特定承継人に承継されることになる（最判平3・4・19）。

　よって，遺産分割によってＡが甲土地を取得したことになる。そして，遺産分割によって権利の取得があった場合には，相続による所有権移転登記を申請すればよい（☞P139）。本例題2では，Ａへの相続による所有権移転登記をすればよいことになるのである。とにかく，遺言に「相続」と記載されている以上，そのまま「相続」の登記をすればよいのである。

　なお，遺言執行者がいる場合，特定財産承継遺言に基づく相続による所有権移転登記の申請は，被相続人が遺言で別段の意思を表示したときを除き，遺言執行者が単独で申請することができることは前述した。

> **例題3**　甲土地・乙土地の所有権登記名義人Ｘは，「次のように遺産分割方法を指定する。甲土地はＡ，乙土地はＢ」とする遺言をし，死亡した。相続人はＡとＢである。どのような登記をすればよいか。

　本例題3では，「相続」「遺贈」という文言を用いず，「遺産分割方法を指定する」と記載されている。

　この遺言の場合も，被相続人の意思を尊重するため，原則として，遺言書の記載を文字どおりに判断すればよい。「遺産分割方法の指定」と記載されているのだから，この遺言は遺産分割方法を指定したものである（特定財産承継遺言）。そうであるならば，例題2の場合と同様，何らの行為を要せず，Ｘの死亡後，甲土地はＡに，乙土地はＢに承継されたことになる。

　遺産分割がなされた場合には，遺産分割後の相続人・相続分で，相続による所有権移転登記を申請すればよい。よって，本例題3においては，甲土地はＡへの相続による所有権移転登記，乙土地はＢへの相続による所有権移転登記を申請すればよいこととなるのである。

⑶　まとめ

　遺言に「相続させる」という文言がある場合は，相続分の指定または遺産分割方法の指定と解釈することができる。よって，「相続」による所有権移転登記を申請することになる。また，「遺産分割方法の指定をする」という文言がある場合は，文字どおり，遺産分割方法の指定なので，「相続」による所有権移転登記を申請すればよい。

これに対して,「遺贈」とあれば,遺贈がなされたと解釈できる。よって,この場合には,「遺贈」による所有権移転登記を申請すればよいことになる。

遺言に「相続」とあれば「相続」の登記,「遺贈」とあれば「遺贈」の登記となるのが原則である。この原則的なルールをしっかり押さえておくこと。

ただし,この原則には例外がある。以下,その例外を学習する。

③ 例外1:相続にもかかわらず遺贈登記

まずは,遺言に「相続させる」と記載されているのに,遺贈による所有権移転登記を申請しなければならない場合がある。

これは,相続人以外の者に対して,「相続させる」と記載されている場合である(登研480号131)。相続人以外の者が相続によって権利を承継したと考えることはできないため,この場合には遺贈があったと解釈することになるのである。そもそも,登記の面から考えても,戸籍上の相続人以外の者に対して,相続による所有権移転登記を申請することはできない。

> **例題1** 甲土地の所有権登記名義人Xは,「甲土地をCに相続させる」という遺言をして,死亡した。Xの相続人は子A・Bであり,CはAの子である。A・B・Cは全員生存している。どのような登記をすべきか。

本例題1では,遺言に「相続させる」という文言が使われているが,その相手方が相続人ではないCである。Xの相続人はA・Bであり,Cは相続人ではない。本例題1のように,孫に相続させるとする遺言を見かけることがあるが,この場合は,遺贈の登記となってしまうのである。

> **例題2** 甲土地の所有権登記名義人Xは,「甲土地をCに相続させる」という遺言をして死亡した。Xには子A・Bがいるが,AはXの死亡以前に死亡した。CはAの子である。どのような登記をすべきか。

例題1と異なり,例題2は,Cに対する相続による所有権移転登記を申請すればよい。

Xの死亡以前にAが死亡しているので,CがAを代襲して相続人となる。よって,本例題2の遺言は,相続人であるCに対して「相続させる」と記載していることになるのである。

代襲相続が生じていることを見抜かないと,「相続」の登記か,「遺贈」の登記かを間違えてしまうことになる。記述式問題でなすべき登記を間違えてしま

うと，大減点となってしまうだろう。要注意である。

４　例外２：遺贈にもかかわらず相続登記

　遺言に「遺贈」という文言が使われている場合でも，相続財産のすべてを相続人の全員に対して包括遺贈している場合には，「相続」による所有権移転登記を申請すべきである（昭38・11・20民甲3119号）。①相手方が相続人全員であること，②包括遺贈であることがポイントである。

> **例題1**　甲土地の所有権登記名義人Ｘが「全財産をＡに４分の1，Ｂに４分の1，Ｃに４分の1，Ｄに４分の1の割合で遺贈する」との遺言をして死亡した。Ｘの相続人は，配偶者Ａと子Ｂ・Ｃ・Ｄである。甲土地について，どのような登記をすべきか。

　本例題1がまさしく，「遺贈」の文言が使用された遺言にもかかわらず，「相続」の登記をすることができる事例である。①遺贈の相手方が相続人の全員であるＡ・Ｂ・Ｃ・Ｄであること，②分数で割合を定めた包括遺贈である点を確認すること。

　このように，相続財産の全部を相続人全員に対して包括遺贈した場合は，遺言で相続分の指定がなされた場合と異なるところがない。このことから，相続による所有権移転登記を申請することになるのである。

> **例題2**　甲土地の所有権登記名義人Ｘが「全財産をＢに３分の1，Ｃに３分の1，Ｄに３分の1の割合で遺贈する」との遺言をして死亡した。Ｘの相続人は，配偶者Ａと子Ｂ・Ｃ・Ｄである。甲土地について，どのような登記をすべきか。

　本例題2においては，包括遺贈がなされているが，その相手方が相続人の全員ではない。Ａが受遺者に含まれていないのである。よって，例外に該当せず，遺言の文言どおり遺贈の登記をすべきである。

　なお，本例題2の遺言にある「遺贈する」という文言が「相続させる」となっていた場合には，相続の登記を申請することになることも確認しておいてほしい。

> **例題3**　甲土地・乙土地・丙土地・丁土地の所有権登記名義人Ｘが「甲土地はＡに，乙土地はＢに，丙土地はＣに，丁土地はＤに遺贈する」という遺言をして死亡した。Ｘの相続人は，配偶者Ａと子Ｂ・Ｃ・Ｄである。各土地について，どのような登記をすべきか。

　本例題3では，遺贈の相手方が相続人全員である。しかし，分数的な割合で

の包括遺贈ではなく，それぞれの相続人に特定の財産を与える特定遺贈をしている。この場合には，相続分の指定があったと考えることができない。

よって，原則どおり，各土地について，遺贈による所有権移転登記を申請すべきである。

最後に，ここまで学習してきた「遺贈となるか相続となるか」についてのルールと具体的事案をまとめておこう。

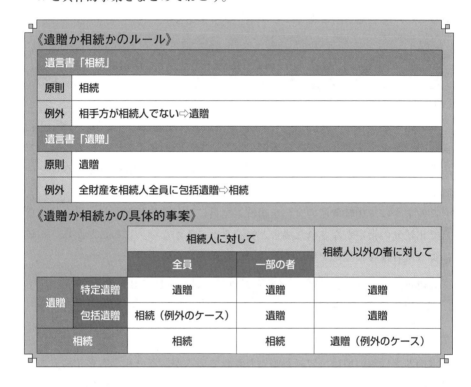

《遺贈か相続かのルール》

遺言書「相続」	
原則	相続
例外	相手方が相続人でない⇨遺贈
遺言書「遺贈」	
原則	遺贈
例外	全財産を相続人全員に包括遺贈⇨相続

《遺贈か相続かの具体的事案》

		相続人に対して		相続人以外の者に対して
		全員	一部の者	
遺贈	特定遺贈	遺贈	遺贈	遺贈
	包括遺贈	相続（例外のケース）	遺贈	遺贈
相続		相続	相続	遺贈（例外のケース）

10. 相続人不存在

1 意　義

相続人不存在とは，「相続人がいることが明らかでない」ことである。相続人不存在の場合には，相続人を探しながら，その相続財産を管理・清算していく手続が用意されている。

以下，大まかな流れを説明し，その局面で必要となる登記手続を検討していく。詳細な手続の流れは，『民法Ⅱ』を参照してほしい。

② 相続財産法人の成立

(1) 実体上の手続の流れ

　相続人のあることが明らかでないとき，相続財産は，法人となる（民951条）。これを相続財産法人という。被相続人が死亡によって権利能力を失ったうえに，権利を承継するはずの相続人が不存在であるため，相続財産自体を法人化するのである。

　また，相続財産法人が成立した場合，家庭裁判所は，利害関係人または検察官の請求によって，相続財産清算人を選任しなければならない（民952条1項）。相続財産清算人は，相続財産の清算人であり，相続財産法人を代理する権限を有する。

(2) 登記手続

　所有権の登記名義人が死亡し，その相続人が不存在であるときは，相続財産法人の名義とする所有権登記名義人氏名変更の登記を申請する（昭10・1・14民甲39号）。

　被相続人から相続財産法人への所有権移転登記を申請するわけではないので注意すること。たしかに，形式的には，被相続人から相続財産法人へと主体が移転しているが，これは，便宜上相続財産に権利能力を与えるためのものであり，実際に物権変動があるわけではない。また，これからの手続の中で相続登記や特別縁故者への所有権移転登記をすることになるので，ここで所有権移転としての登録免許税を負担させると，二重の負担となってしまう。以上のことから，所有権移転登記ではなく，登記名義人表示変更登記の申請をすることにしたのである。

(3) 登記申請のポイント

　事例　甲土地の所有権登記名義人Aは，令和5年8月12日，死亡した。相続人となるものはいない。また，家庭裁判所において，Bが相続財産清算人に選任された。

●記載例　相続人不存在

登記の目的　1番所有権登記名義人氏名変更

> 原　　　因　令和5年8月12日相続人不存在
> 変更後の事項　登記名義人　亡A相続財産
> 申　請　人　亡A相続財産清算人　B
> 添付情報　登記原因証明情報　代理権限証明情報
> 登録免許税　金1,000円

以下，この記載例を基本として説明を加えていこう。

(4)　登記の目的

氏名を変更する所有権登記名義人表示変更登記なので，登記の目的は，「1番所有権登記名義人氏名変更」となる。

(5)　登記原因

登記原因は，「年月日相続人不存在」となる。登記原因日付は，被相続人の死亡日である。被相続人が死亡した日に，相続財産が法人となるからである。

(6)　変更後の事項

登記名義人表示変更登記なので，変更後の事項の記載が必要となる。変更後の事項として，相続財産法人の名称を「登記名義人　亡A相続財産」のように記載する。

(7)　登記申請人

登記名義人表示変更登記なので，単独申請となる（64条1項）。相続財産法人を代理する権限を有するのは，相続財産清算人なので，相続財産清算人からの単独申請となる。

そこで，申請人として，「亡A相続財産清算人　B」のように記載する。

(8)　添付情報

登記原因証明情報として，相続人が存在しないことを証する情報を提供しなければならない。単独申請による登記なので，登記原因証明情報は，公務員が職務上作成した情報（公文書）でなければならない。具体的には，被相続人の戸籍謄本・除籍謄本等がこれに該当する。なお，代理権限証明情報として提供する家庭裁判所が作成した相続財産清算人の選任審判書（後述）の記載から相

続人の不存在とその被相続人の死亡日（つまり登記原因とその日付）が明らかとなるときは，上記の戸籍謄本・除籍謄本等の提供は不要となる（昭39・2・28民甲422号）。

　また，代理権限証明情報として，家庭裁判所の選任審判書の提供が必要となる。相続財産清算人が相続財産法人の代理人のような立場で登記申請を行うことになるからである。さらに，相続財産清算人が司法書士に登記の申請を依頼した場合には，司法書士への委任状の提供も必要となる。

(9)　登録免許税

　登録免許税は，不動産1個につき，金1,000円である（登免税別表第1.1(14)）。

③　特別縁故者への財産分与

(1)　実体法上の手続の流れ

　相続財産法人が成立し，相続財産清算人が選任された後，6か月以上の公告をしても相続人が現れない場合，相続人の不存在が確定する（民958条）。

　相続人の不存在が確定すると，特別縁故者は，相続人不存在が確定した日から3か月以内に限り，家庭裁判所に対して，残余財産の分与を請求できる（民958条の2）。特別縁故者とは，被相続人と生計を同じくしていた者，被相続人の療養看護に努めた者，その他被相続人と特別の縁故があった者のことである。

　特別縁故者からの残余財産分与請求があった場合，家庭裁判所は，相続財産を申立人に分与することが相当であると判断したときは，相続財産の分与の審判をする。分与の審判が確定すると，特別縁故者は，分与された財産を取得することになる。

(2)　登記手続

　特別縁故者への財産分与の審判が確定した場合において，その対象となる財産が不動産であるときは，当該不動産の所有権が特別縁故者に移転するので，所有権移転登記を申請する。

　特別縁故者への所有権移転登記は，分与を受けた特別縁故者が単独で申請することができる（昭37・6・15民甲1606号）。特別縁故者への分与は，必ず家庭裁判所の審判によってなされるので，判決による登記手続（63条1項）に準じて考えることができるからである。

ただ，もちろん，分与を受けた特別縁故者と相続財産清算人が共同申請によって行っても差し支えない。

(3)　前提登記

特別縁故者への財産分与がなされたことによる所有権移転登記を申請する場合，その前提として，必ず相続財産法人への所有権登記名義人表示変更の登記がなされていることが必要である。

(4)　登記申請のポイント

事例　甲土地の所有権登記名義人Ａが死亡したが，相続人となる者がおらず，Ａ相続財産法人名義とする所有権登記名義人氏名変更の登記がなされた。令和6年2月25日，Ａについて相続人不存在が確定した。その後，特別縁故者Ｃの請求により，甲土地をＣに分与する旨の審判がなされ，当該審判は，令和6年6月15日に確定した。

●記載例　特別縁故者への財産分与

```
登記の目的　所有権移転
原　　　因　令和6年6月15日民法第958条の2の審判
権　利　者　（申請人）Ｃ
義　務　者　亡Ａ相続財産
添付情報　登記原因証明情報　住所証明情報　代理権限証明情報
課税価格　金1,000万円
登録免許税　金20万円
```

以下，この記載例を基本として，説明を加えていく。

(5)　登記の目的

登記の目的は，「所有権移転」である。

(6)　登記原因

登記原因は，「年月日民法第958条の2の審判」である。

登記原因日付は，特別縁故者への財産分与の審判が確定した日である。審判がなされた日ではなく，その審判が確定した日である。特別縁故者への所有権

移転の効果は，審判が確定して初めて生じるからである。

(7) 登記申請人

　登記権利者からの単独申請である。登記権利者は，法人でもかまわない。法人が特別縁故者となることも許されているからである。

　登記権利者が単独で申請する場合でも，登記義務者を記載する必要がある。この登記申請は，構造的に単独申請であるわけではなく，本来共同で申請する登記申請であるところ，判決による登記に準じて単独申請となっているだけだからである。

　登記権利者及び登記義務者の氏名・住所を記載したうえで，実際に登記申請をする登記権利者に「(申請人)」と記載する。

(8) 添付情報

　登記原因証明情報として，財産分与の審判書の正本及び確定証明書を提供しなければならない。

　登記権利者の単独申請なので，登記義務者の提供すべき添付情報は必要ない。よって，登記識別情報・印鑑証明書の提供は不要である。

　代理権限証明情報としては，登記権利者の司法書士への委任状の提供が必要である。登記義務者からの委任状は不要である。

(9) 登録免許税

　登録免許税率は，不動産価額の 1000 分の 20 である。

4 他の共有者への移転

(1) 実体法上の手続の流れ

　相続人不存在確定から3か月以内に特別縁故者からの財産分与の請求がなく，あったとしても審判により特別縁故者と認められなかった場合には，その財産が共有持分であれば他の共有者に帰属し（民255条），それ以外の場合であれば国庫に帰属する（民959条）。

(2) 登記手続

　共有不動産の共有者が死亡し，相続人不存在が確定し，特別縁故者も存在し

ないため，その共有者の持分が他の共有者に帰属した場合，相続財産法人の持分を他の共有者に移転する持分移転登記を申請する。

不動産を単独で所有している者が死亡し，相続人不存在が確定し，特別縁故者も存在しないため，その不動産所有権が国庫に帰属した場合，相続財産法人から国庫に対する所有権移転登記が，国からの嘱託によりなされる。

後者の登記は，国が嘱託で行うため，ここでは，前者の他の共有者への持分移転登記を学習することにする。

(3) 前提登記

特別縁故者が存在しないため，他の共有者や国庫への移転登記を申請する場合，その前提として，必ず相続財産法人への所有権登記名義人表示変更の登記がなされていることが必要である。

(4) 登記申請のポイント

> **事例** 甲土地は，A・Bの共有（各持分2分の1）であるが，令和5年8月12日，相続人なくしてAが死亡し，Aの持分について，共有者を「亡A相続財産」とする所有権登記名義人氏名変更登記がなされた。令和6年2月25日，Aについて相続人不存在が確定し，特別縁故者からの財産分与請求がなされることもなく，令和6年5月25日，申立期間が満了した。

●記載例　特別縁故者不存在確定

登記の目的	亡A相続財産持分全部移転
原　　　因	令和6年5月26日特別縁故者不存在確定
権　利　者	持分2分の1　B
義　務　者	亡A相続財産
添付情報	登記原因証明情報　登記識別情報　印鑑証明書
	住所証明情報　代理権限証明情報
課税価格	移転した持分の価格　金500万円
登録免許税	金10万円

以下，この記載例を基本として，説明していく。

(5)　登記の目的

　この場合の登記申請は，必ず持分移転の登記となるため，登記の目的は，「亡A相続財産持分全部移転」などとなる。この登記を申請する前提として，相続財産法人への所有権登記名義人氏名変更の登記がなされているため，「A持分全部移転」とはならないことに注意すること。

(6)　登記原因

　登記原因は，「年月日特別縁故者不存在確定」である。「年月日相続人不存在」ではないことに注意すること。相続人の不存在が確定するだけではなく，特別縁故者の不存在も確定して初めて，他の共有者に帰属するからである。なお，「年月日相続人不存在」は，登記名義人が死亡し，相続人がいることが明らかでないため，相続財産法人への所有権登記名義人氏名変更登記を申請するときの登記原因である。

　登記原因日付は，次の2つの場合がある。
①特別縁故者から財産分与の請求がなかった場合
⇨財産分与の申立期間の満了日の翌日。
②特別縁故者から財産分与の請求があったが，申立却下の審判がなされた場合
⇨却下の審判が確定した日の翌日。
　①・②ともに，満了日や審判確定の日ではなく，その翌日であることに注意すること。また，登記原因日付は，被相続人死亡の日から9か月の期間の経過後の日付でなければならない。共有者に持分が帰属するには，その前提として，6か月を超える公告期間と3か月間の特別縁故者の申立期間がなければならないからである。

(7)　登記申請人

　権利を取得する他の共有者を登記権利者，相続財産法人を登記義務者とする共同申請となる。特別縁故者への分与の場合と異なり，審判があるわけではないので，単独申請とはならないことに注意すること。

　登記義務者としては，実際には相続財産清算人が相続財産法人を代表して申請することになるが，登記申請情報には，「亡A相続財産」と記載すればよい。

(8) 添付情報

　登記原因証明情報としては，特別縁故者が不存在であることを証する書面を提供する必要がある。

　登記識別情報は，被相続人が所有権登記名義人となったときに通知されたものを提供する。登記名義人となっているのは，被相続人だからである。なお，被相続人が死亡し，相続財産法人にする所有権登記名義人氏名変更の登記をした際には，登記識別情報が通知されていない点にも注意せよ。これは登記名義人の表示を変更する登記にすぎず，権利を取得する登記ではないからである。

　印鑑証明書は，相続財産清算人のものを提供する。実際に登記申請をするのは，相続財産清算人だからである。司法書士への委任状に印鑑を押すのが誰なのかを考えればわかる。相続財産清算人が印鑑を押すことになるので，その印鑑が実印であることを証明するために，相続財産清算人の印鑑証明書の提供が必要となるというわけである。被相続人は死亡しており，委任状に印鑑を押印しないし，そもそも死亡した者の印鑑証明書の交付を受けることはできない。

　登記識別情報は被相続人のもの，印鑑証明書は相続財産清算人のものが必要となる点に注意が必要である。

　代理権限証明情報としては，相続財産清算人の選任審判書と，相続財産清算人・他の共有者から司法書士への委任状を提供する。

(9) 登録免許税

　登録免許税率は，移転した持分の価額の 1000 分の 20 である（登免税別表第 1.1(2)ハ）。

(10) 登記の実行

　所有権に関する移転登記であるため，主登記で実行される。また，他の共有者への移転登記の前提として，相続財産法人への登記名義人氏名変更登記がなされていなければならない。

　参考として，登記実行後の登記記録を以下に掲げておく。

●登記実行後の登記記録

権利部（甲区）（所有権に関する事項）			
順位番号	登記の目的	受付年月日・受付番号	権利者その他の事項
1	所有権保存	令和4年5月18日 第56325号	共有者 持分2分の1　　A 　　　2分の1　　B
付記1号	1番登記名義人 氏名変更	令和5年9月16日 第59736号	原因　令和5年8月12日相続人不 　　　存在 共有者A登記名義人 亡A相続財産
2	亡A相続財産 持分全部移転	令和6年5月30日 第57576号	原因　令和6年5月26日特別縁故 　　　者不存在確定 所有者　持分2分の1　　B

11. 相続登記義務について

1 意　義

(1) 意義・趣旨

　所有権の登記名義人について相続が開始した場合には，相続登記等の登記申請義務が生じる。相続登記が未了であることが所有者不明不動産を生じさせる最も大きな要因となっていることから，所有者不明不動産をこれ以上発生させないようにするために，相続登記を義務づけたのである。

　なお，登記義務が生じるのは，所有権登記名義人について相続が開始した場合だけである点に注意してほしい。抵当権登記名義人や地上権登記名義人に相続の開始等があっても，登記申請義務は生じない。所有者不明不動産を生じさせないようにするための登記申請義務であるため，所有権登記名義人について登記申請義務を課せば十分だからである。

(2) 義務が生じる場面

　登記申請義務が生じるのは，以下の3つの場面である。
①相続の開始があったとき
②法定相続登記後に遺産分割をしたとき

③相続人である旨の申出後に，遺産分割によって所有権を取得したとき

　以下，①は後記**2**で，②は後記**3**で，③は後記**4**で説明していく。

2　相続登記の義務

(1)　意　　義

　所有権登記名義人について相続の開始があったときは，相続・遺贈（相続人に対する遺贈に限る）によって所有権を取得した者は，所有権移転の登記を申請しなければならない（76条の2第1項）。

(2)　登記申請義務者

　登記申請義務を負うのは，相続・遺贈（相続人に対する遺贈に限る）によって，所有権を取得した者である。

　「相続」によって所有権を取得した者には，特定財産承継遺言や遺産分割によって所有権を取得した者も含まれる。また，特定財産承継遺言に基づく相続と実質的に異ならないことから，遺贈によって所有権を取得した相続人にも登記申請義務が課せられている。

　これに対して，死因贈与・生前売却・合併により所有権を取得した者，遺贈により所有権を取得した相続人以外の者には，登記申請義務が課されていない。

(3)　期間制限

　登記申請義務者は，以下のすべての要件を満たした日から3年以内に，所有権移転の登記を申請しなければならない。
①自己のために相続の開始があったことを知った日
②その不動産の所有権を取得したことを知った日

　相続が開始されたことを知らない場合，相続・遺贈の対象となった不動産の存在を知らない場合にまで登記申請義務を課してしまうと，その者にとって不利益となってしまうからである。

(4)　義務を免れる場合

　以下のいずれかの場合には，登記申請義務を免れる。
①代位者その他の者の申請または嘱託により相続・遺贈の登記がなされた場合
　（76条の2第3項）

②相続人である旨の申出をした場合（76条の3第1項）

　①について。代位や嘱託で相続・遺贈の登記がなされた以上，同じ登記を申請することはできないからである。

　②については，後記**4**で説明する。

(5)　罰　　則

　上記の相続登記の申請義務を負う者が，正当な理由がないのにその申請を怠ったときは，10万円以下の過料に処せられる（164条1項）。

3　法定相続登記後の遺産分割登記の義務

(1)　意　　義

　法定相続分での相続登記がなされた後に遺産分割が行われたときは，その遺産分割によって法定相続分を超えて所有権を取得した者は，所有権移転の登記を申請しなければならない（76条の2第2項）。

　所有者不明不動産を発生させないようにするためには，遺産分割の結果についても登記記録に反映させる必要があるからである。

(2)　登記申請義務者

　登記申請義務を負うのは，登記された法定相続分を超えて所有権を取得した者である。

(3)　期間制限

　遺産分割の日から3年以内に登記申請をしなければならない。

(4)　義務を免れる場合

　代位者その他の者の申請または嘱託により相続・遺贈の登記がなされた場合には登記申請義務を免れる（76条の2第3項）。

　前記**2**の場合と異なり，相続人である旨の申出をすることで登記義務を免れることにはならない。具体的な相続分を登記記録に公示する必要性が大きいからである。

(5) 罰　　則

　　上記の相続登記の申請義務を負う者が，正当な理由がないのにその申請を怠ったときは，10万円以下の過料に処せられる（164条1項）。

4 相続人申告制度

(1) 意　　義

　　相続・遺贈（相続人への遺贈に限る）による所有権移転登記の申請義務を負う者は，その申請義務の期間内に相続人である旨の申出をすることにより，その登記申請義務を履行したものとみなされる（76条の3第2項）。登記申請義務を免れ，罰則を負わないということである。これを相続人申告制度という。

　　相続・遺贈の登記は，除籍謄本を集めるなど手間がかかるうえ，遺産分割協議が調っていない場合にいったん法定相続による相続登記を申請することは，二度手間となってしまうおそれがある。そこで，そのような場合には，「私が相続人です」と申し出ることによって，その義務を免れさせ，国民の負担を軽減しようという制度が，相続人申告制度である。

(2) 申出をすることができる者

　　申出をすることができる者は，前記**2**(2)の者である。つまり，相続・遺贈（相続人に対する遺贈に限る）によって所有権を取得した者である。

(3) 申出の効果

【申請義務の免除】

　　相続人である旨の申出がなされることで，登記申請義務を履行したものとみなされる。つまり，登記申請義務が免除される。ただし，遺産分割により所有権を取得した場合には，その後に相続人である旨の申出をしても，その申請義務を履行したことにはならない（76条の3第2項括弧書）。

　　共同相続人中の一部の者が申出をした場合，この免除の効果は，申出をした相続人のみに生じ，申出をしなかった他の相続人には及ばない。なお，親が子を代理する場合などのように，相続人の一部の者が全員分について相続人である旨の申出をすることは可能であり，この場合，免除の効果は相続人全員に対して及ぶ。

【登記の実行】

　相続人である旨の申出があったときは，登記官は，職権で，その旨並びにその申出をした者の氏名・住所その他法務省令で定める事項を所有権の登記に付記することができる（76条の3第3項）。

(4)　申出後の登記申請義務

　相続人である旨の申出をした者は，その後の遺産分割によって所有権を取得したときは，遺産分割の日から3年以内に所有権移転の登記を申請しなければならない（76条の3第4項）。所有者不明不動産を発生させないため，分割結果を公示する必要性が大きいからである。この趣旨から，再度の申出をすることで申請義務を免れることはできないこととされている。

　前記**3**(2)の場合と異なり，法定相続分を超えて取得した者か否かにかかわらず登記申請義務が生じる点に注意してほしい。相続人である旨の申出においては，相続分が公示されないからである。

　代位等によって登記がなされた場合に登記申請義務を免れることと，申請義務違反の場合に罰則がある点は，前記**2**・**3**の場合と同様である。

　遺産分割があった場合の登記義務が複雑なので、図表で整理しておこう。

●遺産分割があった場合の登記義務の比較

		法定相続登記前の遺産分割	法定相続登記後の遺産分割	相続人である旨の申出後の遺産分割
登記義務者		所有権取得者	法定相続分を超えた所有権取得者	所有権取得者
義務履行期間		遺産分割の日から3年以内		
相続である旨の申出	可否	○	×	×
	免除の効果	×		

5　㊊ 所有権の登記名義人についての符号の表示

(1)　意　　義

　登記官は，所有権の登記名義人が権利能力を有しなくなったと認めるべき場合には，職権で，その所有権登記名義人について，権利能力がなくなった旨の符号を表示することができる（76条の4）。

(2) 趣　　旨

　上述したように，所有権の登記名義人に相続が生じた場合においては，相続登記の申請が義務づけられている。しかし，相続登記が申請されるまで時間がかかってしまうこともある。

　その一方，民間事業や公共事業の用地を選定する場合などには，所有者の死亡の確認ができることで用地の選定が円滑になることから，所有権の登記名義人の死亡の情報は，早期に登記記録に反映すべき要請がある。

　そこで，登記官が所有権の登記名義人の死亡を知った場合には，登記の申請を待たずに，職権でその旨の符号を登記記録に表示することができるようにしたものである。

　登記官が所有権登記名義人の死亡を知ることがあるのかと疑問に思う人もいると思う。実は，登記官には，職権登記等のために必要な限度で，関係地方公共団体の長その他の者に対して，その対象となる不動産の所有者等に関する情報の提供を求める権限があり，その過程で所有権登記名義人の死亡を知ることがあるのである（151条）。たとえば，登記官が住基ネットを通じて本人確認情報（住民票の消除の事由）として「死亡」という情報の提供を受けた場合に，所有権の登記名義人の死亡を知ることになるというわけである。

12. 合　　併

1　意　　義

(1) 合併とは

　合併とは，2つの会社がくっついて1つになることであるが，実際には，1つの会社の権利義務を別の会社がすべて引き継ぐ包括承継である。

　ある会社が消滅し，その会社の権利義務を別の会社が包括承継するという効果は，相続と同じである。よって，合併は，「会社版の相続」であるといえる。

　合併には，吸収合併と新設合併の2種類がある。

(2) 吸収合併

　吸収合併は，既存の2つの会社が行う合併である〈図2-24〉。たとえば，A会

図 2-24　吸収合併

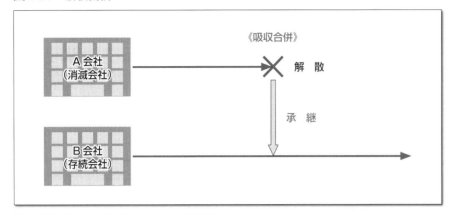

社とB会社があり，A会社が解散してB会社がその権利義務をすべて承継することである。吸収合併では，A会社を消滅会社，B会社を存続会社と呼ぶ。

　吸収合併において，消滅会社となるA会社の権利義務はすべてB会社に承継されるので，A会社が不動産を所有している場合，その不動産も，A会社からB会社に承継される。よって，その不動産に対して，A会社からB会社への所有権移転登記を申請することになる。存続会社であるB会社が不動産を所有している場合には，所有権移転登記を申請する必要がないことに注意すること。B会社の財産については承継が起こらないからである。先ほど，合併は「会社版の相続」だと説明したが，相続の場合，相続人がもともと所有している不動産に承継が起こらないのと同じことである。

　吸収合併は，A会社とB会社が合併契約をすることで成立する。実際には，株主総会で株主の承認を得たり，債権者保護手続をしたりといった契約に続く所定の手続が必要であるが，それらの手続の詳細は，会社法で学習する。ここでは，「契約を締結し，所定の手続をする」といった程度に押さえておけばよい。

　吸収合併の場合，その契約の中で合併の効力発生日を定めておく必要があり，その効力発生日までに所定の手続が行われていれば，効力発生日に効力が発生する（会749条1項6号，会750条1項）。

　そして，合併の効力が発生すると，A会社とB会社は，商業登記の申請をする。A会社については，合併されて解散した旨の登記を申請し，B会社については，A会社を合併した旨の変更登記を申請する。

　A会社・B会社の登記記録には，以下のような登記がなされる。

● A 会社（消滅会社）の登記記録（抜粋）

商号	株式会社 A
本店	東京都渋谷区代々木一丁目1番1号
登記記録に関する事項	令和6年6月25日東京都新宿区新宿一丁目1番1号株式会社 B に合併し，解散 令和6年6月28日登記 令和6年6月28日閉鎖

● B 会社（存続会社）の登記記録（抜粋）

商号	株式会社 B
本店	東京都新宿区新宿一丁目1番1号
吸収合併	令和6年6月25日東京都渋谷区代々木一丁目1番1号株式会社 A を合併 令和6年6月26日登記

⑶　新設合併

　新設合併は，新しく設立した会社に権利義務を承継させる合併である。たとえば，既存の A1 会社と A2 会社が解散し，新しく設立した B 会社がその権利義務を承継することである。新設合併では，A1・A2 会社を消滅会社，B 会社を設立会社と呼ぶ。

　新設合併においては，A1 会社または A2 会社が不動産を所有している場合，A1 会社または A2 会社から B 会社への所有権移転登記の申請をすることになる。

　新設合併は，A1 会社と A2 会社が合併契約を締結し，所定の手続を行うことで成立する。新設合併は，A1 会社・A2 会社の権利義務を B 会社が承継することになるので，B 会社が設立されなければ効力が生じない。そして，会社設立の効果は，その登記がなされた時に生じる。よって，新設合併は，B 会社（設立会社）について設立登記がなされた時が，効力発生日となる（会 754 条 1 項）。つまり，新設合併は，吸収合併と異なり，商業登記が効力要件となるのである。

　新設合併をした場合，A1 会社・A2 会社については解散した旨の登記を申請し，B 会社については設立した旨の登記を申請する必要がある。

　新設合併がなされた場合の会社の登記記録は，以下のようになる。

● A1 会社（消滅会社）の登記記録（抜粋）　※ A2 会社も同様

商号	株式会社 A1
本店	東京都渋谷区代々木一丁目1番1号
登記記録に関する事項	令和6年6月25日東京都新宿区新宿一丁目1番1号株式会社 A2 と合併して東京都千代田区内幸町一丁目1番1号株式会社 B を設立し解散 令和6年6月26日登記 令和6年6月26日閉鎖

● B 会社（設立会社）の登記記録（抜粋）

商号	株式会社 B
本店	東京都千代田区内幸町一丁目 1 番 1 号
登記記録に関する事項	東京都渋谷区代々木一丁目 1 番 1 号株式会社 A1 と東京都新宿区新宿一丁目 1 番 1 号株式会社 A2 の合併により設立 令和 6 年 6 月 25 日登記

2 なすべき登記

　会社の合併が効力を生じた場合，消滅した会社の権利義務が存続会社・設立会社に承継される。よって，消滅会社が不動産を所有している場合，その不動産の所有権が存続会社・設立会社に移転する。

　この場合，消滅会社から存続会社・設立会社への合併による所有権移転登記を申請する。この登記は，相続による所有権移転登記の会社版なので，相続による所有権移転登記と比較しながら学習するとわかりやすいだろう。

3 登記申請人

　合併による所有権移転登記は，存続会社・設立会社（B 会社）からの単独申請で行うことができる（63 条 2 項）。

　合併による所有権移転登記の場合，登記義務者に当たるのは消滅会社（A 会社）であるが，消滅会社は消滅し，その権利義務が登記権利者に当たる存続会社・設立会社（B 会社）に承継されているからである。自然人の相続と同様に考えることができる。繰り返しになるが，合併は，「会社版の相続」と考えればよいのである。

4 登記申請のポイント

> **事例**　令和 6 年 5 月 15 日，甲土地の所有権登記名義人である株式会社 A（代表取締役 C）は，株式会社 B（代表取締役 D）との間で，株式会社 A を消滅会社とする吸収合併契約を締結した。合併契約の効力発生日は，令和 6 年 6 月 25 日である。令和 6 年 6 月 26 日，合併による変更登記及び解散登記がなされた。

● 記載例　合併による所有権移転登記

登記の目的	所有権移転
原　　　因	令和 6 年 6 月 25 日合併

権利承継者　（被合併会社　株式会社 A）
　　　　　　　株式会社 B
　　　　　　　（会社法人等番号 1111-11-111111）
　　　　　　　代表取締役 D
添 付 情 報　登記原因証明情報　会社法人等番号　住所証明情報
　　　　　　　代理権限証明情報
課 税 価 格　金 1,000 万円
登録免許税　金 4 万円

(1)　登記原因

　登記原因は,「年月日合併」である。

　登記原因日付は, 合併の効力発生日である。具体的には, 吸収合併の場合は, 合併契約で定められた効力発生日である。また, 新設合併の場合は, 設立会社について設立登記がなされた日である。

(2)　登記申請人

　存続会社・設立会社の単独申請である。存続会社・設立会社の名称・住所を「権利承継者」として記載する。消滅会社の名称も括弧書きで記載する。相続による所有権移転登記の場合と同様の記載方法である。

　また, 法人が登記申請人となる場合に該当するため, 会社法人等番号を記載し, 代表者も記載する。

(3)　登記原因証明情報

　登記原因証明情報として, 存続会社・設立会社の登記事項証明書を提供する必要がある。前記**1**で示したように, 存続会社・設立会社の登記記録には,「令和 6 年 6 月 25 日東京都渋谷区代々木一丁目 1 番 1 号株式会社 A を合併」などと記録されており, 合併によって, A 会社の権利義務が B 会社に承継されたことの証明となる。消滅会社の登記事項証明書ではない点に注意してほしい。

　ただし, 会社法人等番号を提供した場合には, 登記事項証明書の提供に代えることができる（平 27・10・23 民二 512 号）。

　登記原因証明情報として, 合併契約書を提供することはできない。合併契約書は, 契約を締結したことは証明できるが, その後の手続がなされたかどうか

の証明にはなっていないからである。

　また，合併契約書が私文書であることも，登記原因証明情報として提供することができない理由となる。合併による所有権移転登記は単独申請であり，単独申請の登記を申請する場合には，登記の真正を確保するため，登記原因証明情報は公文書であることが要求されているからである。

⑷　それ以外の添付情報

【会社法人等番号】

　会社の代表者が登記申請をすることになるので，登記申請人となる会社の会社法人等番号の提供が必要となる（令7条1項1号イ）。

【住所証明情報】

　存続会社・設立会社が所有権登記名義人として登記記録に記録されるので，当該会社の住所証明情報の提供が必要となる。具体的には，存続会社・設立会社の登記事項証明書である。会社の登記記録には，会社の住所（本店）が登記されているからである（☞前記■の会社登記記録参照）。ただし，会社法人等番号を提供した場合には，登記事項証明書の提供を省略することができる。

【委任状】

　会社の代表者から司法書士への委任状を提供する必要がある。

　以上，添付情報を確認してきたが，登記原因証明情報及び住所証明情報として提供が必要となる登記事項証明書は，会社法人等番号を提供することで省略できるので，実際に提供するのは，会社法人等番号と委任状である。さらに考えれば，会社法人等番号の提供は，登記申請人の箇所にその番号を記載すればよいだけなので，実際に物理的に添付しなければならないのは，委任状だけということになる。

⑸　登録免許税

　合併による所有権移転登記の登録免許税率は，不動産価額の1000分の4である（登免税別表第1.1⑵イ）。

13. 会社分割

☐1 意　　義

(1)　会社分割とは

　会社分割とは，ある会社がその事業に関して有する権利義務の全部または一部を，他の会社に承継させることである。合併は，会社がまるごと包括承継されるのに対して，会社分割は，ある事業についての部分的な包括承継である。

　会社分割には，吸収分割と新設分割がある。

(2)　吸収分割

　吸収分割は，既存の２つの会社において，一方の会社の事業に関して有する権利義務を，もう一方の会社が承継する会社分割である。たとえば，鉄道事業とホテル事業を営むA会社が，B会社に対して，ホテル事業についての権利義務を承継させることが，吸収分割である。この場合，ホテル経営のための不動産や，ホテル経営のための借入債務などが，包括的にB会社に承継される。鉄道事業などに関する権利義務は，承継されない。A会社は消滅せず，鉄道事業を行う会社として存続する。この場合，A会社を分割会社，B会社を承継会社と呼ぶ。A会社からB会社に承継される権利義務の中に不動産の所有権がある場合，A会社からB会社への会社分割による所有権移転登記を申請する。

　吸収分割は，A会社の有するすべての権利義務がB会社に承継されるわけではない。どの権利義務が承継されて，どの権利義務が承継されないのかについては，分割会社と承継会社で締結する分割契約の中で定める。また，当該契約では，効力発生日を定めなければならず，その定められた効力発生日に会社分割の効力が発生する。

　吸収分割がなされた場合，分割会社・承継会社について，商業登記の申請をする。分割会社・承継会社ともに，会社分割した旨の変更登記を申請するのである。分割会社は消滅しないので，解散登記を申請するわけではない点に注意が必要である。その結果，会社の登記記録は，以下のようになる。

◉ A 会社（分割会社）の登記記録（抜粋）

商号	株式会社 A
本店	東京都渋谷区代々木一丁目1番1号
会社分割	令和6年6月25日東京都新宿区新宿一丁目1番1号株式会社Bに分割 令和6年6月28日登記

◉ B 会社（承継会社）の登記記録（抜粋）

商号	株式会社 B
本店	東京都新宿区新宿一丁目1番1号
会社分割	令和6年6月25日東京都渋谷区代々木一丁目1番1号株式会社Aから分割 令和6年6月26日登記

　吸収分割は，吸収合併と似ている点もあるが，包括承継が部分的であること，分割会社が消滅せずに残ることが特徴となっている。

(3)　新設分割

　新設分割は，会社分割の手続の中で新しく会社を設立し，その設立した会社に，分割会社の事業に関して有する権利義務を承継させる会社分割である。たとえば，鉄道事業とホテル事業を営む A 会社が，B 会社を設立し，その B 会社に，ホテル事業についての権利義務を承継させる場合が，これに当たる。A 会社から B 会社に承継される権利義務の中に不動産の所有権がある場合には，A 会社から B 会社への会社分割による所有権移転登記を申請する。この場合，A 会社を分割会社，B 会社を設立会社と呼ぶ。

　新設分割は，A 会社が分割計画を定めて進めていく。「契約」でなく，「計画」である。新設分割は A 会社が単独で進める手続であり，契約を締結する相手となる会社がいないからである。B 会社は，新設分割の手続の中で作られるのであって，初めから存在するわけではないのである。

　分割計画の中で，A 会社から B 会社へ承継される権利義務が定められる。

　新設分割の効力発生日は，B 会社の設立登記の日である。新設合併と同様，B 会社が設立されなければ，権利を承継することができないからである。

　新設分割がなされると，分割会社（A 会社）・設立会社（B 会社）について商業登記の申請をする。A 会社については会社分割による変更登記，B 会社については設立登記を申請する。

　商業登記が申請された後の会社の登記記録は，以下のようになる。

◉ A 会社（分割会社）の登記記録（抜粋）

商号	株式会社 A
本店	東京都渋谷区代々木一丁目 1 番 1 号
会社分割	令和 6 年 6 月 25 日東京都新宿区新宿一丁目 1 番 1 号株式会社 B に分割 令和 6 年 6 月 26 日登記

◉ B 会社（設立会社）の登記記録（抜粋）

商号	株式会社 B
本店	東京都新宿区新宿一丁目 1 番 1 号
登記記録に関する事項	東京都渋谷区代々木一丁目 1 番 1 号株式会社 A から分割により設立 令和 6 年 6 月 25 日登記

② なすべき登記

会社分割により，分割会社（A 会社）から承継会社・設立会社（B 会社）に対して承継された権利の中に不動産の所有権が含まれる場合には，A 会社から B 会社への会社分割を原因とする所有権移転登記を申請する。

注意が必要なのは，A 会社が不動産を所有しているにもかかわらず，所有権移転登記をしてはならないケースである。

合併の場合には，消滅会社が不動産を所有している場合には，必ず所有権移転登記をすることになるが，会社分割の場合，分割会社が不動産を所有しているからといって，所有権移転登記ができるとは限らないのである。

会社分割はあくまで部分的な包括承継であって，権利の全部が承継会社・設立会社に移転するとは限らない。ある不動産の所有権が承継される権利義務に含まれていない場合，その不動産は，分割会社が所有し続けることになるので，所有権移転登記をしてはならないのである。

分割契約書（吸収分割の場合）・分割計画書（新設分割の場合）の中で，承継される権利義務が定められるが，その中に対象となる不動産が含まれるか否かによって，所有権移転登記をするか否かが決まるというわけである。記述式問題では，分割契約書・計画書のチェックを怠ることのないように注意しなければならない。

③ 登記申請人

権利を取得する承継会社・設立会社（B 会社）を登記権利者，分割会社（A

会社）を登記義務者とする共同申請により行う。合併と同様に包括承継ではあるが，合併と異なり，単独申請ではないので注意すること。

　会社分割の場合，合併の場合と異なり，登記義務者になる分割会社が消滅するわけではない。包括承継の場合は単独申請となることが多いが，それは，登記義務者が死亡したり，解散したりして存在しなくなるからである。会社分割の場合は，包括承継といっても部分的なものであり，義務者が存在し続ける以上，登記は共同申請となるのである。

4　登記申請のポイント

事例　令和6年5月15日，甲土地の所有権登記名義人である株式会社A（代表取締役C）は，株式会社B（代表取締役D）との間で，株式会社Aを分割会社とする吸収分割契約を締結した。分割契約の効力発生日は，令和6年6月25日である。甲土地は，株式会社Bに承継される資産に含まれている。令和6年6月26日，会社分割による変更登記がなされた。

●記載例　会社分割による所有権移転登記

登記の目的	所有権移転
原　　　因	令和6年6月25日会社分割
権　利　者	株式会社B
	（会社法人等番号 2222-22-222222）
	代表取締役D
義　務　者	株式会社A
	（会社法人等番号 1111-11-111111）
	代表取締役C
添 付 情 報	登記原因証明情報　登記識別情報　印鑑証明書
	住所証明情報　会社法人等番号　代理権限証明情報
課 税 価 格	金1,000万円
登録免許税	金20万円

(1)　登記原因

　登記原因は，「年月日会社分割」である。

　登記原因日付は，会社分割の効力が発生した日である。具体的には，吸収分

割の場合は分割契約で定めた効力発生日であり，新設分割の場合は設立会社の設立登記がなされた日である。

(2) 登記申請人

　共同申請なので，「権利者」として承継会社・設立会社を，「義務者」として分割会社を記載する。また，会社法人等番号を記載し，代表者の氏名も記載する。

(3) 登記原因証明情報

　登記原因証明情報を提供して，会社分割によって不動産が承継されたことを証明する必要がある。具体的には，何を提供すればよいのだろうか。少し考えてみてほしい。

　合併による所有権移転登記の場合，登記原因証明情報として提供するのは，存続会社・設立会社（B会社）の登記事項証明書であることを学習した。登記事項証明書により，合併により権利が承継されたことが証明されるからである。

　「そうであれば，会社分割の場合だって同じことだ。やはり承継会社・設立会社（B会社）の登記事項証明書を提供すればよいのだろう」と考える人もいるだろう。たしかに，登記事項証明書を提供すれば，会社の登記記録に，「A会社から分割」などと記載されており，会社分割があったことを証明することができる。たしかに，登記事項証明書を提供することは正しい。しかし，それだけでは足りない。登記事項証明書に加えて提供しなければならないものがあるのである。

　それは，分割契約書・分割計画書である。会社分割の場合，すべての権利義務が承継されるわけではない。そこで，対象となる不動産の所有権が会社分割で承継される権利に含まれることを証明しなければならないのである。たしかに，登記事項証明書を提供すれば，会社分割があったことの証明にはなるが，対象不動産の所有権が承継されることの証明にはならないのである。

　以上から，登記原因証明情報として，承継会社・設立会社の登記事項証明書及び分割契約書・分割計画書の提供が必要となる（平18・3・29民二755号）。ただし，登記事項証明書については，会社法人等番号を提供することで，その提供に代えることができる。

(4) その他の添付情報

　会社分割による所有権移転登記は，共同申請なので，共同申請の場合に要求

される基本的な添付情報の提供が必要となる。

　登記義務者側のものとしては，登記識別情報，代表者の印鑑証明書が要求される。ただし，会社法人等番号を提供した場合には，印鑑証明書の提供を省略することができる。登記権利者側のものとしては，住所証明情報の提供が要求される。具体的には登記事項証明書であるが，会社法人等番号を提供することで代替できる。

　さらに，登記義務者も登記権利者も法人であるため，それぞれ会社法人等番号の提供が必要となる。

　そして，それぞれの代表者から司法書士への委任状の提供が要求される。

⑸　登録免許税

　会社分割による所有権移転登記の登録免許税率は，不動産価額の 1000 分の20 となる（登免税別表第 1.1 ⑵ハ）。合併と異なり，1000 分の 4 とはならないことに注意してほしい。所有権移転登記の登録免許税率が 1000 分の 4 となるのは，あくまで相続・合併を登記原因とする場合であり，会社分割は，これには含まれないからである。

5　合併との比較

　合併と会社分割は，双方とも会社に生じる包括承継である点では共通するが，登記手続など異なるところも多い。

　その違いを図表で整理しておくので，よく比較すること。

《合併と会社分割による所有権移転登記の比較》

		合併	会社分割
申請構造		単独申請	共同申請
添付情報	登記原因証明情報	登記事項証明書	登記事項証明書 分割契約書・分割計画書
	登記識別情報	不要	必要
登録免許税		不動産価額の 1000 分の 4	不動産価額の 1000 分の 20

《ホームルーム》

生徒：所有権移転登記が終わりましたね。長かったです。

講師：なかなか大変だったと思う。所有権移転登記自体，分量が多かったのは当然だけど，不動産登記の学習にまだ慣れていないからね。所有権移転登記については，「所有権の登記」についても「移転の登記」についても初めてだからね。不動産登記法は進めば進むほど軌道に乗ってくるから，その点は安心して。たとえば，「所有権変更」に進めば，「所有権」については学習済みだし，「抵当権移転」の学習では「移転」については学習済みだ。こんな感じで，「また同じ発想だ」ということも増えてくる。

生徒：はい，わかりました。きちんと進めていくことが重要ですね。

講師：そのとおり。すべてを理解しなければならないと思わずに，あまり立ち止まらずに淡々と進めていくことが重要だ。重い車を押す場合のように，はじめは大変でも，動き出すとそれがうそのように動かすことができるから。

生徒：早速質問なんですが。相続による所有権移転登記で被相続人の「戸籍謄本・除籍謄本等」が必要と学習したのですが，「等」って何ですか。必要なのは戸籍なんですか，除籍なんですか。なんだかもやもやしているのですが。

講師：それは，個別の相続によって異なるから，明確にできないんだよ。たとえば，被相続人が転籍も婚姻もしておらず，13歳からずっと同一の戸籍に属していれば，その戸籍謄本だけでよいし，何回も転籍していたり，婚姻して戸籍が変わっていれば，除籍謄本も含めて何枚も必要になる。また，コンピュータ化された戸籍の場合には，戸籍全部事項証明書となったりもする。だから，「被相続人の戸籍謄本・除籍謄本等」と押さえておくしかないし，それで十分なんだ。

生徒：そうなんですね。わかりました。実務では，これらの戸籍や除籍は依頼者がもってくるんですか。

講師：どの戸籍が必要かはなかなか判断できないので，司法書士が依頼者から頼まれて集めることの方が多いね。戸籍をきちんと読めるようになるのもなかなか大変なんだよ。

生徒：そうなんですね。

第4章　所有権保存登記

> ●この章で学ぶこと●
>
> 　ここまでは，所有権の登記がすでになされていることを前提に，その移
> 転の登記について学習してきました。この章では，所有権の登記がなされ
> ていない場合の所有権保存登記について学習しましょう。

1. 意　　義

1　所有権保存登記とは

(1)　初めてする権利の登記

　所有権保存登記とは，文字どおり，所有権という権利を保存する登記である。
つまり，法律上所有権という権利が発生しているが，登記記録にまだ登場して
いない場合に，これを登場させるための登記である。

　たとえば，Aが建物を新築して，その建物の表題登記が作られたが，まだ
権利部がない場合に，Aの所有権をその登記記録の権利部に登場させるときに，
所有権保存登記を申請することになる。

　所有権保存登記は，権利部に初めてなされる登記なので，通常甲区1番で登
記される。

　所有権移転登記や抵当権設定登記は，甲区に所有権の登記が存在しているこ
とを前提としている。その意味で，所有権保存登記は，すべての登記の前提と
なる登記だということになる。

(2)　記述式問題対策

　所有権保存登記は，初めてする権利の登記であり，すべての登記の前提とな

る登記である。このことから，記述式問題において，与えられた登記記録に甲区・乙区という権利部がなく，表題部のみが存在する場合には，最初に申請すべき登記は，所有権保存登記となる。

　間違って所有権移転登記を申請してしまわないように，記述式問題において，表題部しか存在しない登記記録を見た段階で，所有権保存登記を申請するべきという内容のメモを残しておくことが必要となる。

⑶　保　　存

　登記記録に権利を登場させるときにする登記は，「保存登記」か「設定登記」である。

　この点，所有権は，契約等で作り出される権利ではなく，権利がある状態が客観的に生じるものである。たとえば，Ａが建物を新築した場合，その建物は，原始的にＡの所有物となり，契約で所有権を生み出したわけではないのである。

　このような権利を登記記録に登場させる登記は「保存登記」であるから，所有権を登場させる登記は，所有権設定登記ではなく，所有権保存登記となる。

　なお，権利を登場させる登記が保存登記となるのは，所有権と先取特権であることも復習しておこう（☞ P31）。

② 　単独申請

　所有権保存登記は，単独申請となる。

　所有権保存登記は，初めてする権利の登記である。そのため，登記する時点で，登記記録に登記名義人となっている者はいない。つまり，所有権保存登記を申請しても，登記記録上不利益を受ける者がいないので，登記名義を取得する者が単独で申請できることとしたのである。

　登記申請は，共同申請により行うことを原則としているが，所有権保存登記は，初めてする権利の登記であることから，単独申請という特殊な扱いとなっているので，注意すること。

③ 　申請適格者

　所有権保存登記は，申請できる者が限定されている。不動産登記法74条に規定された申請適格者からしか申請できないのである。たとえ真の所有者であったとしても，申請適格者に該当しない者からする所有権保存登記は，受理されないことになる。

　所有権保存登記は，単独申請である。そのため，登記義務者の意思を確認することで登記の真正を確保することができないことから，所有者である蓋然性が高い者に限定して申請を認めたというわけである。

　不動産登記法74条に規定された申請適格者は，以下の者である。

①表題部所有者（1項1号前段）

②表題部所有者の相続人その他の一般承継人（1項1号後段）

③所有権を有することが確定判決によって確認された者（1項2号）

④収用によって所有権を取得した者（1項3号）

⑤区分建物の場合において，表題部所有者から所有権を取得した者（2項）

　⑤は，区分建物だけの特例だということに注意が必要である。区分建物は，今のところは，マンションだと思っておけばよい。通常の一戸建ての場合に，表題部所有者からその建物を買った人は，所有権保存登記を申請することができない。

> **例題**　所有権の登記がなく，その表題部にはＡが表題部所有者として記録されている区分建物でない不動産を時効取得したＢは，直接自己を所有権の登記名義人とする所有権保存登記を申請することができる。○か×か。

　答えは，×である。たしかに，時効取得によって，この不動産の所有者はＢとなったが，Ｂは，上記の所有権保存登記の申請適格者でない以上，自己名義の所有権保存登記を申請することができない。Ａ名義の所有権保存登記を申請した後に，ＡからＢへの所有権移転登記を申請することになる。

　では，このあと *2.* ～ *6.* において，申請適格者ごとに，所有権保存登記を申請する際のポイントを確認していくことにしよう。

2. 表題部所有者による所有権保存登記

１　表題部所有者

(1)　表題部所有者とは

　まず，次の登記記録を見てほしい。

● 甲建物の登記記録

表題部（主である建物の表示）	調製	余　白	不動産番号	0104445298888

所在図番号	余　白		

所　　在	横浜市戸塚区戸塚町一丁目200番地	余　白

家屋番号	200番	余　白

①種類	②構造	③床面積㎡		原因及びその日付〔登記の日付〕
居宅	鉄筋コンクリート造陸屋根2階建	1階 50 2階 50	20 20	令和5年12月15日新築 〔令和5年12月16日〕

所　有　者	埼玉県戸田市美女木一丁目1番1号　田中一郎

※甲区・乙区は設けられていない

　この登記記録においては，権利部が設けられていないから，申請すべき登記が所有権保存登記であることがわかる。

　所有権保存登記は，表題部所有者から申請することができる。そして，上記の登記記録の表題部の最後に「所有者」として記録されている田中一郎が，本登記記録における表題部所有者である。

　表題部所有者は，表題登記がなされたときに，暫定的に登記された所有者である（27条3号）。たとえば，Aが建物を新築し，表題登記が土地家屋調査士から申請された場合，その建物の表題部ができあがり，表題部の中にAが所有者として記録されることになる。表題部所有者としての登記は，あくまで暫定的な登記であり，対抗力はない。

　表題部所有者は，所有権保存登記を申請しなければ，所有権を第三者に対抗できるようにならないのである。

(2)　なぜ表題部所有者から申請できるのか

　表題登記を申請する場合には，所有権証明情報の提供が要求されている（令別表12添付情報欄ハ）。たとえば，新築建物の表題登記において，請負人が引渡しを了したことを内容とする情報などが提供される（準則87条1項）。

　このことから，表題部所有者は，その不動産の所有者である蓋然性が高いので，所有権保存登記の申請適格者と認めたというわけである。

② 登記申請のポイント

> **事例**　表題部所有者として登記されている田中一郎が所有権保存登記を申請
> した。

●記載例　表題部所有者による所有権保存登記

```
登記の目的　所有権保存
所　有　者　田中一郎
添 付 情 報　住所証明情報　代理権限証明情報
令和6年7月5日法第74条第1項第1号申請
課 税 価 格　金1,000万円
登録免許税　金4万円
```

　この記載例が，所有権保存登記の最も基本的なものとなる。所有権保存登記
の登記申請情報は，この記載例を変形させたものとして理解するとよい。

⑴　登記の目的

　所有権保存登記の申請では，登記の目的は，必ず「所有権保存」となる。初
めて権利の登記が登場する登記であり，登記記録上の権利を特定する必要もな
いので，順位番号の記載も不要である。

⑵　登記原因

　所有権保存登記には，原則として，登記原因はない。よって，登記申請情報
にも，登記原因を記載しない。

　そもそも，登記原因は，物権変動が生じた原因であるが，所有権保存登記に
おいては，すでに存在する所有権を登記記録に登場させるだけの登記であって，
物権変動がないからである。

　所有権保存登記においては，表題部所有者によるものに限らず，原則として
登記原因がないので，まとめて覚えておくこと。ただし，敷地権付き区分建物
についてする不動産登記法74条2項の所有権保存登記においては，登記原因
を記載する（『不動産登記法Ⅱ』で区分建物について詳しく説明する）。

　なお，所有権保存登記以外に，登記申請情報に登記原因を記載しないのは，

抵当権・根抵当権における取扱店の変更登記だけである（☞ P431）。

⑶ 申　請　人

【申請人の記載】

　表題部所有者による所有権保存登記は，表題部所有者からの単独申請である。よって，「所有者」として表題部所有者の氏名・住所を記載する。

【表題部所有者が複数の場合】

> **例題**　表題部所有者として，「持分２分の１　Ａ　２分の１　Ｂ」と記録されている不動産について，Ａの持分のみの所有権保存登記を申請することができるか。

　表題部に数名が所有者として記録されている場合，共有者の１人が自己の持分についてのみの所有権保存登記を申請することはできない（明32・8・8民刑1311号）。このような所有権保存登記を許すと，ある共有者の持分については権利部が作られているが，他の共有者の持分については表題部の暫定的な所有者の表示が残されることになり，公示が分断し，明瞭さを欠くことになるからである。

　よって，例題においても，Ａの持分のみの所有権保存登記を申請することはできない。

　ただし，この場合，共有者の１人が保存行為（民252条5項）として，単独で，表題部所有者全員名義の所有権保存登記を申請することができる（明33・12・18民刑1661号）。上記例題では，Ａ・Ｂ全員名義の所有権保存登記をＡが単独で申請することができるということである。この場合の登記申請情報の所有者は以下のように記載する。

```
所　有　者　（申請人）持分２分の１　Ａ
　　　　　　　　　　　　２分の１　Ｂ
```

　Ａのみからの申請だとわかるように，Ａの頭に「（申請人）」と記載する。また，共有の場合なので，持分の記載を忘れないようにしなければならない。

　なお，Ｂは登記名義人とはなるが，申請人とならなかったので，Ｂに対しては，登記識別情報が通知されない。

⑷　添付情報

●添付情報チェックシート

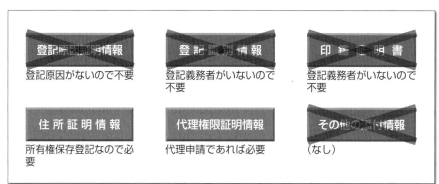

【登記原因証明情報】

　登記原因証明情報の提供は，不要である。表題部所有者による所有権保存登記には，登記原因が存在しないからである。

【登記識別情報・印鑑証明書】

　登記義務者が存在しないので，登記識別情報・印鑑証明書の提供は不要である。

【住所証明情報】

　所有権保存登記は，所有権登記名義人として登記記録に記録される登記申請なので，登記名義人となる者の住所証明情報が必要である。

　Ａが，保存行為として，Ａ・Ｂ名義の所有権保存登記を申請する場合でも，Ａ・Ｂ双方の住所証明情報が必要である。Ａ・Ｂ双方が所有権登記名義人として登記されることになるからである。登記申請にはＡしか関わっていないので，Ｂの住民票の写しが入手できるのか疑問に思う人もいるかもしれない。このように，登記するうえで住民票の写しが必要となる場合，司法書士は，職務上，Ｂの住民票の写しを請求することができ，入手することができるのである。

⑸　適用法令

　所有権保存登記においては，申請の根拠となる法令を記載しなければならない（令別表28申請情報欄イ）。上記記載例において，「令和6年7月5日法第74条第1項第1号申請」と記載されている部分の「法第74条第1項第1号申請」の記載が，これに当たる。

これは，所有権保存登記特有の記載事項であって，他の登記申請の場合には記載する必要がない。所有権保存登記の場合には，申請適格者が限定されているので，登記申請人がどの申請適格者であるかを登記官に示して，審査できるようにする必要があるのである。

表題部所有者による所有権保存登記の場合は，74条1項1号が根拠となるので，その旨を記載することになる。前段・後段の区別は記載する必要がない。前段も後段も，1項1号を根拠とした同一根拠の申請とされているからである。

(6) 登録免許税

所有権保存登記の登録免許税率は，不動産価額の1000分の4である（登免税別表第1.1(1)）。

所有権に関する登記の登録免許税率は，1000分の20が原則であるが，税額を軽減する一定の配慮が働く場合には，1000分の4となる。売買による所有権移転登記の場合は，「早く登記をしないと第三者に対抗できない」というインセンティブが働くため，多少登録免許税が高くても，登記をしようと考えることになるが，所有権保存登記は，そのような事情がないことから，登記を促進するため，安くしているのである。

3 登記の実行

所有権保存登記は，主登記で実行される。原則として，甲区1番で登記される。

また，所有権保存登記が実行されたことで，暫定的に記録されていた表題部の「所有者」は不要となる。そこで，職権で表題部所有者が抹消される（下線が引かれる）。

表題部	
所有者	埼玉県戸田市美女木一丁目1番1号　田中一郎

権利部（甲区）（所有権に関する事項）			
順位番号	登記の目的	受付年月日・受付番号	権利者その他の事項
1	所有権保存	令和6年7月5日受付第26535号	所有者　　埼玉県戸田市美女木一丁目1番1号　田中一郎

4 　所有権保存登記の可否

(1)　所有権譲渡と所有権保存登記

【譲　渡】

> **例題1**　区分建物でない甲建物は権利の登記がなされておらず，表題部所有者はＡである。Ａは，甲建物の所有権を売買によりＢに譲渡した。Ｂは自己名義での所有権保存登記を申請することができるか。

　Ｂは，区分建物でない建物について，表題部所有者から所有権を取得したものであり，所有権保存登記の申請適格者ではない。よって，Ｂが自己名義の所有権保存登記を申請することはできない。

　この場合，Ａが74条1項1号の表題部所有者としての所有権保存登記を申請してから，ＡからＢへ売買を登記原因とする所有権移転登記を申請すべきである。

【一部譲渡】

> **例題2**　区分建物でない甲建物は権利の登記がなされておらず，表題部所有者はＡである。Ａは，甲建物の所有権の2分の1をＢに譲渡した。Ａ・Ｂ共有名義での所有権保存登記を申請することができるか。

　例題1と異なり，一部譲渡のケースである。このケースでも，Ｂが所有権保存登記の申請適格者でないのは同じである。Ａ・Ｂ共有名義の登記であっても，登記名義人にＢを含んだ所有権保存登記を申請することはできない。よって，本例題2では，Ａが74条1項1号の表題部所有者としての所有権保存登記を申請してから，ＡからＢへ売買を登記原因とする所有権一部移転登記を申請すべきである。

【冒頭省略表示登記】

　例題1では，登録免許税の面において，所有権保存登記の際に1000分の4，所有権移転登記の際に1000分の20と，高くつくことになってしまう。ハウスメーカーであるＡが建売住宅を作ってＢが買った場合に，このような高い税率がかかるのではたまらないだろう。

　ここで，この2件の登記が必要になってしまった理由を考えてみると，Ａから表題登記を申請し，Ａが表題部所有者として記録されたことにある。そこで，実務では，建売住宅をＢが買ってから，Ｂから表題登記の申請をすることになる。区分建物以外の不動産の場合，この方法が許されている。こうす

れば，Bが表題部所有者となるから，B名義の所有権保存登記を申請することができ，登録免許税も1000分の4だけで済むことになる。これが冒頭省略表示登記である。

　なお，マンションなどの区分建物の場合には，1棟全体の表題部を一斉に作る必要があるため，原始的所有者から表題登記を申請しなければならず，この方法は使えない。

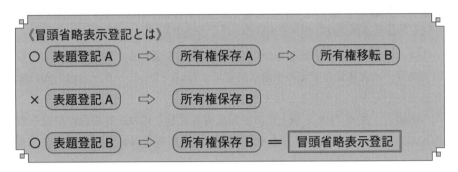

(2)　住所変更等

> **例題**　甲建物の表題部所有者は，「埼玉県さいたま市…　A」であるが，「東京都新宿区…」に住所を移転した。Aが所有権保存登記を申請するにあたり，その前提として表題部の変更登記を申請する必要があるか。

　同一人物かどうかは，住所・氏名が同一かどうかで判断されるので，前提として，表題部所有者の住所や氏名などの表示変更をしたうえで，現在の表示に合わせる必要があるかという問題である。

　この点，表題部所有者の表示に変更または更正があり，所有権保存登記の登記申請情報の表示と一致しない場合でも，表題部の変更登記をすることなく，所有権保存登記を申請することができる（登研352号103）。原則として，登記名義人の表示に変更・更正がある場合には，登記申請の前提として，登記名義人表示変更更正の登記を申請することになるが，本例題の事例では，表題部の暫定的な所有者の登記であり，そこまで厳格に運用することはないと考えられたのである。また，前述したとおり，所有権保存登記は，登記をするインセンティブが低いことから，登記を推進するため，登記を簡明にしようという配慮が働く。所有権保存登記の前提として，表題部の変更が必要だとしたら，司法書士のほかに土地家屋調査士にも登記の依頼をする必要が生じてしまう。登記を推進する立場からは，こうした煩瑣は避けたいのである。

　ただし，この場合の所有権保存登記の申請においては，所有権保存登記の申請人と表題部所有者が同一人物であることを証明するため，変更または更正を証する情報の提供が必要となる。

　例題においても，表題部の変更登記をすることなく，「東京都新宿区…A」名義の所有権保存登記を申請することができる。この場合，Aの住民票の写しを変更証明情報として提供することになる。Aの住民票の写しは，もともと住所証明情報として提供しているので，別途2通目を用意する必要はないが，変更証明情報も兼ねるようになるため，登記申請情報の添付情報の部分には，「変更証明情報」と記載する必要があるというわけである。

3. 一般承継人による所有権保存登記

１　意　　義

(1)　一般承継人による所有権保存登記

　表題部所有者として記録されている者が存在しなくなった場合には，その権利義務を承継した一般承継人の名義で所有権保存登記の申請をすることができる（74条1項1号後段）。

　たとえば，表題部所有者が自然人である場合において，その表題部所有者が死亡し，相続が開始したときは，相続人の名義で所有権保存登記を申請することができる。

(2)　一般承継人名義の所有権保存登記ができる理由

　一般承継人名義での直接の所有権保存登記を認めている理由は，もともとインセンティブが低い所有権保存登記を促進する必要があるからである。もし，表題部所有者名義で所有権保存登記をしたうえで，相続人への相続を原因とする所有権移転登記を申請しなければならないとすれば，登録免許税率1000分の4を二重に負担しなければならなくなってしまうからである。

　また，登記記録には，物権変動の過程を忠実に公示すべきとの要請があるが，これは，権利が権利部に登場して以降の要請である。所有権保存登記がなされる前の物権変動の過程を公示すべき要請はないのである。むしろ，早く所有権保存登記をしてほしいという要請が強く，相続による承継の公示を省略するこ

とを認めたというわけである。

⑶ 自然人の一般承継人：相続人

【相続人】

表題部所有者が自然人の場合，その一般承継人は相続人である。表題部所有者が死亡した場合，相続人名義での所有権保存登記を申請することができる。

> **例題1** 甲建物の表題部所有者Aが死亡した。相続人は，子B・Cである。Bの持分のみの所有権保存登記を申請することができるか。

例題1のような登記を認めてしまうと，権利の一部のみが権利部に登場し，残りの権利は権利部に登場せず，公示が不明瞭になってしまう。よって，表題部所有者の相続人の1人が自己の持分のみの所有権保存登記を申請することはできない（登研132号44）。

ただし，この場合，相続人の1人が保存行為（民252条5項）として，単独で，相続人全員名義の所有権保存登記を申請することができる。本例題1では，B・C全員名義の所有権保存登記をBが単独で申請することができるということである。なお，この場合，Cに対して登記識別情報は通知されない。

【数次相続】

> **例題2** 甲建物の表題部所有者Aが死亡し，子B・Cが相続した。その後，さらにBが死亡し，Dが相続した。C・D名義での所有権保存登記を申請することができるか〈図2-25〉。

数次相続が生じた場合，中間相続人を飛ばして現在の相続人名義での所有権

図 2-25　数次相続

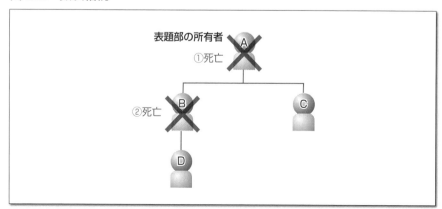

保存登記を申請することができる（登研443号93）。

　本例題2の事例は，中間相続人が複数のケースである。相続による所有権移転登記の場合は，中間相続人が複数のケースでは，中間相続人を飛ばして1件の所有権移転登記を申請することはできない（☞P146）。これに対して，所有権保存登記の場合は，中間相続人が単独か複数かに関係なく，直接現在の相続人名義での申請ができる。

　この違いは，登記原因の記載が要求されるか否かから生じている。所有権移転登記の場合は，登記原因の記載が必要であるが，中間複数のケースでは，その登記原因を記載することができなくなってしまうことから，直接現在の相続人を登記名義人とする所有権移転登記をすることはできない。これに対して，所有権保存登記の場合は，登記原因の記載が要求されないので，中間が複数の場合でも，現在の相続人名義の登記をするのに支障はないのである。また，所有権保存登記はインセンティブが低いので，登記を推進する意味でも，なるべく件数の少ない申請を可能にする必要があるという理由もある。

　例題2においては，「2分の1　C　2分の1　D」名義での所有権保存登記を申請することができる。

【死者名義の登記】

例題3　甲建物の表題部所有者Aが死亡した。相続人は，子B・Cである。A名義の所有権保存登記を申請することができるか。

　表題部所有者が死亡しているので，74条1項1号後段により，その相続人であるB・C名義で所有権保存登記を申請することができる事例である。本例題3では，この場合に，74条1項1号前段により，死亡した被相続人名義の所有権保存登記を申請することができるかが問われている。

　表題部所有者が死亡している場合に，死亡した表題部所有者名義で所有権保存登記を申請することができる。死亡していても，表題部所有者には違いないからである。また，表題部所有者が死亡している場合には，相続人名義での所有権保存登記をすることができるが，それをしなければならないわけではない。相続人名義での所有権保存登記は，あくまでサービスなのである。

　本事例でも，B・C名義で所有権保存登記をすることができるが，亡A名義で所有権保存登記をしたうえで，相続を原因とする所有権移転登記を申請することによりB・C名義にしても，何ら問題はないのである。もちろん，亡A名義の所有権保存登記を死者であるAが登記申請することはできないから，

その相続人であるB・Cが，相続人による登記により申請することになる。

【たすき掛け】

> **例題4** 甲建物の表題部所有者は，「2分の1 A 2分の1 B」であるが，A
> が死亡し，その相続人はCである。また，Bも死亡し，その相続人はDである。B・C名義での所有権保存登記を申請することはできるか〈図2-26〉。

図2-26 たすき掛け

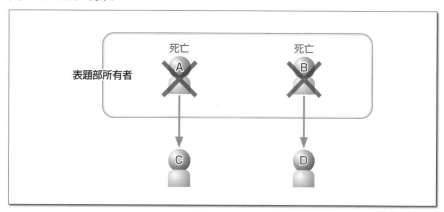

　まず，表題部所有者の相続人名義で所有権保存登記をすることができるから，C・D名義で所有権保存登記をすることはできる（74条1項1号後段）。

　また，表題部所有者が死亡している場合においても，死者である表題部所有者名義で所有権保存登記を申請することができるから，亡A亡B名義での所有権保存登記を申請することもできる（74条1項1号前段）。

　問題は，「亡A・D名義」「C・亡B名義」というように，表題部所有者と相続人を組み合わせて登記することができるかという点である。

　この点，所有権保存登記は，申請適格者としての根拠が同一であれば，組み合わせて登記することができるとされている。表題部所有者と相続人は，74条1項1号同士であり，根拠を同じくする（前段と後段の違いはあるが，同一条項と考える）。このことから，表題部所有者名義と相続人名義の組み合わせで所有権保存登記を申請することができる。

　本例題4においても，「亡A・D名義」「C・亡B名義」での所有権保存登記を申請することができる。

【包括受遺者】

　包括受遺者も，民法上は，相続人と同一の権利義務を有するとされている（民

990)。そこで，表題部所有者から包括遺贈を受けた者の名義で所有権保存登記を申請することができるかが問題となるが，このような申請をすることはできない（登研223号67）。

　包括受遺者は，戸籍のような公文書において権利義務を承継したわけではなく，遺言書に遺贈する旨が記載されているだけである。よって，権利を承継したことの証明力が弱く，単独申請で権利取得登記を申請することは認められない。このことから，包括受遺者名義での所有権保存登記を申請することはできないのである。これは，包括受遺者名義での相続を原因とする所有権移転登記が申請できないことと同じ理屈である（☞ P138）。

【相続財産法人】

　表題部所有者が死亡した場合に，その相続人があることが明らかでないときは，相続財産清算人は，相続財産法人名義での所有権保存登記を申請することができる（登研399号82）。

　相続財産法人は，財産の承継者が出てくるまでの便宜的な扱いであり，表題部所有者と同一名義と考えることができる（☞ P181）。よって，相続財産法人名義で所有権保存登記を申請することも，表題部所有者名義で所有権保存登記を申請することと同じである。このことから，相続財産法人名義での所有権保存登記を認めたのである。

⑷　会社の一般承継人

【合　併】

　表題部に所有者として記録されている法人が合併により消滅した場合，合併による存続会社または設立会社名義での所有権保存登記を申請することができる（明40・1・14民刑1414号）。つまり，合併による存続会社・設立会社も，表題部所有者の一般承継人（74条1項1号後段）に含まれるということである。

　たとえば，表題部所有者であるA株式会社がB株式会社との吸収合併により消滅した場合，存続会社であるB株式会社名義で所有権保存登記を申請することができる。B株式会社は，A株式会社の権利義務を包括承継しており，また，表題部所有者であるA株式会社は消滅しているからである。

【会社分割】

　表題部に所有者として記録されている法人が分割会社となる会社分割が行われた場合，会社分割による承継会社または設立会社名義での所有権保存登記を申請することはできない（登研659号175）。

たとえば，表題部所有者であるＡ株式会社を分割会社，Ｂ株式会社を承継会社とする吸収分割が行われた場合，承継会社であるＢ株式会社名義での所有権保存登記を申請することはできない。この場合，表題部所有者名義であるＡ株式会社名義での所有権保存登記を申請することができるのみである。たしかに，会社分割は包括承継であるが，表題部所有者であるＡ株式会社は消滅していない以上，当該株式会社名義での所有権保存登記をすべきだからである。

❷　登記申請のポイント

> **事例**　令和6年6月13日，甲土地の表題部所有者であるＡが死亡した。Ａの相続人は，配偶者Ｂと子Ｃ・Ｄである。

●記載例　相続人による所有権保存登記

```
登記の目的　所有権保存
所　有　者　（被相続人Ａ）
　　　　　　　　　持分4分の2　Ｂ
　　　　　　　　　　　4分の1　Ｃ
　　　　　　　　　　　4分の1　Ｄ
添 付 情 報　相続証明情報　住所証明情報　代理権限証明情報
令和6年7月5日法第74条第1項第1号申請
課 税 価 格　金1,000万円
登録免許税　金4万円
```

　P211の登記申請情報が所有権保存登記の基本形となるものであり，上記記載例がその基本形のどこを変形させたかに着目して学習するとよい。

(1)　登記の目的

　登記の目的は，「所有権保存」である。

(2)　登記の原因

　所有権保存登記であり，登記原因は存在しない。「年月日相続」と記載しないこと。相続があったから物権変動があったわけではなく，あくまですでに存在している所有権を保存する登記をしているのである。ただ，その場合において，相続人が申請適格者と認められているというわけである。

　合併の場合も同様，「年月日合併」というように登記原因を記載するわけではない。

⑶　申　請　人

　相続人からの単独申請だから，「所有者」として相続人を記載する。この場合に，申請人が表題部所有者の相続人だとわかるように，「(被相続人A)」という具合に，具体的に表題部所有者を記載する。これは，相続による所有権移転の場合と同様の発想による記載方法である。

　合併の場合は，下記のように記載する。

```
所　有　者　（被合併会社　株式会社A）
　　　　　　　株式会社B
　　　　　　　（会社法人等番号 1111-11-111111）
　　　　　　　代表取締役　C
```

　「被相続人」の部分が「被合併会社」となっている点を確認すること。

⑷　添付情報

◉添付情報チェックシート

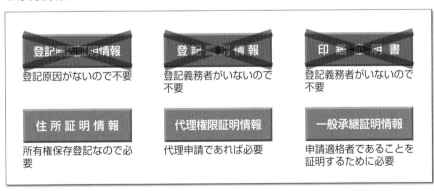

【表題部所有者名義で登記する場合と同じもの】

　住所証明情報・代理権限証明情報が必要であり，登記原因証明情報・登記識別情報・印鑑証明書が必要ないことは，表題部所有者名義で所有権保存登記を申請する場合と同様である。

【一般承継証明情報】

　ここで注意が必要なのは，一般承継証明情報である。相続人名義で登記する場合には「相続証明情報」，合併による存続会社・設立会社名義で登記する場合には「合併証明情報」と記載する。具体的には，相続人名義で登記する場合には，相続による所有権移転登記の場合と同様に戸籍謄本・除籍謄本等，合併の場合には，存続会社・設立会社の登記事項証明書の提供が必要となる。

　これは，申請者が所有権保存登記の申請適格者であることを証明するために提供するものである。表題部所有者名義で登記する場合には，申請適格者であることを証明する必要はない。それは，表題部所有者がA，申請人がAなので，表題部所有者であることが明白であり，添付情報によって申請適格者であることを証明するまでもないからである。

　これに対して，一般承継人名義で登記する場合は，たとえば，表題部所有者がAであるところ，相続人B名義での所有権保存登記を申請することになる。そのため，BがAの相続人であることを証明しなければ，申請適格者であることが明らかとならないのである。申請適格者であることを証明せずに登記をすることができるとなると，表題部所有者の相続人でも何でもない赤の他人が，勝手に相続人であると偽って自己名義の所有権保存登記を申請することができてしまう。このような不都合が生じないように，一般承継証明情報の提供が必要となるというわけである。

　相続による所有権移転登記の場合は，戸籍謄本・除籍謄本等を登記原因証明情報として提供するが（☞P135），相続人名義での所有権保存登記の場合は，登記原因証明情報としてではなく，相続証明情報として提供することに注意してほしい。これは，戸籍謄本・除籍謄本等を登記原因を証明するものとして提供するのではなく，申請適格者であることを証明するために提供するものだからである。

⑸　適用法令

　表題部所有者名義で所有権保存登記をする場合と同様，「令和6年7月5日法第74条第1項第1号申請」と記載する。

　一般承継人名義での所有権保存登記の場合は，74条1項1号が根拠となるので，その旨を記載することになる。前段・後段の区別は記載する必要がない。前段も後段も1項1号を根拠とした同一根拠の申請とされているからである。

⑹　登録免許税

　所有権保存登記なので，登録免許税率は，不動産価額の 1000 分の 4 である（登免税別表第 1.1 ⑴）。

3　登記の実行

　所有権保存登記は，主登記で実行される。原則として，甲区 1 番で登記される。

　また，所有権保存登記が実行されたことで，暫定的に記録されていた表題部の「所有者」は不要となる。そこで，職権で表題部所有者が抹消される（下線が引かれる）。

　表題部所有者による所有権保存登記の場合と異なり，表題部所有者とは別人名義での所有権保存登記が実行されることに注意してほしい。

4. 確定判決による所有権保存登記

1　意　義

⑴　所有権を有することが確定判決によって確認された者

　所有権を有することが確定判決によって確認された者は，表題部所有者名義の所有権保存登記をすることなく，直接自己名義の所有権保存登記を申請することができる（74 条 1 項 2 号）。

　たとえば，表題部所有者として A が記録されている甲建物について，確定判決によって所有権を有することが確認された B は，B 自身の名義での所有権保存登記を単独で申請することができる。

⑵　登記できる理由

　この場合に直接自己名義の所有権保存登記が申請できる理由は，確定判決が信頼性の高い公文書であり，所有権を有することが確定判決で確認された以上，その者が所有者であると考えてよいからである。

　また，単独申請は，公文書でその権利を証明できる者のみが行うことができるが，確定判決は公文書であるため，申請が認められるのである。

2 判決とは

(1) 判決の種類

　所有権を有することを確認する判決は，給付判決に限らず，確認判決・形成判決でもよい。所有権を有することが確定判決の中で確認できればよいからである。なお，登記義務者が登記申請に協力しない場合に行う判決による登記（63条1項）における判決は，登記義務者である相手方の登記申請意思を擬制しなければならないので，給付判決に限定される（☞P63）。

　また，判決の中で所有権が確認できればよいので，判決主文において所有権が確認されていなくても，判決理由中で所有権を有することが確認できればよい。判決の種類や主文・理由中の区別にかかわらず，確定判決で所有権が確認できれば，その者を登記名義人とする所有権保存登記をすることができるというわけである。

　では，次の例題はどうだろうか。

> **例題**　表題部所有者としてＡが記録されており，権利の登記がなされていない甲建物について，ＢはＡを被告として訴訟を提起し，「ＡはＢに対して甲建物の所有権移転登記手続をせよ」との確定判決を取得した。Ｂは，自己名義での所有権保存登記を申請することができるか。

　所有権の登記がない不動産について，所有権移転の登記手続を命じる確定判決を得た者も，74条1項2号により自己名義の所有権保存登記を申請することができる（大判大15・6・23）。所有権移転登記手続が命じられているということは，その前提として，原告の所有権が確認されているからである。

　本例題では，Ｂが自らを登記名義人とする所有権保存登記を申請することができる。所有権移転登記手続が命じられているからといって，いったんＡ名義での所有権保存登記を申請したうえで，ＡからＢへの所有権移転登記を申請しなければならないわけではないのである。

(2) 確　　定

　所有権を確認した判決は，確定したものでなければならない。確定していない判決では，控訴等で覆る可能性があり，その段階で所有権を有することが確実だと認めることはできないからである。この点は，判決による登記（63条1項）の場合と同様である。

(3) 確定判決と同一の効力を有するもの

　和解調書・認諾調書・調停調書などで所有権を有することが確認された者も，所有権保存登記を申請することができる。これらも判決と同一の効力があるからである。なお，これらには確定という概念がなく，確定の有無を気にする必要はない。この点も，判決による登記（63条1項）の場合と同様である。

(4) 被告となる者

【表題部所有者が複数いる場合】

　表題部所有者が複数いる場合（共有の場合）には，判決は，表題部所有者全員を被告としたものでなければならない（平10・3・20民三552号）。表題部所有者の中で被告とされていない者がいる場合には，判決は，その者に対して効力を有しないからである。

　たとえば，A・Bが表題部所有者である場合には，A・B双方を被告とした確定判決においてCが所有権を有することが確認できた場合に限り，Cが所有権保存登記を申請できるということである。Aのみを被告とした場合，Cは所有権保存登記を申請することができない。この場合，被告となっていないBは，「オレは訴訟に負けていないから，あんたの登記は許さないよ」と言うことできるというわけである。

【表題部所有者が死亡している場合】

　表題部所有者が死亡している場合には，同様の理由から，表題部所有者の相続人全員を被告としたものでなければならない。

(5) 判決による登記との比較

　確定判決によって所有権を有することが確認できた者からする所有権保存登記の場合の判決と，判決による登記（63条1項）の場合の判決の違いを押さえることが重要である。

　所有権保存登記は，所有権を有することが判決の中で確認できればよいのに対して，判決による登記の場合は，登記義務者の意思を擬制するものでなければならない。この趣旨の違いから，様々な違いが生じてくる。

　以下，この両者を比較した図表を掲げたので，参照してほしい。

4

所有権保存登記

《判決による登記との比較》

		判決による登記 (63条1項)	判決で所有権を有することが確認された 者がする所有権保存登記(74条1項2号)
	判決の内容	登記手続を命ずる判決	所有権を有することが確認できる判決
判決の種類	給付判決	○	○
	確認判決	×	○
	形成判決	×	○
申請情報への添付	添付を要するもの	判決正本	判決謄本でよい
	添付根拠	登記原因証明情報	申請適格を証明する情報
	確定証明書	必要	必要

③ 登記申請のポイント

事例 表題部に所有者Aと登記されている建物について，Bは，所有権を有することが確定判決によって確認された。

●記載例 判決で所有権を有することが確認された者からする所有権保存登記

```
登記の目的   所有権保存
所 有 者   B
添 付 情 報   所有権を有することが確定判決によって確認されたことを証
            する情報  住所証明情報  代理権限証明情報
令和6年7月5日法第74条第1項第2号申請
課 税 価 格   金1,000万円
登録免許税   金4万円
```

この記載例も，P211の登記申請情報を基本形として変形させたものである。

⑴ **登記の目的**

登記の目的は，「所有権保存」である。

⑵　登記の原因

所有権保存登記であり，登記原因は存在しない。

⑶　申　請　人

確定判決で所有権を有することが確認された者からの単独申請である。

⑷　添付情報

◉添付情報チェックシート

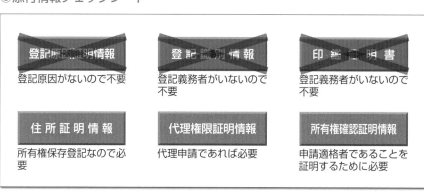

【表題部所有者名義で登記する場合と同じもの】

住所証明情報・代理権限証明情報が必要であり，登記原因証明情報・登記識別情報・印鑑証明書が必要ないことは，表題部所有者名義で所有権保存登記を申請する場合と同様である。

【所有権を有することが確定判決によって確認されたことを証する情報】

所有権を有することが確定判決によって確認されたことを証する情報として，判決謄本を提供しなければならない。これは，登記申請者が所有権保存登記の申請適格者であることを証明するためである。表題部所有者と異なる者の名義で所有権保存登記を申請するのだから，その者が申請適格者であることを証明しなければならないというわけである。

なお，判決を使って登記義務者の意思を擬制するわけではないので，判決正本である必要はない。また，判決は確定していなければならないので，確定証明書も提供する必要がある。

和解調書・認諾調書・調停調書などで所有権を有することが確認されている場合には，判決謄本に代えて，これらの調書を提供する必要がある。これらの

調書の場合には，確定という概念がないので，確定証明書の提供は不要である。

(5)　適用法令

　「令和 6 年 7 月 5 日法第 74 条第 1 項第 2 号申請」と記載する。確定判決によって所有権を有することが確認できた者からする所有権保存登記の場合は，74 条 1 項 2 号が根拠となるので，その旨を記載することになる。

(6)　登録免許税

　所有権保存登記なので，その登録免許税率は，不動産価額の 1000 分の 4 である（登免税別表第 1.1 (1)）。

4　登記の実行

　所有権保存登記は，主登記で実行される。原則として，甲区 1 番で登記される。

　また，所有権保存登記が実行されたことで，暫定的に記録されていた表題部の「所有者」は不要となる。そこで，職権で表題部所有者が抹消される（下線が引かれる）。

　表題部所有者とは別人名義での所有権保存登記が実行されることに注意してほしい。

5. 収用による所有権保存登記

1　意　　義

　所有権の登記のない不動産について，収用によって所有権を取得した者は，自己名義での所有権保存登記を申請することができる（74 条 1 項 3 号）。

　収用とは，特定の公共事業のため，法律の定める手続に従って，土地等の所有権を強制的に取得することである。土地の収用については，土地収用法に規定されている。

　たとえば，ダムや空港の建設のため，私人が有するその予定地となっている土地の所有権を建設会社などの起業者が強制的に取得することができる。この場合に，その土地の登記記録に権利部ができていないときは，起業者名義での所有権保存登記を申請することができるということである。

　本試験での出題可能性は低いので，以上の収用の意義を理解し，収用によって所有権を取得した者から所有権保存登記ができることを押さえておけば十分である。

2　趣　　旨

　収用は，法律の定める厳格な手続で行われるので，起業者に所有権があることがほぼ確実であり，また，証明も容易にできることから，当該起業者を登記名義人とする所有権保存登記を認めたものである。

6. 区分建物の表題部所有者から取得した者による所有権保存登記

1　意　　義

　区分建物においては，表題部所有者から直接所有権を取得した者が，自己名義の所有権保存登記を申請することができる（74条2項）。

　これは，区分建物だけの特則である。通常の一戸建てや土地の場合には，表題部所有者から所有権を譲り受けた者は，直接自己名義の所有権保存登記を申請することができない。

　なお，区分建物の場合でも，74条1項は適用されるので，表題部所有者名義での所有権保存登記を申請することもできる。それに加えて，表題部所有者から直接所有権を取得した者名義での所有権保存登記を申請することができるというわけである。

　区分建物とは，分譲マンションのように，全体としては1個の建物であっても，その内部が構造上区分され，独立性があるため，その各部分を所有権の対象とすることができるもののことである（区分所有法1条）。区分建物の場合，「303号室」のような区分建物の各部屋が所有権の対象となるので，その部屋ごとに登記記録が作られる。そして，その部屋を表題部所有者（通常はマンションを建築した業者）から譲り受けた者が所有権保存登記を申請できるのである。イメージとしては，新築マンションを買った人は，自己名義での所有権保存登記を申請することができるということである。

　区分建物の登記記録は，複雑で，理解しなければならない論点も多い。区分建物自体は，『不動産登記法Ⅱ』で詳しく説明する。ここでは，所有権保存登記の理解に必要な限度で説明を加えることにする。また，記載例については，

区分建物の登記を学ばなければ理解しにくいことも多いので，効率的な学習のため，『不動産登記法Ⅱ』で示すことにする。

２ 趣　旨

　区分建物の場合に限って表題部所有者から直接所有権を取得した者からの所有権保存登記を認めたのは，ズバリ，税金の負担を公平にするためである。一戸建ての購入でも，マンションの購入でも，マイホームの購入という点に違いはない。にもかかわらず，一戸建て（建売住宅）を買った人と新築マンションを買った人の登録免許税の税率があまりに異なるのは不公平だろう。そこで，これらの者の間の税率を等しくして，不公平をなくそうということである。

> **例題１**　一戸建て（課税価格1,000万円）をハウスメーカーAから購入したBが建物に関して負担する登録免許税の税額を答えよ。

　まずは，一戸建ての場合を考えてみよう。建売住宅の場合でも，購入者であるB名義で表題登記を行い，B名義での所有権保存登記を申請することができる。いわゆる冒頭省略表示登記である（☞P215）。そこで，税負担は，4万円（1,000万円×4/1000）で済むことになる。
　では，マンションの場合はどうか。次の例題で考えてほしい。

> **例題２**　新築マンション「Vマジマンション」の303号室（建物の課税価格1,000万円）をマンション業者Cから購入したDが負担する登録免許税の税額を答えよ。

　例題の解答を考えるにあたり，区分建物（マンション）の登記がどのようになっているかを知る必要がある。実は，「Vマジマンション」全体の登記記録は作成されず，部屋ごとに別個の登記記録が作成される。所有権の対象となるのは，マンション全体ではなく，各部屋だからである。そして，各部屋の登記記録の表題部は，1棟の建物の表示と専有部分の表示の二重の表示がなされる。つまり，各部屋の表題部には，マンション全体の表示がなされており，それが各部屋の登記記録ごとにバラバラでは困ってしまう。そのため，区分建物の表題登記の申請は，すべての部屋において足並みをそろえて行う必要がある。そこで，区分建物の表題登記の申請は，1棟に属する建物全部についてまとめて，そのマンションの原始取得者からしか申請できないことになっているのである

（47条1項，48条1項）。

　では，これを前提として，例題2の解答を考えてみよう。区分建物の場合，表題登記は，原始取得者からしか申請できないため，表題部所有者はCとなる。そして，区分建物の場合，表題部所有者から直接所有権を取得した者であるD名義で所有権保存登記を申請することができるので，登録免許税は，所有権保存分である4万円（1,000万円×4/1000）となる。

　4万円で済んだのは，区分建物の特則があったおかげである。もし，区分建物の特則がなく，表題部所有者から直接所有権を取得した者からの所有権保存登記が認められていなければ，C名義で所有権保存登記を申請した後，CからDへ売買による所有権移転登記を申請しなければならなくなってしまう。これでは，登録免許税は，4万円（Cの所有権保存分＝1,000万円×4/1000）に加えて，20万円（Dへの所有権移転分＝1,000万円×20/1000）がかかってしまう。一戸建ての場合と比べ，かなり高額な税負担となってしまうのである。これが，区分建物の場合に表題部所有者から直接所有権を取得した者名義での所有権保存登記を申請することができるという特則を認めた理由である。

③　登記の可否

(1)　直接譲り受けた者

　区分建物の場合に，74条2項に基づき所有権保存登記を申請することができるのは，表題部所有者から直接所有権を取得した者である。直接所有権を取得した者だから，前記②で考えたように，新築の一戸建てを購入した者との公平な税負担を考慮する必要があるのである。直接性がない者は，自己名義での所有権保存登記を申請することができない。

> **例題1**　区分建物において，表題部所有者Aから購入したBから，さらに購入したC名義での所有権保存登記を申請することができるか。

　本例題1において，C名義での所有権保存登記を申請することはできない。当該区分建物の所有権は，A→B→Cと移転したのであり，Cは表題部所有者から直接所有権を取得したわけではないからである。Cは新築マンションではなく，Bから中古マンションを購入した事例となっている。この例題1においては，B名義で所有権保存登記をした後，BからCに所有権移転登記をすべきである。

> **例題2** 区分建物において，表題部所有者Ａから購入したＢが死亡した場合，Ｂの相続人であるＣ名義での所有権保存登記を申請することができるか。

Ｃ名義での所有権保存登記を申請することはできない。本例題でも，区分建物の所有権は，Ａ→Ｂ→Ｃと移転しており，Ｃは表題部所有者から直接所有権を取得した者とはいえないからである。

⑵ 一部譲渡の場合

> **例題** 区分建物において，Ｂは表題部所有者Ａから所有権の2分の1を取得した。「2分の1　Ａ　2分の1　Ｂ」とする共有名義での所有権保存登記を申請することができるか。

Ａは，表題部所有者として，74条1項1号における所有権保存登記の申請適格者である。また，Ｂは，区分建物について表題部所有者から直接所有権を取得した者として，74条2項の申請適格者である。ＡもＢも所有権保存登記の申請適格者なのだから，共有名義での所有権保存登記を申請することができるのではないかという問題である。

結論からいえば，このような所有権保存登記を申請することはできない。法令の根拠が同一である所有権保存登記を組み合わせることはできるが，法令の根拠が異なる所有権保存登記を組み合わせることはできない（☞P220）。本例題では，Ａの根拠は74条1項1号，Ｂの根拠は74条2項と，根拠が異なるので，組み合わせて申請することはできないというわけである。

本例題においては，Ａ名義で表題部所有者からの所有権保存登記を申請した後，ＡからＢへの所有権一部移転登記を申請すべきである。

7. 職権による所有権保存登記

1 意　義

所有権保存登記がなされていない不動産について，所有権に関する処分の制限の登記が嘱託された場合，登記官は，職権で所有権保存登記をする（76条2項）。

処分の制限の登記とは，差押え・仮差押え・処分禁止の仮処分の登記のことである。また，所有者不明土地管理命令・所有者不明建物管理命令の登記も処分制限の登記に該当する。裁判所から差押えの登記などが嘱託された場合，その前提としての所有権保存登記を登記官が職権でしてくれるということである。

2　趣　　旨

　職権で所有権保存登記がなされる趣旨を理解するために，BはAに金銭を貸しているが，Aが弁済期になっても返済をしないというケースを考えてみよう。Aは甲建物を所有しているが，その甲建物は，所有権保存登記がなされておらず，表題部に所有者Aと記録されているのみである。

　Aが金銭を返してくれないので，Bは，Aが所有する甲建物を競売したいと考え，裁判所に競売申立てを行った。そして，裁判所は，その申立てに従い，甲建物に対して差押えの登記を嘱託した。所有権に対する差押えは，所有権の処分を制限するために，甲区に登記されることになる。しかし，ここでひとつ問題が起こる。甲建物には，権利部が設けられていないのである。所有権の登記がなされていなければ，所有権を制限する登記を記録できるわけがない。

　では，どうするか。差押えの嘱託登記を受理しないというのはおかしい。所有権保存登記をしておかないことで，強制執行を免れることができてしまうからである。また，この期に及んで「強制執行するから，所有権保存登記をしてください」とAに頼んだところで，差し押さえられるのをわかっていながら，所有権保存登記を自ら進んで行う者はいないだろう。

　そこで，この場合，嘱託登記を受け取った登記官が，差押えの前提としての所有権保存登記を職権で入れることができることにしたのである。

　この事例では，甲区1番にA名義の所有権保存登記が職権でなされ，甲区2番に嘱託された差押えの登記がなされることになる。

　登記記録は，以下のようになる。

権利部（甲区）（所有権に関する事項）			
順位番号	登記の目的	受付年月日・受付番号	権利者その他の事項
1	所有権保存	余　白	所有者　（住所略）A 令和6年7月11日順位2番の差押登記をするため登記
2	差押え	令和6年7月11日 第36225号	原因　令和6年7月9日東京地方裁判所強制競売開始決定 債権者　（住所略）B

3　効　　力

　登記官が職権で行った所有権保存登記も，通常の所有権保存登記と同一の効

力を有する。たしかに，処分制限の登記の前提としてなされたものであるが，
一度登記された以上，処分制限とは独立した，通常の所有権保存登記として扱
われるということである。よって，登記官が職権で所有権保存登記を行った後
に，その処分の制限の登記が錯誤等で抹消された場合でも，登記官が職権で所
有権保存登記を抹消することはできない（昭38・4・10民甲966号）。

8. 表題部がない不動産の所有権保存登記

1 意　　義

　表題登記を申請し，表題部が作られた後に，所有権保存登記を申請するのが，
通常の順番である。しかし，未登記の不動産（つまり表題部もできていない不動
産）について，表題登記をせずに，所有権保存登記を申請できる場合がある。
それは，次の3つの場合である。
①確定判決によって所有権を有することが確認できた者が行う74条1項2号
　による所有権保存登記（75条）
②収用によって所有権を取得した者が行う74条1項3号による所有権保存登
　記（75条）
③職権による所有権保存登記
　①について。BがAを被告として，甲不動産について「Bの所有権を確認
する」という確定判決を取得した事例で考えよう。この事例において，Aを
表題部所有者とする表題登記がなされている場合には，Bを登記名義人とする
所有権保存登記をBから申請することができることを学んだ（☞前記4.）。今
回は，甲不動産についての表題登記もなされていない場合を考えるのである。
この場合に，表題登記がなされていないことを理由にB名義の所有権保存登
記の申請を認めないのでは，勝訴したBに不利益なので，表題登記を申請す
ることなく，所有権保存登記を認めたというわけである。
　②について。これも同様に考えることができる。表題登記がなされていない
不動産について，収用が認められることがあり，その場合に，表題登記を申請
せずに，収用によって所有権を取得した起業者からの所有権保存登記の申請を
認めたということである。
　③について。差押えなどの処分制限の登記の嘱託が，所有権保存登記がなさ
れていない不動産についてなされた場合，職権で所有権保存登記が行われるこ

とを学習したが（☞前記 7.），実は，所有権保存登記どころか，表題登記がなされていない場合でも，職権で所有権保存登記が行われ，処分制限の登記が実現されるということである。

② 具体的手続

(1) 表題部は職権で作成

　表題登記がなされていない不動産というのは，登記記録そのものがいまだ存在しないということである。よって，前記❶で掲げた場合に所有権保存登記をすることができるといっても，表題部がないままでは，その所有権保存登記を公示することができない。

　そこで，この場合においては，所有権保存登記をなす際に，登記官が職権で表題部を作成する（75条，規則157条）。

　たとえば，未登記の不動産について，Bが「Bの所有権を確認する」という確定判決を取得した場合，Bが所有権保存登記を申請したときは，登記官の職権で表題部が作成されたうえで，甲区1番に所有権保存登記が実行される。また，未登記の不動産に差押えが嘱託された場合，登記官の職権で表題部の作成と所有権保存登記がなされたうえで，差押えの登記が実行される。

　ただし，表題部が作成されるとはいっても，すぐに所有権保存登記が実行されるので，表題部所有者は記録されない（規則157条1項1号）。

(2) 添付情報

　未登記の不動産に対して前記❶の所有権保存登記をする場合には，前記(1)で説明したように，職権で表題部が作成される。そのため，登記官が職権で表題部を作成することができるための情報を提供しなければならない。

　具体的には，下記に掲げる添付情報を提供しなければならない。

土地	土地所在図及び地積測量図
建物	建物図面及び各階平面図

《ホームルーム》

生徒：権利部が存在せず，表題部しかない場合には，所有権保存登記
　　　の申請をすればいいのですね。

講師：そうなんだけど，記述式問題で出題されると，所有権保存登記
　　　を忘れてしまうことが多いんだ。

生徒：そうなんですか。

講師：たしかに，表題部しかなければ所有権保存登記をすればいいの
　　　で，そんなに難しい話ではないはずだ。でも，本試験の記述式問題
　　　では，次から次に資料を与えられて，一度判断したことを忘れてし
　　　まうことが多いんだ。たとえば，登記記録を見て，「表題部しかな
　　　いな。表題部所有者はＡだな」と一度は判断したにもかかわらず，
　　　いろいろ資料を確認しているうちにそのことを忘れてしまい，その
　　　後に「Ａが死亡した」という事実関係と，Ａの相続関係図を与えら
　　　れて，Ａから相続人への所有権移転登記を申請してしまうことが多
　　　いんだ。「Ａが死亡した」という事実から所有権移転だと判断して
　　　しまうわけだ。たしかに，事実関係は，相続人名義での所有権保存
　　　登記でも，相続による所有権移転登記でも同じだ。違いは，権利部
　　　が存在するかどうかだけなんだ。

生徒：では，どうすればいいんですか。

講師：しっかりメモをとること。権利部がないと判断した段階で，「1
　　　件目は所有権保存登記」とメモをすればいいんだよ。考えたことを
　　　全部覚えていられるなんて，あまり自分を信じてはいけないという
　　　ことだ。20分後の自分は，権利部がないことを忘れている可能性
　　　が高いから，20分後の自分へ知識の引継ぎをしておくことだ。場
　　　合によっては，解答欄の1件目の登記の目的に「所有権保存」と書
　　　いておくという手段もある。

生徒：間違っていたらどうするんですか。

講師：所有権保存は1件目に来ることが多いから問題ないはずだけど，
　　　もし違っていれば，二本線を引くなど指示どおりに修正をすればい
　　　いだけさ。

生徒：よくわかりました。

第5章　所有権変更登記

●この章で学ぶこと●

　この章では，所有権変更登記を学びます。共有物不分割特約が中心になります。どのような者が利害関係人となるのかに注意してください。

---

1. 意　　義

　所有権の登記がなされた後に，権利主体以外の登記事項に変更が生じた場合には，所有権変更登記を申請する。

　ただし，所有権は，使用・収益・処分を完全に行うことができる完全物権であるため，登記事項は少ない。よって，所有権変更登記といっても，それほど多くのものがあるわけではない。ここでは共有物不分割特約を学習すればよい。

　なお，共有物不分割特約以外にも所有権変更登記が必要な場合がある。まず，不動産が自己信託された場合にも所有権変更登記を申請するが，これについては，『不動産登記法Ⅱ』で学習する。また，所有権移転失効の定めの変更登記も所有権変更登記であるが，これについては，P304で学習する。

2. 共有物不分割特約

① 意　　義

　共有者は，5年を超えない範囲内で，共有物を分割しない特約をすることができる。これが共有物不分割特約である（民256条1項但書）。

　共有不動産について不分割特約がなされたときは，この特約を登記することができる（59条6号）。登記をすることで，この特約を第三者に対抗することができるようになる。

たとえば，A・B・Cが共有する甲土地について5年間分割しないとする特約をした場合を考えよう。この場合でも，Aは第三者Dに持分を譲渡することができる。共有物不分割特約は共有物分割を禁止しているが，持分の譲渡は禁止していないのである。当該持分譲渡によって，甲土地はD・Cの共有となる。このとき，不分割特約が登記されていなければ，B・Cは「甲土地には分割禁止特約がある」ということをDに対抗することができない。つまり，新持分権者Dから分割請求されれば，B・Cは応じざるをえないのである。

2 なすべき登記

(1) 所有権変更登記

共有名義で登記されている不動産において共有物不分割特約がなされた場合には，特約に基づく所有権変更登記の申請をする。後記 3 以降で，記載例も含めて詳しく説明する。

(2) 所有権一部移転登記

所有権の一部を譲渡し，譲渡人と譲受人の間で共有物不分割特約をした場合には，所有権一部移転の申請情報に，共有物不分割特約を特約として記載して申請することができる。別途，所有権変更登記を申請する必要はない。

たとえば，甲土地の所有権登記名義人Aが，所有権の一部である2分の1をBに売却し，A・B間で共有物不分割特約をした場合，この特約は，AからBへの所有権一部移転の登記申請情報に記載することができる。

この場合，所有権一部移転登記は，A・Bの共同申請により行い，共有物不分割特約もA・B間の特約なので，便宜上，特約を所有権一部移転登記に記載して申請することを認めたのである。

> **例題** 甲土地の所有権登記名義人Aが同土地をB・Cに売却し（B・Cの持分は各2分の1），B・C間で共有物不分割特約がなされた。AからB・Cへの所有権移転登記の申請情報に，共有物不分割特約を記載して申請することができるか。

このケースでは，共有物不分割特約を所有権移転登記に記載することはできず，所有権移転登記を申請した後，別途，特約に基づく所有権変更登記の申請が必要となる。このケースは，所有権移転登記の申請人と，特約の当事者が異なるので，所有権移転登記に共有物不分割特約を記載することを認めなかった

のである。

　所有権移転登記は，AとB・Cの共同申請により行うが，共有物不分割特約は，あくまでB・C間の特約である。この場合に，所有権移転登記に共有物不分割特約を記載することができるとすると，共有物不分割特約の当事者でないAが，特約の登記の申請人となってしまう。それではまずいので，共有物不分割特約は，別途申請する必要があるというわけである。

3　登記申請のポイント

(1)　所有権一部移転

> **事例**　令和6年7月5日，甲土地の所有権登記名義人Aは，甲土地の所有権の一部である2分の1をBに売却した。また，A及びBは「5年間共有物の分割を請求しない」との特約をした。

●記載例　共有物不分割特約の記載のある所有権一部移転登記

登記の目的	所有権一部移転
原　　　因	令和6年7月5日売買
特　　　約	5年間共有物不分割
権　利　者	持分2分の1　B
義　務　者	A
添 付 情 報	登記原因証明情報　登記識別情報　印鑑証明書
	住所証明情報　代理権限証明情報
課 税 価 格	移転した持分の価格　金500万円
登録免許税	金10万円

【特　約】

　「特約」として，「5年間共有物不分割」などと記載する。共有物不分割の期間は，5年を超えることができない。5年を超える期間を定めた場合，特約自体が無効となるので，5年に引き直して登記することはできない。

【登記の実行】

　共有物不分割特約の記載された所有権一部移転登記が申請された場合，共有物不分割特約は，所有権の登記事項として登記される。不分割特約の登記が別途付記登記などでなされるわけではない。

登記実行後の登記記録は，次のようになる。

●登記実行後の登記記録

権利部（甲区）（所有権に関する事項）			
順位番号	登記の目的	受付年月日・受付番号	権利者その他の事項
3	所有権移転	令和1年11月4日 第11239号	原因　令和1年11月4日売買 所有者　A
4	所有権一部移転	令和6年7月5日 第75698号	原因　令和6年7月5日売買 特約　5年間共有物不分割 共有者　持分2分の1　B

(2)　所有権変更登記

事例　令和6年7月5日，甲土地の共有者であるA及びB（持分各2分の1）は，5年間共有物の分割を請求しない旨の合意をした。同日，A持分に抵当権の設定を受けているCの承諾を得た。

●記載例　共有物不分割による所有権変更登記

> 登記の目的　2番所有権変更（付記）
> 原　　　因　令和6年7月5日特約
> 変更後の事項　特約　5年間共有物不分割
> 申　請　人　（権利者兼義務者）A　B
> 添付情報　登記原因証明情報　登記識別情報　印鑑証明書
> 　　　　　　代理権限証明情報　承諾証明情報
> 登録免許税　金1,000円

【登記の目的】

「2番所有権変更」などと記載する。所有権の変更・抹消・更正登記の場合，その対象となる所有権の順位番号の記載も必要となる。なお，所有権移転登記においては，移転する対象となる登記の順位番号を記載する必要がないことと比較すること。

利害関係人が存在しない場合，または利害関係人の承諾が得られた場合には，付記登記で実行される。この場合には，この趣旨を明確にするため「（付記）」と記載する。

【登記原因】

「年月日特約」と記載する。「特約」が所有権の登記事項が変更された原因だからである。

登記原因日付には，共有者間で特約をした日を記載する。

【変更後の事項】

変更後の事項として，特約の内容を記載する。共有物不分割特約は，5年以内でなければならない。5年を超える期間を定めた場合，特約自体が無効となるので，5年に引き直して登記することはできない。

【申請人】

共有者全員が権利者兼義務者として登記申請を行う（65条）。これを合同申請という。

共有物不分割特約は，どの共有者にとっても，他の共有者から分割請求されないという利益の面と，自ら分割請求ができないという不利益の面があり，共有者間に立場の違いがなく，登記権利者・登記義務者の区別をつけることができないからである。

【添付情報】

登記原因証明情報として，共有物分割禁止がなされた特約証書などを提供する。

登記識別情報は，共有者全員のものを提供する必要がある。登記識別情報は，登記義務者のものを提供する必要があるが，この場合は共有者全員が登記義務者だからである。印鑑証明書も，同様の理由から，共有者全員のものを提供する必要がある。

代理権限証明情報は，登記申請人である共有者全員から司法書士への委任状を提供する。

付記登記によって所有権変更登記をする場合において，登記上の利害関係を有する第三者があるときは，その第三者の承諾証明情報を提供しなければならない。所有権変更登記は，登記上の利害関係人を有する第三者の承諾がある場合，及び当該第三者がない場合に限り，付記登記によってすることができるからである。登記上の利害関係を有する第三者の承諾証明情報については，後記 **4** で詳しく説明する。

【登録免許税】

変更登記として，不動産1個につき1,000円となる（登免税別表第1.1(14)）。

4 承諾証明情報

(1) 承諾証明情報の意義

　共有物不分割特約による所有権変更登記も，変更登記であるため，登記上の利害関係を有する第三者がいない場合，及び当該第三者の承諾証明情報がある場合には，付記登記で実行される。

　これに対して，登記上の利害関係を有する第三者があるにもかかわらず，その第三者の承諾が得られなければ，主登記で実行される。変更を当該第三者に対抗することができないからである。

　この理屈はP50で説明したので，確認しておいてほしい。

(2) 利害関係人とは誰か

【利害関係人とは】

　では，共有物不分割特約による所有権変更登記をする場合の利害関係人は，誰になるのだろうか。

　そもそも，利害関係を有する第三者とは，所有権変更登記によって登記上不利益を受ける者である。この点から，共有物不分割特約による所有権変更登記において利害関係を有する第三者となるのは，以下の者とされている。

①共有持分を目的として抵当権などの権利を取得している者

②共有持分を目的として差押えをしている者

　これに対して，所有権全体に対して抵当権などの権利を取得している者や差押えをしている者は，利害関係人とはならない。

【具体例】

　たとえば，A・B共有名義の甲土地において，CがA持分に抵当権の設定登記を受けており，Dが不動産全体に抵当権の設定登記を受けているとしよう。この場合，A・B間の共有物不分割特約による所有権変更登記を申請するにあたり，Cは利害関係人となるが，Dは利害関係人とはならない。Cの承諾証明情報さえ提供すれば，当該所有権変更登記は，付記登記で実行されるということである。

　では，この事例において，Cは利害関係人となり，Dが利害関係人とならないのはなぜか。

244

【共有持分を目的としている抵当権者】

　Cが抵当権を実行して競売することができるのは，抵当権の設定を受けている A 持分だけである。その状態で，共有物不分割特約の登記がなされると，C は，競売において A 持分を高く売ることができなくなる〈図2-27〉。

　考えてみよう。不分割特約が登記されていると，A 持分を競落した者もその特約に縛られ，分割請求ができなくなる。何年か見ず知らずの B と共有状態を維持しなくてはならないのである。そのような持分を高く買おうと思う人はいないだろう。このように，不分割特約の登記により，A 持分の競売価額が下がり，C が不利益を受けるというわけである。よって，C は利害関係人となるのである。

　もちろん，C が承諾をしなくても，共有物不分割特約による所有権変更登記を申請することはできるが，それは主登記となる。主登記で実行されれば，その特約を C に対抗することはできないから，C は共有物不分割特約の影響を受けずに，競売することができ，不利益を受けることを防止することができるというわけである。

【所有権全体を目的としている抵当権者】

　これに対して，D は，不分割特約の登記がなされても，不利益を受けることはない。D は不動産全体に抵当権の設定を受けており，抵当権の実行によって，不動産全体を競売することができるからである。

　所有権全体が競売されれば，競落人は，不動産の単独所有者となることができるため，共有物不分割特約の影響は受けない。そうであれば，共有物不分割特約の登記がなされても，甲土地の競売価額の下落はなく，D が不利益を受け

図 2-27　持分を目的とする抵当権者と所有権を目的とする抵当権者

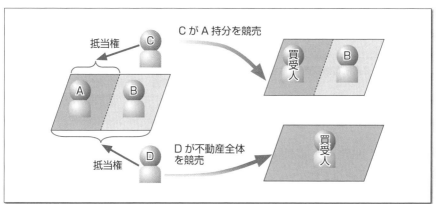

ることもないというわけである。よって，Dは利害関係人とはならないのである。

5　登記の実行

(1)　登記記録

　共有物不分割特約による所有権変更登記は，登記上の利害関係を有する第三者がいない場合，及び当該第三者の承諾証明情報がある場合には，付記登記で実行され（66条），登記上の利害関係を有する第三者があるにもかかわらずその第三者の承諾が得られなければ，主登記で実行される。

　登記の実行後の登記記録は，以下のようになる。

●付記登記で実行された場合

権利部（甲区）（所有権に関する事項）			
順位番号	登記の目的	受付年月日・受付番号	権利者その他の事項
2	所有権移転	令和6年5月15日 第56971号	原因　令和6年5月15日売買 共有者 持分2分の1　A 　　　2分の1　B
付記1号	2番所有権変更	令和6年7月5日 第74858号	原因　令和6年7月5日特約 特約　5年間共有物不分割

●主登記で実行された場合

権利部（甲区）（所有権に関する事項）			
順位番号	登記の目的	受付年月日・受付番号	権利者その他の事項
2	所有権移転	令和6年5月15日 第56971号	原因　令和6年5月15日売買 共有者 持分2分の1　A 　　　2分の1　B
3	2番所有権変更	令和6年7月5日 第74858号	原因　令和6年7月5日特約 特約　5年間共有物不分割

(2)　登記識別情報の通知

　所有権変更登記は，権利取得の登記ではないから，登記が実行されても，登記識別情報は通知されない。

第6章　所有権更正登記

●この章で学ぶこと●

　この章では，所有権更正登記について学びます。どのような場面で所有権更正登記ができるのか，申請人となるのは誰か，利害関係人となるのは誰かに注意して学習を進めてください。

---

1. 所有権更正登記の意義

1　所有権更正登記とは

　所有権更正登記とは，所有権の登記の一部について，登記の当初からその内容が実体法上の権利関係と合致しない場合に，その不一致を是正し，登記を実体と合致させるための登記である。

2　所有権更正登記の要件

(1)　要　件

　次の要件を満たす場合に，所有権更正登記を申請することができる。
①現に効力を有する登記を対象とすること。
②登記がなされた時点から誤っていたこと。
③登記事項の誤りが登記事項の一部についてであること。
　①更正登記は，現に効力を有する登記が原始的に誤っている場合に行うものである。すでに効力を失った登記に誤りがあっても，更正登記を申請することはできない。たとえば，A→B→Cと所有権が移転している場合に，A→Bへの所有権移転登記の登記原因を更正することはできない。所有権はすでにCに移転しており，Bの所有権の登記はすでに効力を失った過去のものとなって

いるからである。

②について。更正登記は，登記事項の誤りを正す登記であるため，登記された時点から実体と不一致であることが要件となる。

所有権の登記がなされた後に実体と登記の不一致が生じた場合は，更正登記をすべきではない。初めから誤って登記されたわけではないからである。この場合，主体に変更があれば所有権移転登記，登記事項の内容に変更があれば所有権変更登記を申請すべきである。

③について。更正登記は，すでになされた登記を活かしながら是正する登記であるため，誤りが登記事項の一部だけで済んでいることが必要である。全部が誤っている場合には，もともとなされた登記の全部が無効であり，無効な登記を活かすことができないため，更正登記を申請することはできない。

たとえば，肖像画を描いており，目の部分だけ誤ってしまった場合には，その絵を活かしながら，目の部分のみの修正で済ませることができるが，肖像画を描くべきなのに，間違って多摩川の画を描いてしまった場合には，その絵は全部が間違いであり，活かすことができないので，修正ができず，新しいキャンバスに書き直すべきというイメージである。

具体的には，是正前後を通じて同一性が必要とされる。同一性とは，共通項のことである。

たとえば，所有権の主体（登記名義人）を誤って登記してしまった場合を考えよう。XからAへの売買による所有権移転登記がなされたが，実際にXから購入したのはBだったという場合に，所有権者をAからBにする更正登記はすることはできない。「A」と「B」という主体に共通項がないからである。「A」への所有権移転登記は，全面的に無効なものであり，これを活かすことはできないというわけである。

これに対して，XからAへの売買による所有権移転登記がなされたが，実際にXから購入したのはA・Bの2名だったという場合は，A単有名義からA・B共有名義にする更正登記をすることができる。是正前の「A」と是正後の「A・B」には，「A」という共通項があるからである。

(2) 全部が不一致である場合

登記の全部が誤りである場合には更正登記を申請することができないことを，前記(1)で学習した。では，この場合，どのような登記を申請すべきなのか。先ほどの事例で考えよう。

　XからAへの売買による所有権移転登記がなされたが，実際にXから購入したのはBだったという場合，更正登記をすることができない。これは，A名義の登記が全面的に無効だからである。

　では，更正登記ではなく，どのような登記を申請すべきか。この場合，登記が無効なのだから，抹消登記をすべきなのである。

　A名義の所有権移転登記を抹消して，X名義に戻したうえで，本来申請すべきだったXからBへの所有権移転登記をすべきというわけである。

　もちろん，一部が無効である場合も，抹消登記を申請したうえで，正しい登記をやり直すことはできる。XからAへの売買による所有権移転登記がなされたが，実際にXから購入したのはA・Bの2名だったという場合に，Aへの所有権移転登記を抹消して，X名義に戻してから，A・B共有名義の所有権移転登記をすることができるのである。しかし，一部有効な部分を活かして，更正登記を申請することも可能だというわけである。

　登記が全部無効の場合は，その登記を活かすことができないため，抹消登記を申請したうえで正しい登記をすべきであり，一部無効の場合は，抹消登記をしてもよいが，有効な部分を活かして更正登記を申請することもできるということである。

(3)　更正登記の本質

　以上から，更正登記の本質は，「抹消登記＋正しい登記」のショートカットの登記ということになる〈図2-28〉。

　本来ならば，抹消登記を申請したうえで正しい登記をすべきところ，一部有

図2-28　更正登記の本質

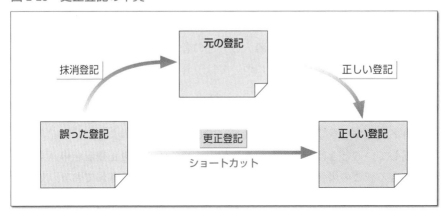

効な部分を活かし，ショートカットで是正することができるというわけである。

　更正登記ならば1件の登記申請で済むところ，抹消登記を申請したうえで正しい登記を申請するとなると，2件の申請が必要となる。また，その正しい登記の申請において，再度所有権移転分の登録免許税（売買であれば不動産価額の1000分の20）などもかかってしまい，大きな負担となる。ショートカットであれば，以上のような負担をせずに済むので，更正登記が申請できる場合には，まずは更正登記の可否を考えることが必要である。

　このように，更正登記は，「抹消登記＋正しい登記」のショートカットであると考えると，理解できる論点が多くある。このような本質をしっかり押さえたうえで，以後の学習を進めてほしい。

2. 更正登記の類型

1 意　　義

　更正登記を申請するには是正前後の同一性（共通項）が必要であることを，前記 *1.* 2 で学習した。このことから，所有権更正登記を申請することができる局面は限定されてくる。たとえば，所有権登記名義人 A を B に更正することができない点は前述した。

　以下，所有権更正登記において，どのような申請が可能なのかについて，確認していくこととしよう。

2 主体の更正

　まず，主体（所有権登記名義人）に誤りがある場合の所有権更正登記について確認することにする。当然，是正前後に共通項が必要であるが，これは，更正登記後に更正登記前の登記名義人の一部の者が残っていればよいということである。主体の更正登記の類型については，具体的には以下のものがある。

(1)　加入更正

　共有名義ですべき登記を単有名義でしてしまった場合のように，登記名義人が遺漏しているときは，登記名義人を加入させる所有権更正登記を申請することができる。この場合には，更正前の主体がそのまま維持されており，是正前後に共通項があるといえるからである。

　たとえば，A名義からA・B名義にする所有権更正登記を申請することができる。この場合には，是正前後にAという主体が共通して存在しており，同一性があるといえる。また，A・B名義をA・B・C名義にする所有権更正登記を申請することもできる。この場合には，是正前後にA・Bという共通項があるからである。

(2)　脱落更正

　単有名義を共有名義で登記した場合のように，余計な登記名義人を登記してしまったときは，登記名義人を脱落させる所有権更正登記を申請することができる。脱落しない登記名義人が存在し，それが是正前後の共通項となるからである。

　たとえば，A・B名義からA名義にする所有権更正登記を申請することができる。この場合，Aという主体が是正前後に存在しており，是正前後の共通項となっている。また，A・B・C名義からA・B名義にする所有権更正登記を申請することもできる。この場合も，是正前後にA・Bという共通項があるからである。

(3)　加入更正と脱落更正の組み合わせ

　加入更正と脱落更正の組み合わせとしての所有権更正登記を申請することもできる。たとえば，A・B名義をA・C名義とする所有権更正登記の申請ができる。これは，Bを脱落させ，Cを加入させる登記であり，加入更正と脱落更正を組み合わせた登記といえるが，Aという共通項があるので申請することができるというわけである。

　では，次のような登記申請はできるだろうか。考えてみてほしい。

> **例題1**　A名義の所有権移転登記がなされている甲土地について，A名義から A・B共有名義にする所有権更正登記を申請したうえで，さらに，A・B名義から B単有名義にする所有権更正登記を申請することができるか。

　A→A・Bという加入更正をしたうえで，A・B→Bという脱落更正を申請することができるかという問題である。たしかに，A→A・Bの更正登記においては，Aという共通項があり，A・B→Bという更正登記においては，Bという共通項がある。しかし，この2件の登記全体を通して見た場合には，AからBへの更正登記となっており，是正前後の共通項があるとはいえない。

また，これを許すと，AからBへの更正登記ができないことの脱法手段として使われてしまう。

以上のことから，例題1のようなA→A・B→Bという所有権更正登記を申請することはできない（登研236号72）。

例題2　A名義の所有権移転登記がなされている甲土地について，A名義からA・B共有名義にする所有権更正登記を申請したうえで，さらに，A・B名義からA単有名義にする所有権更正登記を申請することができるか。

例題1と異なり，A→A・B→Aとする更正登記が問題となっている。この場合，全体を通して，Aという共通項があるので，所有権更正登記を申請することができる。

例題1と混同しないように注意が必要である。また，本試験で出題されたときには，途中まで読んで，「あ，知っている先例だ」と早とちりして，A→A・B→Bというように読み間違えてしまった受験生が多かった。「知っている，簡単だ」と思ったときほど，あわててはならないのである。

(4)　持分のみの更正

共有名義で登記されている登記名義人自体に誤りはないが，その持分が誤っている場合に，持分のみを是正する所有権更正登記を申請することができる。この場合は，是正前後を通じて，主体に変更はなく，同一性があるといえるからである。

たとえば，A持分2分の1，B持分2分の1の共有名義で所有権の登記がなされている場合に，A持分3分の2，B持分3分の1とする所有権更正登記を申請することができる。

(5)　移転分量の更正

所有権を移転する登記において，移転分量を誤って登記した場合には，その移転分量を是正する所有権更正登記を申請することができる。分量に誤りはあっても一定量の移転があったのは事実であり，是正前後の同一性があるといえるからである。

たとえば，AからBに対して所有権が全部移転したので「所有権移転」の登記を申請すべきところ，誤って「所有権一部移転」の登記をしてしまった場合は，その登記を「所有権移転」に是正する所有権更正登記を申請することが

できる。また，逆に，「所有権移転」を「所有権一部移転」に是正する所有権更正登記を申請することもできる。

❸　登記原因の更正

　登記原因やその日付を誤って登記してしまった場合には，正しい登記原因・原因日付に是正するための所有権更正登記を申請することができる。是正前後において登記原因以外は共通であり，同一性が認められるからである。

　たとえば，「売買」により所有権が移転したにもかかわらず，「贈与」を登記原因とする所有権移転登記がなされた場合に，その登記原因を「売買」と是正する所有権更正登記を申請することができる（昭33・4・28民甲786号）。

《まとめ：所有権更正登記の類型》

		具体例
主体の更正	加入更正	A⇨A・B, A・B⇨A・B・C
	脱落更正	A・B⇨A, A・B・C⇨A・B
	加入・脱落更正（組合せ）	A・B⇨A・C
	持分のみの更正	1/2　A, 1/2　B⇨2/3　A, 1/3　B
	移転分量の更正	所有権移転⇨所有権一部移転
登記原因・登記原因日付の更正		贈与⇨売買

3. 登記申請のポイント

■1 登記申請情報の記載例

⑴ 事例と記載例

> **事例** 令和6年1月10日，甲土地は，AからB及びC（持分各2分の1）に売却されたが，誤って甲土地甲区2番において，B単独名義で登記された。

●記載例　所有権更正登記

登記の目的　2番所有権更正

原　　　因　錯誤

更正後の事項　共有者　持分2分の1　B

　　　　　　　　　　　　2分の1　C

権　利　者　C

義　務　者　A B

添 付 情 報　登記原因証明情報　登記識別情報　印鑑証明書

　　　　　　　住所証明情報　代理権限証明情報

登録免許税　金1,000円

⑵ 登記の目的

　更正する登記の順位番号を記載し，「2番所有権更正」のように記載する。

⑶ 登記原因

【原　則】

　登記原因は，登記事項に誤りがあり，その誤りを是正する場合は「錯誤」となり，登記事項の一部が抜け落ちており，それを加える場合は「遺漏」となる。

　登記原因日付は，不要である（昭39・5・21民三425号）。錯誤や遺漏は，登記された最初の時点から原始的に生じており，事後的な登記原因日付を想定することができないからである。

【相続登記についての更正の場合】

　相続登記がなされた場合において，以下に掲げる事由により更正登記を申請

する場合には，登記原因は，それぞれに掲げるものとなる。

事由	登記原因	登記原因日付
法定相続登記後遺産分割がなされた場合	年月日遺産分割	遺産分割の日
相続放棄がなされた場合	年月日相続放棄	相続放棄の申述受理の日
特定財産承継遺言が発見された場合	年月日特定財産承継遺言	特定財産承継遺言の効力発生日
相続人が受遺者である遺贈がされていた場合	年月日遺贈	遺贈の効力の生じた日
相続放棄が取り消された場合	年月日相続放棄取消	相続放棄取消申述受理の日

(4)　更正後の事項

【原　則】

「更正後の事項」として，是正後の正しい登記事項を記載する。

【権利の主体の更正の場合】

さらに，権利の主体に関する加入更正・脱落更正の場合には，是正前後で持分に変動がない者も記載する必要がある。たとえば，「2分の1　A，2分の1　B→2分の1　A，4分の1　B，4分の1　C」とする加入更正の場合，持分に変動のないAも更正後の事項として記載する必要があるということである。Aも含めて登記名義人の記録を集中させることで，登記記録を見やすくするためである。この場合，登記記録は以下のようになる。

●登記記録

権利部（甲区）（所有権に関する事項）			
順位番号	登記の目的	受付年月日・受付番号	権利者その他の事項
2	所有権移転	令和6年5月15日第56971号	原因　令和6年5月15日売買 共有者 (住所略) 持分2分の1　A (住所略) 　　2分の1　B
付記1号	2番所有権更正	令和6年7月5日第74858号	原因　錯誤 共有者 (住所略) 持分2分の1　A (住所略) 持分4分の1　B (住所略) 持分4分の1　C

変動があったB・Cだけでなく，持分に変動のないAについても記載する

ことによって，付記1号に登記名義人の情報を集め，公示の明瞭さを実現していることがわかるだろう。

　もし，更正後の事項に持分の変動のないAを記載することなく登記をするとすると，次のような登記記録になってしまう。

◉あり得ない登記記録

権利部（甲区）（所有権に関する事項）			
順位番号	登記の目的	受付年月日・受付番号	権利者その他の事項
2	所有権移転	令和6年5月15日 第56971号	原因　令和6年5月15日売買 共有者 （住所略）持分2分の1　A （住所略）　　2分の1　B
付記1号	2番所有権更正	令和6年7月5日 第74858号	原因　錯誤 共有者 （住所略）持分4分の1　B （住所略）　　4分の1　C

　これでは，AとB・Cの情報が分断されてしまい，登記記録の公示が不明瞭となってしまう。以上から，権利の主体の更正の場合には，持分に変動がない者も含めて記載しなければならないというわけである。

【持分のみの更正】

　権利の主体の更正であっても，持分のみの更正の場合は，原則どおり，更正箇所のみを記載すればよく，持分に変動がない者については記載しない。具体的には，持分のみの更正の場合には，是正の対象である持分と，その持分所有者である登記名義人の氏名を記載すればよいのである。

　この場合，登記記録は以下のようになる。

◉登記記録

権利部（甲区）（所有権に関する事項）			
順位番号	登記の目的	受付年月日・受付番号	権利者その他の事項
2	所有権移転	令和6年5月15日 第56971号	原因　令和6年5月15日売買 共有者 （住所略）持分3分の1　A （住所略）　　3分の1　B （住所略）　　3分の1　C
付記1号	2番所有権更正	令和6年7月5日 第74858号	原因　錯誤 B持分　9分の4 C持分　9分の2

　持分に変動がないAについてAは，登記記録上記載の変更がないことを確認
すること。また，持分に変動があるB・Cも，その持分のみの記載が是正され
ており，住所や氏名については下線が引かれていないことにも注目すること。

【原因の更正】

　原因の更正の場合も，原則どおり，是正箇所である登記原因のみを記載する
ことになる。

《更正後の事項の記載方法のまとめ》

類型		状況	更正後の事項の記載方法
主体の更正	加入更正	4分の2A，4分の2B ⇨ 4分の2A，4分の1B， 　4分の1C	更正後の事項 共有者 東京都西多摩郡日の出町大字平井20番 地　持分4分の2　A 東京都西多摩郡日の出町大字平井30番 地　4分の1　B 東京都西多摩郡日の出町大字平井40番 地　4分の1　C
	脱落更正	2分の1A，2分の1B ⇨ A	更正後の事項 所有者 東京都西多摩郡日の出町大字平井20番 地　A
	持分のみの更正	3分の1　A，3分の1　B， 3分の1　C ⇨ 3分の1　A，9分の4 　B，9分の2　C	更正後の事項 B 持分　9分の4 C 持分　9分の2 ※持分に変動がないAについては記載 　しない。B・Cの住所の記載は不要。
	移転分量の更正	XからAへの所有権移転 ⇨ XからAへの所有権一 　部移転（移転した持分 　2分の1）	更正後の事項 目的　所有権一部移転 共有者　東京都西多摩郡日の出町大字平 井20番地　持分2分の1　A
登記原因・登記原因日付の更正		贈与⇨売買	更正後の事項 原因　売買

(5)　その他の記載事項

　登記申請情報の記載事項として，登記申請人・登録免許税なども記載する。
これらについては，多くの論点があり，記載方法だけの学習で済むわけではな
いので，項を改めて説明する。

② 登記申請人

(1) 原　　則

【共同申請】

　所有権更正登記は，共同申請となる。所有権保存登記や相続による所有権移転登記のように，単独で申請した登記を更正する場合の所有権更正登記も共同申請となるので，注意すること。更正の対象となる登記が単独申請でなされたものであったとしても，更正登記は，その登記それ自体ではないからである。

【権利の主体の更正】

　権利の主体に関する所有権更正登記においては，更正登記によって新たに権利を取得したり権利が増加したりする者が登記権利者，更正登記によって権利を失ったり権利が減少したりする者が登記義務者となる。

　たとえば，AからBへの所有権移転登記を所有権一部移転（移転する持分2分の1）に更正する移転分量に関する所有権更正登記においては，持分が2分の1に縮減されてしまうBが登記義務者となり，その分の権利が復活するAが登記権利者となる。

　加入更正や脱落更正において，持分に変動のない者は登記申請人とならない点に注意すること。持分に変動のない者は，所有権更正登記において，利益を受けたり不利益を被ったりすることがないからである。持分に変動のない者も「更正後の事項」として記載されることと比較しておくこと。

【登記原因の更正】

　登記原因の更正の場合は，登記記録上，誰かが利益を受けたり不利益を受けたりすることはない。利益・不利益の観点から登記権利者・登記義務者の割り振りを決めることができないのである。

　そこで，登記原因に関する所有権更正登記においては，もともとの所有権移転登記における登記権利者・登記義務者の関係を，そのまま所有権更正登記に当てはめることにした。

　たとえば，AからBへの「贈与」による所有権移転登記の登記原因を「売買」にする所有権更正登記を申請する場合，もともとの所有権移転登記において登記権利者であったBが更正登記においても登記権利者となり，もともと登記義務者であったAが更正登記においても登記義務者となるというわけである。「贈与から売買に変わると対価が必要となるのでBに不利益なのではないか」

と考えてはならない。利益・不利益は，あくまで登記記録上の対抗関係・優劣関係から決めるのであって，贈与が売買になったとしても，Bの所有権移転登記の優劣に変化はないのである。

⑵　前登記名義人

【加入更正・脱落更正】

　加入更正・脱落更正においては，登記記録上不利益を受ける者に加えて，前登記名義人も登記義務者となる。前登記名義人が登記義務者として申請した登記に誤りがある以上，前登記名義人に正しい登記をなすべき義務が残っていると考えるのである。

　たとえば，XからAに対する売買による所有権移転登記をXからA・Bへの所有権移転登記に更正する場合（加入更正），新たに登記名義人となるBが登記権利者，権利が縮減されるAが登記義務者となるのに加えて，前登記名義人Xも登記義務者となるということである。Xは，Bに対する移転登記義務を果たしていないので，所有権更正登記において義務者としてその義務を果たしてもらおうというわけである。

　「登記義務を果たしていないから登記義務者となる」といっても，納得できない人も多いだろう。この事例に即して，もう少し説明を加えていこう〈図2-29〉。

　そもそも，所有権更正登記というのは便宜上の登記申請方法であり，本来なら抹消登記をしたうえで正しい登記をやり直すべきもののショートカット方法である。

　では，ショートカットを利用せず，抹消登記＋正しい登記をやり直したら

図2-29　加入更正における登記義務者

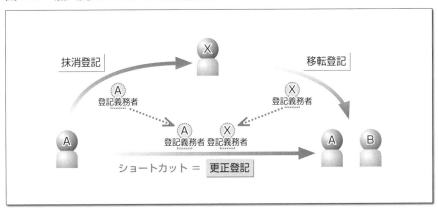

どうなるか，考えてほしい。まず，Aを登記義務者として所有権抹消登記を申請し，X名義に戻す。そして，Xを登記義務者としてA・B名義への所有権移転登記を申請することになる。これらの登記をしようとすれば，2件の登記が必要となり，1件目の申請ではAが登記義務者，2件目の登記ではXが登記義務者となる。そして，所有権更正登記は，この2つの登記のショートカットであり，この2つの登記をまとめてやったに等しいので，この2件の登記の登記義務者であるAとXが登記義務者となるという理屈なのである。

念のため，脱落更正についても説明しておこう。たとえば，XからA・Bに対する売買による所有権移転登記をXからBへの所有権移転登記に更正する場合（脱落更正），権利が増加するBが登記権利者，登記名義人でなくなるAが登記義務者となることに加えて，前登記名義人であるXも登記義務者となる。

【持分のみの更正】

持分のみの更正の場合，前登記名義人は，登記義務者とならない。

たとえば，XからA（2分の1）・B（2分の1）への売買による所有権移転登記のA・Bの持分をA（3分の1）・B（3分の2）と更正する所有権更正登記を申請する場合，持分が増加するBが登記権利者，持分が減少するAが登記義務者となるが，前所有者であるXは登記義務者とならない。Xは，当初の所有権移転登記をA・B双方に対して行っているため，Aに対してもBに対しても，登記義務を果たしているといえるからである。たしかに，厳密にいえば，Bに対する6分の1の持分（更正登記で増加する持分）については，登記義務を果たしていないと考えることもできる。しかし，これは，AとBの持分の内訳を間違えただけであり，Xからすれば，内訳は異なったがA・B双方に登記義務を果たしていると大まかに考えることが許される。登記義務者の論点に限らず，持分のみの更正は主体の加入・脱落がないので，大まかに考えることが許されているのである。

【例　外】

加入・脱落更正においては，前所有者も登記義務者となると説明したが，これには例外もある。次の登記を更正する場合には，加入更正・脱落更正であったとしても，前所有者は登記義務者とならない。

①相続による所有権移転登記

②所有権保存登記

これらの登記は，もともと単独申請であり，前所有者としての登記義務者がいないからである。

　たとえば，XからA・Bへの相続による所有権移転登記をXからBへの相続による所有権移転登記に更正する場合，Aが登記義務者となり，Bが登記権利者となるが，前所有者のXは登記義務者とならない。もともと相続による所有権移転登記はA・Bの単独申請でなされており，被相続人Xは登記義務者ではない。そのため，Xはもともと登記義務がなく，それを果たしていないということがないのである。

　また，所有権更正登記は，抹消＋正しい登記のショートカットである。この面から考えてみても，前所有者が登記義務者とならないことがわかる。A・BからBへの是正を抹消＋正しい登記のやり直しとして申請する場合，A・Bを義務者として抹消登記を申請し，次に単独申請で相続登記を申請する。この2件とも，Xは登記義務者とならないのである。

《登記義務者のまとめ》

	類型	状況	申請人
主体の更正	加入更正	4分の2A，4分の2B ⇨ 4分の2A，4分の1B， 　 4分の1C 前所有者 X 登記原因　売買	登記権利者　C 登記義務者　B・X ※持分に変動のないAは登記義務者とならない。
	脱落更正	2分の1A，2分の1B ⇨ B 前所有者 X 登記原因　売買	登記権利者　B 登記義務者　A・X
	持分のみの更正	3分の1　A，3分の1　B， 3分の1　C ⇨ 3分の1　A，9分の4 　 B，9分の2　C 前所有者　X 登記原因　売買	登記権利者　B 登記義務者　C ※持分に変動がないA・前所有者Xは登記義務者とならない。
	移転分量の更正	XからAへの所有権移転 ⇨ XからAへの所有権一 　 部移転（移転した持分 　 2分の1）	登記権利者　X 登記義務者　A
登記原因・登記原因日付の更正		AからBへの贈与 ⇨売買	登記権利者　B 登記義務者　A

(3) 単独申請の例外

　法定相続分での相続登記がなされている場合において，次に掲げる所有権更正登記を申請する場合には，登記権利者が単独で申請することができる（令5・3・28民二538号）。

①遺産分割協議・審判・調停による所有権の取得に関する更正登記

②他の相続人の相続放棄による所有権の取得に関する更正登記

③特定財産承継遺言による所有権の取得に関する更正登記

④相続人が受遺者である遺贈による所有権の取得に関する更正登記

　これらは，相続分の修正の登記である。これらの登記を単独で申請することを認め，登記申請を容易にすることで，所有者不明不動産を発生させないようにしようとしているのである。

　なお，③・④の場合において，登記権利者が単独で申請したときは，登記官は登記義務者に対し，この登記申請があった旨を通知しなければならない（規則183条4項）。

3　添付情報

(1) 意　　義

　所有権更正登記も，共同申請であり，共同申請の場合に必要となる基本的な添付情報が必要となる。

　ただ，いくつか論点もあるので，以下，説明していこう。

(2) 登記原因証明情報

　登記原因証明情報として，錯誤・遺漏があったことを証する情報の提供が必要となる。

(3) 登記識別情報・印鑑証明書

　共同申請である所有権更正登記は，登記義務者となる者が所有権登記名義人なので，登記義務者となる者の登記識別情報・印鑑証明書の提供が必要となる。

　前登記名義人が登記義務者となる場合，当該前登記名義人の登記識別情報・印鑑証明書の提供も必要となるので，注意すること。

(4) 住所証明情報

　所有権更正登記においては，新たに所有権登記名義人が登場する場合に，その者の住所証明情報の提供が必要となる。

　たとえば，所有権登記名義人をAからA・Bに更正する加入更正においては，今回の登記で新たにBが所有権登記名義人として記録されるので，Bの住所証明情報の提供が必要となる。

　これに対して，所有権登記名義人をA・BからBに更正する脱落更正においては，新たに所有権登記名義人として登場する者はいないので，住所証明情報の提供は必要ない。Bの持分は増加するが，更正登記であるため，以前の登記を是正するだけであり，新たに持分を取得した扱いとはならないのである。A・B共有で登記されている不動産において，A持分をBに移転するA持分全部移転の登記を申請する場合には，改めてBの住所証明情報の提供が必要となる点と比較しておくこと。移転登記の場合は，元の登記の是正ではなく，別個の持分を新たに取得する登記だからである。

　同様に，AからBへの所有権移転登記を所有権一部移転登記に更正する移転分量の更正登記においては，Aの権利が復活するが，新たに権利を取得したわけではなく，Aの住所証明情報の提供は不要である。

(5) 利害関係人の承諾証明情報

　所有権更正登記においては，利害関係人の承諾証明情報の提供が必要となることがあるが，その性質や具体的な利害関係人の範囲等については，後記*4.*で説明する。

(6) 代理権限証明情報

　司法書士が代理申請する場合には，登記申請人となる者から司法書士への委任状を提供しなければならない。

❹　登録免許税

(1) 原則：定額課税

　登録免許税は，原則として，不動産1個につき1,000円である（登免税別表第1.1⒁）。

⑵ 例外：定率課税

　所有権一部移転を所有権全部移転に更正する場合のように，移転分量が増加する移転分量の更正登記の登録免許税は，増加する持分の価額に所有権移転登記の税率を乗じた額となる（登研579号169）。

　たとえば，不動産価額1,000万円の甲土地についてなされている，AからBに対する売買による所有権一部移転登記（移転する持分2分の1）を所有権移転登記に更正する場合の登録免許税は，不動産価額である1,000万円に対して，更正登記によって増加する持分である2分の1を乗じたものに，売買による所有権移転登記の税率である1000分の20を乗じた10万円である（1,000万円×1/2×20/1000）。

　なぜ，この場合に1,000円での更正登記を認めないのだろうか。それは，このような事例において1,000円での更正登記を認めてしまうと，登録免許税を安く済ませるための脱法手段として利用されてしまうからである。

　本来，AからBへの所有権移転登記を申請する場合には，1,000万円×20/1000＝20万円が必要である。もし，更正登記を1,000円でできるとなると，上記の事例では，当初の所有権移転登記の申請の際の登録免許税である10万円（1,000万円×1/2×20/1000）に加えて，更正登記の1,000円を納付すれば，Bは，甲土地の所有権の全部を取得することができてしまうことになる。最初の移転分量がもっと少なければ（例移転する持分100分の1の所有権一部移転登記を申請しておき，所有権移転登記に更正する），さらに安く済ませることもできてしまう。これでは，不動産の全部を買ったのに，移転分量をわざと少なく登記しておいて，「移転分量を間違えちゃった！更正登記を1,000円で申請しよう！」という不届き者が出てきてしまう。まじめに所有権移転登記を申請する正直者が馬鹿を見ることになってしまうわけである。

　以上のことから，移転分量の増加の更正登記においては，定率課税とされているのである。

　なお，所有権移転登記を所有権一部移転登記にするような，移転分量を減少させる更正登記の登録免許税は，定額課税の1,000円である。この場合は，増加更正とは逆に登録免許税を払いすぎているが，差額について還付請求ができるわけではない（登録免許税の還付の要件を満たさない。『不動産登記法Ⅱ』参照）。むしろ，1,000円を納付しなければならないのである。

4. 利害関係人

① 意　義

　変更登記・更正登記は，登記上の利害関係を有する第三者が存在するときは，その承諾があれば付記登記，承諾がなければ主登記で実行されるのが原則である（66条：☞ P51）。

　しかし，所有権の更正は，利害関係を有する第三者が存在するときは，その第三者の承諾がなければ登記することができない。つまり，所有権更正登記は，必要的承諾型の登記であり，抹消登記と同じように考えるということである。それは，所有権更正登記の本質が抹消＋正しい登記のやり直しのショートカットであり，一部抹消の性質があるからである。

　たとえば，所有権登記名義人をA・BからAに更正する所有権更正登記を申請する場合，Bの持分の抹消の性質があるということである。そのため，B持分に設定されている他の権利があれば，その権利も対象を失って消滅することになる。この事例で，Bの持分にCのために抵当権設定登記がなされているとすれば，そのCの抵当権は消滅してしまう。そのため，この更正登記をするにあたっては，Cの承諾が必須となるわけである。

　なお，主体の更正に該当しない登記原因のみの更正登記においては，利害関係を有する第三者は存在せず，承諾証明情報を提供しなければならない局面はない。登記原因のみの更正は，対抗関係・権利の優劣関係に影響を及ぼさないからである。

② 具体的な範囲

⑴ 意　義

　所有権更正登記における「利害関係を有する第三者」とは，原則として，更正登記によって縮減される権利を目的として権利の登記を受けている者である。

　それでは，どの類型の更正登記において，どのような者が利害関係を有する第三者となるのか，具体的に検討することにしよう。

(2)　単有から共有への加入更正

例題　次の登記記録の甲土地において，甲区2番所有権登記名義人を「A」から「2分の1　A，2分の1　B」へ更正する場合の，利害関係を有する第三者を答えよ〈図2-30〉。

権利部（甲区）（所有権に関する事項）			
順位番号	登記の目的	受付年月日・受付番号	権利者その他の事項
1	所有権保存	令和6年2月22日 第22222号	所有者　X
2	所有権移転	令和6年5月15日 第56971号	原因　令和6年5月15日売買 所有者　A

権利部（乙区）（所有権以外の権利に関する事項）			
順位番号	登記の目的	受付年月日・受付番号	権利者その他の事項
1	抵当権設定	令和6年2月22日 第22223号	抵当権者　C
2	抵当権設定	令和6年5月15日 第56972号	抵当権者　D
3	地上権設定	令和6年5月15日 第56973号	地上権者　E

　所有権の登記名義人を単有から共有へ是正する加入更正の場合の利害関係を有する第三者が問題となっている。この場合，更正対象となっている所有権を対象として権利を有する者（担保権者・用益権者・仮登記権者・差押権者・仮処分権者）が，利害関係を有する第三者となる。

　本例題において更正対象となっているのは，Aの所有権である。そして，更正登記をすることで，Aの所有権がA・B共有となるのであり，Aの所有権の一部である2分の1が抹消されたのと同じこととなる。そこで，2分の1となってしまうAの所有権を目的とした権利については，その残った2分の1を目的とする権利に縮減されてしまうから，その権利者が，利害関係を有する第三者となるのである。

　本例題においては，Aの所有権を目的とする抵当権者D及び地上権者Eが，利害関係を有する第三者となる。

　Cは，本例題の更正登記においては，利害関係を有する第三者とならないこ

図 2-30　単有から共有への加入更正

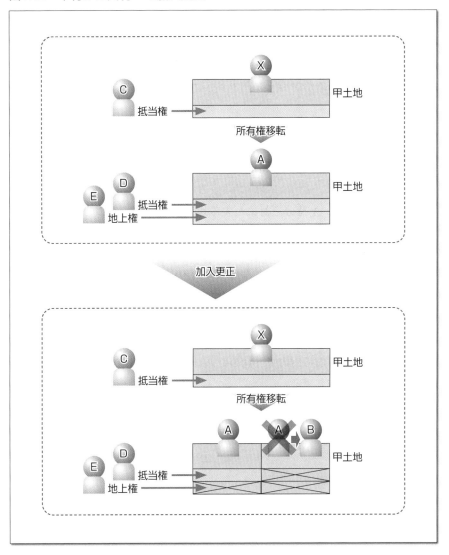

とに注意すること。乙区 1 番の C の抵当権の受付年月日・受付番号を確認してほしい。C の抵当権は，甲区 1 番の X の所有権を目的として設定を受けたものであり，A の所有権が一部抹消されても，影響を受けないのである。本例題の更正登記がなされても，C の抵当権は存続するので，利害関係はないというわけである。

　では，D の抵当権と E の地上権が更正登記によってどのような影響を受け

るか，検討しよう。

　まず，Dの抵当権は，更正登記によって，Aの残存持分を目的とする抵当権となる。そして，Aの残存持分を目的とする抵当権となったことを公示する更正登記が職権でなされる。「この職権登記をされても文句ないですよ」という意味で，所有権更正登記を申請する際に，Dの承諾証明情報の提供が必要となるわけである。

　次に，Eの地上権は，Aの所有権を目的としている権利である点で，状況はほとんど同じはずである。しかし，更正登記がなされると，抵当権の場合と異なり，Eの地上権は，職権で抹消されてしまうことになる。地上権の場合も，Aの抹消されてしまう持分については残ることができないが，抵当権の場合と異なり，残存するA持分を対象とする地上権として残ることもできないのである。用益権は，現実に不動産を利用する権利なので，持分の上に設定を受けることができないからである。

　更正登記の対象となっている所有権を目的として抵当権の設定を受けている者も，用益権の設定を受けている者も，利害関係を有する第三者として，承諾証明情報の提供が必要となる。ただし，更正登記後の処理が異なるので，注意すること。

　上記説明が複雑になったので，念のため，次ページに登記実行後の登記記録を掲げておくことにしよう。

●登記実行後の登記記録

順位番号	登記の目的	受付年月日・受付番号	権利者その他の事項
1	所有権保存	令和6年2月22日 第22222号	所有者　X
2	所有権移転	令和6年5月15日 第56971号	原因　令和6年5月15日売買 <u>所有者　A</u>
付記1号	2番所有権更正	令和6年7月5日 第77769号	原因　錯誤 共有者 持分2分の1　A 　　2分の1　B

権利部（甲区）（所有権に関する事項）

順位番号	登記の目的	受付年月日・受付番号	権利者その他の事項
1	抵当権設定	令和6年2月22日 第22223号	抵当権者　C
2	抵当権設定	令和6年5月15日 第56972号	抵当権者　D
付記1号	2番抵当権更正	<u>余　白</u>	抵当権の目的　A持分 甲区2番付記1号の登記により令和 6年7月5日付記
3	<u>地上権設定</u>	<u>令和6年5月15日</u> <u>第56973号</u>	<u>地上権者　E</u>
4	3番地上権抹消	<u>余　白</u>	甲区2番付記1号の登記により令和 6年7月5日登記

権利部（乙区）（所有権以外の権利に関する事項）

　甲区2番付記1号が，今回申請した所有権更正登記である。乙区2番付記1号の抵当権更正登記が，Dが承諾証明情報を提供したことでなされた職権更正登記である。そして，乙区4番の地上権抹消登記が，Eが承諾証明情報を提供したことでなされた職権抹消登記である。なお，抹消登記は，職権で行う場合も主登記でなされることがわかるだろう。

⑶　共有から単有への脱落更正

　今度は，逆に，共有から単有への脱落更正をする場合の利害関係を有する第三者について考えていこう。では，さっそく次の例題を考えてほしい。

例題 次の登記記録の甲土地において，甲区２番所有権登記名義人を「A・B」から「B」へ更正する場合の，利害関係を有する第三者を答えよ。

権利部（甲区）（所有権に関する事項）			
順位番号	登記の目的	受付年月日・受付番号	権利者その他の事項
1	所有権保存	令和 6 年 2 月 22 日 第 22222 号	所有者　X
2	所有権移転	令和 6 年 5 月 15 日 第 56971 号	原因　令和 6 年 5 月 15 日売買 共有者　持分 2 分の 1　A 　　　　　　2 分の 1　B

権利部（乙区）（所有権以外の権利に関する事項）			
順位番号	登記の目的	受付年月日・受付番号	権利者その他の事項
1	抵当権設定	令和 6 年 5 月 15 日 第 56972 号	抵当権者　C
2	A 持分抵当権設定	令和 6 年 5 月 15 日 第 56973 号	抵当権者　D
3	B 持分抵当権設定	令和 6 年 5 月 15 日 第 56974 号	抵当権者　E
4	地上権設定	令和 6 年 5 月 15 日 第 56975 号	地上権者　F

【問題点】

　所有権の登記名義人を共有から単有へと更正する脱落更正の場合の利害関係を有する第三者は誰かが問題となっている。

【持分を目的とする権利】

　この場合に，利害関係を有する第三者となるのは，脱落する権利者の持分（例題の A 持分）を目的として権利を有する者（担保権者・仮登記権者・差押権者・仮処分権者）である。当該持分が消滅するため，その持分を目的としている権利についても職権抹消されてしまうからである。

　これに対して，脱落しない権利者の持分（例題の B 持分）を目的とする権利を有する者（担保権者・仮登記権者・差押権者・仮処分権者）は，利害関係を有する第三者とはならない。この持分は消滅しないので，それを目的としている権利もそのまま維持されるからである。なお，例題の B は，更正登記の結果，権利が拡大し，所有者となるが，B 持分を目的とする権利もそれに伴って所有権全体を目的とする権利となるわけではないことに注意してほしい。あくまで

現状維持をするだけである。

【不動産全体を目的とする権利】

　では，持分ではなく，不動産全体を目的として設定されている権利の権利者
は，利害関係を有する第三者となるのだろうか。

　この点，更正対象となっている所有権全体を対象として権利を有する者（担
保権者・仮登記権者・差押権者・仮処分権者）は，利害関係を有する第三者となる。
更正対象となっている所有権全体を対象としているということは，脱落する持
分（例題のA持分）をも対象としているということである。そのため，その持
分を目的とした部分が消滅し，脱落しない権利者の持分（B持分）を目的とし
た権利に縮減されてしまうのである。

　ただし，ひとつ注意すべき点がある。それは，更正対象となっている所有権
全体を対象とした権利であっても，それが用益権の場合は，その権利者は，利
害関係を有する第三者とはならないということである。例題乙区4番の地上権
が，これに当たる。例題乙区4番地上権は，A及びBが設定したものである。
また，地上権は持分上に設定することができず，必ず不動産全体を目的とした
ものとなる。そうであれば，AもBも不動産全体を利用する権利として使用・
収益を許諾していたということである。そして，更正登記の結果，不動産全体
を利用する権利である地上権を認め，使用・収益を許諾していたBが単独所
有となった以上，そのBは，当該地上権が存続することを認めていると解す
るしかないからである。共有から単有への脱落更正において，用益権はそのま
ま残存するのであり，その点から，当該用益権者は利害関係を有する第三者と
はならないというわけである。

【例題の解答】

　以上の検討の結果，例題において誰が利害関係を有する第三者となるか，考
えていこう。

　Cは，不動産全体の抵当権者であり，利害関係を有する第三者となる。脱落
更正登記により所有権の一部（更正登記前からBが有する持分）のみを目的とす
る抵当権となってしまうからである。

　Dは，消滅するA持分を目的とする抵当権であり，利害関係を有する第三
者となる。

　Eは，残存するB持分を目的とする抵当権であり，利害関係を有する第三
者とはならない。ただし，更正登記がなされ，Bが単独所有者となったとして
も，Eの抵当権は，所有権全体を目的とする抵当権に拡大されるわけではない。

Ｆは，不動産全体を目的とする用益権者であり，利害関係を有する第三者とはならない。

【実行後の登記記録】

例題において，更正登記が実行された後の登記記録を確認しておこう。

●登記実行後の登記記録

権利部（甲区）（所有権に関する事項）			
順位番号	登記の目的	受付年月日・受付番号	権利者その他の事項
1	所有権保存	令和6年2月22日 第22222号	所有者　Ｘ
2	所有権移転	令和6年5月15日 第56971号	原因　令和6年5月15日売買 共有者　持分2分の1　Ａ 　　　　　　2分の1　Ｂ
付記1号	2番所有権更正	令和6年7月5日 第77769号	原因　錯誤 所有者　Ｂ

権利部（乙区）（所有権以外の権利に関する事項）			
順位番号	登記の目的	受付年月日・受付番号	権利者その他の事項
1	抵当権設定	令和6年5月15日 第56972号	抵当権者　Ｃ
付記1号	1番抵当権更正	余　白	抵当権の目的　所有権2分の1 甲区2番付記1号の登記により 令和6年7月5日付記
2	Ａ持分抵当権 設定	令和6年5月15日 第56973号	抵当権者　Ｄ
3	Ｂ持分抵当権 設定	令和6年5月15日 第56974号	抵当権者　Ｅ
付記1号	3番抵当権更正	余　白	抵当権の目的　所有権2分の1 甲区2番付記1号の登記により 令和6年7月5日付記
4	地上権設定	令和6年5月15日 第56975号	地上権者　Ｆ
5	2番抵当権抹消	余　白	甲区2番付記1号の登記により 令和6年7月5日登記

　乙区1番付記1号は，Ｃの承諾証明情報が提供されたことで，職権で入った更正登記である。所有権全体を目的とするものから，もとのＡ持分を対象とした部分が縮減され，所有権の2分の1を目的とするものになったのである。

　2番抵当権者Dの承諾証明情報も提供されており，2番抵当権の職権抹消登記が乙区5番で入っている。

　注意が必要なのは，乙区3番付記1号の職権更正登記である。Eの抵当権は，Bの持分のみを対象としているため，Eは利害関係を有する第三者ではなく，承諾証明情報の提供はない。にもかかわらず，職権更正がなされているのである。これはどういうことかといえば，Eの権利関係については何ら変更がなく，表現を変えたということである。Eの抵当権は，「B持分抵当権設定」と記載されていたが，所有権更正登記によりBは単独所有権者となったため，「B持分」から「所有権2分の1」としたものである。権利が縮減されるわけではないから，承諾証明情報の提供は要求されないが，公示を明瞭にするため，表現上の更正登記が職権でなされたというわけである。

　乙区4番の地上権については，職権の登記がなされていないことも確認しておこう。

⑷　持分のみの更正

　さらに，持分のみが更正された場合の利害関係を有する第三者について確認していこう。

例題　次の登記記録の甲土地において，甲区2番所有権登記名義人を「2分の1　A，2分の1　B」から「3分の1　A，3分の2　B」へ更正する場合の，利害関係を有する第三者を答えよ。

権利部（甲区）（所有権に関する事項）			
順位番号	登記の目的	受付年月日・受付番号	権利者その他の事項
1	所有権保存	令和6年2月22日 第22222号	所有者　X
2	所有権移転	令和6年5月15日 第56971号	原因　令和6年5月15日売買 共有者　持分2分の1　A 　　　　　　2分の1　B

権利部（乙区）（所有権以外の権利に関する事項）			
順位番号	登記の目的	受付年月日・受付番号	権利者その他の事項
1	抵当権設定	令和6年5月15日 第56972号	抵当権者　C
2	A持分抵当権 設定	令和6年5月15日 第56973号	抵当権者　D

| 3 | B持分抵当権設定 | 令和6年5月15日第56974号 | 抵当権者　E |
| 4 | 地上権設定 | 令和6年5月15日第56975号 | 地上権者　F |

【問題点】

　所有権の共有登記名義人の持分のみを更正する場合の利害関係を有する第三者は誰かが問題となっている。

【持分を目的とする権利】

　この場合に，利害関係を有する第三者となるのは，更正登記によって持分が減少することになる権利者の持分（例題のA持分）を目的として権利を有する者（担保権者・仮登記権者・差押権者・仮処分権者）である。当該持分が減少することで，その持分を目的としている権利についても縮減されてしまうからである。持分のみの更正登記は，この部分の一部抹消としての性格があるということである。例題のA持分が2分の1から3分の1に減少しているということは，A持分の6分の1が抹消されるということである。そこで，その抹消されてしまう部分に権利を有する者の承諾が必要となるというわけである。

　これに対して，更正登記によって持分が減少しない権利者の持分（例題のB持分）を目的として権利を有する者（担保権者・仮登記権者・差押権者・仮処分権者）は，利害関係を有する第三者とならない。この持分は減少しないので，それを目的としている権利もそのまま維持されるからである。なお，例題のBは，更正登記の結果，持分が2分の1から3分の2に拡大されるが，B持分を目的とする権利がそれに伴って拡大されるわけではないことに注意してほしい。あくまで現状維持をするだけである。

【不動産全体を目的とする権利】

　では，持分ではなく，不動産全体を目的として設定されている権利の権利者は，利害関係を有する第三者となるのだろうか。この点，更正対象となっている所有権全体を目的として権利を有する者（担保権者・用益権者・仮登記権者・差押権者・仮処分権者）は，利害関係を有する第三者とならない。

　たしかに，厳密にいえば，更正対象となっている所有権全体を目的としているということは，減少する持分（例題のA持分）をも目的としているということである。そのため，A持分の消滅してしまう6分の1の部分を目的とした部分が消滅し，不動産全体を目的とした権利から6分の5を目的とした権利に

縮減されてしまうのではないかと考えることもできる。

　しかし，持分のみの更正では，主体の加入・脱落があるわけではなく，内訳が変わるだけだと大まかに考えることが重要である。不動産全体を目的とする権利については，AもBもその存在を認めて設定したわけだから，その持分に変動があっても，不動産全体を目的とした権利のまま維持させてよいだろうと考えるというわけである。

【例題の解答】

　本例題において，利害関係を有する第三者となるのは，減少するA持分を目的として設定を受けているDである。

　減少しないB持分を目的として設定を受けているEや，不動産全体を目的として設定を受けているC・Fは，利害関係を有する第三者とならない。

【実行後の登記記録】

　本例題の所有権更正登記が実行された場合の登記記録は，以下のようになる。

◉登記実行後の登記記録

権利部（甲区）（所有権に関する事項）			
順位番号	登記の目的	受付年月日・受付番号	権利者その他の事項
1	所有権保存	令和6年2月22日第22222号	所有者　X
2	所有権移転	令和6年5月15日第56971号	原因　令和6年5月15日売買 共有者　持分2分の1　A 　　　　　2分の1　B
付記1号	2番所有権更正	令和6年7月5日第77763号	原因　錯誤 A持分　3分の1 B持分　3分の2

権利部（乙区）（所有権以外の権利に関する事項）			
順位番号	登記の目的	受付年月日・受付番号	権利者その他の事項
1	抵当権設定	令和6年5月15日第56972号	抵当権者　C
2	A持分抵当権設定	令和6年5月15日第56973号	抵当権者　D
付記1号	2番抵当権更正	余　白	抵当権の目的　所有権3分の1（A持分） 甲区2番付記1号の登記により令和6年7月5日付記

3	B持分抵当権設定	令和6年5月15日第56974号	抵当権者　E
付記1号	3番抵当権更正	<u>余　白</u>	抵当権の目的　所有権2分の1（B持分の一部） 甲区2番付記1号の登記により令和6年7月5日付記
4	地上権設定	令和6年5月15日第56975号	地上権者　F

　乙区2番の抵当権は，抵当権者Dの承諾証明情報の提供があることで，3分の1に減少したA持分を対象として権利が縮減した旨の登記が職権でなされる。

　乙区3番の抵当権は，権利の増減はない。しかし，「B持分抵当権設定」という登記の目的のままでは，増加したB持分全体を目的とする抵当権のように見えてしまうので，公示を明瞭にするための更正登記が職権でなされる。あくまで公示を明瞭にするための職権登記であり，権利が縮減されるわけではないので，Eの承諾は不要なのである。

　不動産全体を目的とする1番抵当権と4番地上権には，職権登記はなされない。

(5) 移転分量の減少更正

　次は，移転分量の更正が行われた場合の利害関係を有する第三者について検討しよう。まずは，移転分量の減少更正から検討することにする。次の例題を考えてほしい。

例題 次の登記記録の甲土地において，甲区2番の「所有権移転」を「所有権一部移転」（移転する持分2分の1）へ更正する場合の，利害関係を有する第三者を答えよ。

権利部（甲区）（所有権に関する事項）

順位番号	登記の目的	受付年月日・受付番号	権利者その他の事項
1	所有権保存	令和6年2月22日第22222号	所有者　A
2	所有権移転	令和6年5月15日第56971号	原因　令和6年5月15日売買所有者　B

権利部（乙区）（所有権以外の権利に関する事項）

順位番号	登記の目的	受付年月日・受付番号	権利者その他の事項
1	抵当権設定	令和6年2月22日第22223号	抵当権者　C
2	抵当権設定	令和6年5月15日第56972号	抵当権者　D
3	地上権設定	令和6年5月15日第56973号	地上権者　E

　本例題の甲区2番の所有権移転登記を所有権一部移転登記に更正する場合，Bの所有権の一部である2分の1が抹消され，Aが2分の1を有する登記名義人として復活する。つまり，権利関係は，B単独所有からA・Bの共有となる。このことから考えると，利害関係を有する第三者については，単有から共有への加入更正と同様に考えることができる。

　つまり，更正対象となっているBの所有権を対象として権利を有する者（担保権者・用益権者・仮登記権者・差押権者・仮処分権者）が，利害関係を有する第三者となる。

　本例題においては，D・Eが利害関係を有する第三者となる。Dの抵当権は，2分の1となったB持分を対象とする抵当権に縮減され，Eの地上権は抹消される。

　乙区1番のCの抵当権は，もともとAの所有権に対して設定されていた権利であり，Bの権利の一部が抹消されても，影響を受けない。そのため，Cは，利害関係を有する第三者ではなく，本例題の所有権更正登記を申請するにあたり，Cの承諾証明情報の提供は不要である。

(6) 移転分量の増加更正

　今度は，移転分量の増加更正について，検討してみよう。

> **例題**　次の登記記録の甲土地において，甲区2番の「所有権一部移転」を「所有権移転」に更正する場合の利害関係を有する第三者を答えよ。
>
> **権利部（甲区）（所有権に関する事項）**
>
> | 順位番号 | 登記の目的 | 受付年月日・受付番号 | 権利者その他の事項 |
> |---|---|---|---|
> | 1 | 所有権保存 | 令和6年2月22日
第22222号 | 所有者　A |
> | 2 | 所有権一部移転 | 令和6年5月15日
第56971号 | 原因　令和6年5月15日売買
共有者　2分の1　B |
>
> **権利部（乙区）（所有権以外の権利に関する事項）**
>
> | 順位番号 | 登記の目的 | 受付年月日・受付番号 | 権利者その他の事項 |
> |---|---|---|---|
> | 1 | 抵当権設定 | 令和6年5月15日
第56972号 | 抵当権者　C |
> | 2 | A持分抵当権設定 | 令和6年5月15日
第56973号 | 抵当権者　D |
> | 3 | B持分抵当権設定 | 令和6年5月15日
第56974号 | 抵当権者　E |
> | 4 | 地上権設定 | 令和6年5月15日
第56975号 | 地上権者　F |

　本例題の更正登記を申請すると，登記名義人は，A・B共有からB単有となる。そのことから，利害関係を有する第三者についても，共有から単有の脱落更正と同様に考えることができる。

　更正登記により，脱落することになるA持分を目的として権利を有する者及び不動産全体を目的として権利を有する者（用益権者を除く）が，利害関係を有する第三者となるということである。

　よって，本例題において利害関係を有する第三者となるのは，C・Dである。Fは，不動産全体を目的とする権利者であるが，地上権者であるため，利害関係を有する第三者とはならない。

(7) 代位によりなされた登記

　更正の対象となっている登記が代位によりなされた場合には，当該登記申請

をした代位債権者も，利害関係を有する第三者となる（昭39・4・14民甲1498号）。更正登記によって，代位債権者がした登記の内容を変えられることになるからである。

　これは，代位債権者の知らないところで勝手に内容を変えるべきではないということを根拠にしているので，更正登記が代位債権者に有利な内容であったとしても，当該代位債権者の承諾証明情報の提供が必要となる。

5. 登記の実行

◫ 付記登記

　所有権更正登記は，常に付記登記で実行される。

　変更・更正登記が主登記で実行されるのは，利害関係を有する第三者が存在し，その承諾が得られない場合である。しかし，所有権更正登記の場合は，利害関係を有する第三者が存在するときは，その承諾が必須となる。よって，所有権更正登記が主登記で実行される場合はないのである。

◪ 登記識別情報の通知

⑴　原　　則

　主体の更正により，新たに権利を取得した者・権利が増加した者がいる場合は，原則として，その者に登記識別情報が通知される。登記原因の更正の場合には，権利の取得・増加を伴わないので，登記識別情報は通知されない。

　たとえば，登記名義人をA → A・Bとする加入更正登記では，Bに登記識別情報が通知される。また，A・B（持分各2分の1）→ Bとする脱落更正登記では，Bに登記識別情報が通知される。Bがこの不動産を売却する場合には，もともと通知されていた2分の1の持分についての登記識別情報及び更正登記によって通知された2分の1の持分についての登記識別情報の2つを提供しなければならない。

　AからBへの所有権一部移転登記（移転する持分2分の1）を所有権移転登記に更正する場合は，Bに登記識別情報が通知される。この場合，Bが当該不動産を売却する場合，所有権一部移転登記によって通知された登記識別情報及び所有権更正登記によって通知された登記識別情報の2つを提供しなければな

らない。

(2) 例　外

　次の場合には，権利の増加があっても，登記識別情報は通知されない。
①持分のみの更正
②移転分量の減少更正
　①については，更正登記によって共有者の持分が増加することになるが，内訳を更正しただけというように大まかに考えるので，登記識別情報は通知されない。主体の脱落・加入もないので，共有者は，すでに通知を受けている登記識別情報を，持分に変動が生じた後も，そのまま使えばよいとされている。
　次に，②の移転分量の減少更正について考えよう。AからBに対してなされている所有権移転登記を所有権一部移転登記（移転する持分2分の1）に更正する場合，Aが更正登記によって2分の1の共有者となるが，これは新たに権利を取得したと扱われるわけではない。もともと有していたAの権利が復活すると考えるのである。よって，登記識別情報についても，新たに通知するのではなく，その復活した権利について以前通知されていた登記識別情報の効力が復活すると考えることになるのである。

6. 更正登記の論点

▆ 相続関連の更正登記

(1) 意　義

　相続による所有権移転登記後に，寄与分協議がなされたり，相続欠格者の存在が判明したり，遺言書が発見されたりして，法定相続分や相続人が相続時に遡って修正された場合，原始的に誤りのある登記がなされていたことになるので，是正前後の同一性などの要件を満たせば，所有権更正登記を申請することになる。ここでは，このような相続登記関連の更正登記について検討することにする。
　なお，相続による所有権移転登記前に相続分・相続人の修正がすでにある場合は，その修正を踏まえた相続による所有権移転登記を申請すればよく，所有権更正登記を申請する必要はない（☞ P139）。

(2)　登記申請人

　相続による所有権移転登記についての所有権更正登記を申請する場合，それが加入や脱落を伴う主体の更正であったとしても，前所有者である被相続人は登記義務者とならない（☞P260）。

　たとえば，相続を登記原因としてXからA・Bへの所有権移転登記がなされている場合，登記名義人をA・BからBへと更正する場合，Bを登記権利者，Aを登記義務者として申請する。被相続人Xは登記義務者とならないのである。

　また，前述したように（☞P262），法定相続登記がなされた場合において，遺産分割・相続放棄・特定財産承継遺言・相続人への遺贈があったときは，登記権利者が単独で申請することができる。

(3)　類　　型

　ここでは，類型ごとに相続登記に関する所有権更正登記を申請する場合のポイントを整理する。

【相続放棄】

　共同相続登記がなされた後に，相続人の1人が相続放棄をした場合は，相続放棄をした相続人を脱落させる所有権更正登記を申請することができる。

> **例題1**　甲土地の所有権登記名義人Xが死亡した。その相続人は配偶者Aと子B・Cである。甲土地については，Xから「4分の2　A，4分の1　B，4分の1　C」への相続による所有権移転登記がなされたが，その後，Cが相続放棄をした。どのような登記をすればよいか。

　本例題1では，相続による所有権移転登記の後に，相続人の1人であるCが相続放棄をしている。相続放棄の効力は相続時に遡り，相続時からCは相続人ではなかったものとみなされる（民939条）。

　よって，相続による所有権移転登記は，初めから誤りがあるものとして，更正登記の対象となる。本例題1では，「4分の2A，4分の1B，4分の1C」から「4分の2A，4分の2B」へのCを脱落させる更正登記を申請することができる。この所有権更正登記は，Bが単独で申請することができる。

　この場合の登記原因は，「年月日相続放棄」となる。

> **例題2**　甲土地の所有権登記名義人Xが死亡した。その相続人は配偶者Aと子Bであり，甲土地についてXから「2分の1　A，2分の1　B」への相続による所有権移転登記がなされた。その後，A及びBが相続放棄をした。X

には，上記相続人のほかに，父Cがいる。どのような登記をすればよいか。

「例題2も，相続による所有権移転登記後に相続放棄がなされたのだから，どうせまた所有権更正登記ができるんでしょ」と考えてはいけない。そのように考えてしまった人は，もう一度しっかり考えてほしい。

まず，相続人全員であるA・Bが相続放棄をしたことで，誰が相続人となるかを考えなければならないが，子が相続人ではなかったとみなされるのだから，被相続人Xの直系尊属Cが相続人となる。

よって，登記名義人を「2分の1　A，2分の1　B」から「C」へと是正しなければならないが，この是正には，是正前後の同一性がない。このことから，本例題2では，所有権更正登記ができないのである。所有権抹消登記をしたうえで，XからCへの相続による所有権移転登記を申請すべきことになる。

所有権更正登記を考えるときには，いつでも是正前後の同一性をチェックすることが基本である。基本を忘れていなかっただろうか。

【相続放棄取消】

相続人の1人が相続放棄をし，その相続人を除外して相続による所有権移転登記がなされた後に，その相続放棄が取り消された場合，その相続人を加入させる所有権更正登記を申請することができる。

たとえば，甲土地の所有権登記名義人Xの相続人が配偶者Aと子B・Cである場合，Bが相続放棄をしたため，Xから「2分の1　A，2分の1　C」とする相続による所有権移転登記がなされたとしよう。その後，Bの相続放棄が取り消された場合には，登記名義人を「2分の1　A，2分の1　C」から「2分の1　A，4分の1　B，4分の1　C」とする所有権更正登記を申請することができる。

【遺産分割】

法定相続分での相続による所有権移転登記がなされた後に遺産分割協議がなされた場合，「年月日遺産分割」を登記原因として，所有権更正登記を申請することができる。この登記は，登記権利者が単独で申請することができる。

【相続欠格】

相続による所有権移転登記後に，登記名義人として登記をした者の1人に相続欠格があることが判明した場合には，所有権更正登記を申請することができる。

例題3　甲土地の所有権登記名義人Xが死亡した。その相続人は配偶者Aと子B・Cであり，甲土地について「4分の2　A，4分の1　B，4分の1　C」

とする相続による所有権移転登記がなされた。しかし，その後，Ｃに相続欠格があることが判明した。Ｃの子はＤであり，ＤはＸの直系卑属でもある。どのような登記を申請すればよいか。

　本例題3は，Ｃに相続欠格事由があり，相続人となる資格がないにもかかわらず，相続人として登記名義人となってしまった事例である。正しい相続人へと是正する必要がある。

　ここで，相続欠格の場合には，例題1の放棄の場合と異なり，代襲相続が生じることに注意しなければならない。Ｃを代襲してＤが相続人となるのである。

　以上から，本例題3では，「4分の2　Ａ，4分の1　Ｂ，4分の1　Ｃ」から「4分の2　Ａ，4分の1　Ｂ，4分の1　Ｄ」とする所有権更正登記を申請することになる。この所有権更正登記は，Ｄを登記権利者，Ｃを登記義務者として申請する。持分に変動のないＡ・Ｂ，前所有者であるＸは，登記申請人とならないことに注意せよ。

【遺言書の発見】

　甲土地の所有者Ｘが死亡し，その子であるＡ・Ｂ名義で相続による所有権移転登記がなされた後，遺言書が発見された場合には，所有権更正登記を申請することができる。この事例において，「甲土地はＢに相続させる」という特定財産承継遺言が発見された場合には，「年月日特定財産承継遺言」を登記原因として，Ｂの単独申請により所有権更正登記を申請することができる。また，「甲土地はＢに遺贈する」という相続人に対する遺贈をした遺言が発見された場合には，「年月日遺贈」を登記原因として，Ｂの単独申請により所有権更正登記を申請することができる。

【寄与分】

　法定相続分での相続による所有権移転登記がなされた後，寄与分協議がなされた場合，寄与分協議後の相続分へと是正する所有権更正登記を申請することができる（昭55・12・20民三7145号）。

【特別受益】

　甲土地の所有者Ｘが死亡し，甲土地について，Ｘの子Ａ・Ｂ名義への相続による所有権移転登記がなされた後に，Ａが特別受益者であり相続分を超える生前贈与を受けていたことが判明した場合，登記名義人をＡ・ＢからＢとする所有権更正登記を申請することができる。

【胎児が死体で生まれた】

　胎児を登記名義人として相続による所有権移転登記がなされた後，胎児が死

産だった場合は，胎児を登記名義人から脱落させる所有権更正登記を申請する。

　記載例などについては，P159で紹介したが，所有権更正登記を学習したこの段階で，しっかり理解するように努めること。

【失踪宣告】

> **例題4**　不動産の所有者Xが死亡し，その子A・Bへの相続による所有権移転登記がなされた。この相続登記の時点でBは行方不明であり，この登記はAが保存行為として申請したものである。その後，Bについて失踪宣告の審判が確定し，BはXの相続開始前に死亡していたものとみなされた。Bに子はいない。どのような登記を申請すべきか。

　本例題4では，失踪宣告により，Bは，Xの死亡以前に死亡していたとみなされるので，Xの相続人は，Aのみである。そこで，登記名義人をA・BからAとする脱落更正登記を申請することができる（昭37・1・26民甲74号）。

② 更正登記の可否

(1)　登記原因の更正

【相続から遺贈】

　所有権移転登記の登記原因を「相続」から「遺贈」へと更正することができる。相続は単独申請の登記，遺贈は共同申請の登記であり，申請構造が異なるが，更正できるということである。

【共有物分割・持分放棄へ】

　「売買」や「贈与」を登記原因とする所有権移転登記がなされている場合に，その原因を「共有物分割」や「持分放棄」に更正することはできない（昭36・3・23民甲678号）。

　「共有物分割」「持分放棄」は，他の共有者を登記権利者とする持分移転しか許されていないので，「所有権移転登記」の登記原因とすることはできないからである。

(2)　判決がある場合

　「Aは，Bに対して，A名義でなされた相続による所有権移転登記をB名義に更正する登記手続をせよ」との判決がなされた場合においても，登記名義人をAからBとする更正登記を申請することはできない（昭53・3・15民三1524号）。

　これは，是正前後の同一性がないからである。登記法について詳しく知らな

い裁判官も多く存在し，このような判決を見かける場合もある。いくら裁判所が申請しろといっても，是正前後の同一性がない場合は，更正登記を申請することはできないのである。

(3)　巻き戻し更正

> **例題**　甲土地について，甲区1番でA名義の所有権保存登記がなされ，甲区2番でAから購入したBへの所有権移転登記がなされている。甲土地は，原始的にA・Cの共有（持分各2分の1）であったが，甲区1番の所有権保存登記は誤ってA単独名義でなされたものであり，Aから購入したBも2分の1しか権利を有していない。甲土地の登記記録を是正するためにどのような登記をすべきか。

　本例題は，本来A・C共有であり，そのA持分がBに売却されたものである。本来すべき登記は，甲区1番でA・C名義の所有権保存登記，甲区2番でBへのA持分全部移転登記であった。

　では，現在B・Cの共有だからという理由で，甲区2番の登記をB→B・Cとする加入更正ができるか。このような登記は申請できない。このように更正した場合，更正後の登記記録は，AからB・Cへと売却されたものと公示されることになる。甲区1番の段階から間違っていたのであり，甲区2番だけを対象とする更正登記を申請するだけでは済まないのである。

　しかし，いきなり甲区1番の登記についての更正登記を申請することはできない。更正登記は，現に効力を有する登記を対象としなければならないが，甲土地の甲区1番の登記はすでに効力を失った過去のものとなっているからである。

　そこで，まず，甲区2番の登記を「A持分全部移転」に更正した後に，甲区1番の登記名義人をA・C共有とする更正登記を申請すべきこととなる（登研529号83）。甲区2番についての更正登記を先に申請し，その後甲区1番についての更正登記を申請するという順番である。これは，甲区2番の更正登記を申請することで，甲区1番の登記の効力を復活させるということである。それにより，甲区1番が現に効力を有する登記となるので，甲区1番の登記についても更正登記を申請することができるようになるというわけである。

　甲区1番→甲区2番と登記されたものを甲区2番→甲区1番と巻き戻すように更正登記を申請することになるので，巻き戻し更正と呼ばれている。

第7章 所有権抹消登記

●この章で学ぶこと●

　この章では，所有権の抹消登記について学びます。所有権保存登記の抹消は，所有権移転登記の抹消と比較しながら学習しましょう。また，抹消の代わりに行う所有権移転登記についても学びます。

---

1. 意　　義

　所有権抹消登記とは，所有権保存登記や所有権移転登記がなされたが，その所有権の登記が実体に合致しないような場合に，その登記を抹消することである。すでになされた所有権の登記が，取消しや解除などにより全面的に無効になった場合にすべき登記である。

2. 所有権移転登記の抹消

1 意　　義

(1) 抹消登記をする場合

　所有権移転登記の抹消登記は，すでになされた所有権移転登記について，無効・取消し・解除があり，実体に全面的に不一致となった場合に申請する登記である。

(2) 抹消登記申請の可否

　ここでは，所有権移転登記の抹消登記が申請できるか否かに関する論点を確認していこう。

【強制競売】

　「強制競売による売却」を登記原因とする所有権移転登記がなされている場合，現所有者である競落人及び前所有者は，「合意解除」を原因として当該所有権移転登記の抹消登記を申請することができない（昭36・6・16民甲1425号）。

　当事者の合意により競売による売却を解除することはできないからである。

【巻き戻し抹消】

> **例題**　甲土地の登記記録において，甲区1番でAの所有権保存登記，甲区2番でBへの売買による所有権移転登記，甲区3番でCへの売買による所有権移転登記がなされている。この場合において，A・B間の売買契約，B・C間の売買契約がともに無効であった。どのような登記を申請すべきか。

　例題においては，AからBへの売却も，BからCへの売却も無効であるため，登記名義人をAに戻さなければならない。

　この場合に，いきなりBの所有権を抹消することはできない。Cの承諾証明情報の提供をしても，この登記は申請できない。なぜなら，所有権はすでにCまで移転しており，Bの登記がすでに効力を失って過去のものとなっているからである。すでに効力を失っている権利を抹消することはできない。抹消登記は，登記記録上現に効力を有する権利に対してのみ申請することができる。抹消が「消す」ことを意味するものである以上，現存するものに対して行うことしかできないのは当然である。「電気を消す」という場合には現に点灯している電気を対象としているのと同じである。すでに消えている電気を「改めて消す」ことはできない。

　本例題においては，まず1件目として，甲区3番のCの所有権に関する抹消登記を申請しなければならない。その後，2件目として，甲区2番のBの所有権に関する抹消登記を申請する。Cの登記を抹消し，Bの権利を回復してから，満を持してそのBの権利の抹消を申請するというわけである。

　AからB，BからCと所有権が移転してきた場合に，Cの権利を抹消してBに，Bの権利を抹消してAにという具合に，巻き戻す形で申請する。このことから，本例題のような抹消登記のことを，俗に巻き戻し抹消と呼ぶことがある。

② 登記申請のポイント

⑴ 記 載 例

事例 甲土地の登記記録には，甲区1番でAの所有権保存登記，甲区2番でAからBへ所有権移転登記がなされており，その後，Cのために抵当権が設定されている。令和6年6月25日，Aは，Bとの間でなされた甲土地の売買契約を，強迫を理由に取り消し，同日，その取消しの意思表示がBに到達した。Cの承諾は得られている。

●記載例 所有権移転登記の抹消

登記の目的	2番所有権抹消
原 因	令和6年6月25日取消
権 利 者	A
義 務 者	B
添 付 情 報	登記原因証明情報　登記識別情報　印鑑証明書
	代理権限証明情報　承諾証明情報
登録免許税	金1,000円

⑵ 登記の目的

抹消の対象となる権利の順位番号を掲げたうえで，「2番所有権抹消」のように記載する。

⑶ 登記原因

所有権の移転登記が無効である場合には，登記原因は「錯誤」となる。初めから無効であるため，登記原因日付の記載は不要である。

登記原因が取り消された場合には「年月日取消」，法定解除がなされた場合には「年月日解除」，合意解除がなされた場合には「年月日合意解除」となる。登記原因日付は，取消し・解除の効力が生じた日である。

(4)　登記申請人

【原　則】

　所有権抹消登記は，共同申請により行う。抹消の対象となる所有権移転登記が単独申請の登記である場合や，保存行為としてなされた場合でも，その形態にかかわらず，抹消登記は共同申請によりなされる。

　抹消される所有権の登記名義人が登記義務者，抹消されることによって所有権が回復される前所有権登記名義人が登記権利者となる。

【相続登記の抹消】

　相続による所有権移転登記の抹消登記も，共同申請によりなされる。相続登記自体は単独申請でなされるが，上述したとおり，所有権移転の申請形態にかかわらず，抹消登記は共同申請なのである。

　抹消される所有権の登記名義人である相続人が登記義務者である点は問題ないが，登記権利者となるはずの被相続人はすでに死亡している。では，誰が登記権利者となるのだろうか。

　相続による所有権移転登記を抹消するということは，その相続登記は無効であり，間違っていたということである。そうであれば，その相続について，真の相続人がいるということである。よって，その真の相続人が登記権利者となる。また，真の相続人が存在しない場合は，相続人不存在のケースとして，相続財産清算人が選任され，その相続財産清算人が登記権利者となる。

　真実の相続人が複数いる場合には，そのうちの1人が，保存行為として，登記義務者と共同して申請することができる（登研427号99）。

　なお，相続による所有権移転登記は，保存行為として相続人の一部から申請することができるが，そのように申請された相続による所有権移転登記を抹消するときも，登記義務者となるのは，抹消される登記名義人としての相続人全員である。上述したとおり，抹消される登記が保存行為としてなされたものであったとしても，それとは関係なく，抹消登記の申請人が決定されるというわけである。

(5)　添付情報

【添付情報チェックシート】

　所有権抹消登記を申請する際の添付情報を，添付情報チェックシートで確認してみよう。

●添付情報チェックシート

登記原因証明情報	登記識別情報	印鑑証明書
登記原因があるので必要	登記義務者のものが必要	登記義務者が所有者なので必要
~~住所証明情報~~	代理権限証明情報	承諾証明情報
新たに登記名義人とならないので不要	代理申請であれば必要	抹消登記なので必要

【住所証明情報】

　共同申請の基本的な添付情報が必要となるが，新たに所有者として登記名義人になる者が存在する登記ではないので，住所証明情報の提供は不要である。前記(1)の記載例では，Ｂの権利が抹消されることでＡが所有権登記名義人となるが，これはＡが新たに登記名義人として記録されるわけではなく，甲区1番の登記が効力を有するものとして復活するだけなのである。

【承諾証明情報】

　抹消登記なので，登記上の利害関係を有する第三者がいる場合には，その承諾証明情報の提供が必要となる（68条）。抹消登記であり，必要的承諾型の登記だからである。

　誰が「利害関係を有する第三者」に当たるかについては，後記**3**で説明する。

(6)　登録免許税

　所有権抹消登記の登録免許税は，不動産1個につき1,000円の定額課税である（登免税別表第1.1(15)）。

　不動産の個数に応じた定額課税なので，一括して申請する不動産が増加すれば，その分だけ登録免許税も増加する。たとえば，8個の不動産について所有権抹消登記を一括申請した場合，登録免許税は8,000円となる。

　ただし，20個を超える不動産について，一括申請をする場合，登録免許税は，2万円となる。つまり，2万円の上限があるということであり，30個の不動産について所有権抹消登記を一括申請しても，登録免許税は，2万円である。

　この上限は，不動産1個につき1,000円の定額課税の登記すべてに適用されるわけではない。抹消登記だけの特例である。たとえば，所有権登記名義人表

示変更の登記は，不動産1個につき1,000円の登記であるが，上限はなく，30個の不動産について一括申請した場合，登録免許税は，3万円となる。

3 利害関係を有する第三者

(1) 意　　義

　所有権抹消登記において，利害関係を有する第三者となるのは，抹消される所有権を目的として新たに権利の登記を受けた者である。この権利は，所有権が抹消されることで消滅してしまうからである。

(2) 第三者の範囲

【所有権登記後の権利取得者】
　利害関係を有する第三者は，抹消される所有権に対して新たに権利を取得した者である。

　よって，抹消される所有権の移転登記後に，以下の権利取得者として登記を受けた者が，利害関係を有する第三者となる。
①担保権者・用益権者
②所有権仮登記名義人
③差押権者・仮差押権者・仮処分債権者

例題　次の登記記録の不動産について，甲区2番のBの所有権移転登記を抹消するにあたり，甲区3番の差押権者Cは利害関係を有する第三者となるか。

権利部（甲区）（所有権に関する事項）			
順位番号	登記の目的	受付年月日・受付番号	権利者その他の事項
1	所有権保存	令和6年2月22日 第22222号	所有者　A
2	所有権移転	令和6年5月15日 第56971号	原因　令和6年5月15日売買 所有者　B
3	差押	令和6年6月18日 第68914号	原因　令和6年6月10日東京地方裁判所担保不動産競売開始決定 債権者　C

権利部（乙区）（所有権以外の権利に関する事項）			
順位番号	登記の目的	受付年月日・受付番号	権利者その他の事項
1	抵当権設定	令和6年2月22日 第22223号	抵当権者　C

　本例題で問題となっているのは，甲区3番の差押えは，抹消される所有権より後になされたものであるが，抹消される所有権より先に登記された抵当権に基づいて実行されたものであることである。

　この点，甲区3番の差押権者は，利害関係を有する第三者に当たるとされる（昭35・8・4民甲1976号）。たしかに，抵当権自体は，抹消される所有権より先に登記されており，所有権が抹消されても，消滅しない。しかし，差押えは，抹消される所有権を目的としたものとなっており，所有権が抹消されることで消滅してしまうからである。よって，差押権者としてのCは利害関係を有する第三者となるのである。

【代位債権者】

　抹消される権利が債権者代位によって登記されている場合は，代位債権者も，利害関係を有する第三者となる。自分が申請した登記を勝手に抹消されることになってしまうからである。更正登記の場合と同様に理解すること。

４　登記の実行

(1)　登記記録

　抹消登記は，主登記でなされる。所有権抹消に限らず，抹消登記は主登記で実行されるので，まとめて覚えておくこと。

　また，抹消された権利に下線が引かれ，その事項が登記記録上効力を失ったことが公示される。

　所有権の抹消登記が実行された場合の登記記録を，以下に掲げる。抹消された権利は，甲区2番の所有権移転登記である。

権利部（甲区）（所有権に関する事項）			
順位番号	登記の目的	受付年月日・受付番号	権利者その他の事項
1	所有権保存	令和6年2月22日 第22222号	所有者　A

| 2 | 所有権移転 | 令和6年5月15日第56971号 | 原因　令和6年5月15日売買
所有者　B |
| 3 | 2番所有権抹消 | 令和6年7月5日第71171号 | 原因　令和6年6月25日取消 |

| 権利部（乙区）（所有権以外の権利に関する事項） | | | |
順位番号	登記の目的	受付年月日・受付番号	権利者その他の事項
1	抵当権設定	令和6年5月15日第56972号	抵当権者　C
2	1番抵当権抹消	余　白	甲区3番所有権抹消により 令和6年7月5日登記

　本登記記録は，甲区2番の所有権移転登記が抹消されたものであるが，その抹消登記が甲区3番で実行されている。順位番号を振られて主登記で実行されていることを確認してほしい。また，甲区2番の所有権移転登記に下線が引かれて，権利が消滅したことが公示されている。これで，所有権がAに戻り，Bに移転して過去のものとなっていた甲区1番のAの所有権保存登記が復活したのである。

　さらに，乙区1番の抵当権は，甲区2番より後になされた抵当権設定登記であるため，本抹消登記の際に，職権で抹消される。これが乙区2番の登記であり，乙区1番の抵当権設定登記にも下線が引かれる。このように職権で抹消されてしまうことから，Cは利害関係を有する第三者として，その承諾証明情報の提供が求められるというわけである。

(2)　登記識別情報の通知の有無

　所有権の抹消登記が実行されても，登記識別情報は通知されない。抹消登記は，権利取得の登記ではないからである。

　たしかに，抹消登記によって，権利を回復する者は登場する。前記(1)の登記記録を例にとると，Aの権利が復活している。しかし，これは，新たに権利を取得したという扱いではなく，甲区1番ですでに取得していた権利が復活したにすぎない。そして，甲区1番についての登記識別情報は，所有権保存登記の際に通知されている。甲区1番のAの登記識別情報は，Bへの所有権移転登記の際に提供しているが，登記識別情報はパスワードであり，提供したからといってなくなるものではない。権利が復活しても，新しい登記識別情報が通

知されるのではなく，所有権保存登記の際に通知された登記識別情報を使い続けることになるというわけである。

3. 所有権保存登記の抹消

① 意　　義

　所有権保存登記の抹消登記は，すでになされた所有権保存登記について，その登記名義人が所有者でなかった場合など，実体に全面的に不一致であった場合に申請する登記である。

② 登記申請のポイント

(1) 記　載　例

> **事例**　Aを表題部所有者とする甲建物について，A名義の所有権保存登記がなされた。しかし，甲建物はAの所有物ではないことが判明した。

◉記載例　所有権保存登記の抹消

```
登記の目的　1番所有権抹消
原　　　因　錯誤
申　請　人　A
添付情報　登記原因証明情報　登記識別情報　印鑑証明書
　　　　　　代理権限証明情報
登録免許税　金1,000円
```

(2) 登記の目的

　所有権保存登記の抹消も，所有権移転登記の抹消の場合と同様，抹消すべき権利の順位番号を掲げて「1番所有権抹消」のように記載する。

(3) 登記原因

　所有権保存登記の抹消登記の登記原因は，「錯誤」となる。所有権保存登記

が原始的に誤っていたという意味である。

⑷　登記申請人

【登記名義人からの単独申請】

　所有権保存登記の抹消登記は，所有権保存登記の登記名義人からの単独申請となる（77条）。所有権移転登記の抹消登記の場合は，利益を受ける前所有者が登記権利者となるが，所有権保存登記の抹消登記の場合には，そのような前所有者が存在しないからである。

　このことから，この場合は，単独申請といっても，登記義務者の立場での単独申請であることがわかる。相続による所有権移転登記や所有権保存登記の場合など，単独申請となるケースは多々あるが，これらの場合には，登記義務者が存在しないことで，登記権利者の立場での単独申請であることと比較すること。

【確定判決を得た者からの単独申請】

　さらに，所有権保存登記の抹消登記は，所有権保存登記の登記名義人を被告として，所有権保存登記の抹消手続を命じる確定判決を得た者からの単独申請でも行うことができる（昭28・10・14民甲1869号）。確定判決によって，所有権保存登記の登記名義人の登記申請意思を擬制することができるからである。いわゆる判決による登記ということである。

　所有権保存登記の登記名義人を被告として，所有権保存登記の抹消手続を命じる確定判決を得た者からの単独申請の場合の登記申請情報は，以下のようになる。

◉記載例　確定判決を得た者から申請する所有権保存登記の抹消

```
登記の目的　1番所有権抹消
原　　因　錯誤
所有者の表示　A
申　請　人　B
添付情報　登記原因証明情報　代理権限証明情報
登録免許税　金1,000円
```

(5) 添付情報

【所有権保存登記の登記名義人からの申請の場合】

登記原因証明情報と代理権限証明情報の提供が必要である点は，問題がないだろう。

重要なのは，所有権保存登記の登記名義人からの申請の場合に，登記識別情報と印鑑証明書の提供が必要である点である。登記識別情報と印鑑証明書は，共同申請の登記における登記義務者に要求されるものである。この点，所有権保存登記の抹消登記は，単独申請であるが，登記義務者の立場としての単独申請なので，提供が必要とされるのである。

【確定判決を得た者からの申請の場合】

所有権保存登記の登記名義人を被告として，所有権保存登記の抹消手続を命じる確定判決を得た者からの単独申請は，判決による登記に当たるので，登記原因証明情報としては，確定証明書付きの判決正本の提供が必要となる。

また，当該確定判決があることで，登記義務者の位置づけである所有権保存登記の登記名義人の登記申請意思を確認することができるので，所有権保存登記の登記名義人の登記識別情報・印鑑証明書の提供は不要となる。

【承諾証明情報】

所有権保存登記の抹消登記を申請するにあたり，利害関係を有する第三者が存在する場合には，その者の承諾証明情報の提供が必要となる（68条）。必要的承諾型である。利害関係を有する第三者の範囲等については，所有権移転登記の抹消登記と同様に考えればよい（☞ P291）。

(6) 登録免許税

所有権抹消登記における登録免許税は，不動産1個につき1,000円の定額課税である（登免税別表第1.1 (15)）。20個を超える不動産について一括申請をする場合，登録免許税は2万円となる。所有権移転登記の抹消登記と同様である。

③ 登記の実行

(1) 抹消登記の実行

所有権保存登記の抹消登記も，抹消登記なので，主登記で実行される。さらに，抹消された所有権保存登記には，下線が引かれる。

また，承諾証明情報が提供された利害関係を有する第三者の登記が，職権で抹消される。

⑵ 登記記録の閉鎖

【原　則】

　所有権保存登記の抹消登記がなされることにより，所有権保存登記が抹消されて権利部が消滅するだけでなく，原則として，登記記録そのものが閉鎖される。

　所有権保存登記の登記名義人と表題部所有者は同一人であるのが原則であることから，所有権保存登記に誤りがあって抹消されたとすれば，表題部も誤りであったことになるからである。

【例　外】

　ただし，次の場合には，所有権保存登記の抹消登記がなされても，登記記録は閉鎖されない（昭59・2・25民三1085号）。

①表題部所有者の相続人その他の一般承継人名義での所有権保存登記（74条1項1号後段）の抹消登記がなされた場合。

②区分建物において，表題部所有者からの所有権取得者名義での所有権保存登記（74条2項）の抹消登記がなされた場合。

　これらの場合には，表題部所有者名義で所有権保存登記がなされているわけではないので，所有権保存登記が誤りだからといって，表題部まで誤りとは限らないからである。

　なお，確定判決で所有権を有することが確認された者の名義でなされた所有権保存登記の場合や，収用によって所有権を取得した者の名義でなされた所有権保存登記の場合も，表題部所有者と所有権保存登記の登記名義人が異なる。これらの場合にも，所有権保存登記が抹消された場合に，登記記録は閉鎖されるのではないかという疑問を持った人もいるだろう。たしかに，理屈はそのとおりなのだが，これらのケースについては先例がないのである。この2つの場合は，厳格な手続で登記名義人の真実性が確認されており，誤りとして抹消される事例がなかったというわけである。

4. 抹消の代替手段

1 真正な登記名義の回復

⑴ 意　　義

　真正な登記名義の回復による所有権移転登記とは，真実の所有者と現在の所有権登記名義人が異なる場合に申請する所有権の移転登記である。

⑵ 本　　質

　実際には，真実の登記名義人が自己の所有権の登記を復活させるにあたり，登記上の利害関係を有する第三者の承諾が得られないため抹消登記の申請ができないときに，その代替手段として使われる。

　次の例題で考えていこう。

> **例題**　次のように登記されている甲土地において，Aは，Bとの甲土地の売買契約をBの詐欺を理由に取り消した。しかし，所有権の抹消登記を申請するために必要なCの承諾が得られない。登記名義人をAにする方法はあるか。
>
> | 権利部（甲区）（所有権に関する事項） | | | |
> |---|---|---|---|
> | 順位番号 | 登記の目的 | 受付年月日・受付番号 | 権利者その他の事項 |
> | 1 | 所有権保存 | 令和6年2月22日 第22222号 | 所有者　A |
> | 2 | 所有権移転 | 令和6年5月15日 第56971号 | 原因　令和6年5月15日売買 所有者　B |
>
> | 権利部（乙区）（所有権以外の権利に関する事項） | | | |
> |---|---|---|---|
> | 順位番号 | 登記の目的 | 受付年月日・受付番号 | 権利者その他の事項 |
> | 1 | 抵当権設定 | 令和6年5月15日 第56972号 | 抵当権者　C |

　本例題においては，AがBとの売買契約を取り消しているので，Bへの所有権移転登記の抹消登記を申請する事例である。しかし，抹消登記は，必要的承諾型の登記であり，利害関係を有する第三者Cの承諾がないので，申請することができないのである。

　Cの承諾が得られず，抹消登記ができないので，甲区1番のA名義を復活

させることはできない。しかし，A名義にする方法は，甲区1番のA名義の登記を復活させることだけではない。新たにA名義とする所有権移転登記を申請してしまえばよいである。これならば，Cの承諾は必要ない。実は，このときに申請する所有権移転登記の登記原因が「真正な登記名義の回復」なのである。

「真正な登記名義の回復」を登記原因としてAへの所有権移転登記を申請すれば，甲区3番で新たにAを登記名義人とすることができる。

ただし，この場合，抹消登記とすべて同じ権利関係になるわけではない。まず，Cの抵当権はそのまま存続する。Cの承諾がないのだから，当然である。抹消登記がなされた場合と異なり，Aは，抵当権の負担のついた所有権を取得することになるのである。また，登録免許税が，不動産1個につき1,000円では済まない。不動産価額の1000分の20の登録免許税が必要となる。承諾が得られるならば，抹消登記のほうが真実の権利者Aには利益となるというわけである。

以上から，真正な登記名義の回復による所有権移転登記は，抹消登記を申請することができない場合の代替手段であることがわかるだろう。記述式の問題では，「承諾が得られている」「登録免許税をなるべく安く済ませる」などの記述から，抹消登記をすべきか，真正な登記名義の回復による所有権移転登記をすべきか考えることが重要である。

また，真正な登記名義の回復による所有権移転登記は，「抹消登記＋正しい登記」，またそのショートカットとしての「更正登記」の代替手段ともなる。この点については，後述することとする。

⑶　登記申請のポイント

> **事例**　甲土地はAからBに売却され，B名義の所有権移転登記がなされている。Aは，Bとの甲土地の売買契約を，Bの詐欺を理由に取り消した。しかし，Bへの所有権移転登記がなされた後に登記された抵当権者Cの承諾が得られない（この事例は，前記⑵の例題と同じものである）。

◉記載例　真正な登記名義の回復

登記の目的	所有権移転
原　　因	真正な登記名義の回復
権　利　者	A

義 務 者	B
添 付 情 報	登記原因証明情報　登記識別情報　印鑑証明書
	住所証明情報　代理権限証明情報
課 税 価 格	金 1,000 万円
登録免許税	金 20 万円

【登記原因】

　登記原因は,「真正な登記名義の回復」である。登記原因日付は記載しない（昭39・2・17民三125号）。抹消登記の代替手段であるため，所有権移転の登記原因と呼べるものがなく，その日付も観念できないからである。

【登記申請人】

　登記権利者を真実の所有者，登記義務者を現在の登記名義人とする共同申請により行う。

【添付情報】

　共同申請の場合の基本的な添付情報の提供が必要である。

　抹消登記と異なり，新たな登記名義人として記録されるので，住所証明情報の提供が必要となる点に注意してほしい。

　また，抹消登記と異なり，利害関係を有する第三者の承諾は不要である。逆に，利害関係を有する第三者の承諾証明情報を提供することはできない。

【登録免許税】

　相続・合併以外の所有権移転登記であるため，登録免許税率は，不動産価額の1000分の20となる（登免税別表第1.1(2)ハ）。

(4) 第三者への移転の可否

　真正な登記名義の回復による所有権移転登記の登記権利者は，原則として前所有者であるが，それ以外の第三者でもよい。

　たとえば，A→Bと所有権移転登記がなされている場合に，BからAへの真正な登記名義の回復による所有権移転登記を申請することができるのは当然である。さらに，この事例において，Bから第三者Cへの真正な登記名義の回復による所有権移転登記を申請することができるということである。

　第三者への所有権移転登記は，AからBへの所有権移転登記が誤りで，本来Cが所有権移転登記を受けるべきであったという事例においてすることができる〈図2-31〉。上記事例の場合，Bの所有権登記の抹消登記を申請したうえで，

図 2-31　第三者への移転

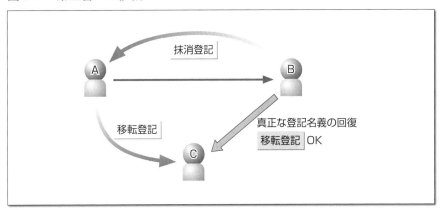

AからCへの所有権移転登記を申請するのが，実体に沿った申請である。ただ，利害関係を有する第三者の承諾がなければ，抹消登記を申請することはできない。第三者の承諾が得られない場合に，真正な登記名義の回復による所有権移転登記を申請することになるが，その際，Aへと移転するのではなく，直接現在の真実の所有者であるCへと移転してしまえばよいということである。真正な登記名義の回復による所有権移転登記は，「抹消登記＋正しい登記」の代替手段としても利用できるというわけである。

　また，XからA・Bへの所有権移転登記がなされている場合において，所有権登記名義人をA・BからBにするときは，Aを脱落させる所有権更正登記を申請することができる。しかし，更正登記は，利害関係を有する第三者が存在するときはその承諾が必要であり，その承諾がなければ申請することはできない。そこで，この事例において，利害関係を有する第三者の承諾が得られない場合には，真正な登記名義の回復によるAからBへのA持分全部移転登記を申請することができる。所有権更正登記も必要的承諾型であり，承諾がなければ申請することができないため，真正な登記名義の回復による所有権移転登記をすることになるのである。真正な登記名義の回復による所有権移転登記は，所有権更正登記の代替手段ともなっているというわけである。

⑸　農地法の許可の要否

【前所有者への移転】

　農地について，前所有者への真正な登記名義の回復による所有権移転登記を申請する場合，農地法の許可書の提供は不要である（昭40・9・24民甲2824号）。

この場合，A→Bと移転している不動産について，B→Aと移転することになるが，実際には抹消登記の代替手段として申請されたものにすぎず，権利の変動がないからである。

【第三者への移転】

農地について，第三者への真正な登記名義の回復による所有権移転登記を申請する場合，原則として，農地法の許可書の提供が必要となる（昭40・12・9民甲3435号）。

この場合，どのような移転についての許可書が必要かに注意する必要がある。たとえば，A→Bと移転している不動産について，真正な登記名義の回復によって，B→Cへと移転した場合，AからCへの移転に関する許可書が必要となる。この不動産は，実際には，AからCへと移転していたからである。

B→Cの移転にもかかわらず，A→C間の許可書の提供が必要となる点がポイントである。では，どうしてこのようなずれが生じるのか，考えてみよう。

この事例を真正な登記名義の回復によらずに申請するならば，Bの所有権を抹消し，A名義の登記にしたうえで，AからCへの所有権移転登記をすることになる。この場合には，当然のことながら，AからCへの許可書の提供が必要になる。そうであれば，この代替手段として真正な登記名義の回復の登記を申請する場合も，AからCへの移転に関する許可書の提供が必要となることが理解できるだろう。

【相続の場合】

第三者への真正な登記名義の回復による所有権移転登記を申請する場合でも，その申請が，相続による所有権移転登記がなされているときに他の相続人に対する移転登記を申請するものであれば，農地法の許可書の提供は不要である（平24・7・25民二1906号）。この場合，登記原因証明情報の内容として，登記権利者となる者が真実の相続人であることが証明されていることが必要である。

たとえば，XからAへの相続による所有権移転登記がなされていたが，真実の相続人がBである場合に，AからBへの真正な登記名義の回復による所有権移転登記の申請をするときは，農地法の許可書は不要となる。この場合に農地法の許可書の提供が不要となるのは，抹消登記＋相続による所有権移転登記の代替手段としての性質があるからである。

(6)　登記の実行

【登記記録】

　真正な登記名義の回復による所有権移転登記は，抹消登記・更正登記の代替手段としての性質をもつが，あくまで所有権移転登記なので，主登記で登記される。以前の登記が復活するのではなく，新たな権利の取得の登記として実行されるということである。抹消登記であれば登記申請の際に職権で抹消されてしまうはずの利害関係を有する第三者の登記についても，そのまま残存する。

　以下，登記実行後の登記記録を掲げておく。事例は，前記(2)の例題や前記(3)の記載例で掲げたものと同じものとする。

●登記実行後の登記記録

権利部（甲区）（所有権に関する事項）			
順位番号	登記の目的	受付年月日・受付番号	権利者その他の事項
1	所有権保存	令和6年2月22日第22222号	所有者　A
2	所有権移転	令和6年5月15日第56971号	原因　令和6年5月15日売買所有者　B
3	所有権移転	令和6年7月5日第76194号	原因　真正な登記名義の回復所有者　A

権利部（乙区）（所有権以外の権利に関する事項）			
順位番号	登記の目的	受付年月日・受付番号	権利者その他の事項
1	抵当権設定	令和6年5月15日第56972号	抵当権者　C

　甲区1番のAの所有権が復活するのではなく，甲区3番でAが新たに所有権を取得している。乙区1番の抵当権については，職権抹消されることなく，そのまま残存している。

【登記識別情報】

　真正な登記名義の回復による所有権移転登記は，移転登記であり，新たな権利の取得の登記なので，当然，新しい登記識別情報が通知される。抹消登記の場合には従前の登記が復活するだけなので，新たな登記識別情報が通知されないことと比較せよ。

② 解　　除

　AからBへの所有権移転登記がなされた場合に，その移転の原因となった契約が取り消されたり解除されたりすれば，所有権抹消登記を申請するのが原則である。しかし，この場合において，第三者の承諾が得られないときは，「年月日解除」「年月日合意解除」「年月日取消」を登記原因として所有権移転登記を申請することができる。趣旨は，真正な登記名義の回復の場合と同様である。

5. 所有権移転失効の定め

① 意　　義

　ここでは，所有権移転失効の定めについて学習する。抹消登記それ自体ではないが，権利の消滅に関する登記なので，ここでまとめて学習するとしよう。

　売買・贈与などの契約において，権利者の死亡または法人の解散によって所有権移転の効力が失効するという内容の解除条件・終期をつけることができる。これを所有権移転失効の定めという。この定めは，「権利の消滅に関する定め」（59条5項）として，登記することができる。

② 権利消滅の定めの登記

(1) 登記申請のポイント

　売買契約等を締結した際に，所有権移転失効の定めを特約した場合には，所有権移転登記の登記申請情報に，その定めを記載して申請することができる（令3条11号ニ）。別件として申請する必要はない。

　登記申請情報は，以下のとおりである。

> **事例**　AからBに対する甲土地の売買契約が締結されたが，その契約において，「買主Bが死亡したときは，所有権移転が失効する」旨の特約が付された。

●記載例　所有権移転失効の定めがなされた場合の所有権移転登記

登記の目的	所有権移転
原　　因	令和6年7月1日売買

特　　　約	買主Bが死亡したときは所有権移転が失効する
権　利　者	B
義　務　者	A
添　付　情　報	登記原因証明情報　登記識別情報　印鑑証明書
	住所証明情報　代理権限証明情報
課　税　価　格	金1,000万円
登録免許税	金20万円

(2)　登記の実行

　所有権移転失効の定めは，所有権移転登記に付記してなされる（規則3条6号）。

　所有権移転登記の申請情報に記載して登記申請をしたとしても，所有権移転登記の登記事項の一部として登記されるのではなく，付記登記として別個の記録を作って登記されるということである。これは，所有権移転失効の定めが所有権者の変更を伴うことになる重要な情報なので，目立つように登記し，見落としがないようにするためである。

　所有権一部移転の登記申請情報の中に共有物不分割特約を記載して登記した場合には，その特約は，所有権一部移転の登記事項の一つとして登記されることと比較すること。

　登記実行後の登記記録は，以下のようになる。

●登記実行後の登記記録

権利部（甲区）（所有権に関する事項）			
順位番号	登記の目的	受付年月日・受付番号	権利者その他の事項
1	所有権保存	令和6年2月22日 第22222号	所有者　A
2	所有権移転	令和6年7月1日 第76971号	原因　令和6年7月1日売買 所有者　B
付記1号	2番所有権移転 失効の定め	余　白	買主Bが死亡したときは所有権移転が失効する 令和6年7月1日付記

3 所有権移転失効の定めの廃止の登記

(1) 意　義

　所有権移転失効の定めが登記されている場合において，当事者の合意により，その定めを廃止したときは，所有権変更登記をすることができる。

　所有権に関する登記事項の変更なので，所有権変更登記となるわけである。

(2) 登記申請のポイント

　事例　ＡとＢの合意で所有権移転失効の定めを廃止した。

●記載例　所有権移転失効の定めの廃止

登記の目的　２番所有権変更
原　　　因　令和６年７月５日変更
変更後の事項　２番付記１号所有権移転失効の定めの廃止
権　利　者　Ｂ
義　務　者　Ａ
添 付 情 報　登記原因証明情報　登記識別情報　印鑑証明書
代理権限証明情報
登録免許税　金1,000円

　【登記の目的】
　所有権の変更登記であり，変更する所有権の順位番号を掲げて「２番所有権変更」のように記載する。
　【登記原因】
　登記原因は，「年月日変更」である。登記原因日付は，変更契約の日である。
　【変更後の事項】
　変更後の事項として，所有権移転失効の定めが廃止された旨を「２番付記１号所有権移転失効の定めの廃止」と記載する。
　【登記申請人】
　所有権変更登記であり，共同申請となる。登記権利者は，所有権移転失効の定めが廃止されることで利益を受ける現在の登記名義人であり，登記義務者は，前所有権登記名義人である。

【添付情報】

添付情報は，共同申請の場合に提供する基本的な添付情報を提供する。所有権登記名義人が新しく登場する登記ではないので，住所証明情報の提供は不要である。

【登録免許税】

登録免許税は，定額課税であり，不動産1個につき1,000円である。

(3) 登記の実行

付記登記で実行される（66条）。登記実行後の登記記録は，以下のようになる。

◉登記実行後の登記記録

権利部（甲区）（所有権に関する事項）			
順位番号	登記の目的	受付年月日・受付番号	権利者その他の事項
1	所有権保存	令和6年2月22日 第22222号	所有者　A
2	所有権移転	令和6年7月1日 第76971号	原因　令和6年7月1日売買 所有者　B
付記1号	2番所有権移転失効の定め	余　白	買主Bが死亡したときは所有権移転が失効する 令和6年7月1日付記
付記2号	2番所有権変更	令和6年7月5日 第77778号	原因　令和6年7月5日変更 2番付記1号所有権移転失効の定めの廃止

4　所有者移転が失効した場合

所有権移転失効の定めが登記されている場合に，その定めが実現したときは，現在の登記名義人から前登記名義人への所有権移転登記を申請する（大判大3・8・24）。

たとえば，AからBへの所有権移転登記がなされており，Bの所有権登記に「Bが死亡したときは所有権移転が失効する」という内容の付記登記がなされている場合に，Bが死亡したときは，BからAへの所有権移転登記を申請するということである。

所有権抹消登記をするわけではない点に注意すること。定めが実現したときに，前所有者に権利が復帰するのであって，遡及的に所有権移転が無効となるわけではないからである。

生徒：抹消登記は，利害関係のある第三者の承諾がなければ申請できないと学習しました。よくわからないのが，この第三者に承諾をする義務がないという点なんです。

講師：それは場合による。たとえば，不動産がAからBへ売却され，Cの抵当権が設定された場合，AがBの強迫を理由にA・B間の契約を取り消したときは，民法上，取消しをもってCに対抗することができるね。つまり，Cには承諾義務があるということだ。

生徒：その場合，民法上，Cに対抗できるのに，いちいち承諾書が必要になるんですね。

講師：そのとおり。承諾義務があるかどうかと，承諾書が要るか要らないかは別の話。強迫を理由に第三者に対抗できる場合でも，承諾書がなければ抹消登記はできないし，民法上は第三者に対抗できない場合でも，第三者が任意に承諾をしてくれれば抹消登記ができるということなんだ。

生徒：民法とは区別して，あくまで第三者の承諾があるから抹消登記ができるという不動産登記法の理屈で考えればいいんですね。それはわかるのですが，それなら，承諾義務って意味があるんですか。

講師：承諾義務がある場合には，「承諾しろ」という訴訟を起こせば勝てるんだ。承諾義務がない場合には勝てない。そして，訴訟で手に入れた「判決謄本」は，承諾書の代わりに承諾証明情報として使える。これがあれば，抹消登記の申請ができるというわけだ。

生徒：裁判で勝てるかどうかが違うんですね。

講師：ただ，第三者に承諾義務があっても，訴訟を起こすのは面倒だといって，真正な登記名義の回復で登記をする場合もある。逆に，第三者に承諾義務がないが，「判子代」といって，お金を渡して承諾書を書いてもらって抹消登記ができる場合もある。あくまで，最終的には，承諾書があるかどうかなんだ。

生徒：よくわかりました。

買戻特約の登記

> ●この章で学ぶこと●
> ───────────────────────
> 　この章では，買戻特約の登記について学習します。登記できる時期・登記事項など独特なものがありますから，ひとつひとつしっかり学習してください。

1. 買戻特約の意義

1　買戻特約とは

　買戻特約とは，買主が支払った代金（または合意した額）及び契約の費用を売主が買主に返還することによって，売買契約を解除し，目的物を取り戻すことができることを内容とする特約であって，売買契約と同時にするもののことである（民 579 条）。

　債権の担保として利用されることが多い（『民法Ⅱ』参照）。

2　対抗要件

　買戻権は，登記することができる。登記することで，売主は，買戻特約を第三者に対抗することができる（民 581 条 1 項）。つまり，売主が買戻権を実行して所有権を取り戻す場合に，買戻登記に後れる権利を存在しないかのごとく蹴散らすことができるのである。蹴散らす具体的な方法は，後述する。

3　買戻権の本質

　民法上，買戻特約を締結しておくことで，売主が契約を解除をすることができると考える。つまり，民法上は，買戻権を解除権の留保と考えている。

　しかし，不動産登記法上は，そうではなくて，将来買戻権を行使することで

所有権を取得することができるという「新たな物権取得権」と位置づける。よって，買戻権自体を売却して移転させることもできるし，買戻権が実行された場合には，所有権移転登記の抹消ではなく，新たな所有権移転登記を申請することになる。

このあたりの具体的な取扱いは後述する。ここでは，買戻権は，「所有権移転登記と同時に登記されるが，所有権とは別個の物権取得権である」という不動産登記法における買戻権の本質を押さえておいてほしい。

2. 買戻特約の登記

1 登記するための要件

(1) 要　　件

買戻特約の登記申請は，売買による所有権移転登記の申請と同時に，別個の登記申請情報で申請しなければならない（民581条1項，昭35・3・31民甲712号）。

以下，①売買による所有権移転登記と，②同時に，③別個の登記申請情報で行うという要件について，ひとつひとつ検討していく。

(2) 「売買による所有権移転登記」と同時申請

【原　　則】

買戻特約の登記は，売買による所有権移転登記と同時に申請しなければならないのが原則である。ここでは，同時申請の対象が「売買による所有権移転」以外でもよいのかについて考えていく。

【代物弁済・譲渡担保】

買戻特約の登記を，代物弁済による所有権移転登記と同時に申請することはできない（昭37・1・10民甲1号）。また，買戻特約の登記を，譲渡担保による所有権移転登記と同時に申請することもできない（登研322号73）。

買戻しは，あくまで，売買した物を「買い戻す」特約であって，売買契約の特約だからである。

【所有権保存】

買戻特約の登記を，所有権保存登記と同時に申請することはできる（昭38・8・

29民甲2540号）。

冒頭省略表示登記の場合や，区分建物の表題部所有者からの所有権取得者名義での保存登記の場合など，売買契約が締結されたうえで，所有権保存登記がなされていることもあるからである。

【地上権・永小作権】

買戻特約の登記を，地上権移転や永小作権移転の登記と同時に申請することができる。

買戻特約は，売買契約の特約であるが，所有権だけでなく，地上権や永小作権が売買された場合にも，買戻特約をすることができるからである。

⑶　同時申請であること

【同時申請とは】

買戻特約の登記は，売買による所有権移転登記と同時に申請しなければならない。所有権移転登記をした後に，後日，買戻特約の登記を申請しても，受理されないのである。

同時申請とは，同一の不動産に関して，同時に数件の登記申請をし，同一の受付番号で登記されるもののことである。よって，「所有権移転」と「買戻特約」の2つの登記を，順番をつけずに同時に申請する必要があるのである。

通常の連件申請ではない点に注意が必要である。連件申請とは，連続して数件の登記申請がなされ，連続した受付番号で登記されるものである。実務上，AからBに所有権を移転して，抵当権の設定登記をするという事例が多いが，これは，「所有権移転」と「抵当権設定」の登記を連件で申請しているケースである。

連件申請では，複数の申請が1件ずつ審査される。つまり，1件目が受理されたことを前提にして2件目の審査をするのである。これに対して，同時申請は，2つの登記がまとめて審査される。つまり，一方の登記申請の審査をする際には，他方の申請も受理されていないことを前提とするのである。

【仮登記の場合】

所有権移転が仮登記でなされる場合には，その仮登記と買戻特約の仮登記を同時に申請する必要はない（昭36・5・30民甲1257号）。所有権移転の仮登記を申請した後に，後日，買戻特約の仮登記の申請をしても，受理されるのである。同時申請は，あくまで本登記をする際に要求されるものだからである。

ただし，所有権移転の仮登記の本登記の申請と，買戻特約の仮登記の本登記の申請は，同時にしなければならない。同時申請が要求されないのは，あくま

で仮登記の段階でのことにすぎないからである。

(4) 別個の登記申請情報で申請すること

　買戻特約の登記は，所有権移転登記と同時に申請するが，別個の申請情報で申請しなければならない。2件で申請をしなければならないのであって，所有権移転登記の登記申請情報に記載して1件で申請することはできないのである。

　共有物不分割特約や所有権移転失効の定めは，所有権の登記事項の扱いなので，所有権移転登記等の登記申請情報に記載して申請することができる。しかし，買戻特約は，そうはいかないのである。買戻特約は，所有権移転登記と同時に申請するが，「買戻特約」という別個の登記という扱いだからである。

2 　登記申請のポイント

(1) 記 載 例

> **事例**　令和6年7月5日，甲土地の所有権登記名義人Aは，甲土地をBに2,000万円で売却した。その売買契約には，「Aは，売買代金（2,000万円）と契約費用（100万円）を返還して，令和6年7月5日から6年間，甲土地を買い戻すことができる」旨の特約がある。

●記載例　買戻特約

```
登記の目的　所有権移転
原　　　因　令和6年7月5日売買
権 利 者　B
義 務 者　A
添 付 情 報　登記原因証明情報　登記識別情報　印鑑証明書
　　　　　　住所証明情報　代理権限証明情報
課 税 価 格　金1,000万円
登録免許税　金20万円
```

```
登記の目的　買戻特約
原　　　因　令和6年7月5日特約
売 買 代 金　金2,000万円
```

> 契 約 費 用　金 100 万円
> 期　　　　間　令和 6 年 7 月 5 日から 6 年間
> 権　利　者　A
> 義　務　者　B
> 添 付 情 報　登記原因証明情報　代理権限証明情報
> 登録免許税　金 1,000 円

　買戻特約は，売買による所有権移転登記と同時に申請しなければならないが，所有権移転登記自体は，通常の所有権移転登記である。売買による所有権移転登記については学習済みなので（☞ P84），ここでは，その登記と同時に申請する買戻特約の登記について説明を加えていくことにする。

(2)　登記の目的

　登記の目的は，「買戻特約」と記載する。所有権移転登記とは別個の登記なので，「所有権変更」とはならない。

(3)　登記原因

　登記原因は，「年月日特約」となる。登記原因日付は，特約の日であり，売買契約の日である。

　以上のことから，買戻特約の登記原因日付は，原則として，同時申請する売買による所有権移転登記の登記原因日付と同じ日となる。しかし，所有権移転登記の登記原因日付と買戻特約の登記原因日付が異なる場合もあり，その場合でも，登記申請は受理される。たとえば，令和 6 年 7 月 1 日に買戻特約付きの売買契約が締結されたが，令和 6 年 7 月 5 日に所有権が移転するという所有権移転時期特約が付されている場合，所有権移転登記の登記原因日付は令和 6 年 7 月 5 日であり，買戻特約登記の登記原因日付は令和 6 年 7 月 1 日となる。

(4)　登記事項

【買戻特約の登記事項】

　買戻特約の登記においては，「売買代金」「契約費用」が絶対的登記事項となり，「買戻期間」が任意的登記事項となる（96 条）。

【売買代金】

　売買代金が絶対的登記事項となる。「売買代金　金 2,000 万円」のように記

載する。

　売買代金とは，買主が実際に売主に支払った額のことである。売主が買い戻す際の返還額を明確にするために，登記事項とされている。

　また，売買代金に代えて，合意によって定めた額を返還して買戻権の行使をできるようにすることができるが，その場合には，売買代金に代えて，合意によって定めた額が登記事項となる。

　売買代金を分割して支払う場合には，買主が現実に支払った額及び総代金額を併記しなければならない（昭35・8・2民甲1971号）。買戻特約は，登記することで第三者に対抗できるし，譲渡の対象ともなるので，その権利関係を明確に公示する必要があるからである。登記申請情報には，以下のように記載する。

> 売買代金　支払済代金　金1,200万円
> 　　　　　総　代　金　金2,000万円

【契約費用】

　契約費用も，絶対的登記事項である。「契約費用　金100万円」のように記載する。

　契約費用とは，契約書作成の費用，その他売買契約締結のために要する費用で，買主が現実に支払った額である。契約費用も，売主が買戻権を行使する際に返還しなければならないので，その額を明確にするため，登記事項とされたものである。

　契約費用は，絶対的登記事項とされているので，契約費用が存在しない場合でも，契約費用が返還不要である旨の特約がある場合でも，登記事項となる。具体的には，契約費用が存在しない場合には「契約費用　なし」と，契約費用が返還不要である旨の特約がある場合には，「契約費用　返還不要」と，登記申請情報に記載する。

【買戻期間】

　買戻期間は，任意的な登記事項である。つまり，買戻期間を定めた場合には登記するが，定めなかった場合には登記しないということである。買戻期間を定めた場合には，「期間　令和6年7月5日から6年間」のように記載する。

　買戻期間を定める場合には，10年を超えることができない（民580条1項）。

　例題1　買戻特約において，買戻期間が13年と定められている。この場合，この特約を登記することができるか。

本例題1では，上限である10年を超えた買戻期間の合意がなされている。この場合でも，買戻特約や買戻期間の全体が無効となるわけではなく，買戻期間の10年を超えた部分のみが無効となるにすぎない。

よって，本例題1では，買戻期間は10年間であるとされ，登記申請情報には10年に引き直して登記することができる。共有物不分割特約の場合は，5年を超えて定めたときは不分割特約自体が無効となることと比較せよ（☞P241）。

> **例題2**　買戻期間が登記されていない場合には，何年間，買戻権の行使ができるか。

買戻期間は，任意的な登記事項であるため，登記事項となっていない場合がある。買戻期間が登記されていないということは，買戻期間が合意されていないということである。その場合，買戻期間は5年となる（民580条3項）。よって，本例題2の場合，買戻期間は5年である。記述式問題において，買戻期間の登記がない買戻特約がある場合，買戻期間が5年であることを忘れて検討している人が多い。買戻期間が過ぎているのに，買戻権の行使の登記ができると考えたり，買戻期間満了による買戻権抹消の登記を申請し忘れたりする人が多いので，注意すること。

【一括申請の場合】

数個の不動産について一括売買がなされたことで，その数個の不動産について所有権移転登記と買戻特約の登記を一括申請する場合でも，売買代金・契約費用については，不動産ごとに定めたうえで，登記申請情報には，不動産ごとの金額を記載しなければならない（昭35・8・1民甲1934号）。

一括売却されたとしても，買戻特約は，不動産ごとに別個の権利として，別々に登記されるからである。

(5)　登記申請人

買戻特約の登記は，共同申請により行う。買戻権者となる売主が登記権利者，買主が登記義務者となる。

同時に申請する所有権移転登記とは，登記権利者・登記義務者が逆になる。前記(1)の記載例において，この点を確認してほしい。所有権移転登記では，Bが登記権利者，Aが登記義務者であるが，買戻特約の登記では，Aが登記権利者，Bが登記義務者となっている。

8

買戻特約の登記

(6) 添付情報

【総　説】

　前記(1)を記載例を一目見て，添付情報が少ないことがわかるだろう。添付情報として提供する必要があるのは，登記原因証明情報と代理権限証明情報だけである。通常の共同申請で必要となる基本的な添付情報の中では，登記識別情報・印鑑証明書・住所証明情報の提供が不要となるのである。以下，この3つの添付情報が不要となる理由を説明していこう。

【登記識別情報が不要】

　登記義務者の登記識別情報が不要となる。

　買戻特約の登記で登記義務者となるのは，買主である。しかし，買主が登記名義人となって，登記識別情報の提供を受けるのは，同時に申請する所有権移転登記によってである。この2つの登記は，同時に審査される。買戻特約の登記を審査する時には，まだ所有権移転登記が受理されていないのである。これは，この時点で買主が登記名義人となっておらず，登記識別情報の通知も受けていないことを意味する。つまり，買戻特約の登記申請時点において，登記義務者である買主は，登記名義人となっておらず，登記識別情報の通知も受けていないので，その添付が要求されないのである。

　なお，連件申請の場合は，1件ごとに審査されるので，1件目で通知される登記識別情報が2件目で必要となる場合には，その提供が必要となる。2件目の申請を審査する時には，すでに1件目の登記が受理されており，登記識別情報が通知されているからである。たとえば，1件目でAからBへの所有権移転登記を申請し，2件目でBを登記義務者としてCの抵当権を設定する場合，2件目の登記申請情報には，Bの登記識別情報を提供しなければならない。ただ，実際には，1件目と2件目の登記申請情報を一緒に提出するため，この登記識別情報を申請人が提供することは不可能なので，提供したものとみなしてくれる規定がある（規則67条）。

【印鑑証明書の提供が不要】

　印鑑証明書は，登記義務者が所有権の登記名義人である場合に，登記識別情報の補強として提供するものである。

　この点，買戻特約の登記は，登記義務者がまだ所有権登記名義人になっていないため，そのような要件を満たさず，印鑑証明書の提供が不要となるのである。また，登記識別情報の補強書面であることから考えても，登記識別情報を

提供しないのだから，印鑑証明書も提供が不要であることがわかるだろう。

【住所証明情報の提供が不要】

　住所証明情報は，登記記録に新たに所有権登記名義人として記録される者がいる場合に，その者について要求される。

　しかし，買戻特約の登記は，買戻権者として登記されるが，所有権登記名義人として記録される者が出てくるわけではないので，住所証明情報の提供は不要とされているのである。

(7)　登録免許税

　登録免許税は，不動産1個につき1,000円である（登免税別表第1.1⒁）。

3　登記の実行

(1)　登記記録

　買戻特約の登記は，所有権移転登記（または所有権保存登記）に付記して登記される（規則3条9号）。また，所有権移転登記と同時申請されることから，所有権移転登記と買戻特約の登記は，同じ受付番号が付される（昭35・3・31民甲712号）。

　登記実行後の登記記録は，以下のようになる。

◉登記実行後の登記記録

権利部（甲区）（所有権に関する事項）			
順位番号	登記の目的	受付年月日・受付番号	権利者その他の事項
1	所有権保存	令和6年2月22日 第22222号	所有者　A
2	所有権移転	令和6年7月5日 第76971号	原因　令和6年7月5日売買 所有者　B
付記1号	買戻特約	令和6年7月5日 第76971号	原因　令和6年7月5日特約 売買代金　金2,000万円 契約費用　金100万円 期間　令和6年7月5日から6年間 買戻権者　A

　所有権移転登記も，買戻特約の登記も，受付番号が同じ「令和6年7月5日第76971号」であることを確認しておいてほしい。

　所有権移転登記と買戻特約の登記が実行されると，買主（前記登記記録のB）に対して，所有権取得に関する登記識別情報が通知される。それだけではなく，買戻権者（前記登記記録のA）に対して，買戻権取得に関する登記識別情報が通知される。

　登記識別情報は，所有権に限らず，新たに登記名義人となった者に通知されるが，買戻権も「新たな物権取得権」という権利であるため，買戻特約の登記をその権利の取得の登記と考えて，登記識別情報を通知するのである。

3. 買戻権の移転

■1　意　　義

　不動産登記法においては，買戻権もひとつの権利と考えるため，買戻権を譲渡することも認められている（大判明34・9・14）。そして，買戻権が譲渡された場合には，買戻権の移転の登記を申請する。

　また，買戻権者が死亡した場合には，買戻権の相続による移転登記を申請する。

■2　登記申請のポイント

(1)　記　載　例

> **事例**　甲土地の登記記録には，AからBへの所有権移転登記が甲区2番でなされ，その所有権移転登記にAの買戻特約が付記されている。Aは，この買戻特約を有償でCに譲渡した。

◉記載例　買戻権の移転

登記の目的	2番付記1号買戻権移転
原　　　因	令和6年7月5日売買
権　利　者	C
義　務　者	A
添付情報	登記原因証明情報　登記識別情報　印鑑証明書

> 代理権限証明情報
> 登録免許税　金1,000円

(2)　登記の目的

登記の目的は，「2番付記1号買戻権移転」のように記載する。「2番付記1号買戻権」と登記の対象となる権利を特定したうえで，その権利に生じる物権変動を「移転」と記載するのである。

(3)　登記原因

登記原因は，買戻権が移転した原因を「年月日売買」「年月日贈与」「年月日相続」などと記載する。

登記原因日付は，買戻権が移転した日である。

(4)　登記申請人

買戻権の譲渡を受けた者を登記権利者，譲渡をした買戻権者を登記義務者として共同申請により行う。

相続・合併によって移転した場合は，相続人・存続会社からの単独申請となる。

(5)　添付情報

【共通する添付情報】

共同申請の場合も，単独申請の場合も，登記原因証明情報・代理権限証明情報の提供が必要となる。

買戻権の移転を受けても，登記記録には買戻権者として記録されるのみで，所有権者として記録されるわけではないので，住所証明情報の提供は不要である。

【共同申請の場合】

共同申請の場合は，登記義務者の登記識別情報の提供が必要となる。登記義務者である買戻権者が買戻権を取得した際に通知された登記識別情報の提供が必要となるのである。

また，所有権に関する買戻権の移転の登記の申請をするには，登記義務者の印鑑証明書の提供も必要となる。買戻権は，所有権ではないが，将来所有権を

取得できる権利として，所有権に準じて扱い，二重のチェックを受けるということである。

【単独申請の場合】

単独申請の場合は，登記義務者がいないので，登記識別情報・印鑑証明書の提供は不要である。

その代わり，登記原因証明情報として提供するものが，戸籍謄本・会社の登記事項証明書など公的な書面でなければならない。

(6) 登録免許税

買戻権の移転の登記の登録免許税は，不動産1個につき1,000円である（登免税別表第1.1(14)）。

3 登記の実行

所有権以外の移転登記は，付記登記でなされる（規則3条5号）。そして，買戻権は，もともと付記登記で登記されている。よって，買戻権の移転の登記は，付記登記に付記する形で登記される（付記登記の付記登記）。

登記実行後の登記記録は，以下のようになる。

●登記実行後の登記記録

権利部（甲区）（所有権に関する事項）			
順位番号	登記の目的	受付年月日・受付番号	権利者その他の事項
1	所有権保存	令和6年2月22日 第22222号	所有者　A
2	所有権移転	令和6年3月5日 第36971号	原因　令和6年3月5日売買 所有者　B
付記1号	買戻特約	令和6年3月5日 第36971号	原因　令和6年3月5日特約 売買代金　金2,000万円 契約費用　金100万円 期間　令和6年3月5日から6年間 買戻権者　A
付記1号の 付記1号	2番付記1号 買戻権移転	令和6年7月5日 第75698号	原因　令和6年7月5日売買 買戻権者　C

4. 買戻権の変更・更正

1 意　義

　買戻特約が登記された後に登記事項に変更があった場合には，買戻権の変更登記を申請することができる。また，買戻特約の登記に初めから誤りがあった場合には，買戻権の更正登記を申請することができる。

　しかし，買戻権は，登記することで第三者に対抗できる（第三者を蹴散らすことができる）強力な権利であるため，その変更には制限がある。変更できない場合もあるのである。以下，変更・更正の可否について，具体的に検討していこう。

2 売買代金・契約費用

(1) 増額変更

　売買代金・契約費用を増額する変更をすることはできない（昭43・2・9民三34号）。買戻権は，担保として利用されることが多いが，これらを事後的に増額することは，買主（債権者）の暴利行為として禁止されているのである。

　ただし，例外として，売買代金の分割払いの場合に，支払済代金と総代金が登記されているときは，支払済代金を総代金まで増額する変更登記をすることが可能である。これは，分割払いを履行しているにすぎず，暴利行為があったとはいえないからである。

(2) 減額変更

　これに対して，売買代金・契約費用を減額する変更をすることはできる。減額変更の場合は，暴利行為といった側面がないからである。

(3) 増額・減額更正

　また，売買代金・契約費用についてする更正登記は，増額・減額を問わず，することができる。初めから誤っていた登記は是正されるべきだからである。

《売買代金・契約費用の変更・更正登記の可否》

	変更	更正
増額	× （例外として，分割払いの場合に，支払済代金を総代金まで増額することは可）	○
減額	○	○

3 買戻期間

(1) 伸長変更

買戻期間を伸長する変更の登記をすることはできない。民法上，事後的に買戻期間を伸長することが許されていないからである（民580条2項）。買戻権は，第三者にも対抗できる強力な権利であるが，買戻期間が伸長されて第三者に対抗できる時期が延びることは，第三者にとって大きな不利益となることから，禁止されているものである。

(2) 短縮変更

買戻期間を短縮する変更の登記をすることはできる。第三者に不利益となるわけではないからである。

(3) 伸長・短縮更正

買戻期間を更正する登記は，伸長・短縮を問わず，することができる。誤りは是正されるべきだからである。

《買戻期間の変更・更正登記の可否》

	変更	更正
伸長	×	○
短縮	○	○

5. 買戻権の行使

1 意 義

買戻権者は，売買代金（または合意で定めた額）及び契約費用を返還して，不動産を買い戻すことができる（民579条）。

買戻権の実行は，民法上は解除として扱うが，不動産登記法上は新たな所有権の取得として扱い，所有権移転登記を申請する。

また，買戻権は，第三者に対抗することができるので，所有権移転登記の際に，第三者の権利の抹消登記を申請することもできる（詳細は後述）。

2 登記申請のポイント

⑴ 記 載 例

事例 下記のような登記記録の甲土地において，令和6年7月5日，Aが買戻権を行使した。

権利部（甲区）（所有権に関する事項）			
順位番号	登記の目的	受付年月日・受付番号	権利者その他の事項
1	所有権保存	令和1年7月10日 第71070号	所有者　A
2	所有権移転	令和2年10月10日 第101010号	原因　令和2年10月10日売買 所有者　B
付記1号	買戻特約	令和2年10月10日 第101010号	原因　令和2年10月10日特約 売買代金　金2,000万円 契約費用　金100万円 期間　令和2年10月10日から6年間 買戻権者　A
3	所有権移転	令和5年6月3日 第62312号	原因　令和5年6月3日売買 所有者　C

権利部（乙区）（所有権以外の権利に関する事項）			
順位番号	登記の目的	受付年月日・受付番号	権利者その他の事項
1	抵当権設定	令和5年6月3日 第62313号	令和5年6月3日金銭消費貸借同日設定 抵当権者　D

●記載例　買戻権行使

1件目

```
登記の目的　所有権移転
原　　　因　令和6年7月5日買戻
権　利　者　A
義　務　者　C
添 付 情 報　登記原因証明情報　登記識別情報　印鑑証明書
　　　　　　住所証明情報　代理権限証明情報
課 税 価 格　金1,000万円
登録免許税　金20万円
```

2件目

```
登記の目的　1番抵当権抹消
原　　　因　令和6年7月5日買戻権行使による所有権移転
権　利　者　A
義　務　者　D
添 付 情 報　登記原因証明情報　登記識別情報　代理権限証明情報
登録免許税　金1,000円
```

　1件目が，買戻権の行使による所有権移転登記の登記申請情報である。買戻特約は，その登記に後れる登記に対抗することができ，買戻権を行使する際に，蹴散らすことができる。本事例においては，買戻権の行使によって1番抵当権を蹴散らすことができるが，その具体的な登記が，2件目の抵当権抹消登記である。

　以下，まずは，1件目の買戻権行使による所有権移転登記を説明し，その後に，2件目の抵当権抹消登記について説明を加える。

⑵　登記の目的

　登記の目的は，「所有権移転」である。

(3)　登記原因

【原　則】

　登記原因は,「年月日買戻」である。登記原因日付は, 買戻権行使の日である。買戻権の行使は, 買戻期間内に行わなければならないため, 登記原因日付となる行使の日は, 買戻期間内の日付でなければならないことになる。しかし, 買戻期間内に買戻権が行使されている場合には, 登記申請自体は, 買戻期間経過後であっても, 受理される。

【農地の場合】

　買戻権の行使の対象となっている不動産が農地である場合, 農地法の許可を得ることが必要となり, 添付情報として農地法の許可書の提供が必要となる。この場合, 農地法の許可書が到達した時に所有権移転の効力が生じるから, 農地法の許可書の到達日が登記原因日付となる（昭42・2・8民甲293号）。

　そして, 農地法の許可書の到達が買戻期間経過後であったとしても, 買戻権の行使が買戻期間内に行われていれば, 登記申請は受理される〈図2-32〉。農地法の許可書が買戻期間内に到達しなければならないとすると, 行政の処理スピード次第で買戻しの可否が変わってきてしまい, 妥当でないからである。

　この場合には, 買戻期間経過後の日付を登記原因日付として登記申請することになるが, それでも受理されるということである。

図 2-32　農地を買い戻す場合

買戻権行使　　　　　　買戻期間満了　　　　　　許可書到達

(4)　登記申請人

　買戻権の行使による所有権移転登記は, 共同申請により行う。

　登記権利者となるのは, 買戻権の行使をした買戻権者である。上記記載例では, A がこれに当たる。

　登記義務者となるのは, 現在の所有権登記名義人である。上記記載例では,

Cとなる。買主から所有権が移転している場合においては，買戻権者は，現在の所有者に対して所有権の取得を求めることができるのである。所有権が移転している場合に登記義務者となるのは，買戻特約の当事者であった買主Bではない点に注意してほしい。

(5) 添付情報

共同申請の基本的な添付情報の提供が必要となる。農地の場合には，農地法の許可書の提供も必要となる。

また，変更・更正・抹消登記ではないが，例外的に利害関係を有する第三者の承諾証明情報の提供が必要となる場合もある（☞後記**3**）。

(6) 登録免許税

相続・合併以外の所有権移転登記であるため，登録免許税率は，不動産価額の1000分の20となる（登免税別表第1.1(2)ハ）。

(7) 後れる登記の抹消登記

買戻権特約は，後れる権利に対抗することができ，買戻権の行使の際に後れる権利を蹴散らすことができる。つまり，後れる権利は消滅するのである。

しかし，買戻権の行使による登記は，所有権移転登記であり，後れる権利についての登記を職権で抹消することはできない（抹消登記であれば，承諾証明情報を提供してその権利を目的とする権利を職権抹消することができる）。そのため，買戻権の行使によって消滅した後れる権利についての登記は，当事者の共同申請により抹消登記を申請しなければならない。

この場合の登記原因は，「年月日買戻権行使による所有権移転」である。

3 登記の実行

(1) 登記記録

買戻権行使による所有権移転登記は，所有権の移転の登記として，主登記で実行される。また，後れる登記の抹消登記を併せて申請した場合には，その権利の抹消登記も主登記で実行される。

登記実行後の登記記録は，以下のようになる。

●登記実行後の登記記録

権利部（甲区）（所有権に関する事項）			
順位番号	登記の目的	受付年月日・受付番号	権利者その他の事項
1	所有権保存	令和１年７月10日 第71070号	所有者　Ａ
2	所有権移転	令和２年10月10日 第101010号	原因　令和２年10月10日売買 所有者　Ｂ
付記１号	買戻特約	令和２年10月10日 第101010号	原因　令和２年10月10日特約 売買代金　金2,000万円 契約費用　金100万円 期間　令和２年10月10日から６年 　　　間 買戻権者　Ａ
3	所有権移転	令和５年６月３日 第62312号	原因　令和５年６月３日売買 所有者　Ｃ
4	所有権移転	令和６年７月５日 第71685号	原因　令和６年７月５日買戻 所有者　Ａ
5	２番付記１号買 戻権抹消	余　白	４番所有権移転登記により令和６年 ７月５日登記

権利部（乙区）（所有権以外の権利に関する事項）			
順位番号	登記の目的	受付年月日・受付番号	権利者その他の事項
1	抵当権設定	令和５年６月３日 第62313号	令和５年６月３日金銭消費貸借同日 設定 抵当権者　Ｄ
2	１番抵当権抹消	令和６年７月５日 第71686号	原因　令和６年７月５日買戻権行使 による所有権移転

（2）　買戻特約の抹消

【職権抹消】

　買戻しによる所有権移転登記と抵当権抹消登記のほかに，もうひとつ，今回の登記申請の際に実行された登記がある。前記(1)の登記記録をもう一度見て，探してみてほしい。

　買戻特約の登記が抹消されていることに気がつくだろう。甲区２番付記１号の買戻特約に下線が引かれていて，甲区５番で抹消登記が実行されている。実は，これは，買戻しによる所有権移転登記が実行されたときに，職権で抹消さ

れたものである。

買戻権が行使されたことで，買戻特約の登記は，その目的が達成されたこととなり，不要な登記となる。この場合，買戻特約の登記については，抹消登記の申請などは不要で，職権で抹消してくれるのである（規則174条）。

【添付情報への影響】

さらに，この職権抹消が買戻しによる所有権移転登記の添付情報に影響を与えることになる。それは，承諾証明情報である。

通常，所有権移転登記それ自体に，登記上の利害関係を有する第三者の承諾証明情報を提供することはない。しかし，買戻しによる所有権移転登記を申請すると，買戻特約の登記が抹消されることから，その抹消登記について利害関係を有する第三者の承諾証明情報の提供が必要となるのである。

たとえば，買戻特約に質権・差押え・仮差押え・仮処分などの登記がなされているとしよう。買戻権が行使されると，所有権が移転し，買戻特約が職権で抹消される。そうすると，買戻特約を対象としている質権等のこれらの権利も，職権で抹消されることになる。このことから，これらの権利者が「職権で抹消されてもよい」と承諾した書面の提供が必要となるというわけである。

6. 買戻権の抹消

① 意　義

買戻権は，買戻特約の取消し・解除や，買戻期間の満了によって，消滅する。よって，これらの原因が生じた場合には，買戻権の抹消登記の申請をする。買戻権の行使があった場合，買戻権の抹消は職権でされることも併せて確認しておくこと。

ここでは，特に学習が必要な買戻期間満了を中心に説明していくこととする。

② 登記申請のポイント

⑴ 記　載　例

事例 甲土地の登記記録には，甲区2番でAからBへの所有権移転登記がなされており，Bの所有権移転登記には，「期間　平成30年6月25日から6年間」「買戻権者A」とする買戻特約が付記されている。買戻期間が満了した。

●記載例　買戻期間満了による買戻権抹消

登記の目的　2番付記1号買戻権抹消
原　　　因　令和6年6月26日買戻期間満了
権　利　者　B
義　務　者　A
添 付 情 報　登記原因証明情報　登記識別情報　印鑑証明書
　　　　　　代理権限証明情報
登録免許税　金1,000円

---

(2)　登記の目的

　登記の目的は，「2番付記1号買戻権抹消」のように記載する。抹消の対象となる登記の順位番号を掲げたうえで「2番付記1号買戻権」と記載し，生じた権利変動を「抹消」と記載するのである。

(3)　登記原因

　登記原因は，「年月日買戻期間満了」である。

　登記原因日付は，買戻期間満了日の翌日である。期間満了日ではなく，その翌日となる点に注意すること。期間満了日の24時が経過して初めて買戻権が消滅するので，期間満了日中には消滅しないことになる。よって，権利の消滅の日付は，その翌日付となるというわけである。

　また，下記(4)【例外①】の場合、登記原因は，「不動産登記法第69条の2の規定による抹消」となる。登記原因日付は，登記記録から明確となるため，記載する必要はない。

(4)　登記申請人

【原　則】

　現在の所有権登記名義人を登記権利者，現在の買戻権者を登記義務者とする共同申請である。

【例外①】

　買戻特約がなされた売買契約の日から10年経過しているときは，登記権利者が単独で申請することができる（69条の2）。

買戻権の存続期間は最長で 10 年であり，それ以上伸長することはできない（民 580 条）。よって，契約の日から 10 年経過している場合には，買戻権は絶対的に消滅していることになる。そのため，登記権利者が単独で買戻特約の抹消の申請をしても，買戻権者が不測の損害を被ることは考えられない。このことから，登記権利者の単独申請を認めたのである。

【例外②】

登記義務者が行方不明である場合には，除権決定を得ることで，登記権利者が単独で申請することができる（70 条）。詳細は『不動産登記法Ⅱ』で説明する。

⑸　添付情報

【共同申請の場合】

共同申請の基本的な添付情報の提供が必要となる。

所有権に関する買戻権の場合は，「将来所有権を取得できる権利」として，所有権に準じて扱うので，登記義務者となる買戻権者の印鑑証明書の提供が必要となる点に注意すること。

また，抹消登記であるため，買戻権について登記上の利害関係を有する第三者が存在する場合には，その者の承諾証明情報の提供も必要となる。たとえば，買戻権に対する差押権者などが，利害関係を有する第三者に当たる。

【単独申請の場合】

買戻特約がなされた売買契約の日から 10 年経過していることにより，登記権利者から単独で申請する場合には，登記原因証明情報の提供が不要となる（令 7 条 3 項 1 号）。契約から 10 年経過している以上，買戻権が消滅していることは登記記録上明確だからである。

また，登記権利者の単独申請なので，登記識別情報・印鑑証明書の提供は不要である。

よって，この場合には，代理権限証明情報を提供すれば，登記申請することができることになる。

⑹　登録免許税

抹消登記であるため，登録免許税は，不動産 1 個につき，原則として 1,000 円となる（登免税別表第 1.1 ⒂）。抹消登記であるため，2 万円の上限がある点についても確認しておくこと。

3　登記の実行

抹消登記であるため，主登記で実行される。

4　買戻特約がある場合の所有権移転登記の抹消

ここでは，買戻特約の付記登記がなされている所有権移転登記の抹消登記の申請方法について学習しよう。

まず，次の例題を考えてほしい。

例題　次の登記記録のように登記されている甲土地において，A・B間の売買契約が無効であった。どのような登記をすればよいか。

権利部（甲区）（所有権に関する事項）			
順位番号	登記の目的	受付年月日・受付番号	権利者その他の事項
1	所有権保存	令和6年2月22日 第22222号	所有者　A
2	所有権移転	令和6年7月5日 第76971号	原因　令和6年7月5日売買 所有者　B
付記1号	買戻特約	令和6年7月5日 第76971号	原因　令和6年7月5日特約 売買代金　金2,000万円 契約費用　金100万円 期間　令和6年7月5日から6年間 買戻権者　A

A・B間の売買契約が無効なのだから，なすべき登記は，甲区2番の所有権移転登記の抹消登記である。しかし，問題となるのは，その抹消の対象となっている所有権移転登記に対して，買戻特約が付記されていることである。

このように，買戻特約の付記登記がなされている所有権移転登記についての抹消登記を申請する場合には，その抹消登記に先だって，または同時に，買戻特約の登記の抹消登記を申請する必要がある（昭41・8・24民甲2446号）。

買戻特約の登記は，所有権に準じる権利と考えることができるので，買戻特約を抹消してから所有権移転登記を抹消するという巻戻型の抹消登記をする必要があるということである。買戻権者の承諾証明情報を提供して所有権移転登記を抹消できるわけではない。

例題においては，「甲区2番付記1号買戻権抹消」の登記を申請した後に「2番所有権抹消」の登記を申請する必要がある。

《ホームルーム》

生徒：買戻権は，権利の性質が難しいですね。所有権移転とは別個の
物権取得権であり，所有権に準じる権利ということですよね。

講師：たしかに難しいね。まず，所有権移転とは別個の権利だから，
所有権移転と別個の登記申請情報で申請しなければならない。共有
物不分割特約や所有権移転失効の定めが所有権移転・所有権一部移
転登記に記載して登記できることと比較すると，その意味がわかる
ね。

生徒：たしかに。所有権に準じるという意味も難しいですね。

講師：将来の所有権取得権だから，所有権に準じるということだね。
これは，買戻権を失うときに表れる性質だ。将来所有権を取得する
権利を失うのだから，最悪，所有権を失うのと同じだということだ。
だから，買戻権移転の登記や買戻権抹消登記を申請するときに，買
戻権者の登記識別情報に加えて印鑑証明書の提供も必要になるんだ。
また，買戻特約が付記されている所有権移転登記を抹消するときに
は，巻戻型の抹消登記が必要となるね。ただ，「将来の所有権取得権」
ということは，現在は所有権でないということだ。この点では，所
有権そのものではないので，「準じて」といっているんだよ。たと
えば，買戻特約の登記を申請する際に，買戻権者の住所証明情報の
提供は必要ない。現時点で所有権を取得したわけではないのだから。

生徒：よくわかりました。共同申請による買戻権の抹消登記では，期
間満了による登記を学習しましたが，登記原因日付が期間満了日の
翌日になる点に注意が必要ですね。

講師：買戻権に限らず，「期間満了」の性質があるものは，基本的に
翌日付となる。不動産登記でも，商業登記でも。まとめて覚えてお
こう。『民法Ⅰ』でも期間について説明したので，復習しておいてね。
実は，期間満了が本試験の記述式問題で出題されたときには，もう
1つ落とし穴がある。

生徒：何ですか。

講師：「期間が満了してるよ」と問題文で教えてくれないことだ。登
記記録などを見て，「満了してるな」と自分で気づかなければならな
いんだ。特に，買戻期間が登記されていない場合には5年で満了
するという点を忘れがちだ。本試験の記述式問題では，自分で気づ
いてしなければならない登記を申請できたかどうかが，合否を分け
ることもある。要注意だ。

第3編

抵当権の登記

Magic

第 1 章

抵当権設定登記

●この章で学ぶこと●
─────────────────────
　この章では，抵当権設定登記について学びます。「担保の女王」と称され
ている担保物権の中心です。司法書士試験では，択一式・記述式を問わず，
多くの問題が出題されます。民法の知識を復習しながら，しっかり学習し
てください。

---

1. 総　　説

1　抵当権とは

　抵当権とは，債務者または第三者が占有を移転しないで債務の担保に供した
目的物につき，債権者が他の債権者に先だって自己の債権の弁済を受けること
ができる権利のことである（民369条）。

　抵当権は，約定担保物権であり，当事者が設定をする旨の契約を締結するこ
とにより設定される。抵当権設定契約は，諾成契約であり，当事者の合意のみ
によって効力が生じる。

2　抵当権の目的

(1)　設定の目的となりうるもの

　民法上は，不動産（の所有権）・地上権・永小作権が，抵当権の目的として
規定されている（民369条）。

　不動産の上に登記されている権利であっても，賃借権に対しては，抵当権を
設定することができない。なお，不動産賃借権を目的として質権を設定するこ
とはできる。

また，立木も，立木法により抵当権の目的となる。さらに，各種財団抵当法による財団も，抵当権の目的とすることができる。試験対策上，覚えるものとしては，工場抵当法に基づく工場財団がある。工場財団は，1個の不動産とみなされ，抵当権を設定することができるのである。工場抵当については，『不動産登記法Ⅱ』で詳しく説明する。

(2)　不動産に該当するか否かが問題となるもの

抵当権は，不動産に対して設定することができるが，不動産といえるのか否かが問題となるものがある。ここでは，それらを検討していこう。

【将来の建物】

将来建築される建物を目的として抵当権設定登記を申請することはできない（昭37・12・28民甲3727号）。建築前の建物は，まだ存在しておらず，不動産とはいえないうえに，抵当権の目的として特定することもできないからである。

> **例題**　建物登記記録の表題部に記録された建築年月日の日付より前の日付を登記原因日付として抵当権設定登記申請をすることができるか。

本例題では，建築年月日より前の抵当権設定契約なので，建物となる前の設定契約であり，申請することができないのではないかということが問題となっている。

しかし，先例は，表題部の建築年月日の日付より前の日付を登記原因とする抵当権設定登記も，申請することができるとしている（昭39・4・6民甲1291号）。

通常，建築年月日は，建物が完成した日が登記される。しかし，建物は完成していなくても，土地に定着した屋根・壁が存在し，雨風がしのげる程度になった段階で建物として扱われる。よって，建築年月日より前の段階から建物となっていることになる。以上のことから考えれば，建築年月日の日付より前の日付での設定契約だからといって，一概に建物となる前の契約とは決めつけることはできない。そのため，このような登記を受理することとしたのである。

【取得前の不動産】

他人が所有している不動産について，設定者が将来その不動産を取得することを停止条件とする抵当権の設定契約をすることができる。その後，設定者が不動産を取得した場合には，不動産取得の日を登記原因日付とする抵当権設定登記を申請することができる（登研440号79，大決大4・10・23）。

この場合は，設定契約の時に不動産が存在しないわけでもなく，特定できな

いわけでもないからである。

⑶ 不動産の一部として問題となるもの

【土地の一部】

　1筆の土地の一部について，抵当権設定登記を申請することはできない（明
32・12・22 民刑 2080 号）。

　民法上は，1筆の土地の一部について抵当権設定契約を締結することができ
る。しかし，登記記録は，土地全体を1つのものとして作成されているので，
その一部についての権利を公示することができない。よって，分筆登記をして，
抵当権を設定する部分を独立の土地とした登記記録を作成しない限り，このよ
うな抵当権設定登記を申請することはできないのである。

【1個の建物の一部】

　主たる建物と附属建物を1つの不動産として登記記録が作られている場合，
建物の分割登記をしてこの2つの建物を別個の建物としなければ，主たる建物・
附属建物のどちらか一方に対する抵当権の設定登記を申請することはできない
（明37・2・13 民刑 1057 号）。分割登記をしない限り，2つの建物は，登記記録上，
一体のものとして扱われているからである。

⑷ 権利の一部として問題となるもの

【共有持分】

　共有不動産の持分を目的として抵当権設定登記を申請することができる。持
分にも交換価値があり，登記記録上，抵当権の目的部分を特定することができ
るからである。「A 持分抵当権設定」と記録されていれば，A の持分に対して
設定された抵当権だとわかるということである。

【所有権・共有持分の一部】

　所有権・共有持分の一部に対する抵当権設定登記は，原則として申請するこ
とができない（昭35・6・1 民甲 1340 号）。この場合，抵当権の目的を特定する
ことができないからである。「A 持分一部抵当権設定」と記録されていても，
A 持分は1つの権利として記録されている以上，A 持分のどの部分に抵当権
が設定されているかわからないということである。

　ただし，同一名義人が数回に分けて所有権や持分の取得の登記をしている場
合には，所有権や持分の一部であるその登記を受けた各持分に対して抵当権設
定登記を申請することができる（昭58・4・4 民三 2252 号）。たとえば，A が甲

区2番で2分の1，甲区3番で2分の1というように2回に分けて所有権を取得した場合には，甲区2番の権利を目的とする抵当権設定登記を申請することができる。「所有権一部（順位2番で登記した持分）抵当権設定」と記録することで，その抵当権の目的を特定することができるからである。

2. 抵当権設定登記手続

1 登記申請のポイント

まずは，抵当権設定登記の基本的な記載例から確認することにしよう。

> **事例**　株式会社B銀行は，Aに金銭を貸したうえで，Aの所有する甲土地に当該債権を担保するための抵当権の設定を受けた。

◉記載例　抵当権設定登記

登記の目的	抵当権設定
原　　　因	令和6年7月5日金銭消費貸借同日設定
債　権　額	金1,000万円
利　　　息	年2%（年365日日割計算）
損　害　金	年14%
債　務　者	A
抵 当 権 者	株式会社B銀行（取扱店大阪支店）
	（会社法人等番号 1111-11-111111）
	代表取締役　C
設　定　者	A
添 付 情 報	登記原因証明情報　登記識別情報　印鑑証明書
	代理権限証明情報　会社法人等番号
課 税 価 格	金1,000万円
登録免許税	金4万円

　抵当権設定登記は，抵当権者と設定者の共同申請である。所有権に対して抵当権を設定する場合，設定者は不動産所有者である。この登記申請をすると，以下のように登記される。

●登記実行後の登記記録

権利部（乙区）（所有権以外の権利に関する事項）			
順位番号	登記の目的	受付年月日・受付番号	権利者その他の事項
1	抵当権設定	令和6年7月5日第56972号	原因　令和6年7月5日金銭消費貸借 　　　同日設定 債権額　金1,000万円 利息　年2%（年365日日割計算） 損害金　年14% 債務者　A 抵当権者　株式会社B銀行（取扱店大阪支店）

　抵当権設定登記は，所有権以外の権利の登記なので，乙区に記録される。所有権を目的として設定された場合は，順位番号が振られる主登記で実行され，地上権など所有権以外の権利を目的として設定された場合は，付記登記で実行される（規則3条4号）。

　ここで，記載例の登記申請情報と登記実行後の登記記録を比較してほしい。登記申請情報の「登記の目的」〜「抵当権者」までの記載が，そのまま登記記録に反映されていることがわかるだろう。「登記申請情報は，登記記録をこのように書き換えてくださいという申し出であって，言ってみれば登記記録の見本である」と説明したことが理解できるだろう。登記官は，自分勝手に登記記録を書き換えるのではなく，登記申請情報に書かれたとおりに書き換えるのである。

　「設定者」は，抵当権の登記の内容としては，記録されない。これは，甲区に所有者として記録されている者なので，重ねて記録する必要がないからである。

　抵当権は，これまで学習した所有権と異なり，登記事項が多い。所有権は，使用・収益・処分をすることができる完全物権なので，内容を登記する必要はないが，抵当権は，被担保債権などによってその内容が変わってくるので，きちんとその内容を公示する必要があるのである。

　特に抵当権は，被担保債権に付従するので，被担保債権の内容を公示する必要がある。登記事項としては，以下の図表のものがある。絶対的登記事項としては「債権額」「債務者」，任意的登記事項としては「利息」「損害金」が，最重要である。

●登記事項の種類

絶対的登記事項	①債権額 ②債務者の氏名・住所
任意的登記事項	③利息に関する定め ④損害金に関する定め ⑤債権に付した条件 ⑥権利消滅の定め ⑦民法 370 条但書の定め ⑧抵当証券発行の定め[※1]

※1　抵当証券発行の定めがある場合においては，元本・利息の弁済期・支払場所の定めも登記可能となる。

2　登記の目的

(1)　原　　則

　登記の目的は，原則として，「抵当権設定」と記載する。登記の目的は，「どの権利を」「どうするか」というように，権利の特定と物権変動の種類の特定を記載すればよいので，「抵当権」と権利を特定し，「設定」と物権変動の種類を特定すればよいのである。

(2)　所有権以外に設定する場合

　所有権の全部以外の権利に抵当権が設定された場合には，「抵当権設定」の前の部分に，どの権利を目的として設定されたという「対象権利の特定」のための記載をする必要がある。具体的に確認していこう。

　まず，共有持分（A 持分）に抵当権が設定された場合には，「A 持分抵当権設定」となる。「抵当権設定」の前にその目的とする権利を「A 持分」として記載すればよいというわけである。

　また，同一人が数回に分けて権利を取得した場合（共有者 A が甲区 3 番で 3 分の 1，甲区 4 番で 3 分の 1 を取得している場合）の一部（甲区 3 番の持分）に抵当権が設定された場合には，「A 持分一部（順位 3 番で登記した持分）抵当権設定」のように記載する。

　地上権（乙区 2 番で登記されている）に対して抵当権が設定された場合には，「2番地上権抵当権設定」，永小作権（乙区 2 番で登記されている）に対して抵当権が設定された場合には，「2 番永小作権抵当権設定」のように記載する。

3 登記原因

(1) 基本的な記載方法

　まず，前記**1**の記載例の登記原因を見てほしい。「令和6年7月5日金銭消費貸借同日設定」である。これまで学習した登記原因とどこか趣が違うことに気づいただろうか。実は，「令和6年7月5日金銭消費貸借」「同日設定」というように，前半と後半に分けることができる。2つの原因から成り立っているのである。

　このように，抵当権設定の登記原因は，2つの原因を記載する必要がある。前半が被担保債権の発生原因，後半が抵当権が設定された原因である抵当権設定契約である。

　抵当権が設定されたのは，直接的には抵当権設定契約によるものだから，後半の原因を記載することは当然である。さらに，前半の債権の発生原因も記載する必要があるということである。

　それは，抵当権には付従性があるからである。被担保債権があって，それを担保するために抵当権が設定されるのである。被担保債権が消滅すれば抵当権も消滅するなど，被担保債権と抵当権は運命を共にするのである。このことから，抵当権設定登記においても，被担保債権の発生原因を記載して，被担保債権を特定する必要が生じるのである。

　抵当権設定登記における登記原因は，前半に被担保債権が発生した原因，後半に抵当権設定契約を記載するということを押さえておいてほしい。

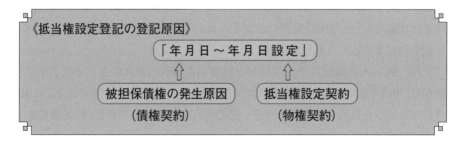

《抵当権設定登記の登記原因》
「年月日～年月日設定」
被担保債権の発生原因（債権契約）　抵当権設定契約（物権契約）

　後半は，「年月日設定」と記載すればよいので，難しい話ではない。前半の登記原因日付と同一日付の場合に「同日設定」と記載することを押さえればよいくらいのことである。

　問題は，前半の債権契約のほうである。前半は，債権がどのような原因から

生じたかによって，様々な記載が生じてくる。その記載方法をしっかり押さえ
ておかなければならない。記載例で掲げた「年月日金銭消費貸借」が頻出では
あるが，以下に重要なものを説明するので，しっかり押さえてほしい。

(2) 債権の一部を担保する場合

1個の債権の一部を担保するために抵当権を設定することができる。たとえ
ば，1,000万円の金銭消費貸借契約をしたが，このうち600万円分だけを担保
するために抵当権を設定することができる。400万円分については，無担保債
権となるということである。この場合の抵当権設定登記における登記原因は，
「年月日金銭消費貸借金1,000万円のうち金600万円年月日設定」のようになる。

この場合，登記申請情報の「債権額」には，実際に担保する債権額である「金
600万円」を記載し，課税価格についても「金600万円」と記載する。

(3) 将来債権を担保する場合

抵当権の成立における付従性は，緩和されており，将来の債権・条件付きの
債権についても，債権発生の基礎となる具体的関係が存在する限り，抵当権を
設定することができる。

特に，主たる債務者に対して将来発生する保証人の求償権を担保するための
抵当権設定登記が重要である。たとえば，AがBに対して金銭を貸し付け，C
が保証人となった。Cが保証債務を履行した場合，CはBに対して求償する
ことができる。この将来の求償債権を被担保債権として，当初からBの所有
する不動産に対して抵当権を設定することができる。この場合，B・C間に保
証委託契約がある場合とそうでない場合で，求償できる範囲が異なるので，登
記原因の記載も異なる。以下，場合分けをしながら検討していくことにする。

【保証委託契約がある場合】

保証委託契約があり，求償債権・保証料債権の双方を被担保債権とする場合
は，「年月日保証委託契約年月日設定」となる。

保証委託契約がある場合でも，求償債権または保証料債権の一方のみを被担
保債権として抵当権を設定するときは，それを明確にする必要があるので，登
記原因は，「年月日保証委託契約による求償債権年月日設定」「年月日保証委託
契約による保証料債権年月日設定」となる。

実務上，保証料は契約時に現金で支払うことが多いので，求償債権のみを担
保する抵当権が設定される場合が多い。不動産取引の決済を数多く手がけてい

る司法書士であれば，毎日のように，登記原因を「年月日保証委託契約による求償債権年月日設定」とする登記申請情報を提出している。

【保証委託契約がない場合】

保証委託契約がない場合は，「年月日保証契約による求償債権年月日設定」となる。保証契約とは，A・C間における契約のことである。B・C間の保証委託契約がないので，A・C間の契約が求償権発生の根拠となる。「保証料を払いますから保証人になってください」という保証委託契約がないので，保証料債権は発生せず，求償債権のみが被担保債権となる。

なお，「年月日保証契約年月日設定」という登記原因もあり，間違えやすいが，これは，保証契約による債権そのものが被担保債権であり，AのCに対する保証債権を被担保債権としてAが抵当権者となっているケースである。

⑷ 債務承認契約の場合

> **例題** 次の登記原因によって，抵当権設定登記を申請することができるか。
> ①年月日債務弁済契約年月日設定
> ②年月日債務承認契約年月日設定

まず，①の「年月日債務弁済契約年月日設定」による抵当権設定登記を申請することはできない（昭40・4・14民甲851号）。

債務弁済契約は，すでに何らかの原因で債権が存在していることを前提に，支払が困難となった場合などに「毎月10万円払うから」という支払方法についての契約にすぎない。債務弁済契約は，債権発生原因ではないのである。登記原因の前半部分には，債権の発生原因を記載しなければならないのだから，「債務弁済契約」ではなく，「金銭消費貸借」など，その債権が発生した原因を記載して登記申請すべきである。

これに対して，②の「年月日債務承認契約年月日設定」による抵当権設定登記を申請することはできる（昭58・7・6民三3810号）。

債務承認契約は，債権額や債権の有無が不明となった場合に，「100万円の債権があることにしよう」という債権の存在を確定させる契約である。この場合，この契約によって債権が発生したと考えることができる。よって，抵当権設定登記の登記原因の前半部分の債権の発生原因として，「債務承認契約」と記載することができるというわけである。

(5)　債権の一部が弁済された場合

　抵当権設定契約後，その登記をする前に，債権の一部が弁済された場合，現存する債権額を被担保債権とする抵当権設定登記を申請することができる（昭34・5・6民甲900号）。

　この場合，登記原因として，一部弁済したことを記載する必要はなく，通常どおり，「年月日金銭消費貸借年月日設定」などと記載すればよい。債権額としては，現存する債権額を記載する。

　なお，この場合，登記原因証明情報としては，当初の契約書の提供だけでは足りない。当初の契約書は，一部弁済の旨が記載されておらず，契約内容と登記申請内容が合致しなくなってしまうからである。登記原因証明情報としては，報告書形式のものを提供しない場合には，次のいずれかを提供しなければならない。

①当初の抵当権設定契約書に弁済額を証する書面を綴り合わせたもの。

②当初の抵当権設定契約書に「年月日弁済があったので，現存債権額は金700万円である」旨の奥書をして，債権者が署名捺印したもの。

(6)　物の引渡債権を担保する場合

　被担保債権となるのは，金銭債権とは限らない。物の引渡債権も被担保債権となる。このような債権の場合も，債権者は，債務不履行があるときは，損害賠償請求をすることができ，最終的には金銭債権となるので，担保する実益があるからである。

　物の引渡債権を担保する場合の登記原因は，たとえば「年月日石炭売買の引渡債権年月日設定」のようになる。

　なお，物の引渡債権を被担保債権とする場合には，被担保債権を金銭に見積もることが必要となるので，債権額の記載にあたり，「債権価格　石炭20トン　価格金3億円」のように記載する。

(7)　数個の債権を一括して担保する場合

　同一の債権者が複数の債権を有する場合，その複数の債権を合わせて1つの抵当権で担保することができる。債務者が異なる債権であったとしても，債権者が同一であれば，一括担保することができる（昭37・7・6民三646号）。債権者が異なる場合は，一括担保することができない（昭35・12・27民甲3280号）。

この場合には，各債権を(あ)・(い)と区別し，登記原因を「(あ)令和6年6月30日金銭消費貸借，(い)令和6年7月3日金銭消費貸借，令和6年7月5日設定」のように記載する。

また，「債権額」には，債権額の合計を記載したうえ，(あ)・(い)と表記して，その債権ごとの内訳を記載する。また，「利息」「債務者」なども複数の債権で異なる場合には，(あ)・(い)と表記し，債権ごとに区別して記載する。

たとえば，次の事例の登記申請情報を考えてみよう。

> **事例**　令和6年6月29日，Cは，Aに対して，利息年2％で金400万円を貸し渡した。また，翌日，Cは，Bに対して，利息年2％で金600万円を貸し渡した。令和6年7月1日，上記2つの債権の担保のため，CとAは，A所有の甲土地に抵当権を設定した。

●記載例　複数の債権を担保するための抵当権設定

登記の目的	抵当権設定
原　　　因	(あ)　令和6年6月29日金銭消費貸借
	(い)　令和6年6月30日金銭消費貸借
	令和6年7月1日設定
債　権　額	金1,000万円
	内訳　(あ)　金400万円　(い)　金600万円
利　　　息	年2％
債　務　者	(あ)　A　(い)　B
抵当権者	C
設　定　者	A
添付情報	登記原因証明情報　登記識別情報　印鑑証明書
	代理権限証明情報
課税価格	金1,000万円
登録免許税	金4万円

この登記申請情報において，債権額には債権ごとの内訳を記載し，債務者は，債権ごとに書き分けをしている点をよく見ておくこと。また，利息は，2つの債権ともに年2％であり，共通しているので，書き分ける必要のない点にも注意が必要である。

④ 債　権　額

(1)　絶対的登記事項

　債権額は，抵当権設定登記における絶対的登記事項であり，登記申請情報に必ず記載しなければならない。どれだけの額について優先弁済権があるのかを公示するためである。債権額を登記しておかなければ，その抵当権が100万円の配当を受けるのか，1億円の配当を受けるのかわからず，取引の安全を害することになってしまうというわけである。

　基本的には，「債権額　金1,000万円」のように記載すればよい。以下，問題となる点を説明しよう。

(2)　金銭債権以外の債権を担保する場合

　金銭債権以外の債権を担保する場合には，実際の債権を記載したうえで，その価額を記載する（83条1項1号）。実際に抵当権が実行される場合には，金銭での配当を受けることになるので，その価額を記載しなければならないのである。

　石炭の引渡債権の場合について，「債権価格　石炭20トン　価格金3億円」と記載する旨を③(6)でも説明した。

(3)　外貨表示の債権を担保する場合

　外貨表示の債権がある場合とは，取引自体を外国の通貨で行った場合である。たとえば，米貨1万ドルを貸したなどという場合である。外貨表示の債権を担保する抵当権を設定した場合は，債権額をその外貨表示で記載したうえで，日本円での担保限度額を記載しなければならない（83条1項5号）。

　たとえば，「債権額　米貨金1万ドル　担保限度額　金90万円」など記載する。為替相場が変動して米貨金1万ドルの価値が上がり，抵当権者の日本円に換算した優先弁済額が際限なく拡大することを防止するためである。担保限度額は，優先弁済額の上限という趣旨である。

　この趣旨からして，日本円での一定の額が記載されていればよいのだから，担保限度額は，登記申請時の為替相場で換算した額でなく，当事者が合意で定めた額でよい（昭35・3・31民甲712号）。

(4) 複数の債権を一括担保する場合

複数の債権を一括担保する場合は，全体の債権額を記載したうえで，債権ごとの内訳を記載しなければならない。これはすでに説明した（☞前記**3**(7)）。

5 利　　息

(1) 任意的登記事項

利息は，任意的登記事項であり，抵当権設定契約において利息に関する定めがなされた場合には，登記申請情報に記載しなければならない。

原則として，「利息　年5％」のように記載する。

(2) 利息としての登記の可否

利息は，明確なもの・合法的なものに限って登記することができる。登記記録を見ても利率のわからない不明確な利息や違法な利息は，登記することができない。

【登記できる利息】

1年を365日として計算する旨を定めた場合には，「利息　年5％（年365日日割計算）」のように登記することができる（昭40・6・25民甲1431号）。これは，366日ある閏年であっても365で割って日割計算するため，利息が少しだけ高くなり，債権者に有利であるため，銀行の契約書などにもよく記載されている。計算も明確にすることができ，違法でないため，このような登記も認められている。

利息の発生期を定めたときは，「利息　年5％（利息発生期　令和6年8月18日）」などと記載することができる。利息は定めるものの，利息発生期までは無利息だということである。

分割貸付の場合に，貸付ごとに利率が異なるときは，「利息　金400万円については年5％　金600万円については年6％」などと記載することができる。これも，登記記録のこの記載を見て明確に計算することができるからである。

【不明確な利息】

「利息　年5％　ただし，契約に違反した場合は年8％とする」旨の定めを登記することはできない（昭44・8・16民三705号）。契約違反があるかどうかが登記記録からわからないため，利息が年5％なのか年8％なのかが不明確だ

からである。

「利息　年5%　ただし，将来の金融情勢に応じて債権者が利率を適宜変更することができる」旨の定めも登記することができない（昭31・3・14民甲506号）。利率が変更されているのかどうかが登記記録からわからず，現在の利率が不明確だからである。

「利息　年8%以内」とする定めも登記することができない。やはり，具体的な利率が不明確だからである。

【違法な利率】

金銭消費貸借の場合は，利息制限法による上限利率の制限がある。この上限利率を超過する利息の定めは，違法な定めであるため，登記することができない（昭29・6・28民甲1357号）。ただし，利息制限法の上限利率を超過する定めがある場合も，上限利率に引き直して登記することはできる（昭29・7・13民甲1459号）。上限利率を超える部分が無効なだけだからである。

利息制限法の利率の制限は，以下のとおりである。

《利息制限法》

元本	利息
10万円未満	年2割以内（年20%以内）
10万円以上100万円未満	年1割8分以内（年18%以内）
100万円以上	年1割5分以内（年15%以内）

(3)　無利息の場合

無利息とする旨の合意をした場合には，「利息　無利息」と登記をする（登研470号98）。利息は任意的登記事項であるため，定めをしなかった場合には登記しないが，あえて「無利息」という定めをした場合は，その定めを登記するというわけである。

民法上は，特約をしない限り利息は発生しないので，一見，この定めに意味があるようには思えないかもしれない。しかし，商法上，商人間で金銭貸借をする場合には，利息の定めをしなくても，当然に法定利率が発生することになる（商513条）。そこで，あえて，「商人間ではあるが無利息だ」と定める意味があるのである。

抵当権設定登記

⑷ 複数の債権を一括担保する場合

複数の債権を一括担保する場合で，債権ごとに利息の定めが異なる場合は，「利息　あ　年5%　い　年8%」のように登記することができる。この点については，前記**3**⑺で説明した。

⑸ 元本に利息を含めて担保する場合

元本債権に加えて，一定期間に発生する利息債権を併せて被担保債権とすることができる。この場合には，債権額として元本と利息の合計額を記載し，内訳として元本と利息を書き分ける。また，弁済期を延長したときなど，被担保債権となる利息とは別個に利息が発生するときのために，利息の定めも登記できる。この場合の利息は，元本からしか発生しないので，利息の定めに「元本につき」と記載する。

具体的には，以下のような記載となる。

債　権　額　　金1,050万円
　　　　　　　　内訳　元本　金1,000万円
　　　　　　　　　　　利息　金50万円（令和6年6月30日から令和7年
　　　　　　　　　　　　　　　　　　　　6月29日までの分）
利　　　　息　　元本につき年5%
損　害　金　　元利金につき年14%

6　損　害　金

⑴ 任意的登記事項

損害金は，任意的登記事項であり，損害金の定めがある場合には，「損害金　年14%」のように記載する。

⑵ 登記できないもの

「損害金　金300万円」と記載して登記することはできない（昭34・7・25民甲1567号）。損害金は，遅延損害金を意味するので，「年14%」のように元本に対する割合で定めなければならないのである。

一定の額を定めたものは，違約金の定めとなる。抵当権の場合，違約金は登記事項となっておらず，登記することはできない。

7　債務者

(1)　絶対的登記事項

債務者の氏名（名称）・住所は，絶対的登記事項である（83条1項2号）。債務者が公示されていなければ，被担保債権が特定できないからである。「債務者　東京都台東区浅草一丁目1番1号　A」のように記載する。

物上保証の場合には，設定者と債務者が異なる者となる。

(2)　権利能力なき社団

権利能力なき社団は，権利能力がないため，登記記録上に，登記名義人として記録することができない。

しかし，権利能力なき社団を債務者として登記することはできる（昭31・6・13民甲1317号）。債務者は，登記名義人ではないからである。抵当権設定登記における債務者の記録は，債権額・利息等と同様，債権の内容を公示するための登記事項の1つにすぎないというわけである。

また，そうであるならば，なるべく実態に即した公示が望ましいということも理由となっている。権利能力なき社団が金銭を借りているときに，債務者をその代表者として登記しなければならないとすれば，その代表者が納得しないだろう。

(3)　債務者を異にする数個の債権を担保する場合

債務者を異にする複数の債権を担保する抵当権が設定された場合，債務者を債権ごとに書き分けなければならない。具体的には，「債務者　㋐　A　㋑　B」のように記載する。前記**3**(7)で説明した。

(4)　連帯債務の場合

連帯債務の場合には，連帯債務である旨を公示する必要がある。「連帯債務者　A　B」のように記載する。

⑧ 特　約

⑴　総　説

　債権発生原因としての契約や抵当権設定契約において，一定の特約がなされた場合には，その定めを登記することができる。登記できる特約は，①債権に付した条件，②権利消滅の定め，③民法 370 条但書の定め，④抵当証券発行の定めの 4 つである。この 4 つの特約がある場合には，抵当権設定登記の登記申請情報にその旨を記載して申請する。

　以下，ひとつひとつ確認していこう。

⑵　債権に付した条件

　被担保債権について条件が付されている場合には，特約として，登記事項となる(88 条 1 項 3 号)。たとえば，「特約　債権者が死亡した時に債権は消滅する」などと記載する。

　この特約は，被担保債権についての条件であり，抵当権自体の条件ではない。しかし，抵当権は債権に付従する。たとえば，債権が消滅すれば，抵当権も消滅することになる。そこで，債権に条件が付されている場合には，それを登記することにしたものである。

⑶　権利消滅の定め

　抵当権設定契約において，権利消滅の定めがあるときは，登記事項となる（令 3 条 11 号ニ）。たとえば，「権利の消滅に関する定め　抵当権者が死亡した時に抵当権は消滅する」などと記載する。

　これは，前記⑵の債権に付した条件と異なり，抵当権自体についての定めである。「特約　債権者が死亡した時に債権は消滅する」という債権に付した条件がある場合，債権者が死亡したときは，債権が消滅し，その結果，付従性によって抵当権も消滅することになる。これに対して，「権利の消滅に関する定め　抵当権者が死亡した時に抵当権は消滅する」という権利消滅の定めがある場合，抵当権者が死亡したときは，この定めにより抵当権が消滅する。この場合は，債権が消滅するとは限らない。このような違いがある。

　注意が必要なのは，他の特約と異なり，権利消滅の定めは，債権額や債務者などのような抵当権の登記事項の 1 つとして登記されるのではなく，抵当権の

登記に付記して記録される。権利が消滅するという重要な情報なので，公示を目立たせる必要があるからである。

　登記記録は，以下のようになる。

◉登記記録

権利部（乙区）（所有権以外の権利に関する事項）			
順位番号	登記の目的	受付年月日・受付番号	権利者その他の事項
1	抵当権設定	令和6年7月5日 第56972号	原因　令和6年7月5日金銭消費貸 　　　　借同日設定 債権額　金1,000万円 利息　年2%（年365日日割計算） 損害金　年14% 債務者　A 抵当権者　株式会社B銀行（取扱 　　　　店大阪支店）
付記1号	1番抵当権消滅 の定め	余　白	抵当権者が死亡した時に抵当権は 消滅する 令和6年7月5日登記

⑷　民法370条但書の定め

　抵当権の効力は，付加一体物に及ぶのが原則である。しかし，付加一体物に抵当権の効力を及ぼさない旨の特約をすることができ，その定めは登記事項となる（88条1項4号）。

　たとえば，「特約　立木に抵当権の効力は及ばない」のように記載する。

⑸　抵当証券発行の定め

　抵当権証券発行の定めがある場合には，その旨を登記することができる（88条1項5号）。「特約　抵当証券を発行することができる」のように記載する。

　また，この特約がある場合において，「元本または利息の弁済期」「元本または利息の支払場所」の定めがあるときは，この定めも登記事項となる（88条1項6号）。

9　登記申請人

⑴　共同申請

　抵当権設定登記は，共同申請により行う。登記権利者となるのは抵当権者で

あり，登記義務者となるのは設定者である。

　登記申請情報の記載としては，「登記権利者・登記義務者」とは記載せず，「抵当権者・設定者」と記載する。

(2)　設　定　者

　設定者は，所有権に対して抵当権を設定する場合には所有権登記名義人であり，所有権の共有持分に抵当権を設定する場合には抵当権の目的となる持分の登記名義人である。A・Bが共有する不動産のA持分に抵当権を設定する場合には，Aが登記義務者となる（Bは登記義務者とならない）。

　また，地上権や永小作権に抵当権を設定する場合には，地上権者・永小作権者が設定者として登記義務者となる。

　清算中の会社を設定者とする抵当権設定登記を申請することもできる（昭41・11・7民甲3252号）。清算中の会社は，清算目的の行為しかすることができないが，清算の都合で抵当権を設定しなければならないことがないとはいえず，一概に清算目的の範囲外の行為とはいえないからである。

(3)　抵当権者

　抵当権者は，債権者でなければならない。

　債権が共有の場合には，抵当権者が複数となるが，その場合には，抵当権者ごとの持分を記載する。

　金融機関（銀行など）が抵当権者（根抵当権者も含む）となる場合は，取扱店の表示を登記することができる（昭36・5・17民甲1134号）。金融機関は，多くの債権（住宅ローンなど）を様々な支店で扱っており，連絡する支店が公示されていたほうが便利であることから認められたものである。この場合には，「抵当権者　A銀行（取扱店　新宿支店)」のように記載する。

　上記の趣旨から，債権者が支店を有する会社であっても，金融機関以外の会社である場合には，取扱店は登記できない。また，金融機関が登記名義人となる場合であっても，それが所有権登記名義人や地上権登記名義人である場合は，取扱店を登記することができない。

⑩　添付情報

⑴　総　　説

　添付情報は，共同申請の場合の基本的なものを提供すればよい。以下，注意が必要なものを説明する。

⑵　登記原因証明情報

　登記原因証明情報は，文字どおり，登記原因を証明するものでなければならない。

　ここで，抵当権設定登記の登記原因を思い出してほしい。抵当権設定登記の登記原因は，前半の債権発生原因と後半の抵当権設定契約に分かれている。そのため，抵当権設定登記における登記原因証明情報は，抵当権設定契約書だけでは足りず，債権発生原因まで証明するものでなければならないことになる。たとえば，金銭消費貸借契約によって被担保債権が成立した場合には，金銭消費貸借契約書も登記原因証明情報の一部となるのである。

　抵当権設定契約後に，債権の一部が弁済された場合の登記原因証明情報については，前記**3**⑸を参照すること。

⑶　登記識別情報・印鑑証明書

　登記識別情報・印鑑証明書は，登記義務者のものが必要である。

　ここで注意すべきは，地上権や永小作権に抵当権を設定する場合など，所有権以外の者が義務者となる場合には，印鑑証明書が不要となることである。言われてみれば当たり前のことであるが，記述式問題を解いている際には忘れやすい。注意すること。

⑷　住所証明情報

　所有権登記名義人として登記記録に記録される登記ではないので，住所証明情報の提供は不要である。

⑸　会社法人等番号

　登記申請人が法人の場合には，会社法人等番号の提供が必要となる。抵当権設定登記特有の話ではないが，抵当権に関する登記の場合は，抵当権者が金融

機関等の法人であることが多いので注意すること。

　なお，債務者は登記名義人ではないので，債務者が法人の場合でも，会社法人等番号の提供は不要である。

11　登録免許税

　登録免許税率は，被担保債権の債権額の1000分の4となる（登免税別表第1.1(5)）。ここでいう債権額とは，実際に担保される債権額のことで，債権の一部について抵当権を設定した場合には，その一部の金額となる。つまり，登記申請情報に「債権額」として記載した額が基準となると押さえておけばよい。

　抵当権設定登記は，不動産価額ではなく，被担保債権の債権額に応じた利益を受けることになる。たとえば，不動産価格が1億円であったとしても，債権額が1,000万円であれば，1,000万円（＋利息・損害金）の配当しか受けることができない。このことから，抵当権設定登記においては，債権額が登録免許税の課税標準金額となるのである。

　なお，工場財産に対して抵当権を設定する場合の登録免許税率は，債権額の1000分の2.5である（登免税別表第1.5(2)）。工場財団に対する抵当権は，工場に対する融資をする際になされるため，融資額が高額となることが多いので，登録免許税が跳ね上がることを防ぐために配慮したものである。

3. 共同抵当

1　意　　義

(1)　共同抵当権とは

　共同抵当権とは，同一の債権を担保するため複数の不動産に設定された抵当権である。たとえば，XがAに金銭を貸すにあたり，当該債権を担保するため，Aの所有する甲土地と乙土地の双方に抵当権の設定を受けるような場合である。

(2)　共同抵当権の設定

　同一の債権を担保するため，複数の不動産を目的として抵当権が設定された場合は，当然に共同抵当権となる。根抵当権の場合は，共同である旨の登記をしなければ共同根抵当権とはならず，累積式根抵当権となってしまうことと比

較すること。

　共同抵当権の設定は，各不動産について同時にすることもできるが（同時設定），後から追加的に設定することもできる（追加設定）。

⑶　共同抵当権設定の対象

【工場財団】

　不動産と工場財団を対象とした共同抵当権を設定することができる（登研270号71）。工場財団も1つの不動産とみなされ，抵当権の対象となるからである（工場抵当法14条1項）。

【船　舶】

　不動産と登記された船舶を対象とした共同抵当権を設定することはできない（登研41号30）。

　登記された船舶に対しても，抵当権を設定することはできる（商法848条1項）。しかし，登記された船舶を不動産とみなすことはできないので，不動産と共同担保の関係にすることはできないのである。

【自動車】

　不動産と登録された自動車を対象とした共同抵当権を設定することはできない（登研65号31）。

　登録された自動車に対しても，抵当権を設定することはできる（自動車抵当法2条，自動車抵当法3条）。しかし，船舶の場合と同様，自動車を不動産とみなすことはできないので，不動産と共同担保の関係にすることはできないのである。

②　共同抵当権の登記

⑴　登記記録

　ここでは，共同抵当権が登記された場合に，登記記録がどのようになるのかを確認することにする。

　共同抵当権が設定された場合には，以下のような登記記録ができあがる。

●登記記録

権利部（乙区）（所有権以外の権利に関する事項）			
順位番号	登記の目的	受付年月日・受付番号	権利者その他の事項
1	抵当権設定	令和6年7月5日第56972号	原因　令和6年7月5日金銭消費貸借同日設定 債権額　金1,000万円 利息　年2%（年365日日割計算） 損害金　年14% 債務者　A 抵当権者　株式会社B銀行（取扱店大阪支店） 共同担保　目録⑯第285号

　最後にある「共同担保　目録⑯第285号」に注目しよう。共同抵当権が設定された場合には共同担保目録が作成されるが，登記記録を見た人が，この抵当権について共同担保目録が作成されていることに気づいてチェックできるように，その共同担保目録の記号・目録番号が記録されるということである。

　では，共同担保目録とは何か。共同抵当権の場合，共同抵当権の対象となっている不動産の間では，負担割付けとなったり，次順位抵当権者の代位ができたりする。そこで，どの不動産とどの不動産が共同担保の関係にあるのかがわかる目録が必要となる。これが共同担保目録であり，共同抵当権が設定された場合に作成されるものである。

　抵当権設定登記の登記事項として不動産の共同関係を記録するのは煩雑なので，別途目録が作成されるのである。そこで，登記記録を見た人がその目録をチェックできるように，登記記録には，その目録の番号のみが記録される。

(2)　共同担保目録

　共同担保目録は，以下のようなものである。

●共同担保目録

共同担保目録				
記号及び番号	⑯第285号		調製	令和6年7月5日
番号	担保の目的である権利の表示	順位番号	予備	
1	新宿区西新宿一丁目1番1の土地	1	余　白	
2	新宿区新宿三丁目3番3の土地	2	余　白	

　共同担保目録には，共同担保の関係にある不動産が記録されている。前記(1)の登記記録の「共同担保　目録㋐第 285 号」という記載でこの目録にたどり着き，チェックをすることで，共同関係にある不動産がわかる仕組みとなっているのである。この共同担保目録においては，新宿区西新宿一丁目 1 番 1 の土地の 1 番抵当権と新宿区新宿三丁目 3 番 3 の土地の 2 番抵当権が共同担保の関係となっているということである。

　共同担保目録は，共同抵当権の登記がなされたときに，登記官が職権で作成する（83 条 2 項）。このことから，登記官が共同担保目録を作成できるように，共同抵当権の設定登記においては，登記申請情報に共同関係にある不動産を記載しなければならない。

　共同担保目録は，管轄ごとに作成される。管轄を超えて共有されるわけではない。たとえば，新宿区の不動産（東京法務局新宿出張所管轄）と渋谷区の不動産（東京法務局渋谷出張所管轄）が共同担保の関係にある場合，それぞれの管轄に同じ内容の共同担保目録が別個に作成され，別の番号がつけられることになる。

3 　共同抵当権設定登記

(1)　意　　義

　共同抵当権の設定登記も，基本的には，通常の抵当権の場合と異ならない。同一の債権を担保するための抵当権が複数の不動産に設定されているにすぎないからである。

　ただ，一括申請の可否・不動産の表示・登録免許税など，特有な論点もあるので，その部分に注意して学習してほしい。

(2)　登記の要否

　登記原因証明情報として提供する抵当権設定契約書に，同一の債権の担保として複数の不動産に抵当権の設定がなされたことが記載されていたとしても，そのうちの一部の不動産についての抵当権の設定登記を申請することができる（昭 30・4・30 民甲 835 号）。

　抵当権設定登記は対抗要件にすぎず，どの不動産に対する登記を申請するかは，当事者の自由だからである。

⑶ 一括申請

【意　義】

　複数の不動産に対する共同抵当権の設定登記を一括申請できるのだろうか。一括申請の要件を確認していこう。

【一般的な要件】

　まず，第1編でも説明した一括申請の要件を復習しよう。次の要件を満たす場合には，2つ以上の登記を1つの登記申請情報で申請することができる。

①管轄登記所が同一であること。

②登記の目的が同一であること。

③登記原因及びその日付が同一であること。

④当事者が同一であること。

【共同抵当権の場合】

　以上の原則を満たさなくても，共同抵当権についての登記申請の場合は，一括申請が許される。要件が緩和されているのである。共同抵当権は，同一の債権を担保するための抵当権であるため，なるべく一括申請をすることができるように，考慮してくれているのである。

　具体的には，共同抵当権についての登記申請については，以下の要件を満たした場合に一括申請をすることができるとされている（規則35条10号）。

①管轄登記所が同一であること。

②目的の中心部分が同一であること。

　この2つの要件だけでよいのである。登記原因や当事者が同一でなくても，一括申請が許されている。たとえば，XのAに対する債権を担保するため，A所有の甲土地とB所有の乙土地に対して抵当権を設定した場合，甲土地に対する申請と乙土地に対する申請では，設定者（登記義務者）が異なるが，共同担保であるため，管轄が同一であれば，一括申請することができるというわけである。

　改めて要件を確認すると，①さすがに管轄登記所は同一でなければならない。登記申請は，管轄登記所に提出しなければならないので，管轄が異なる場合には，たとえ共同抵当権の場合でも，一括申請することはできない。

　また，②の登記の目的は，その細部まで同一である必要はないが，その中心部分は同一でなければならない。中心部分とは，どの権利にどのような変動が生じたかという部分である。抵当権の設定登記を例にとると，「抵当権設定」

の部分が同一であれば，一括申請をすることができる。たとえば，A・B共有の甲土地のA持分とA単独所有の乙土地に対して共同抵当権を設定する場合，甲土地に対する登記申請の登記の目的は「A持分抵当権設定」，乙土地に対する登記申請の登記の目的は「抵当権設定」となり，全体としては異なるが，中核部分は同一なので，一括申請できるのである。この場合，登記申請情報には，「抵当権設定及びA持分抵当権設定」と記載し，登記官にその意味が理解してもらえるように，不動産の表示の甲土地の部分に「(A持分)」と記載することになる。

　以上のように，共同抵当権設定においては，不動産ごとに登記原因・当事者などが異なる場合もある。その場合には，不動産ごとの特有の事項については，不動産の表示の部分に記載することになる。

(4)　登記申請のポイント

　では，共同抵当権設定の具体的な登記申請情報を見てみよう。ここでは，同一管轄内にある2つの不動産に対して共同抵当権を設定する事例を掲げて，学習を進めていこう。管轄登記所が異なる申請については，後記(5)で説明を補足していく。

> **事例**　令和6年7月5日，Cは，Aに対して，利息年2％で金1,000万円を貸し渡した。また，当該債権を担保するため，Cは，A所有の甲土地とB所有の乙土地に抵当権を設定する契約を締結した。

●記載例　共同抵当権設定（同一管轄）

登記の目的	抵当権設定
原　　　因	令和6年7月5日金銭消費貸借同日設定
債　権　額	金1,000万円
利　　　息	年2％
債　務　者	A
抵 当 権 者	C
設　定　者	A
	B
添 付 情 報	登記原因証明情報　登記識別情報　印鑑証明書
	代理権限証明情報

課税価格　金1,000万円

登録免許税　金4万円

不動産の表示

所在　新宿区西新宿一丁目

地番　1番1

地目　宅地

地積　100.00平方メートル

　　　（所有者　A）

所在　新宿区新宿三丁目

地番　3番3

地目　宅地

地積　150.00平方メートル

　　　（所有者　B）

　本記載例は，同一管轄内の甲土地（新宿区西新宿一丁目1番1）と乙土地（新宿区新宿三丁目3番3）に対して，一括申請している登記申請情報である。

【登記の目的】

　共同抵当権設定登記においても，登記の目的は，通常の抵当権設定登記と同様，「抵当権設定」となる。

　「共同抵当権設定」と記載する必要はない。抵当権は，同一債権を担保するものであれば，当然に共同抵当権となるから，あえて「共同」と登記する必要がないのである。なお，共同根抵当権設定の場合は，登記の目的を「共同根抵当権設定」と記載しなければならない。根抵当権の場合，「共同」と登記しなければ，累積式根抵当権となってしまうからである。

【登記原因】

　登記原因も，通常の抵当権設定の場合と同様である。

　各不動産について抵当権の設定日付が異なる場合でも，一括申請することができる（昭39・3・7民甲588号）。この場合，「原因　令和6年7月1日金銭消費貸借の設定（設定年月日後記のとおり）」と記載し，以下のように，不動産の表示の末尾にそれぞれの設定日付を記載する。

●設定日付が異なる場合の不動産の表示の記載方法

> 不動産の表示
> 所在　新宿区西新宿一丁目
> 地番　1番1
> 地目　宅地
> 地積　100.00 平方メートル
> 原因　（令和6年7月2日設定）
>
> 所在　新宿区新宿三丁目
> 地番　3番3
> 地目　宅地
> 地積　150.00 平方メートル
> 原因　（令和6年7月3日設定）

【登記事項】

　債権額・利息・損害金・債務者・特約という登記事項については，通常の抵当権設定登記の場合と同じである。

【登記申請人】

　登記申請人についても，通常の抵当権設定登記の場合と同様，抵当権者が登記権利者，設定者が登記義務者である。

　また，共同抵当権設定登記の場合は，不動産ごとに設定者が異なる場合でも，一括申請することができる。この場合は，「設定者」として，各不動産についての設定者を併記したうえで，不動産の表示の末尾に各不動産の設定者を明記する。上記記載例参照のこと。

【添付情報】

　添付情報についても，通常の抵当権設定登記の場合と異ならないが，複数の不動産について一括申請をする場合においては，各不動産に対応する登記識別情報を提供しなければならない点に注意が必要である。上記記載例では，Aに通知された甲土地の登記識別情報とBに通知された乙土地の登記識別情報の双方を提供しなければならないのである。

【登録免許税】

　共同抵当権の設定登記の登録免許税率は，債権額の1000分の4である。こ

れは，通常の抵当権設定の場合と同じである。

　複数の不動産に抵当権を設定する場合であっても，1つの不動産に設定する場合と同様，債権額の1000分の4で済むということである。たとえば，債権額1,000万円の抵当権を5つの不動産に設定した場合であっても，結局すべての不動産から合計1,000万円の配当を受けることしかできず，抵当権者の受ける利益は，1つの不動産に対して1,000万円の抵当権を設定した場合と同じだからである。

　また，共同抵当権設定登記において，抵当権設定の対象ごとに登録免許税の税率が異なるときは，そのうち最も低い税率で計算した額を納付すれば足りる（登免税13条1項）。たとえば，土地と工場財団に対して共同抵当権を設定する場合の登録免許税について考えよう。土地に抵当権設定登記を申請する場合の税率は1000分の4，工場財団に抵当権設定登記を申請する場合の税率は1000分の2.5である。税率は低いほうに合わせるので，この場合の登録免許税率は，1000分の2.5となる。この場合に税率が1000分の4とすると，工場財団に対する設定の場合に登録免許税が跳ね上がることを防止するために1000分の2.5に軽減している趣旨が没却されてしまうからである。

【登記の実行】

　乙区に主登記で実行される。また，登記官が職権で共同担保目録を作成し，登記記録の抵当権登記の末尾に当該共同担保目録の記号と目録番号が記録される。

⑸　他管轄の場合の申請方法

【一括申請はできない】

　共同担保となる不動産の管轄が異なる場合には，一括申請をすることができない。この場合には，管轄ごとに申請するほかない。

　ここでは，東京法務局新宿出張所管轄内の甲土地（東京都新宿区西新宿一丁目1番1）と東京法務局渋谷出張所管轄内の乙土地（東京都渋谷区代々木三丁目3番3）に対する共同抵当権の設定登記申請をするという事例で考えていくことにしよう。

【まず新宿へ】

　一括申請ができないので，一方の不動産から順次登記申請をしなければならないが，ここでは，東京法務局新宿出張所管轄内の甲土地に対する申請を先に行うことにしよう。

●記載例　共同抵当権設定（同時設定・他管轄・最初の申請）

> 不動産の表示
> 所在　　新宿区西新宿一丁目
> 地番　　1番1
> 地目　　宅地
> 地積　　100.00平方メートル
> 管轄外の物件
> 所在　　渋谷区代々木三丁目
> 地番　　3番3
> 地目　　宅地
> 地積　　120.00平方メートル

　記載例といっても，通常の抵当権設定登記であり，不動産の表示以外は，前記(4)で学習した記載例と同じである。よって，ここでは，記載例として，登記申請情報の最後の部分の不動産の表示だけ記載した。

　まず，不動産の表示として，今回申請の対象となる甲土地を記載する。これは当然である。そして，その次に，管轄外の物件として，乙土地を記載する。乙土地は，東京法務局新宿出張所管轄内の不動産ではなく，今回の申請対象ではない。しかし，東京法務局新宿出張所の登記官が共同担保目録を作成することができるように，記載するのである。

　この申請をすることで，甲土地の登記記録の乙区に抵当権設定登記がなされ，共同担保目録が作成される。そして，その共同担保目録の記号・番号が抵当権設定登記の末尾に記録される。

　東京法務局新宿出張所における甲土地の登記記録及び共同担保目録は，以下のようになる。乙土地には，まだ抵当権設定登記がなされていないが，先に共同担保目録が作成されることになる。

●甲土地の登記記録

権利部（乙区）（所有権以外の権利に関する事項）			
順位番号	登記の目的	受付年月日・受付番号	権利者その他の事項
1	抵当権設定	令和6年7月1日 第56972号	原因　令和6年7月1日金銭消費貸 　　　借同日設定 （中略） 共同担保　目録(え)第233号

●共同担保目録

共同担保目録				
記号及び番号	(え)第233号		調製	令和6年7月1日
番号	担保の目的である権利の表示	順位番号	予備	
1	新宿区西新宿一丁目1番1の土地	1	余　白	
2	渋谷区代々木三丁目3番3の土地	余　白	余　白	

【次に渋谷へ】

　次に，東京法務局渋谷出張所管轄内の乙土地に対する申請を行う。乙土地に対する登記申請情報も，大部分は，通常の抵当権設定登記と同じである。ただ，添付情報・登録免許税・不動産の表示の部分が異なるので，その部分の記載例を掲げよう。

●記載例　共同抵当権設定（同時設定・他管轄・最初以外の申請）

添　付　情　報　登記原因証明情報　登記識別情報　印鑑証明書
　　　　　　　　代理権限証明情報　登記証明書
登録免許税　金1,500円（登録免許税法第13条第2項）
不動産の表示
所在　渋谷区代々木三丁目
地番　3番3
地目　宅地
地積　120.00平方メートル
管轄外の物件
所在　新宿区西新宿一丁目
地番　1番1

地目　宅地
地積　100.00平方メートル

　まず，登録免許税を見てほしい。通常の抵当権設定登記の登録免許税率は，債権額の1000分の4となるが，本記載例の場合は，1,500円である。共同抵当権設定登記が最初の申請以外の申請である場合は，登記証明書を提供したときに限り，不動産1個につき金1,500円を納付すれば足りるとされているのである（登免税13条2項）。

　共同抵当権の設定登記を最初の不動産（この事例では新宿の甲土地）に申請した段階で，債権額の1000分の4（この事例では4万円）をすでに納付している以上，それに加えて，最初の不動産以外の不動産への申請でも債権額の1000分の4を納付させるのは，不当だからである。結局，すべての不動産を合わせて1,000万円の優先弁済権しか得ていないのに，共同担保の対象となる不動産の管轄がたまたま異なることで1000分の4を何回も払わなければならないのは，税金の取りすぎということである。

　また，減税・免税を受けた場合には，登記申請情報の登録免許税の部分に免税・減税の根拠条文を記載しなければならないことになっている。そこで，今回の登記申請において，不動産1個につき金1,500円の納付で済ませる場合には，登記申請情報に「（登録免許税法第13条第2項）」と記載しなければならない。

　さらに，最初の不動産に対する申請であるにもかかわらず「2回目の申請です。すでに他の管轄で申請済みです」とうそをついて減税（脱税）を受けようとすることを防止する必要がある。そのため，当該減税を受けようとする場合は，「すでに他の管轄で設定登記申請をしており，債権額の1000分の4を納付済みです」という証明書を提供しなければならない。これが登記証明書である。具体的には，登記事項証明書等である。今回の事例においては，甲土地の登記事項証明書を提供すればよい。甲土地の登記記録に抵当権設定登記がなされていれば，すでに債権額の1000分の4を納付した証拠となるというわけである。

　以上，減税について説明してきたが，これは，一種のサービスである。サービスが受けられるなら受けたいと思うのが通常であろうが，別に受けなくてもかまわない。つまり，最初の申請以外においても，債権額の1000分の4の登録免許税を支払いたければ，納付してもかまわないのである。

　不動産の表示として，今回の申請対象の乙土地を記載する。そして，東京法務局渋谷出張所の登記官が共同担保目録を作成することができるように，管轄

外の不動産である甲土地も「管轄外の物件」として記載する。

　乙土地に対する上記の登記申請が行われると，乙土地の登記記録に抵当権設定登記がなされる。また，東京法務局渋谷出張所に，共同担保目録が作成される。乙土地の抵当権登記の末尾には，当該共同担保目録の記号・番号が記録される。

　乙土地の登記記録・東京法務局渋谷出張所の共同担保目録は，以下のようになる。

◉乙土地の登記記録

権利部（乙区）（所有権以外の権利に関する事項）			
順位番号	登記の目的	受付年月日・受付番号	権利者その他の事項
1	抵当権設定	令和6年7月5日 第56972号	原因　令和6年7月1日金銭消費貸 　　　借同日設定 （中略） 共同担保　目録の第700号

◉共同担保目録

共同担保目録					
記号及び番号		の第700号		調製	令和6年7月5日
番号	担保の目的である権利の表示		順位番号	予備	
1	渋谷区代々木三丁目3番3の土地		1	余　白	
2	新宿区西新宿一丁目1番1の土地		1	余　白	

　同じ内容の共同担保目録であるのに，東京法務局新宿出張所と東京法務局渋谷出張所で，共同担保目録の記号・番号が異なることも確認しておいてほしい。共同担保目録は，管轄ごとに作成されるからである。

4　共同抵当権追加設定

(1)　登記申請のポイント

> **事例**　甲土地（東京法務局新宿出張所管轄）の登記記録の乙区1番に「抵当権設定・令和3年6月29日金銭消費貸借同日設定・債権額金1,000万円・債務者A・抵当権者B」と登記されているところ，追加担保として，令和6年7月5日，B及びAは，A所有の乙土地（東京法務局渋谷出張所管轄）に抵当権を設定する契約を締結した。

●記載例　共同抵当権（追加設定）

登記の目的　抵当権設定

原　　　因　令和3年6月29日金銭消費貸借令和6年7月5日設定

債　権　額　金1,000万円

債　務　者　A

抵当権者　B

設　定　者　A

添付情報　登記原因証明情報　登記識別情報　印鑑証明書

　　　　　　代理権限証明情報　登記証明書

登録免許税　金1,500円（登録免許税法第13条第2項）

不動産の表示

所在　渋谷区代々木三丁目

地番　3番3

地目　宅地

地積　120.00平方メートル

前登記の表示　新宿区西新宿一丁目1番1の土地　順位番号1番

【登記原因】

　登記原因における前半の債権発生原因は，すでに登記されている不動産のものと同じでなければならない。共同抵当権なので，被担保債権は同一だからである。

　登記原因における後半の抵当権設定契約は，すでに登記されている不動産とは別の日付となる。すでに登記されている不動産についての設定契約後になされた追加設定契約が登記原因となるからである。

【登録免許税】

　共同抵当権の追加設定登記は，不動産1個につき1,500円で足りる（登免税13条2項）。前記**3**(5)の場合と同様，追加設定である以上，すでに債権額の1000分の4については納付済みだからである。

　減税サービスを受けるときは，登録免許税の減税根拠として，「（登録免許税法第13条第2項）」と記載する必要がある。

　また，すでに債権額の1000分4を納付したことを証明する登記証明書の提供が必要となる。ただし，追加設定にかかる不動産がすでに登記を受けた不動

産と同一管轄の場合には，登記証明書の提供を省略することができる。その登記所の中ですでに登記された不動産の登記記録を確認することができるからである。

【前登記の表示】

共同抵当権の追加設定登記においては，前登記の表示として，すでに抵当権設定登記がなされている不動産の表示及びその抵当権の順位番号を記載しなければならない（令別表55申請情報欄ハ）。すでに登記されている不動産を示すことによって，登記官が共同担保目録を作成することができるようにするためである。

ただし，今回追加設定登記を申請する管轄において，すでに共同担保目録が作成されている場合（つまり追加設定する管轄の2個以上の不動産に抵当権が設定されている場合）は，その共同担保目録の記号・番号を記載すれば足りる（令別表55申請情報欄ハ括弧書，規則168条1項）。この場合は，共同担保目録を新たに作成する必要はなく，その共同担保目録に追加する不動産を追加記載すればよいからである。

⑵　登記の実行

【共同担保目録の作成】

追加設定の登記がなされると，抵当権設定登記が主登記で実行され，原則として，共同担保目録が作成される。共同担保目録の作成の流れは，以下のように行われる。

【同一管轄の2つ目の不動産】

たとえば，甲土地に抵当権が設定されているところ，同一管轄の乙土地に追加設定された場合，甲土地と乙土地を記載した共同担保目録が作成される。また，乙土地の抵当権の登記の末尾には，共同担保目録の記号・番号が記録される。

そして，甲土地を忘れてはならない。甲土地に抵当権設定登記がなされたときは，共同担保ではなかったので共同担保目録がなく，その共同担保目録の記号・番号が付されていない。そこで，甲土地には，職権で共同担保を追加した付記登記がなされる。

甲土地になされる付記登記は，以下のようなものである。

●甲土地の登記記録

権利部（乙区）（所有権以外の権利に関する事項）			
順位番号	登記の目的	受付年月日・受付番号	権利者その他の事項
1	抵当権設定	令和3年6月29日 第56972号	原因　令和3年6月29日金銭消費 　　　　貸借同日設定 （中略） 抵当権者　B
付記1号	1番抵当権担保 追加	余　白	共同担保㋺第185号 令和6年7月5日付記

【同一管轄の3つ目の不動産】

　同一管轄の3つ目以降の不動産への追加設定登記の場合，その管轄にすでに共同担保目録があるので，その目録に，追加された不動産を追加記載する。

【他管轄への追加設定】

　前記⑴の記載例の事例のような場合である。⑴の事例に即して説明する〈図3-1〉。

図3-1　他管轄への追加設定

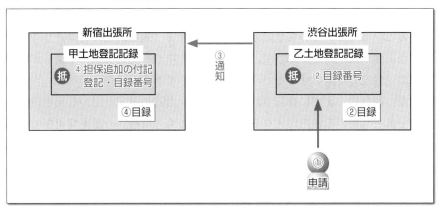

　まず，東京法務局渋谷出張所において，乙土地の登記記録に抵当権設定登記が実行され，共同担保目録が作成される（②）。また，乙土地の登記記録の抵当権の登記の末尾には共同担保目録の記号・番号が記録される（②）。

　しかし，これで終わりではない。東京法務局新宿出張所には，共同担保目録が作成されていない。共同担保目録は，管轄ごとに作成しなければならないのである。そこで，東京法務局渋谷出張所の登記官が，東京法務局新宿出張所に，

共同抵当権が追加設定された旨を通知する（③）。そして，東京法務局新宿出張所の登記官は，通知内容に従って共同担保目録を作成し，甲土地の抵当権に共同担保を追加する付記登記をする（④）。

　これで，2つの管轄双方に共同担保目録が作成されたことになる。

(3)　追加設定の可否

　共同抵当権は，同一の債権を担保するための抵当権だから，追加設定する抵当権の被担保債権とすでに登記されている抵当権の被担保債権は，同一である。

　よって，追加設定登記の登記原因における前半の債権発生原因は，すでに登記されている抵当権の債権発生原因と同一でなければならない（☞前記(1)【登記原因】）。

　しかし，すでに登記されている抵当権の債権額・利息・損害金・債務者の住所が，追加設定登記の登記申請情報の内容と異なっている場合でも，登記申請は受理される（昭41・12・1民甲3322号）。

　これは，前の登記がなされた後に債権の一部弁済によって債権額が減少したり，利息が変動したり，債務者が引っ越したりすることによって，これらの事項の内容が変わることもあり，これらの事項が異なっているからといって，同一債権でないとはいえないからである。実務上も，これらの登記事項が変わったからといって，いちいち登記しないことも多く，追加設定の前提として，すでに登記された不動産について，これらの登記事項の変更登記を申請してから追加設定登記の申請をせよというのも酷だからである。

　また，同様に，すでに登記されている不動産と追加設定登記の登記申請情報の間で抵当権者の取扱店が異なる場合についても，取扱店の変更登記をせずに抵当権の追加設定登記を申請することができる（登研377号141）。

第2章　抵当権移転登記

> ●この章で学ぶこと●
> ──────────────────
> 　この章では，抵当権が移転した場合の登記申請について学びます。どのような場合に抵当権が移転するのかを理解することから始めてください。代位弁済による登記など，状況の把握が難しい論点については，特にしっかり理解しましょう。

1. 総　　論

1 抵当権移転登記の意義

(1) 特定承継

　抵当権には随伴性があるので，被担保債権が移転した場合には，抵当権もそれに伴って移転する。たとえば，被担保債権が譲渡された場合は，それに伴い，抵当権も譲受人に移転する。また，被担保債権が弁済されて代位が生じた場合も，抵当権が移転する（代位弁済）。

　弁済による代位とは，たとえば，AのBに対する債権を担保するためにB所有の甲土地に抵当権が設定されている事例において，その債権をCが弁済した場合，Aの抵当権がCに移転するということである。AはCから弁済を受けて債権を担保する必要がなくなったが，CがBに対する求償権を取得したので，Aにとって不要となった抵当権をCが行使できることとしたのである（弁済による代位の詳細は，『民法Ⅱ』を参照のこと）。

(2) 包括承継

　抵当権者に相続・合併・会社分割などの包括承継が生じた場合には，被担保

債権及び抵当権が移転することになる。

(3) 抵当権移転登記

　前記(1)の特定承継や(2)の包括承継などによって抵当権が移転した場合には，抵当権の移転登記を申請することができる。また，債権の一部譲渡が行われた場合などのように，被担保債権の一部が移転した場合には，抵当権一部移転の登記を申請することができる。

② 抵当権移転の登記申請

(1) 申請形態

【特定承継】

　債権譲渡や代位弁済による抵当権移転登記は，抵当権を取得した者を登記権利者，抵当権を失った抵当権登記名義人を登記義務者とする共同申請により行う。不動産所有者が登記申請人とならないことにも注意してほしい。

【包括承継】

　相続・合併による抵当権移転登記は，権利を承継した相続人・存続会社・設立会社からの単独申請により行う。

　会社分割による抵当権移転登記は，承継会社・設立会社を登記権利者，分割会社を登記義務者とする共同申請により行う。

【転付命令】

　債権が転付命令で移転したことにより抵当権が移転した場合は，申立てにより，裁判所書記官が嘱託登記を行う（民執164条1項）。当事者から登記申請する必要はない。

　転付命令の詳細は民事執行法で学習するが，ここでは必要な部分だけ説明しよう。簡単にいえば，強制的な債権譲渡である。たとえば，AのBに対する債権を担保するためにBの不動産に対して抵当権が設定されているとしよう。この事例において，Aの債権者XがAから弁済を受けられなかったので，AのBに対する債権を差し押さえた。そして，差し押さえた債権から強制的に弁済を受けるために転付命令を出すように裁判所に申し立て，転付命令が出された。この場合，AのBに対する債権はXに移転し，当該債権がXのBに対する債権となる。そして，随伴性により，Aの抵当権もXに移転するのである。この場合の抵当権の移転登記は，当事者から申請する必要がない〈図3-2〉。

図 3-2　転付命令

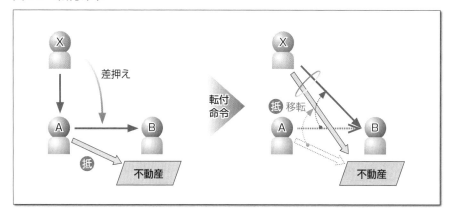

【権利者が複数の場合】

　抵当権移転登記において，抵当権者となる登記権利者が複数いる場合には，登記申請情報にその持分を記載する。所有権の場合と同様，抵当権の場合も，持分を公示する必要があるからである。

(2)　登記の目的

【全部移転】

　単有の抵当権の全部が移転した場合，登記の目的は，「1番抵当権移転」のように記載する。

　共有抵当権のすべてが移転した場合も，「1番抵当権移転」と記載する。所有権の場合のような「共有者全員持分全部移転」という記載はしないので，注意すること。

【一部移転】

　単有の抵当権の一部が移転した場合，登記の目的は，「1番抵当権一部移転」と記載する。この場合，その移転した「一部」の分量を明らかにするため，登記事項として，債権譲渡では「譲渡額」，代位弁済では「弁済額」を記載しなければならない。これで，「一部」の分量が明らかになることから，持分の記載は必要ない。

　権利者が複数となる場合は各権利者の持分を分数で公示することと比較すること。

【持分移転】

　共有抵当権の一部の共有者の持分が全部移転した場合（例 A・B 共有抵当権

のA持分が全部移転した），登記の目的は，「1番抵当権A持分移転」と記載する。

この場合，登記申請情報の権利者に持分を記載する必要はない。移転対象となっているA持分について持分が記録されており，それで公示上十分だからである。

(3) 登記の実行

抵当権の移転は，付記登記でなされる。所有権以外の権利の移転登記は付記登記で実行されるからである（規則3条5号）。

これにより，抵当権の順位を変えることなく，抵当権の移転登記を実行することができる。1番抵当権がAからBに債権譲渡によって移転し，Bの抵当権となったとしても，やはり，1番抵当権というわけである。

(4) 登記上の利害関係を有する第三者

抵当権移転登記においては，利害関係を有する第三者は存在しない。抵当権移転登記は，抵当権の主体が変わるだけであり，その順位や内容などについての変更はない。そのため，第三者に不利益を与えることはなく，利害関係を有する第三者の承諾証明情報の提供が必要となることもないのである。

(5) 登録免許税

【原　則】

抵当権移転登記の登録免許税率は，相続・合併による場合は，移転した債権額の1000分の1となる（登免税別表第1.1(6)イ）。

それ以外の場合（例債権譲渡・会社分割）は，移転した債権額の1000分の2となる（登免税別表第1.1(6)ロ）。

【共同抵当権の場合】

共同抵当権が設定されている場合，すべての不動産についての移転において，上記の定率課税による登録免許税が課せられるのは，あまりに酷である。たとえば，管轄の異なる甲土地・乙土地・丙土地に設定されている債権額が1,000万円であるAの共同抵当権をBに移転する登記を申請する場合，Bは，1,000万円の抵当権を取得するだけなのに，2万円（1,000万円×2/1000）を3回納付しなければならなくなる。

そこで，共同抵当権の移転登記を申請する場合に，それが最初の申請以外のものであるときは，共同抵当権設定登記について規定した登録免許税法13条

2項の規定に準じて，登録免許税は不動産1個につき 1,500 円で足りることとされた（昭 43・10・14 民甲 3152 号）。この減税措置を受けるには，すでに最初の不動産において移転登記をしたことを証明するための登記証明書（具体的には登記事項証明書）を提供しなければならない。

❸　抵当権移転登記の可否

⑴　真正な登記名義の回復

【原　則】

　真正な登記名義の回復による抵当権移転登記は，申請することができないのが原則である（昭 40・7・13 民甲 1857 号）。

権利部（乙区）（所有権以外の権利に関する事項）		
1	抵当権設定	抵当権者　A
2	抵当権設定	抵当権者　B

　たとえば，この登記記録において，A の抵当権設定登記が無効で，真実の抵当権者が X だったとしよう。この場合，A から X に対して，真正な登記名義の回復による1番抵当権移転登記を申請することはできない。A 名義の1番抵当権設定登記は無効な登記であり，移転の対象とはならないからである。X は，新たな抵当権の設定登記をすべきなのである。

　また，抵当権は1つの不動産に順位をつけて複数設定できる権利であり，順位が重要である。そのため，無効な登記の安易な流用を認めることができないという都合もある。安易な抵当権移転登記を許すと，後順位抵当権者などの第三者を害することになってしまうのである。たとえば，この事例では，X が新たに抵当権を設定する場合には乙区3番で実行され，B より劣後する抵当権となる。しかし，1番抵当権の移転を許してしまうと，X は1番抵当権者として，不当に B より優先する抵当権者となることができてしまい，B を害することになってしまうのである。

【例　外】

　ただし，例外として，抵当権の移転登記がなされている抵当権については，その移転登記が無効である場合に，真正な登記名義の回復による抵当権の移転登記を申請することができる。

権利部（乙区）（所有権以外の権利に関する事項）		
1	抵当権設定	抵当権者　A
付記1号	1番抵当権移転	抵当権者　C
2	抵当権設定	抵当権者　B

　この登記記録の場合に，AからCへの1番抵当権の移転が無効である場合には，CからAへの真正な登記名義の回復による抵当権移転登記を申請することができる。

　この場合は，1番抵当権の移転が無効であったのであり，1番抵当権自体が無効であったわけではないので，無効な抵当権登記の安易な流用とはいえないからである。また，Cの抵当権に転抵当権が設定されているなどの利害関係を有する第三者がいるがその承諾が得られない等の場合，抵当権移転登記の抹消登記ができないので，その代替手段としての真正な登記名義の回復による抵当権移転登記を許すべきなのである。

　結局，抵当権の場合，真正な登記名義の回復による抵当権移転ができるのは，A→Cと移転されているものをC→Aに戻す場合しかできないことになる。所有権の場合は第三者への移転もできることと比較しておくこと（☞P300）。

(2)　一括申請

　登記記録の乙区1番と乙区2番に同一会社の抵当権が設定されている場合，その会社が合併したことによる抵当権移転登記は，一括申請により行うことができる（昭10・9・16民甲946号）。

　管轄・目的・登記原因・申請当事者が同一であり，一括申請の要件を満たすからである。1番と2番の順位番号が異なるが，登記申請情報には，「1番2番抵当権移転」と記載すればよい。

　抵当権だからといって，共同抵当権であることを理由とするものではない点に注意すること。たしかに，乙区1番と乙区2番の抵当権は共同抵当権ではない。しかし，共同抵当権でない場合であっても，一般的な一括申請の要件を満たせば，一括申請で行うことができるということである。

2. 特定承継による抵当権移転

❶　債権譲渡

(1)　記　載　例

> **事例**　甲土地の登記記録には，所有権登記名義人がＡと記録されており，乙区１番に，ＢのＡに対する1,000万円の債権を担保するための抵当権が記録されている。令和6年6月26日，Ｂは，甲土地の乙区１番抵当権の被担保債権をＣに対して売却した。令和6年6月27日，Ｂは，Ａに対して，同日付の内容証明郵便で通知を行い，翌日Ａに到達した。

●記載例　債権譲渡による抵当権移転登記

```
登記の目的　１番抵当権移転
原　　　因　令和6年6月26日債権譲渡
権　利　者　Ｃ
義　務　者　Ｂ
添 付 情 報　登記原因証明情報　登記識別情報　代理権限証明情報
課 税 価 格　金1,000万円
登録免許税　金2万円
```

(2)　登記原因

　登記原因は，「年月日債権譲渡」である。債権の一部が譲渡されたことによる抵当権一部移転登記を申請する場合は，「年月日債権一部譲渡」となる。

　登記原因日付は，債権譲渡契約をした日である。債権譲渡契約の後に債務者に対する通知や債務者の承諾が行われたとしても，登記原因日付は，通知・承諾の日ではなく，債権譲渡契約の日となる。通知・承諾は，債権譲渡の対抗要件にすぎず，債権譲渡の効力には影響がないからである。

　本記載例においても，登記原因日付が通知がＡに到達した日である令和6年6月28日ではなく，債権譲渡契約を締結した令和6年6月26日となっている。

(3)　登記事項

　債権一部譲渡による抵当権一部移転の場合は,「譲渡額」の記載が必要となる。

(4)　登記申請人

　債権譲渡の譲受人が登記権利者, 債権譲渡の譲渡人である抵当権登記名義人が登記義務者となる。不動産所有者（記載例の事例の A）は登記申請に関与しないことに注意してほしい。

(5)　添付情報

　共同申請の場合の基本的な添付情報を提供すればよい。以下, 添付情報チェックシートで確認しよう。

◉添付情報チェックシート

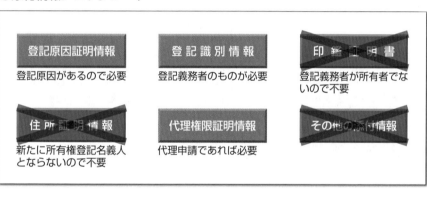

登記原因証明情報	登記識別情報	印鑑証明書
登記原因があるので必要	登記義務者のものが必要	登記義務者が所有者でないので不要
住所証明情報	代理権限証明情報	その他の添付情報
新たに所有権登記名義人とならないので不要	代理申請であれば必要	

　登記原因証明情報としては, 債権譲渡契約書などを提供する。債務者へ通知したことを証する情報の提供は, 不要である。通知は, 債権譲渡の対抗要件にすぎないからである。

　登記識別情報は, 登記義務者となる抵当権登記名義人が抵当権を取得した際に通知されたものを提供する必要がある。

(6)　登録免許税

　登録免許税率は, 移転した債権額の 1000 分の 2 となる（登免税別表第 1.1 (6) ロ）。

2 代位弁済

(1) 登記申請のポイント

事例　甲土地の登記記録には，所有権登記名義人がＡと記録されており，乙区1番に，ＢのＡに対する1,000万円の債権を担保するための抵当権が記録されている。令和6年7月5日，甲土地乙区1番抵当権の被担保債権を，当該債権の保証人Ｃが弁済をした。

●記載例　代位弁済による抵当権移転

```
登記の目的　1番抵当権移転
原　　　因　令和6年7月5日代位弁済
権　利　者　Ｃ
義　務　者　Ｂ
添 付 情 報　登記原因証明情報　登記識別情報　代理権限証明情報
課 税 価 格　金1,000万円
登録免許税　金2万円
```

(2) 登記原因

　登記原因は，「年月日代位弁済」となる。第三者が債権の一部を弁済した場合には，「年月日一部代位弁済」となる。

　登記原因日付は，第三者が弁済をした日である。弁済をすることで代位が生じ，抵当権が移転するからである（民499条）。

(3) 登記事項

　一部代位弁済による抵当権一部移転の場合には，第三者が弁済した額を「弁済額　金500万円」のように記載する。

(4) その他の事項

　登記申請人・添付情報・登録免許税については，債権譲渡の場合と同様である。

(5)　注意すべき事例

> **例題**　次のような登記記録の甲土地と乙土地がある。それぞれの1番抵当権は，共同抵当権の関係にある。乙土地が競売代金5,000万円で競売され，Xは債権を全額回収することができたが，Yは満足する配当が受けられなかった。乙土地には，裁判所書記官の嘱託登記により競売に基づく登記がなされた。甲土地にはどのような登記を申請すべきか。
>
> | 甲土地の登記記録の概要 | 乙土地の登記記録の概要 |
> |---|---|
> | 甲区
所有者　A
乙区
1番　抵当権者　X
　　債権額　金5,000万円
　　債務者　A | 甲区
所有者　B
乙区
1番　抵当権者　X
　　債権額　金5,000万円
　　債務者　A
2番　抵当権者　Y
　　債権額　金2,000万円
　　債務者　B |

　債務者所有の不動産（甲土地）と物上保証人所有の不動産（乙土地）に対して，共同抵当権が設定されており，物上保証人所有の不動産から競売された事例である。

　この場合は，物上保証人Bが債務者Aの代わりに乙土地の代価によってXに弁済したのと同義である。Bが進んで第三者弁済したわけではないが，自己の所有する不動産が競売され，無理矢理弁済させられたと考えることができるのである。そこで，Bは，債権者Xに代位して甲土地の抵当権を行使することができることになる。つまり，甲土地の1番抵当権が，代位弁済により，XからBに移転することになる。よって，甲土地に対しては，代位弁済を原因とするXからBへの1番抵当権の移転登記を申請することができるのである。

　一方，Bが行使できるようになった甲土地の1番抵当権について，YよりもBが優先して配当を受けるのは不当である。乙土地の2番抵当権は，Bが負担したものだからである。よって，Yは，Bが取得した甲土地の1番抵当権を乙土地の価値変形物として物上代位できることになる。このことから，Yは，甲土地の1番抵当権についてBへの移転登記がなされることに利害があるので，YはBに代位して，この移転登記をXと共同して申請することができる（昭43・5・29民甲1834号）。

　甲土地の1番抵当権について，代位弁済によるXからBへの移転登記を，

Bに代位してYが申請する場合の記載例は，以下のとおりである。

◉記載例　物上保証人の不動産が競売された場合の抵当権移転登記

```
登記の目的　1番抵当権移転
原　　　因　令和6年7月5日代位弁済
権　利　者　（被代位者）B
代　位　者　Y
代 位 原 因　令和2年6月19日設定の抵当権に基づく物上代位
義　務　者　X
添 付 情 報　登記原因証明情報　登記識別情報　代理権限証明情報
　　　　　　代位原因証明情報
課 税 価 格　金1,000万円
登 録 免 許 税　金2万円
```

この申請における代位原因を証する情報は，乙土地の登記事項証明書である。

3. 包括承継による抵当権移転

■ 相続による抵当権移転

(1)　登記申請情報

事例　甲土地の登記記録には，所有権登記名義人がAと記録されており，乙区1番に，BのAに対する1,000万円の債権を担保するための抵当権が記録されている。令和6年6月21日，Bが死亡した。Bの相続人は，配偶者Cと子D・Eである。

◉記載例　相続による抵当権移転

```
登記の目的　1番抵当権移転
原　　　因　令和6年6月21日相続
抵 当 権 者　（被相続人　B）
　　　　　　　　　持分　4分の2　C
　　　　　　　　　　　　4分の1　D
```

添 付 情 報	登記原因証明情報　代理権限証明情報
課 税 価 格	金 1,000 万円
登録免許税	金 1 万円

(2)　登記原因

登記原因は，「年月日相続」である。登記原因日付は，被相続人の死亡した日である。

(3)　登記申請人

相続人からの単独申請である（63条2項）。相続による所有権移転登記の場合と同様，「（被相続人 B)」のように，被相続人の氏名を記載する。相続人が複数である場合は，各相続人の持分を記載する。

(4)　添付情報

登記原因証明情報として，相続が生じたことを証する公的な書面を提供しなければならない。単独申請の場合には，公的書面によって登記内容の真実性を担保する必要があるからである（☞ P136)。

共同申請ではないので，登記識別情報・印鑑証明書の提供は不要である。また，相続人は抵当権登記名義人となるのであって，所有権登記名義人となるわけではないので，住所証明情報の提供は不要である。

(5)　登録免許税

相続による抵当権移転登記の登録免許税率は，移転する債権額の 1000 分の 1 である（登免税別表第 1.1(6)イ)。

2　合併による抵当権移転

(1)　登記申請情報

事例　甲土地の登記記録には，所有権登記名義人が A と記録されており，乙区 1 番に，株式会社 B の A に対する 1,000 万円の債権を担保するための抵当権が記録されている。株式会社 B（代表取締役 C）を消滅会社，株式会社 D

（代表取締役E）を存続会社とする吸収合併が行われた。

◉記載例　合併による抵当権移転

```
登記の目的　1番抵当権移転
原　　　因　令和6年6月25日合併
抵 当 権 者　（被合併会社　株式会社B）
　　　　　　　　株式会社　D
　　　　　　　（会社法人等番号1111-11-111111）
　　　　　　　　代表取締役　E
添 付 情 報　登記原因証明情報　代理権限証明情報　会社法人等番号
課 税 価 格　金1,000万円
登録免許税　金1万円
```

(2)　登記原因

　登記原因は,「年月日合併」である。登記原因日付は,吸収合併では合併契約で定めた効力発生日（会749条1項6号,会751条1項7号,会752条1項）であり,新設合併では設立会社の設立登記の日である（会754条1項,会756条1項）。合併による所有権移転の場合と同じである（☞P198）。

(3)　登記申請人

　存続会社・設立会社からの単独申請である（63条2項）。合併による所有権移転の場合と同様,消滅会社を「（被合併会社　株式会社B）」のように記載する。

(4)　添付情報

　登記原因証明情報として,合併が生じたことを証明する公的証明書（具体的には存続会社・設立会社の登記事項証明書）の提供が必要となる。
　法人が申請人となる場合なので,会社法人等番号の提供も忘れないこと。

(5)　登録免許税

　合併による抵当権移転登記の登録免許税率は,移転する債権額の1000分の1である（登免税別表第1.1(6)イ）。

3 会社分割による抵当権移転

(1) 登記申請情報

> **事例** 甲土地の登記記録には，所有権登記名義人がＡと記録されており，乙区１番に，株式会社ＢのＡに対する 1,000 万円の債権を担保するための抵当権が記録されている。株式会社Ｂ（代表取締役Ｃ）を分割会社，株式会社Ｄ（代表取締役Ｅ）を承継会社とする吸収分割が行われた。

●記載例　会社分割による抵当権移転

登記の目的	１番抵当権移転
原　　　因	令和 6 年 6 月 25 日会社分割
権　利　者	株式会社　Ｄ
	（会社法人等番号 1111-11-111111）
	代表取締役　　Ｅ
義　務　者	株式会社　Ｂ
	（会社法人等番号 2222-22-222222）
	代表取締役　　Ｃ
添 付 情 報	登記原因証明情報　登記識別情報　代理権限証明情報
	会社法人等番号
課 税 価 格	金 1,000 万円
登録免許税	金 2 万円

(2) 登記原因

登記原因は，「年月日会社分割」となる。登記原因日付は，吸収分割では分割契約で定めた効力発生日（会 749 条 1 項 6 号，会 751 条 1 項 7 号，会 752 条 1 項）であり，新設分割では設立会社の設立登記の日である（会 754 条 1 項，会 756 条 1 項）。会社分割による所有権移転の場合と同じである（☞ P203）。

(3) 登記申請人

会社分割による抵当権移転登記は，承継会社・設立会社を登記権利者，分割会社を登記義務者とする共同申請により行う（平 13・3・30 民二 867 号）。合併の場合と異なり，分割会社が消滅しているわけではないからである。会社分割

による所有権移転登記の場合と同様である（☞ P202）。

⑷　添付情報

　共同申請の基本的な添付情報を提供すればよい。

　登記識別情報は，登記義務者となる抵当権登記名義人が抵当権を取得した際に通知されたものが必要となる。登記義務者が所有権登記名義人ではないので，印鑑証明書の提供は不要である。

　法人が申請人となる場合なので，会社法人等番号の提供も忘れないこと。

⑸　登録免許税

　合併・相続以外の登記原因による抵当権移転登記なので，登録免許税率は，移転する債権額の 1000 分の 2 となる（登免税別表第 1.1 ⑹ ロ）。

4. 次順位抵当権者の代位の付記登記

1　意　　義

⑴　事　　例

　まず，次の例題を考えてみてほしい。

例題　次のような登記記録の甲土地（4,000 万円）と乙土地（6,000 万円）がある。それぞれの 1 番抵当権は，共同抵当権の関係にある。乙土地が競売代金 6,000 万円で競売され，X は 5,000 万円の配当を受けたが，Y は 1,000 万円しか配当が受けられなかった。乙土地には，裁判所書記官の嘱託登記により競売に基づく登記がなされた。甲土地にはどのような登記を申請すべきか。

甲土地の登記記録の概要	乙土地の登記記録の概要
甲区 所有者　A 乙区 1 番　抵当権者　X 　　債権額　金 5,000 万円 　　債務者　A	甲区 所有者　A 乙区 1 番　抵当権者　X 　　債権額　金 5,000 万円 　　債務者　A 2 番　抵当権者　Y 　　債権額　金 4,000 万円 　　債務者　A

共同抵当権が設定された場合，共同抵当権者は，一部の不動産を先に競売し，その不動産の競売代金から債権の全部について優先して配当を受けることができる（民392条の2前段）。この規定により，Xは乙土地の競売代金の6,000万円から5,000万円全額について配当を受けることができたのである。

Xについては，それでよい。問題は，後順位担保権者Yである。同時配当であれば，共同抵当権者Xは，不動産価格の割合で配当を受けるから，甲土地から2,000万円，乙土地から3,000万円の配当を受け，Yは3,000万円の配当を受けられたはずである。しかし，乙土地からの異時配当が行われたばかりに，当該額より少ない1,000万円の配当しか受けられないことになる。これでは，同時配当の場合に不動産価格の割合で配当を受けると規定している趣旨が損なわれてしまう。異時配当の場合にも，少なくとも同時配当の場合の優先弁済を保証することによって，予測可能性を確保することが必要となるのである。

そこで，民法は，Yのような後順位担保権者を保護するため，共同抵当権者の次順位抵当権者は，同時配当がなされたとすれば配当を受けることができたはずの額の限度で，他の不動産の共同抵当権に代位することができると規定した（民392条2項後段）。本事例では，Yが甲土地の1番抵当権に代位して，2,000万円の範囲で行使できる。つまり，2,000万円の範囲で，甲土地の1番抵当権がYに移転するというわけである。

この場合に，代位の付記登記をしておけば，代位を第三者に対抗することができる（民393条）。これが，次順位抵当権者の代位の付記登記なのである。

(2) 注意すること

次順位抵当権者の代位の付記登記は，共同抵当権の目的不動産が同一所有者に属していることを前提としている。

一方が債務者所有，他方が物上保証人所有の場合には，次順位抵当権者の代位が生じないことに注意してほしい。この場合，物上保証人所有の不動産から競売された場合には，前記 *2.* **2** (5)の代位弁済による抵当権移転登記の論点となる。

「次順位担保権者の代位」と「代位弁済による抵当権移転」を考える場合には，共同抵当権の目的となっている2つの不動産の所有者の異同に着目することが重要である。

② 登記申請のポイント

(1) 記　載　例

　ここでは，前記①の事例に基づいて甲土地に申請すべき登記申請情報を示すことにしよう。

●記載例　次順位抵当権者の代位の付記登記

登記の目的	1番抵当権代位
原　　　因	令和6年6月15日民法第392条第2項による代位
競売不動産	渋谷区代々木三丁目3番3の土地
競売代価	金6,000万円
弁済額	金5,000万円
被担保債権	平成25年5月23日金銭消費貸借
債権額	金4,000万円
利　　　息	年5%
債務者	A
権利者	Y
義務者	X
添付情報	登記原因証明情報　登記識別情報　代理権限証明情報
登録免許税	金1,000円
不動産の表示	甲土地（所在・地番・地目・地積）

　この登記申請情報は，甲土地に対する申請であることを確認すること。乙土地が競売されたことで，乙土地の後順位担保権者が甲土地の抵当権に代位するという登記を申請するのである。よって，登記申請情報の末尾の不動産の表示は，甲土地の表示を記載する。

　乙土地の競売に基づく登記は，この登記申請情報を提出する前に，裁判所書記官の嘱託でなされる。当事者から申請する必要はない。乙土地には，裁判所書記官の嘱託で，競売による所有権移転登記，差押登記の抹消登記，抵当権の抹消登記がなされるのである（民執82条1項）。

⑵ 登記の目的

登記の目的は，「1番抵当権代位」のように記載する。「1番抵当権移転」で
はないので注意すること。

⑶ 登記原因

登記原因は，「年月日民法第392条第2項による代位」となる。登記原因日
付は，共同抵当権者が配当を受けた日である（登研444号108）。

⑷ 登記事項

競売された不動産（乙土地）の表示，競売代価，共同抵当権者が優先弁済を
受けた額，次順位抵当権者の被担保債権の内容を記載する。前記**1**の事例では，
甲土地が4,000万円で競売されることを前提に計算したが，実際には，競落さ
れるまでいくらで売れるのかはわからない。そこで，乙土地の次順位抵当権者
の代位できる額を計算できるようにするため，競売の情報，次順位抵当権者の
債権の情報を提供するわけである。

⑸ 登記申請人

代位によって抵当権を取得する次順位抵当権者を登記権利者，代位される共
同抵当権者を登記義務者とする共同申請により行う。

⑹ 添付情報

共同申請の場合の基本的な添付情報を提供すればよい。

⑺ 登録免許税

次順位抵当権者の代位の付記登記における登録免許税は，不動産1個につき
1,000円である（登免税別表第1.1⒁）。債権額を基準とした定率課税ではない
ので注意すること。

《ホームルーム》

生徒：抵当権の移転について勉強しましたが，弁済による代位については，民法の勉強をすっかり忘れていました。この機会にしっかり復習します。

講師：そうだね。司法書士の試験は，試験範囲が広いから，忘却との戦いだ。忘れたらその都度しっかり復習することだよ。誰でも忘れるから，忘れることを恐れることはない。忘れるのは，覚えた人だけの特権なのさ（キリッ）。

生徒：カッコつけているところに申し訳ないのですが，その代位弁済についてなのですが…。

講師：な，なにかな。

生徒：記述式問題で，「弁済をした」と書かれていたら，弁済によって債権が消滅して，付従性によって抵当権も消滅するので，抵当権抹消登記を申請してしまいそうになるのですが，どうやって，代位弁済による移転を見破ればいいのですか。

講師：いい質問だね。「弁済と言われたら抹消」とすぐ飛びついてしまう人も多いんだ。次の2点を確認すること。「誰が弁済したか」「どれだけ弁済したか」の2点だ。債務者が全額弁済したという場合が抵当権の抹消登記をする局面だ。そして，第三者が全額弁済していたら，代位弁済による抵当権移転を考えることになる。

生徒：どれだけ弁済されたかによっても違ってくるんですか。

講師：そうなんだ。第三者が一部弁済したケースは，すでに勉強したね。覚えているかな。

生徒：えーと。あ，一部代位弁済による抵当権一部移転ですね。

講師：そのとおり。

生徒：債務者が一部弁済した場合はどんな登記をすればいいんですか。

講師：その場合は，抵当権変更登記だ。債権額の減少についての変更登記を申請する。

生徒：弁済と言われていても，すぐに抵当権抹消登記に飛びつかずに，「誰が弁済したか」「どれだけ弁済したか」のチェックから始めるべきなんですね。最後の抵当権変更登記はまだ学習していないですね。

講師：次の章で学習するよ。それじゃあ，抵当権変更登記の勉強に入っていくよ。

第 **3** 章　抵当権変更登記

●この章で学ぶこと●

　この章では，抵当権の変更登記を学びます。利害関係を有する第三者が
いるかいないか，誰が利害関係を有する第三者となるかに注意して，学習
を進めてください。

---

1. 総　　説

　抵当権の設定登記がなされた後に，その抵当権の登記事項に変更が生じた場
合には，抵当権変更登記を申請する。

　所有権の場合には，登記事項が多くないので，所有権変更登記として学習す
することが多くなかった。しかし，抵当権の場合は，登記事項が多く，変更登
記として学習すべき項目もたくさんある。

　債権額・利息・損害金・債務者に変更が生じたときの変更登記が学習の中心
である。しかし，それだけではなく，取扱店の表示の変更などもあり，また，
特殊な変更登記として，「及ぼす変更」「縮減する変更」もある。

2. 債権額の変更

☐ 意　　義

　債権額は抵当権の絶対的登記事項であるため，抵当権が登記されている場合
には必ず登記されている。抵当権設定登記後，その債権額に変更が生じたとき
は，債権額を変更する抵当権変更登記を申請することができる。

　債権額は絶対的登記事項なので，これを廃止する変更はできない。また，債

権額は金額を表す数字であるため，理論的に考えて，増額と減額の2通りの変

更しかありえない。以上のことから，債権額の変更登記としては，増額変更登記と減額変更登記の2つの変更登記を検討していけばよいことになる。

② 債権額の変更の可否

⑴ 増額変更

【原　則】

債権額の増額変更は，原則としてすることができない（明32・11・1民刑1904）。

債権額の増額が生じるということは，原則として，別の新たな債権が発生したということである。たとえば，金銭消費貸借により400万円の債権がある場合において，債権額を1,000万円に増額するということは，新たに600万円を別個に貸し渡したということである。

しかし，抵当権は，ある特定の債権を担保するためのものであり，他の債権を担保することはできない。新たに発生した債権を被担保債権として追加することは，付従性に反するため，できないのである。

このことから，原則として，抵当権の債権額の増額変更をすることはできないのである。新たに債権が発生したならば，別の抵当権を設定すべきというわけである。

【例　外】

しかし，逆に言えば，従前の債権と同一性があり，別個の債権が成立したといえない場合には，抵当権の付従性に反せず，債権額の増額変更も認められる。

具体的には，以下の場合に債権額の増額変更が認められることになる。

①債権額の一部を担保するために抵当権が設定された後，当該債権の全額を限度として，抵当権によって担保される債権の額を契約により変更する場合。

②将来債権を担保するために抵当権が設定された後，その債権の債権額が増額した場合。

③利息の元本組入れをした場合。

以上の3つの場合には，新たな債権が発生した場合とはいえないので，抵当権の債権額の増額変更が認められる。

③の利息の元本組入れとは，弁済期の到来した利息を元本に組み入れ，元本の一部として利息を生み出す（重利）ことである。契約により行うことができる。また，1年分以上の利息の延滞があって，債権者が催告しても利息が支払われない場合に，債権者が一方的な意思表示をすることにより行うことができる。

また，担保限度額（外貨表示の債権の場合）・債権の価額（引渡債権の場合）が登記されている場合には，この価格の増額変更を行うことはできる。担保限度額・債権の価額は，配当の上限となる額であり，実際の債権額ではないため，増額をしたことで別個の債権が発生したことにはならないからである。

【更正登記】

なお，債権額の更正登記は，増額の場合も行うことができる。この場合には，初めから誤っていたのであり，新たな債権が発生したわけではないし，誤りはきちんと是正すべきだからである。

(2) 減額変更

減額変更については，増額変更の場合のような制限はない。

次のような場合には，債権額が減少するので，減額変更登記を申請することができる。

①債権の一部について弁済がなされた場合。

②債権の一部について免除・放棄がなされた場合。

③債権額の減額変更契約がなされた場合。

④元本債権が全額弁済されたが，利息が残っている場合。

①については，債務者によって債権の全部が弁済された場合には，抵当権の抹消登記をすべきであるが，一部が弁済された場合には，債権額の減額変更登記をすべきだということである。

④について。抵当権は，元本だけでなく，最後の2年分の利息・損害金も担保する（民375条）。よって，元本が全額弁済されても，利息等が残っている場合には，抵当権は消滅せず，その利息等を担保する抵当権となる。そのため，この場合には，債権額をその利息等の額とする減額変更登記を申請することができるのである。

③ 登記申請のポイント

(1) 記　載　例

事例　甲土地の登記記録には，所有権登記名義人としてAが記録されており，乙区1番には「平成30年3月2日金銭消費貸借金1,000万円のうち金600万円同日設定・債権額　金600万円・債務者　A　抵当権者　B」という内容の抵当権が設定され，乙区2番にはCの抵当権が設定されている。令和6年6

月30日，A及びBは，甲土地乙区１番の抵当権の債権額を1,000万円とする旨の変更契約を締結した。利害関係人の承諾は得られている。

●記載例　抵当権の債権額の変更

```
登記の目的　１番抵当権変更（付記）
原　　　因　令和6年6月30日変更
変更後の事項　債権額　金1,000万円
権　利　者　B
義　務　者　A
添 付 情 報　登記原因証明情報　登記識別情報　印鑑証明書
　　　　　　　代理権限証明情報　承諾証明情報
課 税 価 格　金400万円
登録免許税　金1万6,000円
```

(2)　登記の目的

　登記の目的は，「１番抵当権変更」のように記載する。

　さらに，利害関係を有する第三者が存在し，その承諾が得られている場合には，登記の目的の末尾に「（付記）」と記載する。

　「（付記）」という文言は，主登記でも付記登記でもなされる可能性がある登記を申請する場合に，付記登記で実行してほしいときに，登記官に対して，「付記登記で実行してください」と指示するために記載するものである。抵当権移転登記のように，そもそも付記登記でしか実行されない登記の場合は，「（付記）」とは記載しない。そのような記載をしなくても，当然に付記登記で実行するしかないからである。

　抵当権変更登記は，登記上の利害関係を有する第三者がいない場合や登記上の利害関係を有する第三者の承諾が得られている場合は付記登記，登記上の利害関係を有する第三者の承諾が得られていない場合は主登記で実行される登記である。そのため，付記登記で実行してもらう場合には，「（付記）」と記載することになるのである。

(3) 登記原因

【変更契約の場合】

債権額を変更契約により増額・減額した場合，登記原因は，「年月日変更」となる。登記原因日付は，変更契約の日である。

【利息の元本組入れ】

利息を元本に組み入れたことで債権額が増額された場合，登記原因は，「年月日年月日から年月日までの利息の元本組入れ」となる〈図3-3〉。

登記原因の中に年月日が3回も出てきて，一見理解しにくいが，最初の「年月日」が「元本組入れ」に係る登記原因日付となっており，元本を組み入れた日である。そして，「年月日から年月日までの」の部分が利息の説明である。たとえば，「令和6年6月30日令和4年4月28日から令和6年4月27日までの利息の元本組入れ」とある場合は，令和4年4月28日から令和6年4月27日までの間に生じた利息を令和6年6月30日に元本に組み入れたということである。

図 3-3　利息の元本組入れ

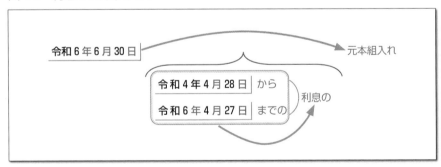

【一部弁済の場合】

債権の一部が弁済されて債権額が減額した場合，登記原因は，「年月日一部弁済」となる。

【元本債権のみの弁済】

利息が残っている場合に，元本債権のみが弁済されたとき，登記原因は，「年月日元本弁済」となる。

⑷　変更後の事項

変更後の事項として，変更後の債権額を「債権額　金 1,000 万円」のように記載する。

元本債権が弁済されて利息のみが残った場合は，その旨がわかるように，「債権額　金 200 万円（令和 2 年 5 月 1 日から令和 6 年 4 月 30 日までの利息)」のように記載する。

⑸　登記申請人

抵当権の債権額の変更登記は，共同申請により行うが，登記権利者・登記義務者の割り振りは，下記のようになる。

①増額変更登記：登記権利者＝抵当権者

　　　　　　　　登記義務者＝設定者

②減額変更登記：登記権利者＝設定者

　　　　　　　　登記義務者＝抵当権者

①の増額変更の場合は，抵当権の優先弁済額が増加し，抵当権者に有利となるが，②の減額変更では，抵当権の優先弁済額が減少することで設定者の負担が減少し，設定者に有利となるからである。

ここでいう「設定者」とは，抵当権の負担となっている権利の登記名義人のことであり，抵当権設定後，その権利が移転していた場合には，現在の権利者となる。抵当権の内容が変更されて利益を受けたり不利益を被ったりするのは，現在の権利者だからである。たとえば，A が所有権登記名義人である不動産に抵当権が設定された後，A から B に所有権移転登記がなされたとする。その後，抵当権の増額変更登記を申請する場合は，B が登記義務者となる。

一般に「設定者」と表現されるので，本書でもそのように記載するが，この点に注意すること。以下，制限物権についての変更登記・抹消登記を申請する場合も同様である。

⑹　添付情報

共同申請を行う場合の基本的な添付情報の提供が必要となる。添付情報チェックシートで確認しておこう。

【増額変更の場合】

◉添付情報チェックシート

登記原因証明情報	登記識別情報	印鑑証明書
登記原因があるので必要	登記義務者である設定者のものが必要	登記義務者が所有者の場合に必要
~~住所証明情報~~	代理権限証明情報	承諾証明情報
新たに所有権登記名義人とならないので不要	代理申請であれば必要	変更登記なので提供があれば，付記登記となる

【減額変更の場合】

◉添付情報チェックシート

登記原因証明情報	登記識別情報	~~印鑑証明書~~
登記原因があるので必要	登記義務者である抵当権者のものが必要	登記義務者が抵当権者なので不要
~~住所証明情報~~	代理権限証明情報	承諾証明情報
新たに所有権登記名義人とならないので不要	代理申請であれば必要	変更登記なので提供があれば，付記登記となる

【まとめ】

　増額変更登記と減額変更登記では，登記権利者と登記義務者が逆になるので，添付情報を考える場合にも注意が必要となる。

　登記識別情報は，登記義務者のものの提供が必要となるので，増額変更では設定者，減額変更では抵当権者のものが必要となる。増額変更において，設定者が所有権者である場合（つまり所有権を目的として設定された抵当権の場合），印鑑証明書の提供も必要となる。

　抵当権変更登記は，変更登記であるため，登記上の利害関係を有する第三者の承諾証明情報が任意的な添付情報となる（任意的承諾型：66条）。つまり，登記上の利害関係を有する第三者がいない場合，及び登記上の利害関係を有する第三者が存在しておりその承諾証明情報の提供がある場合は，付記登記で実行

され，登記上の利害関係を有する第三者がおり，その承諾証明情報の提供がない場合は，主登記で実行される。

　どのような者が登記上の利害関係を有する第三者となるのかについては，後記**5**で説明する。

⑺　登録免許税

　抵当権の変更登記の登録免許税は，原則として，不動産1個につき1,000円である（登免税別表第1.1⒁）。

　ただし，債権額の増額変更の場合は定率課税となり，増加する債権額の1000分の4である（登免税別表第1.1⑸）。債権額の増額変更登記は，増加する部分について新たな設定とみなすことができるからである（登免税12条1項）。もし，増額変更を1,000円の定額課税で申請できるとすれば，わざと低い額の抵当権の設定登記をしておき，後に増額変更することで，登録免許税を節税（脱税）することができてしまうため，定率課税としたのである。

4　登記の実行

　抵当権変更登記は，登記上の利害関係を有する第三者がいない場合，及び登記上の利害関係を有する第三者が存在しておりその承諾証明情報の提供がある場合は，付記登記で実行され，登記上の利害関係を有する第三者がおり，その承諾証明情報の提供がない場合は，主登記で実行される。

5　利害関係を有する第三者

⑴　増額変更の場合

【利害関係を有する第三者となる者】

　債権額の増額変更の場合，登記上の利害関係を有する第三者となるのは，抵当権の優先弁済額が増加することによって，自己の配当額の減少が生じるなどの不利益を受ける者である。

　具体的には，以下の者が登記上の利害関係を有する第三者となる。

①同順位・後順位の担保権登記名義人。

②後順位の所有権仮登記名義人。

③後順位の差押え・仮差押えの登記名義人。

④債権額の増額変更がある抵当権に対して順位譲渡・放棄をした先順位担保権

登記名義人。

これらの者は，抵当権の債権額が増加した場合に，配当額が減るなどの不利益があることを確認してほしい。これらの者の承諾が得られない場合には，これらの者に不利益を与えないように，変更登記が主登記で実行されるというわけである。

①について。後順位担保権者だけなく，同順位担保権者も登記上の利害関係を有する第三者となる点に注意すること。同順位の担保権者は，債権額の割合で配当を受ける。よって，同順位の担保権の債権額が増額されると，自己の配当額が減少することになるのである。

③について。不動産を差し押さえた債権者は，当該不動産から配当を受けようとしているが，優先する抵当権の債権額が増額されれば，配当額の減少が生じる可能性があることから，登記上の利害関係を有する第三者となる。

④について。抵当権の順位の譲渡・放棄を受けた者の債権額が増額されれば，当該処分者の配当額の減少につながることから，登記上の利害関係を有する第三者となる。

問題は，②である。所有権仮登記名義人は，配当を受ける立場にない。しかし，債権額増額が付記登記で実行されると，仮登記を本登記にして所有権登記名義人となる際に，その増額変更を抹消することができず，増額された抵当権の負担のついた所有権を取得することになってしまうことになる。このことから，登記上の利害関係を有する第三者とされているのである。

もし，債権額の増額変更登記が主登記でなされれば，仮登記を本登記にする際に，その増額変更登記を抹消することができ，仮登記名義人は，その増額分について負担することはなくなる。仮登記の本登記と債権額増額の関係は，仮登記の理解が前提となってくるので，『不動産登記法Ⅱ』でも再度説明する。当面は，理解できる範囲で押さえておけばよい。

【利害関係を有する第三者とならない者】

債権額が増額される抵当権に劣後する後順位用益権者は，利害関係を有する第三者とはならないことに注意が必要である。用益権者は，使用・収益する権利であり，優先弁済額の増加に影響を受けないからである。

たとえば，ある不動産に，Aの1番抵当権（債権額1,000万円），Bの2番地上権の2つの権利が設定されている場合，1番抵当権の債権額が1,300万円に増額されても，Bは影響を受けない。1番抵当権が存在していれば，債権額に関係なく，競売されたときに2番地上権は消滅することになる。Bからすれば，

1番抵当権が存在するか否かが重要なのであって，その債権額は関係ないのである。

(2)　減額変更

債権額の減額変更の場合，減額される抵当権を目的として権利を有している者が利害関係を有する第三者にあたる。

具体的には，以下の者が利害関係を有する第三者となる。

①抵当権から抵当権の処分（転抵当，順位の譲渡・放棄等）を受けている者。

②抵当権の被担保債権の質権登記名義人。

③抵当権を目的とする仮登記名義人，差押え・仮差押えの登記名義人。

これらの者は，その権利の対象となっている抵当権の債権額が減少することによって，自己の権利も縮減されてしまう。このことから，登記上の利害関係を有する第三者とされているのである。

3. 利息・損害金の変更

1　意　　義

抵当権の設定登記後，利息・損害金の定めに変更が生じた場合には，利息・損害金の変更登記を申請することができる。

また，利息それ自体の変更ではないが，民法375条1項但書の規定による利息の特別登記についても，後記3で学習する。

2　利息・損害金の変更登記

(1)　利息・損害金が変更される場合

利息は，変更契約によって変更される。利息の変更契約の内容としては，利息の新設・廃止・利率の引上げ・利率の引下げ・発生期の変更がある。

損害金についても，変更契約によって，その定めを変更することができる。

(2)　登記申請のポイント

【記載例】

まずは，結論として，記載例を示しておこう。

●記載例　利息の変更登記

> 登記の目的　1番抵当権変更（付記）
> 原　　　因　令和6年7月5日変更
> 変更後の事項　利息の定め廃止
> 権　利　者　A
> 義　務　者　B
> 添 付 情 報　登記原因証明情報　登記識別情報　代理権限証明情報
> 　　　　　　承諾証明情報
> 登録免許税　金1,000円

　利息・損害金の変更登記の登記申請情報は，債権額の変更登記と同様に理解することができる。以下，注意点だけ指摘する。

【変更後の事項】

　「変更後の事項」として，変更後の利息・損害金を「利息　年5%」「損害金年12%」のように記載する。

　利息・損害金を廃止した場合には，「変更後の事項」として，「利息の定め廃止」「損害金の定め廃止」のように記載し，利息の発生期を変更した場合には，「利息発生期　令和6年11月11日」のように記載する。

【登記申請人】

　抵当権の変更登記であり，共同申請であるが，登記権利者・登記義務者の割り振りは，以下のようになる。

①利息・損害金の定めの新設，利率の引上げ，利息発生期の繰上げ
　　登記権利者＝抵当権者
　　登記義務者＝設定者

②利息・損害金の定めの廃止，利率の引下げ，利息発生期の延長
　　登記権利者＝設定者
　　登記義務者＝抵当権者

　①はすべて，発生する利息の額が増加する場合であるため，有利となる抵当権者が登記権利者となる。利息の発生期の繰上げが難しいが，早くから利息が発生するので，発生する利息の額が増加することになる。

　②は，逆に，発生する利息の額が減少したりなくなったりする場合であるため，負担の減る設定者が登記権利者となる。

【添付情報】

　利息・損害金の変更登記は抵当権の優先弁済額に影響するため，登記上の利害関係を有する第三者の承諾の要否，誰が利害関係を有する第三者となるのかなどについては，債権額の変更の場合と同様に考えればよい。

【登録免許税】

　利息・損害金の変更登記の登録免許税は，不動産1個につき1,000円である。利息・損害金が増加する変更登記についても，定額課税の1,000円となる。債権額の変更登記の場合と異なり，もともと利息・損害金は，抵当権設定登記の登録免許税額に影響を与えていないからである。

3　利息の特別登記

(1)　意　義

　抵当権は，被担保債権の元本・利息・損害金を担保する。利息は，その満期となった最後の2年分について担保され（民375条1項本文），遅延損害金も，遅延されている利息と通算して2年分のみ担保される。

　しかし，2年分を超える利息・損害金についても，満期後に特別登記をしておけば，登記の時からその制限を超えた分についても，抵当権を行使することができる（民375条1項但書）。これが，利息の特別登記である。

　利息の元本組入れとは異なり，利息が元本に入るわけではないので，元本債権額が増加したり，延滞利息に対してさらに利息が発生したりすることはない。利息の特別登記をしたとしても，発生する利息等が増えるわけではなく，抵当権によって担保される利息が増えるということである。

(2)　登記申請のポイント

【記載例】

　事例　甲土地の登記記録には，所有権登記名義人としてAが記録されており，乙区1番には「債権額　金1,000万円・利息　年10%・債務者　A」という内容のBの抵当権が，乙区2番にはCの抵当権が登記されている。令和6年6月27日，甲土地乙区1番の抵当権について，最後の2年分の利息及び損害金以前の分も担保するため，A及びBは，延滞利息200万円（令和4年6月25日から令和6年6月24日までの分）について利息の特別登記をすることで合意した。利害関係人の承諾は得られている。

●記載例　利息の特別登記

> 登記の目的　１番抵当権の利息の特別登記（付記）
> 原　　　因　令和４年６月25日から令和６年６月24日までの利息延滞
> 延滞利息　金200万円
> 権　利　者　Ｂ
> 義　務　者　Ａ
> 添付情報　登記原因証明情報　登記識別情報　印鑑証明書
> 　　　　　　代理権限証明情報　承諾証明情報
> 課税価格　金200万円
> 登録免許税　金8,000円

【登記の目的】

　登記の目的は「１番抵当権の利息の特別登記」と記載する。登記事項を変更するわけではないので（下線が引かれて書き換わる部分はない），「抵当権変更」とはならない。登記上の利害関係を有する第三者の承諾が得られたことにより付記登記で実行されるときは，その旨を登記官に伝えるため「（付記）」と記載する。

【登記原因】

　債務者と設定者が同一人である場合，登記原因は，「年月日から年月日までの利息延滞」となる。この場合，抵当権者は，利息が延滞されたことにより，特別登記をする権利を取得するからである。

　これに対し，債務者と設定者が別人である場合（つまり物上保証の場合），登記原因は，「年月日から年月日までの利息の担保契約」となる。この場合は，抵当権者は，利息が延滞されてもそれだけで特別登記をする権利を取得できるわけではなく，延滞した利息を新たに担保する「担保契約」があって初めて，特別登記をする権利を取得することができるからである。

【登記事項】

　新たに担保されることになる延滞利息の額を「延滞利息　金200万円」のように記載する。登記の目的の項目で説明したとおり，変更される（下線が引かれて書き換えられる）わけではなく，新たに利息の特別登記がなされることになるので，「変更後の事項」とは記載しない。

【登記申請人】

　利息の特別登記は，抵当権者を登記権利者，設定者を登記義務者とする共同

申請により行う。利息がより担保されることになるので，抵当権者に有利な登記といえるからである。

【添付情報】

共同申請の基本的な添付情報を提供すればよい。

登記上の利害関係を有する第三者がいる場合は，その承諾証明情報の提供があれば付記登記，提供がなければ主登記で実行される。

【登録免許税】

債権額それ自体が増加するわけではないが，抵当権の優先弁済額が増加する登記なので，債権額の増額変更の登記と同視することができる。よって，登録免許税率は，増加額としての延滞利息の額の1000分の4となる（登免税別表第1.1(5)）。

(3) 登記の実行

利息の特別登記は，登記上の利害関係を有する第三者がいない場合，及び登記上の利害関係を有する第三者が存在しておりその承諾証明情報の提供がある場合は，付記登記で実行され，登記上の利害関係を有する第三者がおり，その承諾証明情報の提供がない場合は，主登記で実行される。

登記記録は，以下のようになる。

●登記実行後の登記記録

権利部（乙区）（所有権以外の権利に関する事項）			
順位番号	登記の目的	受付年月日・受付番号	権利者その他の事項
1	抵当権設定	令和4年6月25日第65223号	原因　令和4年6月25日金銭消費貸借同日設定 債権額　金1,000万円 利息　年10% 債務者　A 抵当権者　B
付記1号	1番抵当権の利息の特別登記	令和6年7月5日第75631号	原因　令和4年6月25日から令和6年6月24日までの利息延滞 延滞利息　金200万円
2	抵当権設定	令和6年5月15日第56972号	原因　令和6年5月15日金銭消費貸借同日設定 債権額　金1,000万円 利息　年10% 債務者　A 抵当権者　C

変更登記ではないので，1番抵当権のどの部分も，下線が引かれて書き換えられていないことを登記記録で確認しておいてほしい。

4. 債務者の変更

1 意　義

抵当権設定登記後，登記事項となっている債務者に変更が生じた場合は，債務者の変更登記を申請することができる。

2 債務者が変更する場合

(1) 免責的債務引受

【意　義】

債務引受とは，債務者が負担する債務と同一内容の債務を，契約により第三者が負担することとするものである。債務引受が生じた場合，債権の同一性を保ったまま，債務者の地位に変動が生じることになる。

債務引受には，併存的債務引受と免責的債務引受があるが，免責的債務引受とは，引受人が債務を負担することで債務者が当該債務を免れることである。たとえば，AがBに対して債権を有している場合に，Bの債務をCが免責的に引き受けた場合，Cが新たな債務者となり，Bは債務者でなくなる。

以下，この事例に基づいて説明する。民法の知識も必要な範囲でその要点を説明するが，趣旨・具体例など債務引受の詳細は，『民法Ⅱ』を参照すること。

【契約方法】

免責的債務引受は，債権者A・債務者B・引受人Cの三面契約によって行うことができる。

また，債権者Aと引受人Cとの間で締結することもできる。この場合には，債務者Bに通知した時に効力が発生する（民472条2項）。

さらに，債務者Bと引受人Cとの間で締結することもできる。ただし，この場合は，債権者Aの承諾を得なければ，効力が生じない（民472条3項）。

【抵当権の債務者変更登記】

免責的債務引受がなされた債権を被担保債権として抵当権が設定されている場合について，検討する。たとえば，上記事例におけるAのBに対する債権

を被担保債権とした抵当権が，甲土地に設定されている場合を考えよう。

　この場合，次の2つの要件を満たせば，当該抵当権について引受人Cが負担する債務のための抵当権とすることができる（民472条の4）。

①免責的債務引受と同時またはそれ以前に，債権者Aが引受人Cに対して，抵当権を移す旨の意思表示をすること。

②抵当権が引受人以外の者が設定したものである場合には，設定者の承諾を得ること。

　②の要件は，甲土地がCの所有物でない場合には，その所有者の承諾が必要であるということである。Bの所有物だったとしても承諾が必要なので，注意すること。

　この2つの要件を満たした場合は，甲土地に設定されたAの抵当権の債務者がBからCに変更されるため，「年月日免責的債務引受」を登記原因とする債務者の変更登記を申請する。

　この要件を満たさない場合，抵当権は消滅するので，「年月日抵当権消滅」を登記原因とする抵当権抹消登記を申請する。

⑵　併存的債務引受

【意　義】

　併存的債務引受とは，引受人が債務を負担した後も，原債務者が引き続き債務を負担する場合である。併存的債務引受がなされると，引受人が新たな債務を負担するが，原債務者の債務は消滅せず，原債務者と引受人は，連帯債務者の関係となる。

　たとえば，AがBに対して債権を有する場合，CがBの債務を併存的に引き受けたときは，BとCは連帯債務者となる。以下，この事例で説明する。

【契約方法】

　併存的債務引受は，債権者A・債務者B・引受人Cの三面契約によって締結することができる。

　また，債権者Aと引受人Cとの間で締結することもできる。この場合は，債務者Bの意思に反していてもよい（470条2項）。

　さらに，債務者Bと引受人Cとの間で締結することもできる（470条3項）。この場合は，債権者Aが引受人Cに承諾した時に効力を生じる。

【抵当権の債務者変更登記】

　併存的債務引受がなされた債権を被担保債権として，抵当権が設定されてい

る場合について検討する。たとえば，上記事例における A の B に対する債権を被担保債権とする抵当権が，甲土地に設定されている場合を考えよう。

この場合，併存的債務引受後も，抵当権は A の B に対する債権を被担保債権とする抵当権であることに変わりはない。ただ，抵当権者と設定者の間で抵当権の債務者に引受人を加える合意をした場合には，A の連帯債務者 B・C に対する債権を担保する抵当権となる。この場合，「年月日併存的債務引受」を登記原因として，引受人 C を債務者に追加する債務者変更登記を申請することができる。

⑶ 連帯債務者の一部の者に対する債務免除

ここでは，連帯債務者の一部の者に対して，債権者から債務免除の意思表示があった場合を検討する。

連帯債務を被担保債権として抵当権が設定されている場合を考えよう。たとえば，甲土地の登記記録には，A の抵当権が設定されているが，その抵当権の登記事項として，「連帯債務者　B　C」と記載されているとしよう。この場合，B・C が負っている連帯債務が被担保債権となっている。

この場合に，A が B だけに対して債務免除の意思表示をしたときは，B は債務者から外れ，C のみが債務者となる。そして，甲土地に設定された抵当権は，C の負う債務を担保することになる。そこで，「年月日債務免除」を登記原因として，「連帯債務者 B　C」から「債務者 C」とする債務者変更登記を申請する。

⑷ 相　　続

【相　続】

抵当権の被担保債権の債務者が死亡し，相続が開始したときは，相続人がその債務を承継する。この場合，抵当権の債務者を被相続人から相続人へと変更する債務者変更登記を申請する。

注意すべきは，申請する登記が「抵当権移転登記」ではなく，「抵当権変更登記」となる点である。相続というと，移転登記を想起するが，ここでは違うのである。

相続による移転登記は，登記名義人に相続が生じた場合にする登記である。抵当権者が死亡し，相続が開始されれば，申請する登記は，「抵当権移転登記」である。しかし，債務者は，登記名義人ではない。債務者は，抵当権の登記事

項の１つであって，債権額・利息と同じ位置づけのものである。つまり，債務者に相続が生じたというのは，抵当権の登記事項が変更されたにすぎないのである。そこで，債務者に相続が生じた場合には，債権額が変更された場合に抵当権変更登記を申請するのと同様，抵当権変更登記を申請することになるというわけである。

【遺産分割】

抵当権の被担保債権の債務者が死亡した場合，債権者の承諾を得て，遺産分割により相続人の１人がその債務のすべてを承継する旨が定められた場合,「年月日相続」を登記原因として，当該債務を承継した相続人のみを債務者とする抵当権変更登記を申請することができる（昭33・5・10民甲964号）。

たとえば，Aを抵当権者，Bを債務者とする抵当権が設定されている場合，Bが死亡し，その相続人C・D・Eにおいて，Aの承諾を得て，Eのみが債務を承継するとする遺産分割を行った場合,「年月日相続」を登記原因として，債務者をEとする変更登記を申請することができる。

この場合，いったん相続人全員であるC・D・Eを債務者とする変更登記を経る必要がないということである。遺産分割は，相続開始時に遡って効果が生じるので（民909条），相続時からEのみが債務者であったと考えることができるからである。

【遺産分割以外の債務引受】

抵当権の被担保債権の債務者が死亡した場合，債権者の承諾を得て，遺産分割によらず相続人の１人がその債務のすべてを承継する旨が定められた場合,「年月日相続」を登記原因として，相続人全員を債務者とする抵当権変更登記を申請したうえで,「年月日何某の債務引受」を登記原因として，当該債務を承継した相続人のみを債務者とする抵当権変更登記を申請すべきである（昭33・5・10民甲964号）。

たとえば，Aを抵当権者，Bを債務者とする抵当権が設定されている場合，Bが死亡し，その相続人C・D・Eにおいて，Aの承諾を得て，Eのみが債務を承継するとする債務引受契約を締結した場合,「年月日相続」を登記原因として，債務者を相続人全員であるC・D・Eとする変更登記を申請したうえで,「年月日C・Dの債務引受」を登記原因として債務者をEのみとする抵当権変更登記を申請することになる。

この場合は，直接債務者をEのみとする変更登記を申請することはできないということである。相続人の１人が遺産分割によらないで債務を引き受けた

場合，その効力は相続時に遡らず，いったん相続人全員が債務者となるので，その変動を忠実に登記に反映する要請が働くからである。

(5) 合併・会社分割

【合　併】

抵当権の被担保債権の債務者が法人である場合に，その債務者を消滅会社とする合併があったときは，「年月日合併」を登記原因として，存続会社・設立会社を債務者とする抵当権変更登記を申請する。相続の場合と同様，債務者の合併は，移転登記ではなく，変更登記となるので注意すること。

【会社分割】

抵当権の被担保債権の債務者が法人である場合に，その債務者を分割会社とする会社分割がなされ，当該債務が承継されるときは，「年月日会社分割」を登記原因として，承継会社・設立会社を債務者とする抵当権変更登記を申請する。

この場合も，移転登記ではなく，変更登記となるので注意すること。

(6) 氏名・住所の変更

債務者の氏名・住所に変更が生じた場合，「年月日住所移転」「年月日氏名変更」などを登記原因として，債務者の氏名・住所を変更する抵当権変更登記を申請することができる。

申請する登記は，「抵当権変更登記」であって，「抵当権登記名義人表示変更登記」ではない点に注意すること。「抵当権登記名義人表示変更登記」は，登記名義人の氏名や住所に変更が生じた場合に申請する登記である。抵当権者の氏名・住所に変更があれば，抵当権登記名義人表示変更登記となる。しかし，氏名・住所に変更が生じるのは債務者である。債務者は登記名義人ではない。債権額や利息と同様の登記事項の1つにすぎないのである。よって，抵当権の登記事項に変更が生じたとしてなすべき登記は，抵当権の変更登記となるわけである。

3　登記申請のポイント

(1) 登記申請情報

事例　甲土地の登記記録には，所有権登記名義人としてＡが記録され，乙区1番には，債務者をＡとするＢの抵当権が設定されている。令和6年7月5

日，A，B及びCは，甲土地乙区1番抵当権の被担保債権の債務をCが免責的に引き受ける契約を締結した。また，この契約と同時に，BはCに対し，甲土地乙区1番の抵当権をCの債務に移す意思表示をし，これについてAは承諾した。

◉記載例　債務者の変更登記

```
登記の目的　1番抵当権変更
原　　　因　令和6年7月5日免責的債務引受
変更後の事項　債務者　C
権　利　者　B
義　務　者　A
添 付 情 報　登記原因証明情報　登記識別情報　代理権限証明情報
登録免許税　金1,000円
```

(2)　登記の目的

　変更対象の抵当権の順位番号を掲げて，「1番抵当権変更」のように記載する。

　債権額・利息・損害金の変更の場合，付記登記での実行を求める場合に「(付記)」と記載することを学習したが，債務者の変更登記の場合には，「(付記)」と記載する必要はない。

　そもそも「(付記)」とする記載は，主登記・付記登記のどちらでも実行される可能性のある登記を付記登記で実行する場合に記載するものである。しかし，債務者の変更登記においては，登記上の利害関係を有する第三者が存在せず，主登記で実行されることがない（これについては後述する）。よって，「(付記)」と記載する必要がないのである。

(3)　登記原因

　登記原因は，以下のようになる。

【免責的債務引受】

　免責的債務引受の場合，登記原因は，「年月日免責的債務引受」となる。

【併存的債務引受】

　併存的債務引受の場合，登記原因は，「年月日併存的債務引受」となる。

【連帯債務者の一部の者に対する債務免除】

連帯債務者の一部の者に対する債務免除の場合，登記原因は，「年月日債務免除」となる。

【相　続】

債務者に相続が生じた場合の登記原因は，「年月日相続」である。債権者の承諾を得て遺産分割により債務を承継する債務者を定めた場合も，同様である。

これに対して，債権者の承諾を得て，遺産分割によらず，相続人の１人が他の相続人の債務を引き受けた場合において，いったん共同相続人全員を債務者として「年月日相続」を登記原因とする債務者変更登記をした後，債務を引き受けた相続人のみに債務者を変更する登記の登記原因は，「年月日何某の債務引受」である。

【合　併】

合併により債務者が変更した場合，登記原因は，「年月日合併」となる。

【会社分割】

会社分割により債務者が変更した場合，登記原因は，「年月日会社分割」となる。

【氏名・住所変更】

債務者が住所を移転した場合には「年月日住所移転」，債務者の住所に住居表示が実施された場合は「年月日住居表示実施」，債務者の氏名が変更された場合は「年月日氏名変更」となる。

また，債務者が法人である場合において，その本店が移転した場合は「年月日本店移転」，その商号が変更された場合は「年月日商号変更」となる。

債務者の住所・氏名の変更は，登記名義人表示変更登記とはならないが，登記原因は，登記名義人表示変更登記と同じように考えればよい（詳細は☞『不動産登記法Ⅱ』）。

⑷　登記事項

債務者に変更が生じた場合には，「変更後の事項」として，変更後の債務者を「債務者　東京都小平市花小金井南町一丁目１番１号　Ｃ」と記載する。

また，債務者の住所・氏名に変更が生じた場合には，「変更後の事項」として，その変更された部分を「債務者の住所　東京都台東区雷門二丁目２番２号」のように記載する。

併存的債務引受がなされ，債務者が追加されて連帯債務の関係となった場合

には，「追加する事項」と記載し，引受人の住所・氏名を「連帯債務者　埼玉県蕨市錦町一丁目1番1号　C」のように記載する。

⑸　登記申請人

【共同申請】

　債務者の変更登記は，抵当権者を登記権利者，設定者を登記義務者とする共同申請により行う。

　相続・合併による債務者変更登記でも共同申請である点に注意すること。

　また，債務者の住所・氏名の変更登記も，登記名義人表示変更登記ではないので，共同申請となる。たとえば，Aが所有権登記名義人となっている不動産において，Bの抵当権が設定されており，その債務者として登記されているCの住所が変更された場合，その住所変更による抵当権変更登記は，Bを登記権利者，Aを登記義務者とする共同申請により行う。住所を変更した張本人であるCは登記申請に関与しないので，注意すること。

【割り振り】

　債務者の変更登記の割り振りについては，抵当権者が登記権利者，設定者が登記義務者となり，これが逆になることはない。債務者の人数が増えようが減ろうが，この割り振りなのである。

　そもそも登記権利者・登記義務者の割り振りは，どちらに利益となり，どちらに不利益となるかによって決することを原則としている。しかし，債務者変更は，優先弁済権の拡大・縮小を伴わないので，どちらに有利でどちらに不利益ということはない。有利不利で当事者の割り振りが決まらないのである。そこで，債務者変更登記においては，有利不利に着目するのではなく，抵当権者・設定者のもともとの関係性に着目して権利者・義務者の割り振りを決めたということである。抵当権は設定者の権利の制限になっており，その変更登記なので，抵当権者を登記権利者・設定者を登記義務者としてしまおうと決めたわけである。

　債権額・利息に変更があれば，優先弁済権の変更を伴うので，有利不利が生じる。たとえば，債権額が減少すれば，抵当権者が受けることができる優先弁済権が減少するので，抵当権者に不利益である。そして，その有利不利で，登記権利者・登記義務者の割り振りをする。

　しかし，債務者の変更は，優先弁済権自体は変更がない。債権（債権額・利息）は同一のまま，その請求を受ける債務者が変わるのである。

債権は，債権者から債務者への矢印に例えられる。債権額の変更は，この矢印の大きさが変わるということである。矢印の大きさが変われば，それを担保している抵当権も影響を受ける。しかし，債務者の変更は，矢印の先にいる人が入れ替わるだけであり，この矢印自体が大きくなったり小さくなったりしたりはしない。抵当権の優先弁済権が影響を受けることはないのである。

(6) 添付情報

登記原因証明情報・代理権限証明情報が必要である点は問題ないだろう。

登記義務者となるのは，設定者である。そのため，設定者の登記識別情報の提供が必要となる。

ここで注意することがある。登記義務者が所有権登記名義人であっても，登記義務者の印鑑証明書の提供は必要ないということである（昭30・5・30民甲1123号）。抵当権が所有権を目的として設定された場合，債務者の変更登記は，所有権登記名義人を登記義務者として申請するが，この場合でも，印鑑証明書の提供が不要であるということである。

これは，登記義務者が所有権登記名義人である場合は印鑑証明書の提供が必要であるという大原則の例外である。前記(5)でも説明したが，債務者の変更は優先弁済権に影響を与えず，登記義務者に不利益なものでないことから，添付情報の要件を緩和したものである。形式的には所有権登記名義人が登記義務者となっているが，不利益な登記を申請するわけではないので，登記識別情報を提供してもらえれば，印鑑証明書の提供による二重のチェックをするまでもないというわけである。

抵当権の変更は，いわば，登記事項という抵当権のパーツの変更にすぎない。そして，債務者の変更は，そのパーツの中でも，全体に影響を与えないパーツの変更にすぎないのである。言ってみれば，電化製品のネジをプラスネジからマイナスネジに替えたようなものである。そんな些細な変更にいちいち印鑑証明書などは要求しないということなのである。

(7) 登記の実行

債務者の変更登記は，常に付記登記で実行される。登記上の利害関係を有する第三者が存在せず，主登記で実行される余地がないからである。

以下，併存的債務引受がなされた場合の登記記録を掲げておく。

●登記実行後の登記記録

権利部（乙区）（所有権以外の権利に関する事項）			
順位番号	登記の目的	受付年月日・受付番号	権利者その他の事項
1	抵当権設定	令和4年6月25日 第65223号	原因　令和4年6月25日金銭消費 　　　貸借同日設定 債権額　金1,000万円 利息　年10% 債務者　A 抵当権者　B
付記1号	1番抵当権変更	令和6年7月5日 第75631号	原因　令和6年7月5日併存的債務 　　　引受 連帯債務者　C

　変更登記の場合，原則として，修正される個所に下線が引かれ，変更後の事項を登記することになる。それは，債務者の変更登記の場合でも変わらない。

　しかし，併存的債務引受による債務者変更登記の場合，従前の債務者はそのまま債務者として残り，引受人が連帯債務者として加わることになる。登記記録の「債務者 A」が下線が引かれていないことを確認すること。

5. 更　　改

1 意　　義

　更改とは，債務の要素（重要部分）を変更する契約をすることによって，新たな債務を成立させ，従前の債務を消滅させるものである（513条）。つまり，更改は，α 債権を消滅させ，β 債権に生まれ変わらせる契約ということである。

　更改契約がなされたときは，従前の α 債権は消滅するので，α 債権を担保している抵当権は付従性によって消滅するのが原則である。しかし，一定の要件の下に新しく生じた β 債権を担保するための抵当権に移すことができる。その場合には，被担保債権が β 債権となった旨の抵当権変更登記を申請する。

2 要　　件

(1)　更改契約の要件

　更改契約は，以下の3つのいずれかの変更でなければならない（513条各号）。<u>413</u>

①従前の給付の内容について重要な変更をするもの。

②従前の債務者が第三者と交替するもの。

③従前の債権者が第三者と交替するもの。

　②の変更は新債務者，③の変更は新債権者が登場し，従前の債権者・債務者も含めて，3人が登場する。そこで，誰と誰との間で契約を締結できるかが問題となる。

　②の債務者の交替による更改については，債権者と新しく債務者となる者との合意によってすることができる（民514条1項前段）。ただし，その契約の効果が生じるのは，債権者が従前の債務者に対して，その契約をした旨を通知した時である（民514条1項後段）。

　③の債権者の交替による更改については，従前の債権者，新しく債権者となる者，債務者の三面契約によってすることができる（民515条1項）。なお，債権者の交替による更改は，債権譲渡と類似することから，確定日付のある証書によってしなければ第三者に対抗することができない（民515条2項）。

(2)　抵当権が新債務を担保するための要件

　更改契約がなされた債権を被担保債権として抵当権が設定されている場合について，検討する。たとえば，更改前の債権を被担保債権とした抵当権が甲土地に設定されている場合を考えよう。

　この場合，次の2つの要件を満たせば，当該抵当権を更改によって生じた新債務のための抵当権とすることができる（民518条）。

①更改契約と同時またはそれ以前に，債権者（債権者の交替による更改の場合は更改前の債権者）が，更改の相手方（債権者の交替による更改の場合は債務者）に対して，抵当権を移す旨の意思表示をすること。

②抵当権が第三者が設定したものである場合には，設定者の承諾を得ること。

　この2つの要件を満たした場合は，更改前の債権を被担保債権とした抵当権が新債務を担保する抵当権となるため，抵当権の登記事項を新債務の内容へと変更する抵当権変更登記を申請する。

　この要件を満たさない場合，抵当権は消滅するので，「年月日抵当権消滅」を登記原因とする抵当権抹消登記を申請する。

3　登記申請のポイント

⑴　登記申請情報

> **事例**　甲土地の登記記録には，所有権登記名義人としてAが記録されており，乙区1番には，「債務者A」とするBの抵当権が設定されている。令和6年7月5日，B及びCは，Cを新しい債務者とする更改契約を行い，同日Aに通知した。その前日に，BはCに対して抵当権を更改後の債務に移すことを表示し，Aは了承していた。

●記載例　債務者更改による新債務担保

登記の目的	1番抵当権変更
原　　　因	令和6年7月5日債務者更改による新債務担保
変更後の事項	債権額　金1,000万円
	利息　年5％
	損害金　年8％
	債務者　C
権　利　者	B
義　務　者	A
添　付　情　報	登記原因証明情報　登記識別情報　代理権限証明情報
登録免許税	金1,000円

⑵　登記の目的

　登記の目的は，「1番抵当権変更」のように記載する。

⑶　登記原因

　登記原因は，債務者の交替による更改の場合は「年月日債務者更改による新債務担保」であり，債権者の交替による更改の場合は「年月日債権者更改による新債務担保」である。

⑷　変更後の事項

　変更後の事項として，新債務の「債権額」「利息」「損害金」などを記載する。

それに加えて，債務者の交替による更改の場合は「債務者」として新たな債務者を記載し，債権者の交替による更改の場合は「抵当権者」として新たな債権者（抵当権者）を記載する。

(5) 登記申請人

抵当権者を登記権利者，設定者を登記義務者とする共同申請により行う。登記申請の利益・不利益にかかわらず，この割り振りで申請する。なお，債権者の交替による更改の場合，登記権者となるのは，旧抵当権者である。

(6) 添付情報

【原　則】

共同申請の場合に必要となる基本的な添付情報を提供すればよい。

【印鑑証明書の要否】

債務者の交替による更改の場合は，所有権登記名義人が登記義務者となるときも，当該登記義務者の印鑑証明書の提供は必要ない。この場合，その本質は，債務者に関する抵当権変更登記だからである。

これに対して，債権者の交替による更改の場合，所有権登記名義人が登記義務者となるときは，印鑑証明書の提供が必要となる。

【承諾証明情報の要否】

更改による抵当権変更登記は，利害関係を有する第三者が存在しないので，当該第三者の承諾証明情報の提供は不要である。

債務者の交替による更改の場合は，債務者の変更と類似する。また，債権者の交替による更改は，債権譲渡による抵当権移転と類似する。これらのことから，更改による抵当権変更登記においては，承諾証明情報の提供を要しないものとされたのである。

(7) 登録免許税

抵当権変更登記として，登録免許税は，不動産1個につき1,000円の定額課税である（登免税別表第1.1(14)）。

４ 登記の実行

更改による抵当権変更登記は，常に付記登記で実行される（66条，規則3条2号）。登記上の利害関係を有する第三者が存在しないからである。

6. 抵当権の効力を所有権全部に及ぼす変更

① 意　義

(1) 事例による理解

　甲土地は，A・B共有（持分各2分の1）の不動産であり，A持分にはXの抵当権が設定されている。その後，AはB持分を取得した。この事例においては，甲土地はAの単独所有となったわけだが，A持分に設定されているXの抵当権が自動的に所有権全体に対する抵当権になるわけではない。Aが所有権全部を取得しようが，Xの抵当権は，もともとAが有していた2分の1を目的とした抵当権のままなのである。

　この場合，Xが所有権全部を目的とする抵当権を取得するためには，新たにAが取得した持分に対する追加設定契約をする必要がある。これにより，Xの抵当権は所有権全部に対する抵当権となるのである。

　そして，その追加設定契約が締結された場合になすべき登記が，抵当権の効力を所有権全部に及ぼす変更登記である〈図3-4〉。

図 3-4　及ぼす変更登記

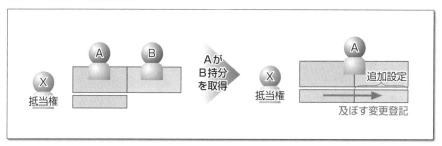

(2) 及ぼす変更登記の要件

【基本的要件】

　抵当権の効力を所有権全部に及ぼす変更のイメージが理解できたところで，ここでは，当該登記を申請するための要件を確認していこう。

　次の要件を満たす場合には，抵当権の効力を所有権全部に及ぼす変更を申請することができる（昭28・4・6民甲556号）。

①所有権の一部に抵当権が設定されていること。

②同一不動産の所有権の抵当権が設定されていない残部に追加設定をすること。

③もともと抵当権が設定されている部分と追加設定する残部が同一所有者に属すること。

前記(1)の事例においても，Ａが単独所有者となっているが，その権利の一部に抵当権が設定されており，その残部への追加設定契約がなされているので，抵当権の効力を所有権全部に及ぼす変更登記を申請するのである。

この要件を満たしている場合は，追加設定登記ではなく，抵当権の効力を所有権全部に及ぼす変更登記を申請すべきである。所有権の一部に対する抵当権設定登記はなるべく認めるべきではなく，すでに設定されている抵当権の変更登記で処理できるなら，そのようにすべきだからである。

Ａが甲区2番で2分の1の持分を取得し，その後に甲区3番で残りの2分の1の持分を取得した場合のように，同一人が数回に分けて所有権を取得して単独所有となっているケースを考えてみよう。この場合，所有権の一部である甲区2番の持分に抵当権を設定することができ，その登記申請をすることができる（昭58・4・4民三2251号）。この場合は，すでに登記されている抵当権はなく，変更登記で処理することができないからである。しかし，その後，残りの権利（甲区3番の持分）に追加設定契約をした場合は，追加設定登記ではなく，抵当権の効力を所有権全部に及ぼす変更登記となるというわけである（登研451号126）。

【共有の場合】

例題1 甲土地の登記記録には，甲区2番として「共有者 2分の1 Ａ 2分の1 Ｂ」と記録されており，乙区1番として「Ａ持分抵当権設定」とするＣの抵当権が設定されている。当該抵当権の追加担保として，Ｂ・Ｃ間においてＢ持分に対する追加設定契約を締結した場合，抵当権の効力を所有権全部に及ぼす変更登記を申請することができるか。

抵当権の効力を所有権全部に及ぼす変更登記を申請することはできない。すでに抵当権が設定されている目的権利（Ａ持分）と追加設定の目的権利（Ｂ持分）の権利者が同一人ではなく，要件③を満たさないからである。

この場合は，Ｂ持分を目的とする抵当権の追加設定登記を申請すべきである（登研304号73）。この場合には，「所有権の一部」への設定ではなく，「Ｂ持分」に対する設定登記であり，この設定登記を否定すべき要請がない以上，実体関係に忠実に設定登記を申請すべきだからである。

【持分の一部】

　上記の理屈は，持分の一部に設定された抵当権の追加担保として，持分の残部に追加設定された場合にも妥当する。次の例題で考えてみよう。

> **例題2**　甲土地の登記記録の甲区には，甲区1番「共有者　3分の1　A, 3分の1　B, 3分の1　C」，甲区2番「B持分全部移転　3分の1　A」と記録されている。そして，乙区には，「A持分抵当権設定　抵当権者X」と記録されている。この乙区1番の登記は，甲区2番の登記より先になされている。XとAは，甲区2番で取得したA持分を目的として，乙区1番で登記された抵当権の追加設定契約を締結した。どのような登記を申請すべきか〈図3-5〉。

　この事例は，Aの有する3分の2の持分の一部である甲区1番で取得した3分の1の持分にすでに抵当権が設定され，Aの残りの持分である甲区2番で取得した3分の1の持分に追加設定したケースである。

　この場合も，持分の一部に対する設定登記になってしまうから，既存の抵当権の変更登記で処理できるなら，追加設定登記ではなく変更登記を申請すべきである。

　以上から，この例題でなすべき登記は，「抵当権の効力をA持分全部に及ぼす変更」登記となる。これも，及ぼす変更登記の一類型である。

　なお，この後，残りのC持分に対する追加設定契約を締結しても，及ぼす変更登記の申請はできない。すでに抵当権が設定されている持分の権利者と追加する持分の権利者が異なる以上，追加設定登記をすべきなのである。

図3-5　例題2の図解

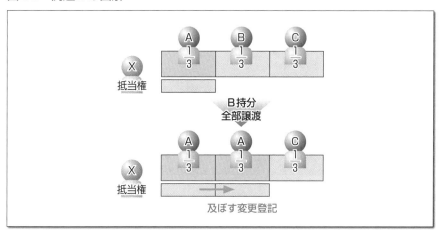

(3) 及ぼす変更登記の本質

　抵当権の効力を所有権全部に及ぼす変更登記は，実質的には追加設定登記である。しかし，形式的には変更登記である。つまり，抵当権の効力を所有権全部に及ぼす変更登記は，「変更登記の皮をかぶった追加設定登記」であるということになる。

　このことから，抵当権の効力を所有権全部に及ぼす変更は，変更登記として理解すべき面と，追加設定登記として理解すべき面の両面がある。抵当権の効力を所有権全部に及ぼす変更を学習する際には，そのどちらの面が表れているのかを意識しながら学習することが重要である。

2　登記申請のポイント

(1)　登記申請情報

> **事例**　甲土地の登記記録には，「甲区3番　共有者　持分2分の1　A　2分の1　B」，「甲区4番　B持分全部移転　所有者　持分2分の1　A」「乙区1番　A持分抵当権設定　令和3年11月17日金銭消費貸借同日設定　債権額金1,000万円　抵当権者　C」「乙区2番　抵当権設定　抵当権者　D」と記録されている。なお，乙区1番の登記は，甲区4番より先に登記されている。令和6年7月5日，A及びCは，甲土地乙区1番抵当権について，同土地甲区4番の持分に追加設定する契約を締結した。利害関係人の承諾は得られている。

●記載例　抵当権の効力を所有権全部に及ぼす変更

登記の目的	1番抵当権の効力を所有権全部に及ぼす変更（付記）
原　　　因	令和3年11月17日金銭消費貸借令和6年7月5日設定
権　利　者	C
義　務　者	A
添　付　情　報	登記原因証明情報　登記識別情報　印鑑証明書
	代理権限証明情報　承諾証明情報
登録免許税	金1,500円（登録免許税法第13条第2項）

⑵　登記の目的

　登記の目的は，「1番抵当権の効力を所有権全部に及ぼす変更」のように記載する。

　また，利害関係を有する第三者の承諾を得ることができ，付記登記で実行すべき場合には，登記の目的の末尾に「（付記）」と記載する。

⑶　登記原因

　抵当権の効力を所有権全部に及ぼす変更登記を申請する原因は，抵当権追加設定契約がなされたことである。よって，当該登記の登記原因は，抵当権追加設定登記と同様になる。

　つまり，登記原因は，「年月日金銭消費貸借年月日設定」のように記載する。前半の債権発生原因は，既登記の抵当権と同一でなければならない。後半の設定日付は，残部に対する追加設定契約の日付となる（昭31・4・9民甲758号）。

　登記原因は，登記申請の原因を記載することになる以上，その実質的な原因を記載することになる。形式が変更登記だからといって，「年月日変更」となるわけではないのである。

⑷　登記事項

　抵当権の効力を所有権全部に及ぼす変更登記は，登記されている抵当権の目的を拡大する変更登記であり，登記事項に変更が生じるわけではない。また，債権額・債務者などの登記事項は，既存の抵当権登記で公示済みである。このことから，「変更後の事項」を記載する必要はない。

⑸　登記申請人

　抵当権者を登記権利者，設定者を登記義務者とする共同申請により行う。追加設定登記と考えれば理解できるだろう。

　ただし，形式的には変更登記の申請になるので，「抵当権者」「設定者」と記載せず，「権利者」「義務者」と記載することに注意すること。

⑹　添付情報

　共同申請の場合の基本的な添付情報を提供すればよい。以下，注意すべき点を指摘する。

【登記原因証明情報】

　登記原因証明情報としては，抵当権追加設定契約書などを提供する。実質的には，追加設定の登記であり，登記原因が設定だからである。

【登記識別情報】

　登記義務者の登記識別情報を提供するが，新たに抵当権を及ぼす部分の登記識別情報を提供すれば足りる。前記(1)の記載例の事例では，登記義務者となるAは，甲区3番で2分の1，甲区4番で2分の1の持分を取得しているが，登記識別情報として提供しなければならないのは，甲区4番についての登記識別情報で足りるということである。今回の登記申請においては，甲区4番の持分に抵当権を設定することになるからである。

【承諾証明情報】

　抵当権の効力を所有権全部に及ぼす変更登記は，変更登記であるため，登記上の利害関係を有する第三者の承諾証明情報は任意的な添付情報となる（任意的承諾型：66条）。つまり，登記上の利害関係を有する第三者がいない場合，及び登記上の利害関係を有する第三者が存在しておりその承諾証明情報の提供がある場合は，付記登記で実行され，登記上の利害関係を有する第三者がおり，その承諾証明情報の提供がない場合は，主登記で実行される。

　どのような者が登記上の利害関係を有する第三者となるのかについては，後記**3**で説明する。

(7)　登録免許税

　登録免許税は，不動産1個につき1,500円となる（登免税13条2項）。抵当権の効力を所有権全部に及ぼす変更登記は，実質的に追加設定登記だからである。

　追加設定登記の申請において減税を受けるためには，減税を受けるための証明として登記証明書（登記事項証明書）の提供が必要であるが，抵当権の効力を所有権全部に及ぼす変更登記においては，同一不動産上の問題であり，常に管轄が同一なので，登記証明書（登記事項証明書）の提供は不要である。

3　利害関係を有する第三者

　抵当権の効力を所有権全部に及ぼす変更登記において，利害関係を有する第三者となるのは，抵当権を及ぼす部分についての後順位抵当権者・後順位所有権仮登記名義人などである。

　具体例で考えよう。

事例1　甲区1番でA・B共有名義（持分各2分の1）の登記がある不動産において，1番抵当権としてA持分に対するXの抵当権が設定されており，2番抵当権としてB持分に対するYの抵当権が設定されている。そして，B持分がAに譲渡され，甲区2番でAへのB持分全部移転登記がなされ，Aの単独所有の不動産となった〈図3-6〉。

　事例1において，1番抵当権の効力を所有権全部に及ぼす変更登記を申請するには，新たに抵当権を及ぼすことになる持分の後順位担保権者であるYが利害関係を有する第三者となる。

　この変更登記が付記登記でなされると，Yからすれば，先順位担保権者が登場することとなり，不利益を受けるからである。つまり，甲区2番の2分の1の持分が競売された場合，X→Yの順番で配当されることになるのである。

　Yの承諾がなければ，抵当権の効力を所有権全部に及ぼす変更登記は，主登記で実行される。つまり，乙区3番で登記されることになる。この場合，甲区2番で登記された2分の1の持分については，YよりXが後順位となり，Yは不利益を受けないのである。

図3-6　事例1の図解

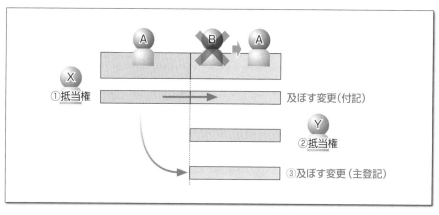

　これに対して，すでに抵当権が設定されている権利についての後順位担保権者は，利害関係を有する第三者とはならない。

事例2　甲区1番でA・B共有名義（持分各2分の1）の登記がある不動産において，1番抵当権として，A持分に対するXの抵当権が設定されており，2番抵当権として，同じくA持分に対するYの抵当権が設定されている。B持

分がＡに譲渡され，甲区２番でＡへのＢ持分全部移転登記がなされてＡの
単独所有の不動産となった〈図3-7〉。

　事例２において，１番抵当権の効力を所有権全部に及ぼす変更登記を申請す
る際，すでに抵当権が設定されている持分の後順位担保権者であるＹの承諾
は不要である。ＹはもともとＸの後順位抵当権者であり，及ぼす変更登記に
よって不利益を受けるわけではないからである。

図 3-7　事例２の図解

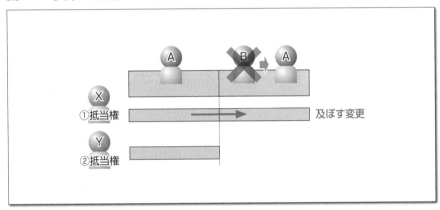

4　登記の実行

(1)　登記記録

　登記上の利害関係を有する第三者がいない場合，及び登記上の利害関係を有
する第三者が存在しており，その承諾証明情報の提供がある場合は，付記登記
で実行され，登記上の利害関係を有する第三者が存在しており，その承諾証明
情報の提供がない場合は，主登記で実行される。
　登記実行後の登記記録は，以下のようになる。

●登記実行後の登記記録

権利部（乙区）（所有権以外の権利に関する事項）			
順位番号	登記の目的	受付年月日・受付番号	権利者その他の事項
1	Ａ持分抵当権設定	令和3年11月17日第95223号	原因　令和3年11月17日金銭消費貸借同日設定 債権額　金1,000万円 利息　年10％ 債務者　Ａ 抵当権者　Ｃ
付記1号	1番抵当権の効力を所有権全部に及ぼす変更	令和6年7月5日第75631号	令和3年11月17日金銭消費貸借 令和6年7月5日設定
2	抵当権設定	令和4年7月12日第71546号	原因　令和4年7月12日金銭消費貸借同日設定 債権額　金1,000万円 利息　年10％ 債務者　Ａ 抵当権者　Ｄ

(2)　登記識別情報の通知

　抵当権の効力を所有権全部に及ぼす変更登記が実行されても，登記識別情報は通知されない（平17・8・26民二1919号）。

　たしかに，この登記は，抵当権の追加設定の実質を有しているが，形式的には変更登記として実行されるので，新たに登記名義人として記録される者は存在しないからである。前記(1)の登記記録をみても，今回の変更登記において，Ｃは新たに登記名義人となったわけではなく，従前から登記されている1番抵当権が変更されただけの扱いであることがわかるだろう。

7. 抵当権を共有者持分の抵当権とする変更

1　意　義

(1)　事例による理解

　Ａ・Ｂ共有名義の甲土地にＸの抵当権が設定されている。Ｘは，Ｂの持分について抵当権を放棄し，以後，Ａ持分のみを目的とした抵当権にすることが

できる〈図 3-8〉。

図 3-8　縮減する変更

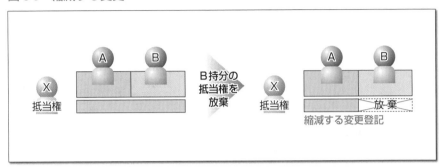

　このように，共有不動産上に設定されている抵当権が，一部の共有者の持分のみを目的とする抵当権となった場合になすべき登記が，「抵当権を共有者持分の抵当権とする変更（縮減する変更）」である。

　Bの持分のみについて抵当権が消滅しているので，本来であれば，一部抹消登記を申請するところである。しかし，不動産登記法上，「権利の登記の一部抹消」という登記申請は認められていない。そこで，このような場合に申請すべき登記が「抵当権を共有者持分の抵当権とする変更」なのである。

⑵　縮減する変更の本質

　「抵当権を共有者持分の抵当権とする変更」は，実質的には，一部抹消登記である。しかし，そのような登記が認められていないので，形式的には変更登記として申請する。「抵当権を共有者持分の抵当権とする変更」は，一部抹消登記の実質を有する変更登記であるといえる。

　そのため，この登記は，抹消登記の性質と変更登記の性質を併せ持つことになる。「抵当権を共有者持分の抵当権とする変更」を学習する際には，そのどちらの性質の表れであるかを意識しながら学習すべきである。

❷　登記申請のポイント

⑴　登記申請情報

> **事例**　甲土地は，Aの単独所有であり，Cの抵当権が設定されている。その後，Aの所有権の一部である2分の1がBに譲渡された。令和6年7月5日，Cは，甲土地のBが取得した持分について，その抵当権を放棄する意思表示をBに対して行った。

◉記載例　抵当権を共有者持分の抵当権とする変更

```
登記の目的　1番抵当権をA持分の抵当権とする変更
原　　　因　令和6年7月5日B持分の放棄
権　利　者　B
義　務　者　C
添 付 情 報　登記原因証明情報　登記識別情報　代理権限証明情報
登録免許税　金1,000円
```

⑵　登記の目的

登記の目的は，「1番抵当権をA持分の抵当権とする変更」のように記載する。

⑶　登記原因

登記原因は，「年月日B持分の放棄」のように記載する。

⑷　登記申請人

抵当権の変更登記なので，通常どおり，共同申請により行う（60条）。

登記権利者となるのは，抵当権の放棄を受けた持分の登記名義人であり，登記義務者は，抵当権者である。他の共有者は登記権利者とはらないので，注意すること。

司法書士の実務では，抵当権の設定されている不動産をAからBに売却するような決済についての立会と登記申請の依頼を受けることが多いが，通常Aを登記権利者として抵当権の抹消登記を行ってから，AからBに売買による所有権移転登記を行う。もちろん，抵当権抹消登記の委任状はAに書いて

もらい，Bは抵当権抹消登記には関与しない。

　ところが，前記記載例の事例のように，抵当権の設定されている不動産所有権の一部をAからBに売却する場合には，先に抵当権の縮減変更を申請することができない。抵当権の放棄をする持分が登記上ないからである。先に所有権一部移転登記を申請してB持分を作り，その持分について抵当権を消滅させる縮減変更登記を申請することになる。

　この場合，縮減変更登記について登記権利者となるのは，売主Aではなく，買主Bである。Bから縮減変更登記の委任状を受け取るのである。

　筆者も，実際の決済で，買主から「売主の設定した抵当権の登記申請をなんで自分がやらなければならないのか」と質問されたことがある。これまでに何度も不動産取引をやっている顧客だったのだが，「このようなことは初めてなので，納得できるまでハンコを押したくない」と主張された。このような登記申請の方法しかないこと，登記申請の報酬は売主に請求することを説明し，ようやく納得してもらうことができた。合理的な思考のできる相手は，理論的に説明するとわかってくれることが多い。

　また，別件で，決済の準備を新人に任せていたところ，縮減変更が必要なケースであるにもかかわらず，売主から抹消登記の委任状をもらうような準備が進んでいることに決済に向かう車中で気づき，買主からもらう委任状をあわてて手書きで用意したこともある。ミスを水際で防いだ危ないケースであった。

　縮減変更登記は，要注意案件というわけである。

(5)　添付情報

　共同申請の場合に提供する基本的な添付情報を提供すればよい。

　また，一部抹消としての実質を有することから，利害関係を有する第三者がある場合には，その承諾証明情報の提供がなければ，登記申請することができない（必要的承諾型：68条）。利害関係を有する第三者については，後記**3**で説明する。

(6)　登録免許税

　登録免許税は，不動産1個につき1,000円の定額課税である（登免税別表第1.1⒁）。

3　登記上の利害関係を有する第三者

　抵当権を共有者持分の抵当権とする変更登記には，抵当権一部抹消登記の実質がある。そこで，抹消登記の場合と同様に，その抵当権に対して権利を有している者，その抵当権に依存している者の承諾がなければ，申請することができない。

　具体的に利害関係を有する第三者となるのは，次のような者である。
①当該抵当権から，民法376条1項の処分を受けている者。
②当該抵当権を目的とする仮登記権利者。
③当該抵当権の被担保債権の質権者。
④当該抵当権を目的とする差押権者・仮差押権者。

　①は，縮減変更される抵当権についての転抵当権者，縮減変更される抵当権から順位譲渡を受けている後順位担保権者等である。

　また，A・B共有の不動産について，1番でXの抵当権が設定されており，2番でA持分のみを目的とするYの抵当権が設定されている場合，1番抵当権について，B持分を放棄し，A持分のみの抵当権とする登記を申請するにあたり，Yは利害関係を有する第三者に該当する（登研502号157）。Yは，縮減変更される抵当権に対して権利を有している者，その抵当権に依存している者とはいえないが，Xの抵当権がA持分のみから集中して配当を受ける抵当権になることで，Yが受けられる配当が減るおそれがあるからである。

4　登記の実行

　抵当権を共有者持分の抵当権とする変更登記は，必要的承諾型の登記であるため，主登記で実行されることはなく，常に付記登記で実行される。

8. 取扱店の表示の変更

1　意　　義

(1)　取扱店の表示の登記

　抵当権者が金融機関である場合，抵当権設定登記を申請する際に，「取扱店の表示」の登記ができることは学習した（☞P352）。

抵当権設定登記後においても，取扱店の表示を追加することができる（昭36・11・30民甲2983号）。また，一度登記した取扱店の表示について変更することもできる。

(2) 他の登記との同時申請

取扱店の登記を抵当権設定登記と同時に申請することができることは，すでに学習した。

また，取扱店の追加の登記は，債権額の変更の登記などの他の登記事項の変更登記と同時に行うことができる（昭36・11・30民甲2983号）。取扱店の追加の登記の目的は，「1番抵当権変更」であり，変更登記の一環として考えることができるからである。

しかし，転抵当権設定登記などの抵当権の処分の登記（本編第4章）は，変更登記ではないため，これらの登記と取扱店の追加の登記を同時に申請することはできない。

2　登記申請のポイント

(1) 登記申請情報

> **事例**　令和6年7月5日，抵当権者である株式会社B銀行（代表取締役C）は，甲土地乙区1番で登記されている抵当権に関して，取扱店を新宿支店とする表示を追加することにした。

●記載例　取扱店の変更

```
登記の目的　1番抵当権変更
追加事項　取扱店　新宿支店
申 請 人　株式会社B銀行
　　　　　（会社法人等番号 1111-11-111111）
　　　　　代表取締役　C
添付情報　登記原因証明情報　代理権限証明情報　会社法人等番号
登録免許税　金1,000円
```

(2)　登記の目的

登記の目的は，「1番抵当権変更」である。

(3)　登記原因

取扱店の表示の追加・変更の登記の登記申請情報には，登記原因を記載しない（昭36・11・30民甲2983号）。上記申請情報を見て，登記原因がないことに気づいただろうか。「ない」ものを「ない」と認識するのは，なかなか難しい。

取扱店の表示を追加したり変更したりするだけであり，登記原因に該当するものがないので，その記載についても必要とされないのである。

(4)　登記事項

取扱店の表示を追加する場合，「追加事項」として，「取扱店　新宿支店」のように記載する。

取扱店の表示を変更する場合，「変更後の事項」として，「取扱店　新宿支店」のように記載する。

(5)　登記申請人

取扱店の表示の追加・変更登記は，抵当権登記名義人が単独で申請することができる（昭36・9・14民甲2277号）。登記名義人表示変更登記に類似していることから，登記申請構造も，それに準じて単独申請としたのである。

(6)　添付情報

まず，登記原因証明情報の提供が必要である点に着目しなければならない（登研689号291）。「そんなことは当たり前ではないか」と考える人もいるだろう。しかし，よく考えてほしい。取扱店の表示の追加・変更登記には，登記原因がないのである。登記原因がないのに，登記原因証明情報を提供しなければならないという珍しい登記なのである。登記原因証明情報としては，取扱店がどの支店であるかがわかる書面を提供すればよい。

なお，単独申請であり，登記識別情報や印鑑証明書の提供は不要である。また，この登記には，利害関係を有する第三者がいないので，承諾証明情報の提供も不要である。

(7) 登録免許税

　登録免許税は，不動産1個につき1,000円の定額課税である（登免税別表第1.1 (14)）。

3　登記の実行

　付記登記で実行される。

9. 抵当権更正

1　意　　義

　抵当権の設定登記やその移転登記がなされた後に，その抵当権の主体や内容に原始的な誤りがあった場合には，抵当権の更正登記を申請する。

　抵当権の更正登記は，所有権の更正登記と同様，是正前後の同一性がなければすることができない。

2　主体の更正

(1) 意　　義

　抵当権の主体の更正は，是正前後の同一性がある場合に限り，行うことができる。以下，類型ごとにポイントを確認していこう。

(2) 脱落更正

　A所有の不動産に対して，X・Y共有の抵当権が設定されている場合に，その抵当権登記名義人をYのみとするような更正登記である。Yという是正前後の同一性があることから，申請することができる。

　この登記申請は，権利が増加するYが登記権利者，権利が減少するX及び設定者Aが登記義務者となる。Yに対する抵当権設定登記義務を果たしていないことから，Aも登記義務者となるのである。この点は，所有権の更正の場合と同じ発想で理解できる。登記上の利害関係を有する第三者の承諾がなければ申請することができないが，誰が利害関係を有する第三者となるかなども，所有権の脱落更正と同じように考えればよい。

⑶　加入更正

　A所有の不動産に対してXの抵当権が設定されている場合に，その抵当権登記名義人をX・Yの共有とするような更正登記である。Xという是正前後の同一性があることから，申請することができる。

　この申請は，権利が増加するYが登記権利者，権利が減少するX及び設定者Aが登記義務者となる。Yに対する抵当権設定登記義務を果たしていないことから，Aも登記義務者となるのである。この点は，所有権の更正の場合と同じ発想で理解できる。登記上の利害関係を有する第三者の承諾がなければ申請することができないが，誰が利害関係を有する第三者となるかなども，所有権の加入更正と同じように考えればよい。

⑷　持分のみの更正

　A所有の不動産に対して，X・Yの共有抵当権（持分各2分の1）が設定されている場合に，その抵当権の持分を「3分の1　X　3分の2　Y」とするような更正登記である。是正前後の同一性があることから，申請することができる。

　この申請は，権利が増加するYが登記権利者，権利が減少するXが登記義務者となる。設定者Aは登記義務者とならない。所有権についての持分のみの更正において，前所有者が登記義務者とならないことと同じ発想である。登記上の利害関係を有する第三者の承諾がなければ申請することができないが，誰が利害関係を有する第三者となるかなども，所有権の持分のみの更正と同じように考えればよい。たとえば，抵当権全体を目的として設定されている転抵当権者の承諾は不要である。

③　内容の更正

　債権額・利息・損害金・債務者等の抵当権の登記事項について原始的な誤りがあった場合には，抵当権更正登記を申請することができる。

　登記申請人・登記上の利害関係を有する第三者の有無などは，債権額の変更など，登記事項の変更登記の場合と同様に理解すればよい。

④　更正の可否の論点

　ここでは，抵当権の更正登記に特有な論点について，検討していこう。

例題1 抵当権登記名義人をAからBとする抵当権更正登記を申請することができるか。

このような更正登記は，是正前後の同一性がないため，申請することができない。

例題2 抵当権の債務者をAからBとする抵当権更正登記を申請することができるか。

この場合も，「AからBへの更正であり，是正前後の同一性がない」と判断した人もいるだろう。しかし，AからBへと是正されるのは，登記事項の1つである債務者にすぎない。たとえば，この抵当権の登記名義人がXであれば，債務者が変わっても，Xの抵当権であるということに変わりはなく，抵当権全体とすれば，是正前後の同一性が認められるのである。

例題3 債務者をA，抵当権者をBとする抵当権設定登記がなされたが，実際は，債務者がB，抵当権者がAであった。この場合，債務者をAからB，抵当権者をBからAとする抵当権更正登記を申請することができるか。

簡単にいえば，抵当権者と債務者を逆に登記してしまい，それを入れ替える更正登記を申請することができるかということである。

先例は，この抵当権更正登記を申請することができるとした（昭35・6・3民甲1355号）。たしかに，Bの抵当権をAの抵当権と是正するものであり，前後の同一性がない。しかし，抵当権者となるAが債務者として登記されているため，誤りの内容が明確であるとして，例外的に登記申請ができると判断されたものである。前後の同一性がないと更正登記ができないことに対する例外的な先例として，押さえておくこと。

例題4 抵当権の変更登記を登記上の利害関係を有する第三者の承諾を得られずに行ったので，主登記で実行された。この変更登記について当該第三者の承諾が得られたので，主登記を付記登記にする抵当権更正登記を申請することができるか。

抵当権の変更登記を主登記から付記登記に更正する抵当権更正登記を申請することはできない。

更正登記は，誤りを是正する登記申請であるが，当初の抵当権変更登記が誤っているわけではないからである。

第4章　抵当権の処分の登記

●この章で学ぶこと●

　この章では，抵当権の処分の登記を学びます。抵当権の処分の登記に共通な事項，それぞれの処分に特有な事項について意識しながら学習を進めてください。

---

1. 総　　説

① 抵当権の処分とは

　抵当権の処分とは，被担保債権の価値と切り離して，抵当権の担保価値のみを他の債権者のために処分することである。

　被担保債権と切り離して，抵当権のみの処分ができる点で，付従性の原則に対する例外を認めたものであるといえる。

② 抵当権の処分の種類

　民法は，抵当権の処分として，以下のものを認めている。

①抵当権の譲渡

②抵当権の放棄

③抵当権の順位の譲渡

④抵当権の順位の放棄

⑤転抵当

　①・③の「譲渡」は，相手方に自己の優先弁済権を取得させることであり，②・④の「放棄」は，相手方に対して自己の優先権を主張しないことである。つまり，「譲渡」は，譲渡された相手方が優先し，「放棄」は，処分した者と相手方が同順位になるということである。

また，①・②の「抵当権の〜」は，処分の相手方が無担保債権者である場合の処分であり，③・④の「抵当権の順位の〜」は，処分の相手方が後順位担保権者である場合の処分である。

⑤の転抵当は，抵当権をもって他の債権の担保とすることである。つまり，抵当権に抵当権を設定することである。また，この章では，抵当権の処分には含まれないが，抵当権を担保にするという意味で転抵当と効果が類似する「抵当権の被担保債権の質入れ」についても学習することにする。

3 抵当権の処分の登記申請

ここでは，各種の抵当権の処分の登記の申請において，共通する事項を考えていくことにする。

抵当権の処分の登記を申請する場合には，共通して次のことがいえる。

①設定者が登記申請人とも利害関係人ともならない。

②付記登記で実行される。

③利害関係を有する第三者が存在しない。

④登録免許税が 1,000 円である。

【共通項①について】

抵当権の処分は，抵当権者がその抵当権を第三者に処分するものであり，設定者の関与は必要ない。抵当権者の有している優先弁済権が第三者に処分されるだけであり，優先弁済権が増加するわけではない。そのため，設定者に影響がないのである。設定者の承諾も必要ないし，設定者が登記申請人になることもない。

【共通項②・③について】

抵当権の処分においては，利害関係を有する第三者が存在しない。そのため，承諾証明情報の提供が必要となることもない。また，このことから，主登記でなされることはなく，すべての抵当権の処分の登記は，付記登記で実行される。

この点について理解するために，次の登記記録を使って考えてもらいたい。

●登記記録

乙区		
1番	抵当権設定　債権額　金1,000万円　抵当権者 A	
付記1号	1番抵当権転抵当　債権額　金600万円　転抵当権者 B	
2番	抵当権設定　債権額　金800万円　抵当権者　C	

　この登記記録の不動産において，１番抵当権者ＡがＤに対して抵当権の譲渡を行うとしよう。この場合，転抵当権者Ｂも後順位担保権者Ｃも，利害関係を有する第三者とはならないのである。

　それは，Ａが抵当権の処分をしても，Ｂ・Ｃそれぞれの配当額に影響がないからである。

　たとえば，この不動産が1,500万円で競売されるとしよう。まず，現在の登記記録の状態での配当額を考えよう。１番抵当権に割り振られる1,000万円については，ＡとＢが配当を受ける。この場合，ＡよりＢが優先して配当を受けるから，Ｂが600万円，Ａが残り400万円の配当を受ける。そして，残りの500万円について，Ｃが配当を受けることになる。

　では次に，Ａが無担保債権者Ｄ（債権額500万円）に抵当権の譲渡を行った場合の配当額を考えるため，その抵当権譲渡の登記が実行されたときの登記記録を示す。

●登記実行後の登記記録

乙区	
１番	抵当権設定　債権額　金1,000万円　抵当権者Ａ
付記１号	１番抵当権転抵当　債権額　金600万円　転抵当権者Ｂ
付記２号	１番抵当権譲渡　債権額　金500万円　受益者Ｄ
２番	抵当権設定　債権額　金800万円　抵当権者Ｃ

　この登記記録の状態で，1,500万円で競売された場合の配当額を考えていこう。まず，１番抵当権に割り振られる1,000万円をＡ・Ｂ・Ｄで分ける。その際は，Ｂ→Ｄ→Ａの順番で配当を受ける。Ｂ・ＤはともにＡから処分を受けているので，Ａより優先する。そして，Ｂは，Ｄより先に付記登記を受けているので，ＢのほうがＤより優先する。よって，Ｂが600万円，Ｄが400万円，Ａが０円となる。そして，残りの500万円を２番抵当権者Ｃが受け取ることになる。

　ここで，抵当権の譲渡がなされる前の配当額と比較してほしい。Ｂ・Ｃの配当額が変わっていないことに気づくだろう。抵当権の処分において，ＢとＣが登記上の利害関係を有する第三者とならない理由は，ここにある。

　抵当権の処分は付記登記で実行されることから，同一抵当権から先に処分の登記を受けている者には影響を与えない。また，処分をする抵当権の優先弁済権の範囲内で行われるから，後順位担保権者にも影響を与えないのである。なお，このことから，設定者にも影響を与えない。

以上から，抵当権の処分の登記において，登記上の利害関係を有する第三者が存在しないことをしっかり確認しておいてほしい。

【共通項④について】

抵当権の処分の登記は，すべて，不動産1個につき1,000円の定額課税となる。優先弁済権を拡大する登記ではないからである。転抵当権の設定登記は，優先弁済権の拡大の登記のように思えるが，すでに設定登記がなされている抵当権の範囲内で配当を受けるにすぎないので，債権額の1000分の4という登録免許税率は適用されないのである。

2. 抵当権の譲渡・放棄

1 総　　説

(1) 意　　義

抵当権の譲渡とは，抵当権者が，同一の債務者に対する無担保債権者の利益のために，自己の抵当権を譲渡することである。

抵当権の放棄とは，抵当権者が，同一の債務者に対する無担保債権者の利益のために，自己の抵当権を放棄することである。

(2) 可　　否

抵当権の一部について，抵当権の譲渡・放棄をすることができる。また，無担保債権者の債権の一部のために，抵当権の譲渡・放棄をすることができる。

2 登記申請のポイント

(1) 登記申請情報

> **事例**　甲土地の登記記録は，所有権登記名義人としてAが記録され，乙区1番に，「債権額　金1,000万円　債務者　A　抵当権者　B」とする抵当権が設定されている。令和6年7月5日，Dは，Aに，利息年5%，損害金年12%として，金600万円を貸し渡した。また，同日，B及びDは，当該債権のために，甲土地乙区1番の抵当権の譲渡契約を締結した。

●記載例　抵当権の譲渡

> 登記の目的　１番抵当権譲渡
> 原　　　因　令和６年７月５日金銭消費貸借同日譲渡
> 債　権　額　金600万円
> 利　　　息　年5%
> 損　害　金　年12%
> 債　務　者　A
> 受　益　者　D
> 義　務　者　B
> 添 付 情 報　登記原因証明情報　登記識別情報　代理権限証明情報
> 登録免許税　金1,000円

(2)　登記の目的

　登記の目的は，譲渡（放棄）をした抵当権の順位を掲げて，「１番抵当権譲渡」「１番抵当権放棄」のように記載する。

　抵当権の一部について抵当権の譲渡・放棄がなされた場合は，「１番抵当権の一部（金1,000万円のうち金600万円）譲渡」「１番抵当権の一部（金1,000万円のうち金600万円）放棄」となる。

(3)　登記原因

　登記原因は，「年月日金銭消費貸借年月日譲渡」「年月日金銭消費貸借年月日放棄」のようになる。

　BからDに対して抵当権が譲渡・放棄されたのは，抵当権の譲渡契約・放棄契約によるものだから，登記原因の後半は問題ないだろう。

　問題は，登記原因の前半である。前半の原因は，DがBから抵当権の譲渡・放棄を受けたことで得た優先弁済権により担保する債権（受益債権）の発生原因である。抵当権の譲渡・放棄を受けた受益者は無担保債権者であり，どのような債権を有しているのかが公示されていない。そこで，その被担保債権を公示するため，登記原因の前半にその発生原因を記載するのである。この債権は，受益者であるDの債務者Aに対する債権であって，受益者Dと抵当権の譲渡・放棄をしたBの間の債権ではないので注意すること。

また，無担保債権者の債権の一部のために，抵当権の譲渡・放棄をした場合は，「年月日金銭消費貸借金 600 万円のうち金 300 万円年月日譲渡」「年月日金銭消費貸借金 600 万円のうち金 300 万円年月日放棄」となる。

(4) 登記事項

抵当権の譲渡・放棄によって担保する債権（受益債権）についての債権額・利息・損害金・債務者等の内容を記載する。

これは，前記(3)で述べたのと同じで，抵当権の譲渡・放棄を受けた者は無担保債権者であり，受益債権が公示されておらず，それを公示する必要性があることから，記載が要求されているのである。これも，受益者 D の債務者 A に対する債権についての内容である点に注意すること。D・B 間の債権ではない。

(5) 登記申請人

抵当権の譲渡・放棄の登記は，共同申請である（60 条）。

登記権利者は，抵当権の譲渡・放棄を受けた受益者であり，登記義務者は，抵当権の譲渡・放棄をした抵当権登記名義人である。

登記申請情報には，「権利者・義務者」ではなく，「受益者・義務者」と記載する。

(6) 添付情報

共同申請の基本的な添付情報を提供すればよい。承諾証明情報の提供が不要な点については，先述した（☞前記 *1.* 🔳）。

(7) 登録免許税

登録免許税は，不動産 1 個につき 1,000 円である（登免税別表第 1.1 ⑭：☞ *1.* 🔳）。

🔳　登記の実行

抵当権の譲渡・放棄の登記は，付記登記で実行される。登記実行後の登記記録は，以下のようになる。

●登記実行後の登記記録

権利部（乙区）（所有権以外の権利に関する事項）			
順位番号	登記の目的	受付年月日・受付番号	権利者その他の事項
1	抵当権設定	令和4年6月25日 第65223号	原因　令和4年6月25日金銭消費 　　　貸借同日設定 債権額　金1,000万円 利息　年10% 債務者　A 抵当権者　B
付記1号	1番抵当権譲渡	令和6年7月5日 第75631号	原因　令和6年7月5日金銭消費貸 　　　借同日譲渡 債権額　金600万円 利息　年5% 損害金　年12% 債務者　A 受益者　D

4

抵当権の処分の登記

3. 抵当権の順位の譲渡・放棄

1 総　　説

(1) 意　　義

　抵当権の順位の譲渡とは，先順位抵当権者が，後順位抵当権者の利益のために，抵当権の順位を譲渡することである。

　抵当権の順位の放棄とは，先順位抵当権者が，後順位抵当権者の利益のために，抵当権の順位を放棄することである。

(2) 可　　否

【一部の場合】

　抵当権の一部について，後順位抵当権者の利益のために，順位の譲渡・放棄をすることができる。

　また，後順位抵当権の一部のために順位の譲渡・放棄をすることができる。

【債務者が異なる場合】

　同一不動産を目的にした後順位抵当権者に対する順位の譲渡・放棄であれば，2つの抵当権の被担保債権の債務者が異なっている場合であっても，行うこと

ができる（昭30・7・11民甲1427号）。民法376条は、「同一の債務者」と規定しているが、順位の譲渡・放棄の場合、「同一の設定者」をも含む趣旨だからである。

【同一抵当権者の場合】

先順位抵当権者と後順位抵当権者が同一人であっても、この抵当権間で、順位の譲渡・放棄をすることができる（昭29・3・26民甲686号）。抵当権者が同一でも、別個の抵当権だからである。

たとえば、Aを抵当権者とする1番抵当権からAを抵当権者とする2番抵当権に対して、順位の譲渡をすることができる。

【同一順位の場合】

同順位の抵当権間においても、順位の譲渡をすることができる（昭28・11・6民甲1940号）。2つの抵当権は、もともと債権額の割合で配当を受けるが、抵当権の譲渡があることによって、受益者が優先することになる。このように譲渡する意味があるので、認められているのである。

これに対して、同順位の抵当権間において、順位の放棄をすることはできない。抵当権の放棄は2つの抵当権の優劣を同順位にすることであり、もともと同順位の抵当権間で行う意味がないからである。

【未登記抵当権の場合】

順位を譲渡する先順位抵当権が登記されている限り、順位の譲渡を受ける抵当権が未登記であったとしても、この2つの抵当権間で順位の譲渡契約をすることができる（昭36・12・23民甲3184号）。

もちろん、譲渡を受ける後順位抵当権が登記されてからでなければ、順位譲渡の登記を申請することはできない。登記の目的が「1番抵当権の2番抵当権への順位譲渡」と後順位抵当権が登記されていることを前提としているからである。しかし、当該後順位抵当権を登記しさえすれば、順位譲渡の登記原因を後順位抵当権の設定登記前の日付として、有効に申請することができるということである。

このようなことが可能とされている理由は、順位譲渡は、必ずしも抵当権が登記されていることを前提とした制度ではないからである。ただし、双方の抵当権がともに登記されていない場合には、どちらが先順位抵当権が定まらないことから、先順位抵当権については、登記されていなければ、順位譲渡契約ができない。

2 登記申請のポイント

(1) 登記申請情報

> **事例**　甲土地の登記記録には，所有権登記名義人としてＡが記録され，乙区には，1番にＢの抵当権が，2番にはＣの抵当権が記録されている。令和6年7月5日，Ｂ及びＣは，甲土地乙区1番で登記されているＢの抵当権について，Ｃの2番抵当権に対してその順位を譲渡する契約を締結した。

●記載例　抵当権の順位譲渡

```
登記の目的　1番抵当権の2番抵当権への順位譲渡
原　　　因　令和6年7月5日順位譲渡
権 利 者　C
義 務 者　B
添 付 情 報　登記原因証明情報　登記識別情報　代理権限証明情報
登録免許税　金1,000円
```

(2) 登記の目的

【原　則】

　登記の目的は，「1番抵当権の2番抵当権への順位譲渡」「1番抵当権の2番抵当権への順位放棄」のように記載する。

　同順位抵当権間での順位譲渡の場合は，「1番(あ)抵当権の1番(い)抵当権への順位譲渡」と記載する。

【一部の順位譲渡・放棄の場合】

　先順位抵当権の一部について順位譲渡・順位放棄がなされた場合は，「1番抵当権の一部（金1,000万円のうち金600万円分）の2番抵当権への順位譲渡」「1番抵当権の一部（金1,000万円のうち金600万円分）の2番抵当権への順位放棄」となる。

【一部のための順位譲渡・順位放棄】

　後順位抵当権の一部のために順位譲渡・順位放棄がなされた場合は，「1番抵当権の2番抵当権の一部（金1,500万円のうち金800万円分）への順位譲渡」「1番抵当権の2番抵当権の一部（金1,500万円のうち金800万円分）への順位

放棄」となる。

(3) 登記原因

登記原因は,「年月日順位譲渡」「年月日順位放棄」となる。

抵当権の譲渡・放棄の場合（☞前記 2.）と異なり,登記原因の前半に受益債権の発生原因を記載する必要はない。順位の譲渡・放棄の場合,受益者は後順位抵当権者であり,その受益債権は,抵当権設定登記の登記事項として登記記録にすでに公示されているからである。

(4) 登記事項

抵当権の譲渡・放棄の場合は,受益債権の表示を登記事項として記載したが,順位の譲渡・放棄の場合,受益債権を登記事項として記載する必要はない。順位の譲渡・放棄の場合,受益者は後順位抵当権者であり,その受益債権は,抵当権設定登記の登記事項として登記記録にすでに公示されているからである。

(5) 登記申請人

抵当権の順位譲渡・放棄の登記は,共同申請である（60条）。

登記権利者となるのは,順位の譲渡・放棄を受けた後順位抵当権登記名義人であり,登記義務者となるのは,順位の譲渡・放棄をした先順位抵当権登記名義人である。

(6) 添付情報

共同申請の基本的な添付情報を提供すればよい。承諾証明情報の提供が不要である点については,先述した（☞前記 1. **3**）。

(7) 登録免許税

登録免許税は,不動産1個につき1,000円である（登免税別表第1.1 ⒁：☞ 1. **3**）。

3 登記の実行

抵当権の順位の譲渡・放棄の登記は,付記登記で実行される。

また,登記が実行されたときは,抵当権の順位譲渡・放棄を受けた後順位抵当権の順位番号欄に,順位譲渡・順位放棄の登記の順位番号が職権で付記され

る。後順位抵当権の登記を登記記録で確認した人が，順位譲渡・順位放棄を受けていることを見逃さないようにするためである（規則163条）。

　登記実行後の登記記録は，以下のようになる。

◉登記実行後の登記記録

順位番号	登記の目的	受付年月日・受付番号	権利者その他の事項
権利部（乙区）（所有権以外の権利に関する事項）			
1	抵当権設定	令和4年6月25日 第65223号	原因　令和4年6月25日金銭消費 　　　　貸借同日設定 債権額　金1,000万円 利息　年10% 債務者　A 抵当権者　B
付記1号	1番抵当権の2番抵当権への順位譲渡	令和6年7月5日 第75631号	原因　令和6年7月5日順位譲渡
2 (1付1)	抵当権設定	令和6年5月15日 第56972号	原因　令和6年5月15日金銭消費 　　　　貸借同日設定 債権額　金1,000万円 利息　年10% 債務者　A 抵当権者　C

（表の右欄外）
4
抵当権の処分の登記

4. 転　抵　当

❶　総　説

(1)　意　義

　転抵当とは，抵当権を他の債権の担保とすることである。つまり，抵当権に対して抵当権を設定することである。

(2)　可　否

【一部の場合】

　抵当権の一部に対して，転抵当をすることができる。

【範囲外の場合】

　転抵当権は，その効力としては，原抵当権の範囲内でしか効力を生じない。

しかし、転抵当の設定契約に関しては、被担保債権や弁済期が原抵当権の範囲内でなければならないとする制限はない。

転抵当の被担保債権の債権額が、原抵当権の被担保債権の債権額を上回っている場合であっても、転抵当の設定は可能である（昭 30・10・6 民甲 2016 号）。もちろん、この場合でも、原抵当権の範囲内でしか配当を受けることはできない。

また、転抵当の被担保債権の弁済期が、原抵当権の被担保債権の弁済期より後に到来する債権である場合であっても、転抵当の設定は可能である。

【転抵当への転抵当】

転抵当にさらに転抵当を設定することも可能である（昭 30・5・31 民甲 1029 号）。

② 登記申請のポイント

(1) 登記申請情報

> **事例** 甲土地の登記記録には、所有権登記名義人として A が記録され、乙区 1 番に B の A に対する 1,000 万円の債権を担保するための抵当権が記録されている。令和 6 年 7 月 5 日、C は、B に対して、金 2,000 万円を、利息年 2% として貸し渡したうえ、当該債権を担保するため、C 及び B は、甲土地乙区 1 番の抵当権を目的として転抵当権設定契約を締結した。

◉記載例　転抵当

登記の目的	1 番抵当権転抵当
原　　　因	令和 6 年 7 月 5 日金銭消費貸借同日設定
債　権　額	金 2,000 万円
利　　　息	年 2%
債　務　者	B
権　利　者	C
義　務　者	B
添　付　情　報	登記原因証明情報　登記識別情報　代理権限証明情報
登録免許税	金 1,000 円

(2)　登記の目的

登記の目的は，転抵当の目的とする抵当権の順位番号を掲げて，「1番抵当権転抵当」のように記載する。

抵当権の一部に対して転抵当を設定する場合は，「1番抵当権の一部（金1,000万円のうち金600万円分）転抵当」のように記載する。

(3)　登記原因

登記原因は，「年月日金銭消費貸借年月日設定」のようになる。通常の抵当権設定の場合と変わらない。登記原因の前半は，転抵当によって担保する債権の発生原因である。

債権の一部を担保するための転抵当を設定する場合は，「年月日金銭消費貸借債権額金2,000万円のうち金1,200万円年月日設定」のようになる。

(4)　登記事項

通常の抵当権設定登記の場合と同様，被担保債権の債権額・利息・損害金・債務者等を記載する。

(5)　登記申請人

転抵当権の設定登記は，転抵当権者を登記権利者，設定者である原抵当権者を登記義務者とする共同申請により行う。

通常の抵当権設定登記の場合と異なり，登記申請情報には，「抵当権者・設定者」ではなく「権利者・義務者」と記載する。

(6)　添付情報

共同申請の基本的な添付情報を提供すればよい。承諾証明情報の提供が不要な点については，先述した（☞前記 1. ❸）。

(7)　登録免許税

登録免許税は，不動産1個につき1,000円である（登免税別表第1.1⒁：☞1. ❸）。

抵当権の処分の登記

3 登記の実行

転抵当権の設定登記は，付記登記で実行される。

登記実行後の登記記録は，以下のようになる。

●登記実行後の登記記録

権利部（乙区）（所有権以外の権利に関する事項）			
順位番号	登記の目的	受付年月日・受付番号	権利者その他の事項
1	抵当権設定	令和4年6月25日 第65223号	原因　令和4年6月25日金銭消 　　　費貸借同日設定 債権額　金1,000万円 利息　年10% 債務者　A 抵当権者　B
付記1号	1番抵当権転抵当	令和6年7月5日 第76972号	原因　令和6年7月5日金銭消費 　　　貸借同日設定 債権額　金2,000万円 利息　年2% 債務者　B 転抵当権者　C

5. 被担保債権の質入れ

1 意　義

抵当権の被担保債権となっている債権が質入れされた場合，質権の効力は，抵当権にも及ぶことになる。抵当権には随伴性があるからである。

そこで，抵当権にも質権の効力が及んでいることを公示するため，当該抵当権の登記を目的として，債権質入れの登記を申請することができる（登研241号66）。

債権質入れの登記は，抵当権と被担保債権が他の債権の担保となる点で，転抵当と類似する。そこで，抵当権の処分の登記ではないが，ここで学習することにする。試験に頻出というわけではないので，転抵当と比較しながら，軽く確認しておいてほしい。

② 登記申請のポイント

事例　甲土地の登記記録には，所有権登記名義人としてＡが記録され，乙区
１番にＢのＡに対する1,000万円の債権を担保するための抵当権が記録され
ている。令和6年7月5日，Ｃは，Ｂに対して，金2,000万円を，利息年2%
として貸し渡したうえ，当該債権を担保するため，Ｃ及びＢは，甲土地乙区
１番の抵当権の被担保債権に対して質権を設定した。

◉記載例　抵当権の債権質入れ

登記の目的	１番抵当権の債権質入れ
原　　　因	令和6年7月5日金銭消費貸借同日設定
債　権　額	金2,000万円
利　　　息	年2%
債　務　者	Ｂ
権　利　者	Ｃ
義　務　者	Ｂ
添 付 情 報	登記原因証明情報　登記識別情報　代理権限証明情報
登録免許税	金1,000円

　登記の目的が，「１番抵当権の債権質入れ」となること以外，転抵当権と同
様なので，比較しておくとよい。

第 5 章

順位変更の登記

```
┌─────────────────────────────────────────────────┐
│               ●この章で学ぶこと●                  │
│ ───────────────────────────────────────────────  │
│   この章では，順位変更について学びます。ひとつひとつの抵当権の変更 │
│ ではなく，担保権の間の順位の変更です。その点で，少し特殊な変更登記 │
│ です。通常の変更登記と異なる部分に着目をしながら学習を進めてくださ │
│ い。                                              │
└─────────────────────────────────────────────────┘
```

1. 総　　説

1 意　　義

(1) 順位変更とは

順位変更とは，同一の不動産上の抵当権相互間で絶対的に順位を変更することである（民374条）。

(2) 順位変更の効果

順位変更によって，抵当権の順位が絶対的に変更される。つまり，変更後の順位で配当を受けることになる。「1番A，2番B，3番C」の順番で登記された抵当権の順位をC→B→Aと変更した場合には，この順番で配当を受けることになる。一見順位が変わらないBも，A・Cが受ける配当額が異なる場合には，影響を受けることになる。AからCに順位譲渡がなされた場合は，A・C間で相対的に効力を生じるにすぎず，中間者Bに影響を与えないことと比較すること。

ただし，順位が変更されるのは，担保権者間での優先弁済権についてだから，甲区の所有者，所有権仮登記名義人，乙区の用益権者には影響はない。つまり，

順位変更がなされても，これらの者と抵当権者の対抗関係には影響がなく，順位変更前の登記の順番で考えることになる。

② 順位変更できる権利

⑴ 順位変更できる権利

順位変更をすることができるのは，抵当権に限らない。担保権であれば，順位変更をすることができる。順位変更は，優先弁済権の順位を変更するものだからである。

具体的には，以下の権利について，順位変更を行うことができる。

①抵当権

②根抵当権

③不動産質権

④先取特権

①について。転抵当権についても，同一の抵当権を目的とする転抵当権の間で，順位変更をすることができる（昭58・5・11民三2984号）。

②の根抵当権は，元本確定前・確定後に関係なく，順位変更をすることができる。元本が確定しているかどうかと順位は無関係だからである。

それぞれの担保権は，登記されていることを前提としているが，仮登記された担保権でも，順位変更をすることができる。

⑵ 順位変更することができない権利

順位変更が担保権の優先弁済権の順位を変更するものである以上，担保権以外の権利は順位変更をすることができない。

以下の権利は，順位変更をすることができない。

①用益権

②譲渡担保権

③仮登記担保

①について。地上権などの用益権は，担保権ではなく，優先弁済権がないため，順位変更をすることはできない。

②・③は，実質的には担保権である。しかし，形式的には，所有権登記名義人・所有権仮登記名義人として甲区に記録されている者であるため，順位変更をすることができない。

3 順位変更の要件

(1) 基本的な要件

抵当権の順位変更をするには，次の要件をすべて満たさなければならない（民374条）。

①順位を変更する抵当権者全員の合意
②利害関係人の承諾
③順位変更の登記

③について。順位変更は，登記をしなければ効力を生じない。つまり，登記が効力要件である。競売は，登記に従って行われるので，法律関係が複雑になることを避けるために，登記をしなければ効力が発生しないものとされたのである。

①・②については，項を改め，後記(2)・(3)で説明しよう。

(2) 順位変更の当事者

順位変更は，順位を変更する抵当権者全員の合意により行わなければならない（昭46・10・4民甲3230号）。

たとえば，「1番A，2番B，3番C」と登記されている抵当権をC→B→Aと順位変更する場合には，A・B・C全員の合意が必要ということになる。順位が変わらない中間者Bも，A・Cの配当額によって順位変更の影響を受ける以上，当事者となるのである。

ただ，「1番A，2番B，3番C，4番D，5番E」と登記されている抵当権の順位を，A→D→B→C→Eと変える場合には，当事者となるのはB・C・Dであり，A・Eの合意は必要ない。A・Eは，順位変更の影響を受けないからである。

つまり，順位が変更される最先順位の抵当権者と最後順位の抵当権者及びその中間の抵当権者の合意が必要となるわけである。簡単な判断方法とすれば，図のようにしたときに，矢印が交わる者が合意当事者となる〈図3-9〉。

図 3-9　順位変更の合意当事者

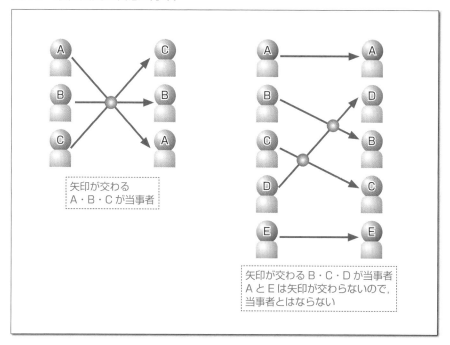

> **例題**　「1番抵当権A　2番抵当権B　3番地上権C　4番根抵当権D」と登記されている場合に，BとDの順番を入れ替える順位変更をする場合の合意当事者は誰か。

　順位が入れ替わる最先順位の担保権がBであり，最後順位の担保権がDである。最先順位のさらに上位で登記されている抵当権者Aは，合意当事者とならない。

　問題はCであるが，Cは合意当事者とならない。順位変更は，担保権者間の優先弁済権を変えることであって，地上権者には影響がないからである。地上権者Cは，順位変更後もA・Bに劣後し，Dには優先する地上権として変わらず存在するのである。用益権者は，順位変更する担保権の中間にあっても，合意当事者とはならないことに注意すること。

　なお，用益権者は，利害関係人ともならない。

(3)　利害関係人の判断

　順位変更する場合，利害関係人が存在するときは，その承諾を得なければならない（民374条1項但書）。利害関係人の承諾が，順位変更の効力要件なので

ある。

　利害関係人となるのは，以下の者である。

①順位が下がる抵当権を目的として権利を有する者

②順位が下がる抵当権に対して，順位の譲渡・放棄をした担保権者

　これらの者は，順位変更によって不利益を受けるおそれがあるので，利害関係人と扱われ，その承諾が必須となるのである。

　①に該当する者としては，順位が下がる抵当権から転抵当などの処分を受けている者，順位が下がる抵当権を目的とする仮登記名義人，順位が下がる抵当権を目的として差押え・仮差押え・債権質入れの登記を受けている者などがあげられる。

　②に該当する者も，処分の相手方の順位が下がることによって，自己の配当額の減少という不利益を受けるおそれがあるので，利害関係人となる。ただし，担保権者として合意当事者となる場合は，併せて利害関係人とはならない。

4 可　　否

(1)　一部の場合

　1個の抵当権の一部について，他の担保権との順位を変更することはできない。順位変更とは順位自体を入れ替えることであるが，順位は1個の権利ごとに振られているからである。

　なお，順位譲渡・放棄は，1個の抵当権の一部についてすることができるので，比較しておくこと（☞P441）。

(2)　同一人の場合

　同一人が有する複数の抵当権の間で順位変更することもできる。同一人の抵当権だとしても，抵当権は別個のものだからである。

(3)　未登記抵当権の場合

> **例題**　甲土地の登記記録の乙区には，「1番　抵当権設定　抵当権者A，2番抵当権設定　抵当権者B」と記録されている。また，甲土地にはCの抵当権も設定されているが，登記されていない。A・B・C間で順位変更の合意をすることができるか。

　未登記の抵当権を含む順位変更の合意をすることができるかという問題であ

る。これは，原則として，行うことができない。順位変更は，登記された順位を変えることであり，担保権が登記されていることを前提としているからである。

　このことから，登記原因日付となる順位変更の合意の日付は，各抵当権の抵当権設定の登記の日以後の日付でなければならない（登研367号136）。

　ただし，未登記の抵当権を含めて順位変更の合意をした場合は，当然に無効となるわけではなく，未登記抵当権が登記を受けることを条件とした条件付き合意と解される。よって，当該未登記抵当権の設定登記を申請したうえで，順位変更登記を申請することができる。この場合，順位変更の合意の日付は，未登記抵当権設定登記の申請日となる。

(4)　順位変更の形態

　順位変更は，抵当権の従前の順位を入れ替える変更を行うことができる。また，異なる順位の抵当権を同順位にすることも，同順位の抵当権を異なる順位にすることもできる。

2. 順位変更の登記

1 　登記申請のポイント

(1)　登記申請情報

> **事例**　甲土地の登記記録の乙区には，Bの1番抵当権と，Cの2番根抵当権が記録されている。また，1番付記1号で，Bの1番抵当権に対してDの転抵当が記録されている。令和6年6月27日，B及びCは，甲土地に設定されている担保権の順位を「第1　2番根抵当権　第2　1番抵当権」とする旨の順位変更の合意をした。令和6年6月29日，Dがこれを承諾をした。登記申請日は，令和6年7月5日とする。

●記載例　順位変更

```
登記の目的　1番，2番順位変更
原　　　因　令和6年6月29日合意
変更後の順位　第1　2番根抵当権
```

第2　1番抵当権		
申　請　人　　　B		
C		
添 付 情 報　　登記原因証明情報　登記識別情報　代理権限証明情報		
承諾証明情報		
登録免許税　金 2,000 円		

　本事例は，2番で登記されている根抵当権を含む順位変更である。根抵当権も順位変更することができることを再度確認しておくこと。

(2)　登記の目的

　登記の目的は，「1番，2番順位変更」のように記載する。順位を変更することになる担保権の順位番号をすべて掲げる。同順位で登記されている担保権について順位変更登記をする場合は，「1番㈠，1番㈡順位変更」のように記載する。

　順位を変更することに主眼があるので，順位番号を記載すればよく，「1番抵当権」のように権利の種類を記載する必要はない。

(3)　登記原因

【登記原因の記載】

　登記原因は，「年月日合意」と記載する。

　なお，同一人間で順位変更をした場合は，1人で合意することはありえないので，登記原因は「年月日変更」となる。

【登記原因日付】

　登記原因日付は，原則として当事者による合意がなされた日となる。ただし，当事者の合意がなされた後に利害関係人の承諾が得られた場合には，承諾が得られた日となる（昭 46・12・24 民甲 3630 号）。利害関係人の承諾は，順位変更の効力要件であり，承諾が得られなければ順位変更の効力は生じないからである。よって，前記(1)の記載例においては，Dの承諾が得られた日である令和6年6月29日が登記原因日付となる。

　債権額の変更など，通常の変更登記を申請する場合に登記上の利害関係を有する第三者に求められる承諾は，付記登記で登記するためという登記手続上の要請から求められるものである。そのため，その承諾が後から得られたとして

も，実体上の効力に影響を与えることはなく，登記原因日付に影響を与えることはないことと比較すること。

(4)　登記事項

　登記事項は，「変更後の順位」として，「第1　2番根抵当権，第2　1番抵当権」のように記載する。

　この「第1，第2」は，順位変更をする合意当事者の間での順序であり，登記記録上の順位や全体の順位は関係ない。たとえば，2番抵当権と3番抵当権を入れ替える場合，「第1　3番抵当権，第2　2番抵当権」となる。「第2　3番抵当権，第3　2番抵当権」とならないので，注意すること。

　なお，ここでいう「2番根抵当権」というのは，登記記録上の順位番号に基づくものである。抵当権の名称は，当初振られた順位番号に従って呼ばれるので，順位変更により順位が変わったとしても，その名前は，「2番根抵当権」のままである。

(5)　登記申請人

　順位変更の登記は，順位変更の合意をした者全員の合同申請により行う（89条1項）。

　合同申請とは，権利者・義務者の割り振りをせずに，全員が同じ資格で申請するというものである。全員が登記権利者であり，全員が登記義務者でもあるということである。

　順位変更は，有利不利の線引きを明確にすることができない登記である。たとえば，順位変更によって大きく利益を受けた者，少しだけ利益を受けた者，有利か不利かわからない者，少しだけ不利益を被る者，大きく不利益を被る者など，様々に存在する。また，配当額や今後の事情変更によっては，「有利だと思ったのに不利になった」という場合もありうる。よって，登記申請においては，有利・不利を考えず，全員が同じ資格で申請することにしたのである。

(6)　添付情報

　登記原因証明情報，代理権限証明情報については問題がないだろう。ここでは，その他の添付情報について説明する。

【登記識別情報】

　登記識別情報は，登記申請人（つまり合意当事者）全員のものを提供しなけ

ればならない。

　そもそも，登記識別情報は，登記義務者のものの提供が必要である。この点，順位変更登記は，登記権利者・登記義務者の割り振りを決めない合同申請であり，登記申請人の全員が登記義務者といえるのである。

【承諾証明情報】

　利害関係人の承諾証明情報の提供が必要である（令7条1項5号ハ）。記載例においては，1番抵当権の転抵当権者Dの承諾証明情報の提供が必要となる。

　順位変更においては，民法上，利害関係人の承諾が要件となっている。そのため，その要件を満たしていることを確認するために提供するものである。実体法上の要件を確認するための添付情報であり，農地法の許可書と同様のものとして理解すればよい。よって，利害関係人の承諾証明情報は，登記原因日付にも影響を与えることになる。

　なお，変更・更正・抹消登記の際に提供する利害関係を有する第三者の承諾証明情報は，登記法上のものであり，登記原因日付に影響を与えないことも確認しておくこと。たとえば，債権額増額変更をする場合，利害関係を有する第三者の承諾がなくても，債権額増額の効力が生じている（つまり承諾の日は登記原因日付に影響を与えない）。ただ，それを付記登記で実行するのであれば，承諾証明情報の提供が必要になるだけのことである。

(7) 登録免許税

　順位変更登記の登録免許税は，次の計算式の額である（登免税別表第1.1(8)）。

• **登録免許税額＝不動産の個数×順位を変更する担保権の個数×1,000円**

　たとえば，1個の不動産において，1番抵当権と2番抵当権の順位を入れ替える場合，登録免許税は2,000円となる。

2　登記の実行

(1) 登記記録

　順位変更の登記は，主登記で実行される。各抵当権に付記する形で登記を実行すると，登記記録が複雑になり，順位がわかりにくくなってしまうからである。

　また，順位が変更された担保権の順位番号欄に，順位変更の登記がなされた

順位番号を職権で記録する（規則164条）。

登記実行後の登記記録は，以下のようになる。

◉登記実行後の登記記録

順位番号	登記の目的	受付年月日・受付番号	権利者その他の事項
1 (3)	抵当権設定	令和4年6月25日 第65223号	原因　令和4年6月25日金銭 　　　消費貸借同日設定 債権額　金1,000万円 利息　年10% 債務者　A 抵当権者　B
付記1号	1番抵当権転抵当	令和5年7月11日 第75631号	原因　令和5年7月11日金銭 　　　消費貸借同日設定 債権額　金2,000万円 利息　年2% 債務者　B 転抵当権者　D
2 (3)	根抵当権設定	令和6年5月15日 第56972号	原因　令和6年5月15日設定 極度額　金1,000万円 債権の範囲　銀行取引 債務者　A 根抵当権者　C
3	1番, 2番順位変更	令和6年7月5日受付 第71963号	原因　令和6年6月29日合意 第1　2番根抵当権 第2　1番抵当権

（2）　登記識別情報の通知

　順位変更の登記が実行されても，登記申請人に対して，登記識別情報は通知されない。権利取得の登記ではなく，誰も新たに登記名義人となるわけではないからである。前記(1)の登記実行後の登記記録を見ても，新しく登記名義人として記録された者はいないことがわかるだろう。

3. 順位変更の変更・更正

1 変更登記

　順位変更登記がなされた後に，その順位が再度変更された場合でも，順位変更登記を変更する登記（順位変更の変更の登記）を申請することはできない。順位変更の登記が実行されることによって，新たな順位が確定するからである。

つまり，順位変更がなされても，その順位変更が存在しているわけではなく，変更された順位があるにすぎないと考えるのである。

そのため，順位変更登記がなされた後に，その順位が再度変更された場合には，順位変更の変更登記ではなく，新たな順位変更登記を申請すべきである（昭46・10・4民甲3230号）。

2 更正登記

(1) 可 否

順位変更登記がなされたが，その登記された内容の一部に誤りがある場合は，順位変更の更正登記を申請することができる。

順位変更の変更登記は申請できないが，順位変更の更正登記は申請することができるということである。誤っている登記は是正すべきだからである。

順位変更の更正登記は，試験にあまり出題されるわけではないので，ポイントに絞って説明していこう。

(2) 登記申請のポイント

【登記申請人】

順位変更登記の場合と同じく，合同申請である。ただし，更正の結果，影響を受けない担保権者は，登記申請人とならない。

【添付情報】

合同申請であるため，登記識別情報は，登記申請人全員のものが必要となる。

【登録免許税】

更正登記であり，不動産1個につき1,000円である（登免税別表第1.1⑭）。「順位変更登記」という1つの登記の更正なので，権利の個数は関係がない。

(3) 登記の実行

順位変更の更正登記は，順位変更登記に付記して実行される。順位変更登記と異なり，主登記ではないので，注意すること。

4. 順位変更の抹消

1 可　否

　順位変更登記がなされたが，その順位変更の合意が無効であったり，取消しや法定解除によって消滅した場合には，順位変更登記の抹消登記を申請することができる。この場合には，初めから順位変更の効力が生じなかったことになるからである。

　これに対して，当事者間で順位を元に戻す合意がなされたり，順位変更が合意解除されたりした場合は，順位変更登記の抹消登記を申請することはできない（昭46・12・24民甲3630号）。この場合は，新たな順位変更登記を申請すべきだからである。

2 登記申請のポイント

(1) 登記申請情報

> **事例**　甲土地の登記記録には，Bの1番抵当権，Cの2番根抵当権の設定登記がなされており，乙区3番で「第1　2番根抵当権　第2　1番抵当権」とする順位変更登記がなされている。しかし，乙区3番で登記されている順位変更の登記は錯誤でなされたものであり，無効な登記であることが判明した。

●記載例　順位変更登記の抹消

登記の目的	3番順位変更抹消
原　　　因	錯誤
申　請　人	B
	C
添 付 情 報	登記原因証明情報　登記識別情報　代理権限証明情報
登録免許税	金1,000円

(2) 登記の目的

　登記の目的は，「3番順位変更抹消」のように記載する。

(3) 登記原因

登記原因は，「錯誤」「年月日取消」「年月日解除」のように記載する。

(4) 登記申請人

順位変更の抹消登記は，順位変更されている担保権者全員の合同申請となる。

(5) 添付情報

共同申請の場合の基本的な添付情報を提供すればよい。登記識別情報については，申請人全員のものの提供が必要となるので，注意すること（昭46・10・4民甲3230号）。

(6) 登録免許税

抹消登記であり，不動産1個につき1,000円となる（登免税別表第1.1⒂）。ただし，上限は2万円である。

「順位変更登記」という1つの登記の抹消登記であり，権利の個数は関係がない。

3 登記の実行

抹消登記であるため，主登記で実行される。また，順位変更登記に下線が引かれて抹消される。さらに，順位変更をした各担保権の順位番号欄に付した順位変更の順位番号に下線が引かれ，抹消される。

第 **6** 章　抵当権抹消登記

> ●この章で学ぶこと●
> ─────────────
> 　この章では，抵当権抹消登記について学習します。抵当権抹消登記は，択一式・記述式を問わず，頻出です。しっかり学習してください。

---

1. 抵当権抹消登記の原則

1　総　　説

　抵当権が消滅した場合には，抵当権抹消登記を申請することができる。抵当権が消滅するケースには，①被担保債権が消滅し，その結果，付従性により抵当権が消滅する場合と，②被担保債権とは無関係に抵当権が消滅する場合の2パターンがある。

　①の事由には，被担保債権について，弁済・放棄・免除・混同などが生じた場合があげられる。②の事由には，第三取得者の抵当権消滅請求（民379条），第三者による不動産の時効取得，免責的債務引受において担保権を移す意思表示がなかった場合などがあげられる。

　登記義務者が行方不明で除権決定があった場合など，権利者が単独で抵当権の抹消登記を申請することができる場合がある。その詳細は『不動産登記法Ⅱ』で説明する。

　なお，抵当権が実行されて競売がなされると，抵当権は消滅するが，その抵当権抹消登記は，裁判所書記官からの嘱託によってなされる。これについては，『不動産登記法Ⅱ』で説明する。

　後記**2**において，抵当権抹消登記の申請について説明する。ただし，混同による抵当権抹消登記については，特殊な点があるので，項を改め，後記 *2.* で説明する。

2 登記申請のポイント

(1) 登記申請情報

> **事例** 甲土地の登記記録には，所有権登記名義人としてＡが記録されており，乙区１番には，ＢのＡに対する債権を担保するための抵当権が設定されている。令和６年６月28日，Ａは，Ｂに対して，甲土地乙区１番抵当権の被担保債権の全額につき弁済をした。

◉記載例　弁済による抵当権抹消登記

```
登記の目的　１番抵当権抹消
原　　　因　令和６年６月28日弁済
権　利　者　Ａ
義　務　者　Ｂ
添 付 情 報　登記原因証明情報　登記識別情報　代理権限証明情報
登録免許税　金1,000円
```

(2) 登記の目的

抹消する抵当権の順位番号を掲げて，「１番抵当権抹消」のように記載する。

(3) 登記原因

抵当権抹消登記を申請するときの主な登記原因を，以下に記載する。

消滅事由	登記原因
被担保債権が弁済された場合	年月日弁済
保証人からの求償債権が被担保債権となっている場合に，主債務が弁済等により消滅したとき	年月日主債務消滅[※1]
被担保債権が代物弁済された場合	年月日代物弁済
債権に混同が生じた場合	年月日債権混同
抵当権の設定契約が解除された場合	年月日解除
抵当権が絶対的に放棄された場合	年月日放棄

消滅事由	登記原因
抵当権の消滅請求がなされた場合	年月日抵当権消滅請求
抵当権が時効で消滅した場合	年月日時効消滅
抵当権の目的不動産を第三者が時効取得したため，抵当権が消滅した場合	年月日所有権の時効取得
買戻権が行使されたため，劣後する抵当権が消滅した場合	年月日買戻権行使による所有権移転
更改契約や免責的債務引受において，担保権を移すための要件を満たさなかったため，抵当権が消滅した場合	年月日抵当権消滅

※1　主債務が弁済により消滅した場合でも，「年月日弁済」とはならない。被担保債権である求償債権が弁済されたわけではないからである。

(4)　登記申請人

【原　則】

　抵当権抹消登記は，設定者を登記権利者，抵当権者を登記義務者として，共同申請により行う。所有権に設定されている抵当権の場合，登記権利者となるのは所有者である。抵当権設定後，所有権が移転している場合は，現在の所有者が登記権利者となる（大8・7・26民甲2788号）。抵当権の抹消登記により利益を受けるのは，現在の所有者だからである。

　数人が共有している不動産を目的として抵当権の設定登記がなされている場合，共有者の1人が抵当権者と共同して，抵当権抹消登記を申請することができる（登研244号69）。共有物の保存行為に該当するので，共有者の1人が単独で申請できるのである。

【後順位抵当権者からの申請】

　抵当権抹消登記は，抹消する抵当権の抵当権者を登記義務者，その抵当権の後順位抵当権者を登記権利者として申請することもできる（昭31・12・24民甲2916号）。

　抵当権の抹消登記により，後順位担保権者には，順位が上昇するという利益があるからである。

【単独申請の特則】

　一定の要件を満たす場合に，登記権利者が単独で抹消登記を申請することができる場合がある。これについては，『不動産登記法Ⅱ』で説明する。

6

抵当権抹消登記

(5) 添付情報

【基本的な添付情報】

抵当権抹消登記も，共同申請であり，共同申請の場合の基本的な添付情報を提供すればよい。

【承諾証明情報】

抵当権抹消登記を申請する場合において，登記上の利害関係を有する第三者が存在する場合は，その第三者の承諾証明情報の提供が必要である（必要的承諾型：68条）。

抵当権の登記が抹消されることで，その抵当権を目的とする第三者の権利も，職権で抹消されてしまう。そこで，その第三者から，自己の権利が抹消されてしまうということについての承諾を得る必要があるのである。誰が登記上の利害関係を有する第三者となるのかについては，後記**3**で説明する。

(6) 登録免許税

抵当権の抹消登記は，不動産1個につき1,000円の定額課税である（登免税別表第1.1(15)）。ただし，20個を超える不動産について，同時に抵当権の抹消登記を申請する場合は，2万円となる。抹消登記なので，2万円の上限が存在するのである。

(7) 一括申請の可否

> **例題** 甲土地には，所有権登記名義人としてAが記録されており，1番抵当権（抵当権者B，債務者A），2番抵当権（抵当権者B，債務者A）が設定されている。Aが同日に1番抵当権及び2番抵当権の被担保債権を弁済した場合，2つの抵当権の抹消登記を一括申請で行うことができるか。

同一の不動産を目的として，同一人の抵当権者の抵当権が複数設定されている場合，同一の登記原因によりその登記の抹消登記を申請するときは，一括申請で行うことができる（登研401号162）。

管轄・登記の目的・登記原因・当事者が同一であり，一括申請の要件を満たすからである。抹消する抵当権の順位が異なるが，登記の目的には，「1番2番抵当権抹消」と記載すればよい。

なお，この場合，2個の抵当権を一括抹消するが，不動産は1個なので，登録免許税は1,000円となる。

3　登記上の利害関係を有する第三者

(1)　意　義

　抵当権抹消登記は，登記上の利害関係を有する第三者が存在する場合には，その承諾証明情報の提供がなければ，申請することができない（68条）。

(2)　第三者に該当する者

　抵当権の抹消登記において，登記上の利害関係を有する第三者となるのは，当該抵当権を目的として権利を有する者である。このような者の権利は，抵当権が抹消されることで，それに併せて職権で抹消されてしまうからである。

　具体的には，次の者が登記上の利害関係を有する第三者となる。

①抹消される抵当権から民法376条の処分を受けている者。

②抹消される抵当権を目的として仮登記を受けている者。

③抹消される抵当権を目的として差押え・仮差押え・債権質入れの登記を受けている者。

　①は，たとえば，抹消されてしまう抵当権を目的として，転抵当権を取得している者である。抵当権が抹消されてしまうことで，転抵当権も職権で抹消されてしまうのである。

　では，次の事例はどうだろう。考えてほしい。

> **例題1**　甲土地の登記記録には，Aの1番抵当権，Bの2番抵当権の設定登記がなされており，Aの1番抵当権からBの2番抵当権へ順位譲渡の登記がなされている（乙区1番付記1号）。1番抵当権の抹消登記を申請する場合，2番抵当権者Bは利害関係を有する第三者となるか。

　結論からいえば，Bは，抹消される抵当権から順位の譲渡という処分を受けており，利害関係を有する第三者となる（昭37・8・1民甲2206号）。

　しかし，考えてみると，1番抵当権の抹消によって，2番抵当権はその順位が上昇し，実質的には1番の抵当権になる。そうだとすれば，抵当権の順位の譲渡が抹消されても，不利益を受けないのではないかとも思える。

　しかし，1番抵当権と2番抵当権の間に弁済期の到来した租税債権がある場合には，順位の譲渡が抹消されてしまうと，不利益を受けることがある。租税債権は，その弁済期が抵当権の設定登記の日より早い場合には，抵当権に優先する。つまり，租税債権は，登記されておらず，登記上確認できなくても，抵

当権に優先する場合があるのである。

1番抵当権と2番抵当権の間に弁済期が到来した租税債権がある場合，2番抵当権者は，本来，租税債権に優先できない。しかし，本例題では，1番抵当権からの順位の譲渡があることによって，2番抵当権者Bは，租税債権より優先して配当を受けることができる。この場合において，1番抵当権が抹消され，順位の譲渡も抹消されてしまうと，Bは，租税債権より優先することができなくなってしまうのである。

Bは，このような不利益を受けるおそれがあるので，登記上の利害関係を有する第三者とされているのである。

> **例題2**　甲土地の登記記録には，Aの1番抵当権，Bの2番抵当権の設定登記がなされており，1番抵当権と2番抵当権の順位を入れ替える順位変更の登記が乙区3番でなされている。1番抵当権の抹消登記を申請する場合，2番抵当権者Bは利害関係を有する第三者となるか。

本例題2においては，1番抵当権の抹消登記にあたり，2番抵当権者Bは，登記上の利害関係を有する第三者とはならない（登研301号69）。

順位変更登記は，抹消される抵当権を目的としている権利ではなく，抵当権の抹消に伴い，職権で抹消されることはないからである。また，実質的に考えても，順位変更がなされている場合は，順位変更後の順位で配当を受けることが確定しており，1番抵当権が抹消されても，2番抵当権者Bの優劣に変更は生じないからである。

4　登記の実行

抹消登記は，常に主登記で実行される。また，抹消された登記に下線が引かれる。

5　前提登記の要否

(1)　相続登記の要否

> **例題1**　A所有の甲土地には，Xの抵当権（債務者A）が設定されている。Xが死亡した後，その相続人YがAから弁済を受けた。抵当権抹消登記の前提として，相続による抵当権移転登記の申請が必要か〈図3-10〉。

本例題1では，弁済前に抵当権者に相続が生じたケースである。このような場合は，抵当権者の死亡により，抵当権が相続人に承継されてから抵当権が消

図 3-10　例題 1 の図解

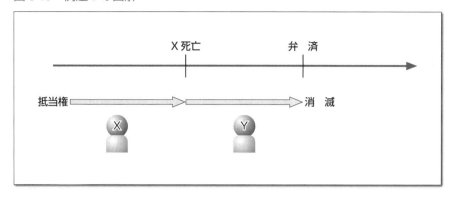

滅していることになるので，それを忠実に登記に反映するため，抵当権抹消登
記の前提として，相続による抵当権移転登記を申請しなければならない（昭
32・12・27 民甲 2440 号）。

　本例題1では，XからYへの相続による抵当権移転登記を申請したうえで，A・
Y の共同申請により，抵当権の抹消登記の申請をする必要がある。

　なお，抵当権者が合併によって消滅した後に弁済がなされた場合も同様で，
合併による抵当権移転登記を申請したうえで，抵当権の抹消登記を申請しなけ
ればならない。

> **例題2**　A 所有の甲土地には，X の抵当権（債務者 A）が設定されている。X
> が A から弁済を受けた後，X が死亡し，Y が相続した。抵当権抹消登記の前
> 提として，相続による抵当権移転登記の申請が必要か〈図 3-11〉。

　本例題 2 は，弁済後に抵当権者に相続が生じた事例である。この場合は，抵

図 3-11　例題 2 の図解

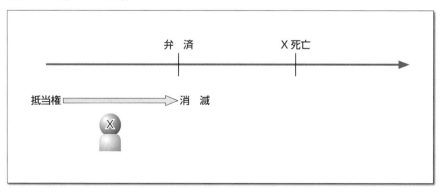

当権抹消登記の前提として，相続による抵当権移転登記を申請する必要はない（昭 37・2・22 民甲 321 号）。相続前に抵当権が消滅しており，抵当権は相続人に承継されていないからである。抵当権抹消登記を申請する時には，抵当権者はすでに死亡しているので，登記義務者の相続人からの申請ということになる。

本例題 2 では，抵当権の相続による移転登記をすることなく，A を登記権利者，X の相続人 Y を登記義務者として，抵当権の抹消登記を申請すればよい。

なお，弁済した後に抵当権者が合併により消滅した場合も同様で，抵当権抹消登記の前提として，合併による抵当権移転登記の申請をする必要はない。

> **例題3**　A 所有の甲土地には，X の抵当権（債務者 A）が設定されている。A が死亡した後，その相続人 B が X に対して弁済をした。抵当権抹消登記の前提として，相続による所有権移転登記の申請が必要か。

本例題 3 は，弁済前に所有権者に相続が生じた事例である。この場合は，抵当権抹消登記の前提として，相続による所有権移転登記を申請しなければならない（登研 661 号 225）。抵当権が消滅する前に所有権が移転しているため，抵当権抹消登記請求権を取得するのは相続人だからである。

本例題 3 では，A から B への相続による所有権移転登記を申請したうえで，B・X の共同申請により抵当権抹消登記を申請する必要がある。

(2)　登記名義人表示変更

【抵当権者の表示変更】

抵当権者の氏名・住所に変更が生じている場合でも，抵当権抹消登記の前提として，抵当権登記名義人表示変更登記を申請する必要はない（昭 31・9・20 民甲 2202 号）。所有権以外の権利の抹消登記の前提として，その抹消される権利の登記名義人表示変更登記は省略することができるからである（☞ P64）。

ただし，抵当権抹消登記の申請においては，登記記録上の抵当権者と表示が変更された登記申請情報の抵当権者が同一人であることを証明するため，変更証明情報を提供しなければならない。

【所有者の表示変更】

抵当権抹消登記を申請する場合に，設定者である所有権登記名義人の住所・氏名に変更が生じている場合には，抵当権抹消登記の前提として，所有権登記名義人表示変更登記を申請しなければならない（登研 355 号 90）。

所有権以外の抹消登記において，登記名義人表示変更登記を省略することができるのは，あくまでその抹消される権利について表示変更が生じた場合に限

られるからである。

6　一部の人への弁済

(1)　意　義

　抵当権の設定登記がなされた後に，債権の一部譲渡による抵当権一部移転登記がなされたことなどにより，事後的な抵当権の準共有が成立する場合がある。たとえば，次の登記記録をみてほしい。

●登記記録

乙区		
1番	抵当権設定	債権額　金1,000万円 抵当権者　X
付記1号	1番抵当権一部移転	譲渡額　金600万円 抵当権者　Y

　この登記記録では，XからYに債権が600万円譲渡されており，Xの有する債権額は，400万円に減少している。

　この場合において，債務者がXに対してのみ，あるいはYに対してのみ弁済したときは，どのような登記を申請すべきだろうか。

　たとえば，Yに弁済した場合，抵当権者をXだけにすればよいのだから，一部移転抹消登記を申請すればよいと考える人もいるだろう。しかし，この登記記録の状態で一部移転抹消登記をしてしまうと，Xの債権額が1,000万円の状態で残ってしまい，Xの有する債権額が400万円となっていることが公示できなくなってしまう。そもそも，債権一部譲渡が無効となったわけではないのだから，その抹消登記を申請するのは，適切でない。

　また，Xに弁済された場合も，Yのみの抵当権にしたいからといって，Xの抵当権を抹消してしまうと，Xの抵当権に付記されているYへの一部移転も消滅してしまう。

　以上のことから，Xに対してのみ，あるいはYに対してのみ弁済がなされた場合，抹消登記を申請することはできない。この場合は，抵当権者の1人に弁済することで，残りの抵当権者が有する債権額が減少することになることから，債権額の減少変更登記を申請すべきなのである。この変更登記のポイントは，後記(2)で説明しよう。

(2) 登記申請のポイント

【記載例】

> **事例** 甲土地の所有権登記名義人は A であるが，乙区は以下のようになっている。令和6年7月5日，A は，甲土地乙区1番抵当権の被担保債権のうち，Y が有する債権を全額弁済した。
>
> | 乙区 | | |
> |---|---|---|
> | 1番 | 抵当権設定 | 債権額　金1,000万円
債務者　A
抵当権者　X |
> | 付記1号 | 1番抵当権一部移転 | 譲渡額　金600万円
抵当権者　Y |

●記載例　準共有者の1人への弁済

```
登 記 の 目 的　 1番抵当権変更
原　　　　　因　 令和6年7月5日 Y の債権弁済
変更後の事項　 債権額　金400万円
権　利　者　 A
義　務　者　 Y
添　付　情　報　 登記原因証明情報　登記識別情報　代理権限証明情報
登録免許税　 金1,000円
```

【登記の目的】

　債権額の変更登記なので，登記の目的は，「1番抵当権変更」のように記載する。

【登記原因】

　登記原因は，「年月日 Y の債権弁済」のように記載する。事例の X に弁済した場合には，「年月日 X の債権弁済」のように記載する。

【登記事項】

　変更後の事項として，「債権額　金400万円」というように，残存する債権額を記載する。事例において，X に弁済した場合には，「債権額　金600万円」と記載することになる。

【登記申請人】

　設定者を登記権利者，弁済を受けた抵当権者を登記義務者とする共同申請により行う。

　本事例において登記義務者になるのは，Y である。Y が実質的に不利益を受けるからである。ただ，登記記録上，X の債権額である 1,000 万円に下線が引かれて，400 万円に変更される。つまり，X は，実質的には不利益を被らないが，登記記録上は債権額が減少されることになり，形式的には不利益を受ける。このことから，Y に加えて，弁済を受けなかった X も登記義務者となるとする見解もある。

【添付情報】

　共同申請の基本的な添付情報を提供すればよい。

【登録免許税】

　変更登記であり，不動産 1 個につき 1,000 円である（登免税別表第 1.1 ⑭）。

⑶　登記の実行

　抵当権の準共有者の 1 人に弁済をしたことで，債権額の変更登記が申請された場合，登記記録は，以下のようになる（登記事項を一部省略した概略）。イメージを持てるようにしてほしい。

●登記実行後の登記記録

乙区		
1番	抵当権設定	債権額　金 1,000 万円 債務者　A 抵当権者　X
<u>付記1号</u>	<u>1番抵当権一部移転</u>	譲渡額　金 600 万円 抵当権者　Y
付記2号	1番抵当権変更	原因　令和 6 年 7 月 5 日 Y の債権弁済 債権額　金 400 万円

2. 混同による抹消

1 意　　義

(1) 原　　則

　所有権と抵当権が同一人に帰属した場合，抵当権は，原則として，混同により消滅する（民179条1項本文）。

　たとえば，A所有の不動産にBの抵当権が設定されている場合，所有権がAからBに譲渡されたときは，抵当権は消滅する。この場合には，混同による抵当権抹消登記を申請する。

(2) 例　　外

　所有権と抵当権が同一人に帰属した場合でも，①その抵当権に転抵当など第三者の権利が設定されているとき，②当該不動産に後順位抵当権などの権利が設定されているときは，抵当権は消滅しない（民179条1項但書）。

　たとえば，A所有の不動産にBの1番抵当権とCの2番抵当権が設定されている場合，所有権がAからBに譲渡されても，Bの抵当権は消滅しない。Cの抵当権が存在することで，混同による消滅が生じないのである。このCの抵当権のように，混同の障害となっている事実のことを，混同障害事由という。この場合，混同障害事由となっているCの抵当権が弁済などで消滅した時に，Bの抵当権は混同により消滅することになる。

2 登記申請のポイント

(1) 登記申請情報

> **事例**　A所有の甲土地には，Bの抵当権が設定されている。令和6年7月5日，AはBに甲土地を売却した。

●記載例　混同による抵当権抹消

1件目

登記の目的	所有権移転
原　　　因	令和6年7月5日売買

```
権  利  者    B
義  務  者    A
添 付 情 報    登記原因証明情報   登記識別情報   印鑑証明書
             住所証明情報   代理権限証明情報
課 税 価 格    金1,000万円
登録免許税    金20万円
```

2件目

```
登記の目的    1番抵当権抹消
原      因    令和6年7月5日混同
権利者兼義務者   B
添 付 情 報    登記識別情報   代理権限証明情報
登録免許税    金1,000円
```

　本事例では，甲土地を売却したとされているので，売買による所有権移転登記を申請する。しかし，それで終わりにしてはならない。所有権者と抵当権者が同一人に帰属したことに気づき，混同による抵当権抹消登記の申請をすることを忘れてはならないのである。

　混同による抹消登記が記述式問題で出題されたとしても，混同が生じたと問題文に記載されるわけではない。自分で混同が生じていることに気づかなければならないのである。

(2) 登記原因

　登記原因は，「年月日混同」である。登記原因日付は，所有権と抵当権が同一人に帰属した日である。

　ただし，混同障害事由が除去されたことで混同が生じた場合は，混同障害事由が除去された日となる。たとえば，後順位抵当権が存在することで先順位抵当権について混同による消滅が生じていなかったという事例で，後順位抵当権の被担保債権が弁済され，当該後順位抵当権が消滅した場合，先順位抵当権の混同による抹消登記の登記原因日付は，後順位抵当権の被担保債権が弁済された日となる（後順位抵当権の弁済による抹消登記も同じ登記原因日付となる）。

(3) 登記申請人

【単独申請】

　混同による抵当権抹消は，登記権利者である設定者と，登記義務者である抵当権者が同一人であるため，事実上の単独申請により行うことができる。

　登記申請情報には，「権利者兼義務者　　B」と記載する。

【例外としての共同申請】

　混同による抵当権抹消登記は，事実上の単独申請により行うのが原則であるが，抹消登記を申請する前に第三者への所有権移転登記がなされた場合は，現在の所有権登記名義人を登記権利者，抵当権者を登記義務者とする共同申請により行う必要がある（昭30・2・4民甲226号）。

　たとえば，A所有の甲土地にBの抵当権が設定されており，AからBへと所有権が移転した場合，Bの抵当権は混同により消滅する。しかし，抵当権抹消登記を申請しないうちに，所有権がさらにBからCに移転し，その登記がなされた場合には，Cを登記権利者，Bを登記義務者として，共同申請により混同による抵当権抹消登記を申請することになるというわけである。

(4) 添付情報

【登記原因証明情報】

　抵当権が混同によって消滅していることが登記記録上から明らかである場合，登記原因証明情報の提供は省略できる（登研690号221）。登記記録上所有者と抵当権者が同一人となっており，登記記録から混同の事実が明確なのだから，わざわざ別途添付情報を提供して証明しなくてもよいということである。

　登記原因が存在するにもかかわらず登記原因証明情報の提供が不要となる珍しい事例である。

【登記識別情報】

　事実上の単独申請となる場合でも，登記義務者の登記識別情報の提供は必要である（平2・4・18民三1493号）。事実上の単独申請でも，登記義務者である抵当権者の本人確認は必要だからである。登記義務者の本人確認をしなければ，赤の他人からの登記申請が受理されてしまうことを考えればわかるだろう。

【代理権限証明情報】

　代理権限証明情報として，登記申請人から司法書士への委任状の提供が必要である。

第 **7** 章　抵当証券

●この章で学ぶこと●

　この章では，抵当証券を学びます。択一式問題として出題される可能性があります。抵当証券が発行できる場合とそうでない場合の要件を，しっかり押さえましょう。また，抵当証券が発行されている場合の登記申請の特則に注意してください。

---

1. 抵当証券とは

1 　意　　義

　抵当証券とは，抵当権と被担保債権を一体化させた有価証券である。

　有価証券の理解が難しいが，権利が紙に封じ込められたものと考えるとよい。商品券などが有価証券の一例である。

　たとえば，あるデパートの商品券は，デパートで買い物ができるというそのデパートに対する債権であるが，商品券がなければ買い物はできないし，商品券を渡さなければ譲渡できないし，商品券を破けば買い物はできなくなる。まさに，紙イコール権利となっていることがわかるだろう。

2 　抵当証券のメリット

　抵当証券が発行されると，抵当権及びその被担保債権が抵当証券と一体化（抵当権が抵当証券という紙に封じ込められる）するから，抵当証券を裏書譲渡すれば，抵当権を移転させることができるようになる。

　裏書譲渡とは，抵当証券の裏面に，譲受人や譲渡人などを記載して，抵当証券を渡すことである（抵証15条2項）。つまり，抵当証券の裏側に，抵当証券を取得した者をしりとりのように記載することによって，譲渡するのである。

抵当証券が発行されていない場合，抵当権付き債権の譲渡は，譲渡人からの債務者に対する確定日付ある証書による通知，または債務者からの確定日付ある証書による承諾がなければ，債権が譲渡されたことを第三者に対抗することができない。また，抵当権の移転を第三者に対抗するためには，抵当権移転登記が必要となり，登録免許税が必要となる。債権譲渡には，手間と費用がかかるのである。これに対して，抵当権証券が発行されている場合には，紙の裏に名前を書いて渡すだけ（裏書譲渡）で済んでしまうというわけである。

　手間と時間をかけなくても抵当権の譲渡ができ，抵当証券の所持人が抵当権者であるとすぐにわかる。そのことによって，抵当権の流通性が高まり，抵当権と債権を容易に売却できるので，金融商品としても利用されている。

2. 抵当証券発行の要件

1 要　　件

　抵当権証券は，以下のすべての要件を満たす抵当権の場合にのみ，発行することができる。

①抵当証券発行の特約が登記された抵当権であること（抵証2条5号）。
②土地・建物・地上権を目的として設定された抵当権であること（抵証1条）。
③抵当証券発行禁止事由に該当しないこと（抵証2条1号～4号）。

　以下，これらの要件について検討していこう。

2 要件①：抵当証券発行の特約の登記

　抵当権者・設定者間で抵当証券を発行することができるとする特約をし，その特約が登記されている場合にのみ，抵当証券を発行することができる。抵当証券発行の特約が登記事項であることを復習すること（☞ P351）。

　また，抵当証券発行の特約が登記されている場合，元本・利息の弁済期，元本・利息の支払場所の定めがあるときは，その定めも登記事項となる（☞ P351）。抵当証券が発行されると，抵当権の流通性が増加するので，債務者と関係のない第三者に抵当権が移転することも考えられる。そこで，債務者による弁済の時期と場所を明瞭にするために登記することができるとされたのである。

　抵当証券発行の特約がない抵当権の場合，抵当証券を発行することはできな

い。住宅ローンを担保するために設定されている抵当権において，特約もないのに勝手に抵当証券が発行されて流通してしまうということはないのである。

3 要件②：土地・建物・地上権が目的

　言い換えれば，永小作権を目的とした抵当権では，抵当証券を発行することができないということである。永小作権は旧態依然とした権利であり，永小作権を目的とした抵当権を抵当証券の発行により流通させることは適切でないからである。

4 要件③：抵当証券発行禁止事由に該当しない

　抵当証券は，金融商品として転々流通することが予定されているから，不確定・不確実な抵当権に関する抵当証券が発行されてしまうのは適切でない。

　そこで，次の場合には，抵当証券を発行することができないとされた（抵証2条）。

①抵当権が根抵当権である場合（1号）

②抵当権が仮登記である場合（2号）

③被担保債権について差押え・仮差押えの登記，抵当権について処分禁止の仮処分の登記・転抵当権の登記がなされている場合（3号）

④抵当権付債権または抵当権に解除条件が付いている場合（4号）

　①の根抵当権については，付従性がないため債権と根抵当権をまとめて一体化させることができないから，②～④については，確実で安定した抵当権とはいえないからというのが，抵当証券を発行できない理由である。

3. 抵当証券の発行

1 債権分割とは

　債権分割とは，抵当権者はそのままで，1個の債権を複数の債権に分割することである。抵当証券を発行する前に，債権分割がなされることが多い。

　抵当証券は，1個の抵当権につき1通発行される。しかし，被担保債権の額が大きいと，流通性を欠くことになる。たとえば，1億円の抵当証券では，買う人がいないかもしれない。そこで，被担保債権を100分割し，1口100万円にする。そうすると，100万円の抵当証券を100通発行することができ，流通

性の高い金融商品を発行することができるというわけである。

　債権の分割がなされた場合の抵当権変更登記は，常に付記登記でなされる（規則3条2号イ）。

2　抵当証券の交付

　抵当証券の交付申請は，抵当権者が，抵当権の登記を管轄する登記所に対して行う（抵証1条）。抵当証券は，国が発行する有価証券なのである。

　抵当証券が交付されると，登記官は，職権でその旨の付記登記をする（94条1項）。債権が分割されて抵当証券が交付された場合の登記記録は，以下のようになる。

●登記記録

権利部（乙区）（所有権以外の権利に関する事項）			
順位番号	登記の目的	受付年月日・受付番号	権利者その他の事項
1	抵当権設定	令和5年6月25日第65223号	原因　令和5年6月25日金銭消費貸借同日設定 債権額　金1億円 利息　年10% 弁済期　令和16年10月30日 元本利息の支払場所 三省銀行株式会社 新宿支店 特約　抵当証券を発行することができる 債務者　A 抵当権者　B
付記1号	1番抵当権変更	令和6年6月5日第66972号	原因　令和6年6月5日債権分割 分割後の債権　金100万円　100口
付記2号	1番抵当権につき令和6年7月5日第285号抵当証券交付	余　白	令和6年7月5日付記

4. 抵当証券が発行されている場合の登記手続

1 原　　則

　抵当権についての登記申請は，抵当権者が登記申請人となって行う。たとえば，抵当権変更登記は，抵当権者と設定者の共同申請であり，抵当権移転登記は，抵当権の譲受人と譲渡人の共同申請である。

　抵当証券が交付されている場合，現在の抵当権者は，抵当証券の所持人である。そこで，抵当証券が交付されている抵当権の登記申請をする際には，抵当権者が申請していることを証明するために，添付情報として抵当証券の提供が必要となってくるのである。

　たとえば，抵当権の移転登記を申請する場合も，抵当証券の提供が必要となる。なお，抵当証券が交付されている場合には，抵当証券の裏書譲渡により抵当権の移転を対抗することができるから，抵当権移転登記を申請する必要はないが，抵当証券の所持人に対する抵当権移転登記の申請をすることもできる。

　抵当権抹消登記を申請するときも，抵当権者が登記義務者となるが，登記義務者が抵当権者であることを証明し，抵当証券を回収するために，抵当証券の提供が必要となる。

2 例　　外

　抵当証券が交付されている抵当権についての債務者の表示（住所・氏名）が変更されたことによる抵当権変更登記は，債務者が単独申請することができる（64条2項）。債務者の表示が誤っていた場合の抵当権更正登記も，同様である。

　この場合の抵当権変更登記は，原則として，抵当権者と設定者で行う。しかし，抵当証券が交付されている場合，抵当権者は抵当証券の所持人であり，抵当証券が転々流通していることを考えれば，抵当権者を探すのは困難である。

　とはいえ，抵当証券が交付されている抵当権においては，債務者の住所・氏名が変更された場合は，抵当権の安全のために登記したほうがよいだろう。そこで，この場合に，債務者による単独申請を認めたのである。その際，抵当証券の提供は不要である。抵当権者からの申請とはならないからである。

　抵当証券が交付されていない抵当権の場合，抵当権変更登記は，債務者からの申請とはならないことと比較しておくこと。

判例・先例年月日索引

明治期

明 31・10・19 民刑 1406 号 … *155*
明 32・8・8 民刑 1311 号 … *212*
明 32・11・1 民刑 1904 … *391*
明 32・12・22 民刑 2080 号 … *336*
明 33・3・7 民刑 260 号 … *147*
明 33・12・18 民刑 1661 号 … *212*
大判明 34・9・14 … *318*
大判明 36・6・19 … *10*
明 37・2・13 民刑 1057 号 … *336*
明 40・1・14 民刑 1414 号 … *221*
明 44・6・22 民事 414 号 … *90*

大正期

大判大 3・8・24 … *307*
大判大 3・11・3 … *113*
大決大 4・10・23 … *335*
大判大 5・11・8 … *166*
大 8・7・26 民甲 2788 号 … *465*
大判大 15・6・23 … *226*

昭和前期：30 年代まで

昭 10・1・14 民甲 39 号 … *181*
昭 10・9・16 民甲 946 号 … *376*
昭 23・12・18 民甲 95 号 … *143*
昭 27・8・23 民甲 74 号 … *61*
昭 28・4・6 民甲 556 号 … *417*
昭 28・10・14 民甲 1869 号 … *295*
昭 28・11・6 民甲 1940 号 … *442*
昭 29・3・26 民甲 686 号 … *442*
昭 29・5・22 民甲 1037 号 … *151*
昭 29・6・15 民甲 1188 号 … *154*
昭 29・6・28 民甲 1357 号 … *347*
昭 29・7・13 民甲 1459 号 … *347*
昭 30・2・4 民甲 226 号 … *476*
昭 30・4・23 民甲 742 号 … *144*

昭 30・4・30 民甲 835 号 … *357*
昭 30・5・30 民甲 1123 号 … *412*
昭 30・5・31 民甲 1029 号 … *446*
昭 30・7・11 民甲 1427 号 … *442*
昭 30・10・6 民甲 2016 号 … *446*
昭 30・10・15 民甲 2216 号 … *82, 138*
昭 30・12・16 民甲 2670 号 … *146, 148*
昭 31・3・14 民甲 506 号 … *347*
昭 31・4・9 民甲 758 号 … *421*
昭 31・6・13 民甲 1317 号 … *349*
昭 31・9・20 民甲 2202 号 … *470*
昭 31・12・24 民甲 2916 号 … *465*
昭 32・1・10 民甲 61 号 … *142*
昭 32・12・27 民甲 2440 号 … *469*
昭 33・1・10 民甲 4 号 … *141*
昭 33・4・28 民甲 786 号 … *253*
昭 33・5・10 民甲 964 号 … *407*
昭 34・5・6 民甲 900 号 … *343*
昭 34・7・25 民甲 1567 号 … *348*
昭 35・3・31 民甲 712 号 … *310, 317, 345*
昭 35・6・1 民甲 1340 号 … *336*
昭 35・6・3 民甲 1355 号 … *434*
昭 35・8・1 民甲 1934 号 … *315*
昭 35・8・2 民甲 1971 号 … *314*
昭 35・8・4 民甲 1976 号 … *292*
昭 35・12・27 民甲 3280 号 … *343*
昭 36・3・23 民甲 678 号 … *284*
昭 36・3・23 民甲 691 号 … *152*
昭 36・5・17 民甲 1134 号 … *352*
昭 36・5・30 民甲 1257 号 … *311*
昭 36・6・16 民甲 1425 号 … *287*
昭 36・9・14 民甲 2277 号 … *431*
昭 36・11・30 民甲 2983 号 … *430, 431*
昭 36・12・23 民甲 3184 号 … *442*
昭 37・1・10 民甲 1 号 … *310*
昭 37・1・23 民甲 112 号 … *79*
昭 37・1・26 民甲 74 号 … *284*

昭37・2・22 民甲 321 号	*470*
昭37・5・31 民甲 1489 号	*146*
昭37・6・15 民甲 1606 号	*183*
昭37・7・6 民三 646 号	*343*
昭37・8・1 民甲 2206 号	*467*
昭37・9・29 民甲 2751 号	*116*
昭37・11・29 民甲 3422 号	*112*
昭37・12・28 民甲 3727 号	*335*
昭38・4・10 民甲 966 号	*236*
昭38・5・6 民甲 1285 号	*98*
昭38・8・29 民甲 2540 号	*310*
昭38・11・20 民甲 3119 号	*179*
昭39・2・17 民三 125 号	*300*
昭39・2・28 民甲 422 号	*183*
昭39・3・7 民甲 588 号	*360*
昭39・4・6 民甲 1291 号	*335*
昭39・4・14 民甲 1498 号	*279*
昭39・5・21 民三 425 号	*254*
昭39・8・7 民三第 597 号	*144*
最判昭 39・10・15	*121*

昭和後期：40 年代以降

昭40・4・14 民甲 851 号	*342*
昭40・6・25 民甲 1431 号	*346*
昭40・7・13 民甲 1857 号	*375*
昭40・9・21 民甲 2821 号	*143*
昭40・9・24 民甲 2824 号	*301*
最判昭 40・11・19	*87*
昭40・12・9 民甲 3435 号	*302*
昭41・4・18 民甲 1126 号	*121*
昭41・8・24 民甲 2446 号	*331*
昭41・11・7 民甲 3252 号	*352*
昭41・12・1 民甲 3322 号	*370*
昭42・2・8 民甲 293 号	*325*
昭43・2・9 民三 34 号	*321*
昭43・3・2 民三 170 号	*173*
昭43・5・29 民甲 1834 号	*380*
昭43・10・14 民甲 3152 号	*375*
昭44・5・29 民甲 1134 号	*117*
昭44・8・16 民三 705 号	*346*

昭45・10・5 民甲 4160 号	*175*
最判昭 46・3・5	*87*
昭46・10・4 民甲 3230 号	*452, 460, 462*
昭46・12・24 民甲 3630 号	*456, 461*
最判昭 47・6・2	*121*
昭49・1・8 民三 242 号	*144*
昭53・3・15 民三 1524 号	*284*
昭53・10・27 民三 5940 号	*107*
昭55・11・20 民三 6726 号	*145*
昭55・12・20 民三 7145 号	*283*
昭58・4・4 民三 2251 号	*418*
昭58・4・4 民三 2252 号	*81, 336*
昭58・5・11 民三 2983 号	*123*
昭58・5・11 民三 2984 号	*451*
昭58・7・6 民三 3810 号	*342*
昭59・1・10 民三 150 号	*172*
昭59・2・25 民三 1085 号	*297*
昭59・10・15 民三 5195 号	*161, 164*
昭60・12・2 民三 5440 号	*116*

平成期

平2・4・18 民三 1493 号	*476*
最判平 3・4・19	*177*
平4・3・18 民三 1404 号	*162, 164*
平4・11・4 民三 6284 号	*145*
最判平 6・5・31	*121*
平7・12・4 民三 4344 号	*143*
平10・3・20 民三 552 号	*227*
平11・7・14 民三 1414 号	*83*
平13・3・30 民二 867 号	*384*
平15・4・1 民二 1022 号	*173*
平17・8・26 民二 1919 号	*425*
平18・3・29 民二 755 号	*204*
平24・7・25 民二 1906 号	*302*
平27・9・2 民二 363 号	*142*
平27・10・23 民二 512 号	*198*
平28・3・2 民二 154 号	*153*

令和期

令1・6・27 民二 68 号	*140*

令 2・3・30 民二 318 号   *49*

令 5・3・28 民二 533 号   *118*

令 5・3・28 民二 538 号   *155, 262*

登記研究索引

1号〜99号

登研 26 号 28	*129*
登研 41 号 30	*355*
登研 65 号 31	*355*

100号〜199号

登研 132 号 44	*218*
登研 146 号 42	*145*
登研 157 号 45	*138*

200号〜299号

登研 223 号 67	*221*
登研 236 号 72	*252*
登研 241 号 66	*448*
登研 244 号 69	*465*
登研 270 号 71	*355*

300号〜399号

登研 301 号 69	*468*
登研 304 号 73	*418*
登研 322 号 73	*310*
登研 342 号 77	*131*
登研 352 号 103	*216*
登研 355 号 90	*470*
登研 367 号 136	*455*
登研 377 号 141	*370*
登研 397 号 83	*91*
登研 399 号 82	*221*

400号〜499号

登研 401 号 161	*94*
登研 401 号 162	*466*
登研 427 号 99	*289*
登研 437 号 65	*87*
登研 440 号 79	*335*
登研 443 号 93	*219*
登研 444 号 108	*388*
登研 450 号 127	*122*
登研 451 号 126	*418*
登研 455 号 89	*93*
登研 457 号 118	*125*
登研 459 号 98	*124*
登研 470 号 98	*347*
登研 473 号 151	*116*
登研 480 号 131	*178*
登研 490 号 146	*127*

500号〜599号

登研 502 号 157	*429*
登研 506 号 148	*163*
登研 523 号 138	*128*
登研 523 号 139	*174*
登研 529 号 83	*285*
登研 543 号 150	*88*
登研 547 号 145	*91*
登研 573 号 123	*108*
登研 577 号 154	*116*
登研 579 号 169	*264*

600号〜

登研 603 号 135	*95*
登研 659 号 175	*221*
登研 661 号 225	*470*
登研 689 号 291	*431*
登研 690 号 221	*476*

事項索引

あ

圧縮登記	146

い

遺言執行者	167
遺産分割協議	144
遺産分割の審判等	145
遺贈	166
一申請情報申請	65
一括申請	65, 358, 376
一件一申請主義	65
一般承継人による所有権保存登記	217
移転登記	32
移転分量の更正	252
委任の終了	121
印鑑証明書	42
印紙納付	56

う

受付	57
受付番号	16
受付日付	16

お

乙区	12, 15
及ぼす変更登記	417
オンライン申請	27, 28

か

会社分割	200
会社法人等番号	46
回答	7
買戻権の移転	318
買戻権の変更・更正	321
買戻権の抹消	328
買戻特約	309

買戻特約の登記	309
価格賠償	103
確定判決による所有権保存登記	225
下線	19
合併	194
合併による抵当権移転	382
加入更正	250, 433
管轄	26
官公署の嘱託	22

き

吸収合併	194
吸収分割	200
共同申請主義	23
共同担保目録	356
共同抵当権	354
共有から単有への脱落更正	269
共有物不分割特約	239
共有物分割	103
共有物分割による交換	108
寄与分	144

く

区分建物	231
区分建物の表題部所有者から取得した者による所有権保存登記	231

け

現金納付	56
現物出資	128
現物分割	104
権利能力なき社団	121
権利部	11, 14

こ

更改	413
甲区	12, 14

更正登記	32	所有権保存登記の抹消	294	
合同申請	25	所有権抹消登記	286	
公文書	136	申請主義	21	
戸籍	137	申請適格者	208	
固定資産税評価額	54	真正な登記名義の回復	298, 375	
混同障害事由	474	新設合併	196	
混同による抹消	474	新設分割	201	

さ

債権額の変更	390		
債権譲渡	377		
債権分割	479		
財産分与	126		
債務者の変更	404		

し

時効取得	90		
次順位抵当権者の代位の付記登記	385		
住所証明情報	43		
収用	131		
収用による所有権保存登記	230		
縮減する変更	426		
主体の更正	250, 432		
主登記	20		
受理	57		
順位変更	450		
順位変更の登記	455		
順位変更の変更・更正	459		
順位変更の抹消	461		
承継会社	200		
譲渡担保	130		
消滅会社	195, 196		
職権による所有権保存登記	234		
書面申請	27, 28		
所有権移転失効の定め	304		
所有権移転登記の抹消	286		
所有権更正登記	247		
所有権の一部の遺贈	173		
所有権変更登記	239		
所有権保存登記	207		

す

数次相続	146
数次相続と遺産分割	151

せ

清算型遺贈	174
絶対的登記事項	18
設定登記	32
設立会社	196, 201
先例	7

そ

相続	133
相続欠格	141
相続財産法人	181
相続登記義務	189
相続登記後の修正	160
相続と時効取得	92
相続による抵当権移転	381
相続人申告制度	192
相続人による登記	58
相続人不存在	180
相続分の譲渡	146, 161
相続放棄	142
存続会社	195

た

代位弁済	371, 379
代金分割	105
対抗力	4
胎児のいる相続	154
代物弁済	99

事項索引

487

代理権限証明情報　　　　45
脱落更正　　　　251, 432
単独申請　　　　25, 208
単有から共有への加入更正　　　　266

ち

中間省略登記　　　　33

つ

通達　　　　7

て

定額課税　　　　54
抵当権　　　　334
抵当権移転登記　　　　371
抵当権更正　　　　432
抵当権設定登記　　　　334
抵当権の効力を所有権全部に及ぼす変更
　　　　417
抵当権の順位の譲渡・放棄　　　　441
抵当権の譲渡・放棄　　　　438
抵当権の処分　　　　435
抵当権変更登記　　　　390
抵当権抹消登記　　　　463
抵当権を共有者持分の抵当権とする変更
　　　　425
抵当証券　　　　477
抵当証券発行禁止事由　　　　479
定率課税　　　　54
電子証明書　　　　29
電子署名　　　　29
電子納付　　　　56
転抵当　　　　445
添付情報　　　　37
転付命令　　　　372

と

登記官　　　　26
登記義務者　　　　23
登記義務者の死亡　　　　60

登記記録　　　　3, 11
登記原因　　　　17
登記原因証明情報　　　　38
登記研究　　　　7
登記権利者　　　　23
登記権利者の死亡　　　　58
登記識別情報　　　　39, 58
登記識別情報通知　　　　41
登記事項証明書　　　　3
登記所　　　　26
登記申請情報　　　　33
登記済証　　　　40
登記の実行　　　　57
登記の目的　　　　16
登記簿　　　　3
登記簿謄本　　　　3
登記名義人　　　　17
登記名義人表示更正登記　　　　63
登記名義人表示変更登記　　　　63
同時申請　　　　311
登録免許税　　　　54
登録免許税法　　　　6
特定遺贈　　　　166
特定財産承継遺言　　　　142
特定承継　　　　371
特定承継による所有権移転登記　　　　84
特定承継による抵当権移転　　　　377
特別縁故者への財産分与　　　　183
特別受益　　　　143
特例方式によるオンライン申請　　　　30
取扱店の表示の変更　　　　429

な

内容の更正　　　　433

に

任意的登記事項　　　　18

の

農地の贈与　　　　89

事項索引

農地の売買	*86*		保存登記	*31*

は

廃除	*141*
端数処理	*55*
判決による登記	*62*
半ライン申請	*30*

ひ

被担保債権の質入れ	*448*
1人遺産分割	*152*
表題部	*11, 12*
表題部がない不動産の所有権保存登記	
	236
表題部所有者	*209*
表題部所有者による所有権保存登記	*209*

ふ

付記登記	*20*
不動産登記	*2*
不動産登記規則	*6*
不動産登記事務取扱手続準則	*7*
不動産登記法	*6*
不動産登記令	*6*
不動産の表示	*37*
分割会社	*200, 201*
分割計画	*201*
分割契約	*200*

へ

併存的債務引受	*405*
変更登記	*32*
弁済による代位	*371*

ほ

包括遺贈	*166*
包括承継	*132, 371*
包括承継による所有権移転登記	*132*
包括承継による抵当権移転	*381*
冒頭省略表示登記	*215*

ま

巻き戻し更正	*285*
巻き戻し抹消	*287*
抹消登記	*32*

み

民法第287条の放棄	*125*
民法第646条第2項による移転	*124*

め

免責的債務引受	*404*

も

持分のみの更正	*252, 433*
持分放棄	*112*

り

利息・損害金の変更	*399*
利息の特別登記	*401*

れ

連件申請	*311*

事項索引

●著者紹介●

森山　和正（もりやま・かずまさ）

昭和51年3月27日、群馬県桐生市に生まれる。群馬県立太田高校を経て、早稲田大学法学部卒業。大学3年生の11月に司法書士受験を思い立ち、8か月の学習で大学在学中に司法書士試験に合格。その後、司法書士事務所、司法書士法人で実務を執った後、2004年より東京法経学院講師、2010年よりLEC東京リーガルマインド講師。同校では、全国の受験生を対象とした配信クラスを担当し、わかりやすく、無駄を排した講義で多くの短期合格者を輩出している。

趣味は、鉄道（特に寝台列車による旅行）、将棋、マジック。

《主な著書》

- ケータイ司法書士　Ⅰ民法／Ⅱ不登法・供託法・司法書士法／Ⅲ商法・会社法・商登法／Ⅳ民訴系3法・憲法・刑法／Ⅴ記述式・不動産登記／Ⅵ記述式・商業登記
- ケータイ司法書士プレミアム　NEO民法
- SOS!弱点強化司法書士　会社法・組織再編とその登記
- 司法書士合格六法（監修）　　　　　　　　　　　　　　　　　　（三省堂）
- 司法書士試験　解法テクニック50
- 司法書士試験　すぐに結果が出る勉強メソッド55（共著）
- 司法書士試験　暗記のターゲット100　　　　　　　　　（中央経済社）

《著者SNS》
Blog：『Vector Magic ～夢の架け橋～』
　　　　https://blog.goo.ne.jp/vectormagic
X(Twitter)：@KazMoriyama
YouTube：『森山和正の合格チャンネル』
　　　　　https://www.youtube.com/@kazu-moriyama

装丁　やぶはな あきお

森山和正の
司法書士Vマジック 3　第 2 版
不動産登記法 I

2023 年 9 月 22 日　第 1 刷発行
2024 年 9 月 13 日　第 2 刷発行

著　者　森　　山　　和　　正
発行者　株式会社 三　省　堂
　　　　代表者　瀧本多加志
印刷者　三省堂印刷株式会社
発行所　株式会社 三　省　堂
〒 102-8371　東京都千代田区麴町五丁目 7 番地 2
　　　　電話 (03) 3230-9411
　　　　https://www.sanseido.co.jp/

<2 版司法書士 V マジック 3・504pp.>

Ⓒ K. Moriyama 2023　　　　　　　　　　　　Printed in Japan
落丁本・乱丁本はお取り替えいたします。
ISBN978-4-385-31993-3